誰でも読める

ふりがな付き

日本現代史年表

吉川弘文館編集部編

吉川弘文館

はしがき

個々の歴史事象の起こった時期を確認し、通読することによって時代の大きな流れを理解することができる年表は、歴史を考える場合の必携の道具といえます。小社は先に、『国史大辞典』を補完する年表として『日本史総合年表』（二〇〇一年）を発刊しましたが、幸い幅広い読者のご支持を得ることができ、二〇〇五年には増補を加えた第二版を刊行しました。

こうした読者のご支持と同時に、漢字で表記された日本史の用語には読みにくいものが多い、読み方がわからなければ辞書をひくこともできず内容が理解できない、年表の漢字にふりがなを施してほしい、とのご意見が少なからず寄せられております。日本語表記における漢字の読み方が複雑なことは日常生活でもしばしば実感するところですが、日本史年表の場合、ふだん見慣れない日本史の用語が加わり、複雑さを増しています。

そうした多くの読者のご要望にこたえ、これまでに『日本史総合年表［第二版］』の古代—近代の部分の内容をそのまま収録し、記事に網羅的にふりがなを施した『誰でも読める日本古代史年表』『誰でも読める日本中世史年表』『誰でも読める日本近世史年表』『誰でも読める日本近代史年表』を刊行し、引き続き、今回、その現代編ともいうべき『誰でも読める日本現代史年表』を編集・刊行することとしました。

ところで、ふだん何気なく黙読している日本史の用語も、いざ声に出して正確に読もうとすると、いろいろ疑問が生じます。たとえば年号では、複数の読みが伝えられているものが多くあります。そのいずれが正しい読み方か。こうした用語について、厳密に当時の読みを決定することは実に困難なことです。そこで、本年表では、『国史大辞典』との関連を考え、おおむね同辞典の項目の読みによってふりがなを施すこととしました。同書の項目にない語句は、一般の慣用や辞書などを参考にし、穏当と思われる読みを採用しました。したがって、本年表が施した読みを、唯一絶対の読みとするものではありません。

本書が、既刊の『誰でも読める日本古代史年表』〜『誰でも読める日本近代史年表』とともに、読者の皆さまの日本史理解の一助となることを願ってやみません。

二〇〇八年九月

吉川弘文館 編集部

凡例

一　本年表は、原則として『日本史総合年表〔第二版〕』の内容をそのまま収録して縦組みに再編し、記事などにふりがなを施したものである。収録の範囲は一九四五年（昭和二〇）より二〇〇四年（平成一六）までとした。

二　ふりがなは、記事本文および年号・内閣総理大臣名などの漢字に施した。漢字の読みは、『国史大辞典』の項目として立てられている語句は、おおむねその読みによった。その他の語句は一般の慣用や辞書などを参考にし、穏当と思われる読みによった。ただし、本年表の読み以外の読みを排除するものではない。

三　「日本」の読みは、便宜、「にほん」に統一した。

四　一項目の記述の末尾は「。」とし、項目内の句点は「・」とした。

五　西暦欄の◀▶は、その年の記事がそれぞれ後・前の頁にもあることを示す。

六　「年号・干支」欄には改元の月日を加えた。

七　【死没】欄を設け、その年の主要な死没者を月日順にまとめ、没年齢（昭和二四年まではかぞえ年齢。同二五年以降は満年齢。欧米人は満年齢）・備考を（　）内に注記した。

八　内容の理解を助けるために図版を掲載した。当該記事の上の西暦欄に「図1」のように図版番号を示した。

九　巻末に付録（七曜表）・索引を付した。

一〇　本年表編集にあたっては、全般にわたり鳥海靖氏（東京大学名誉教授）のご指導をいただいた。

函　写真＝オリンピック東京大会開会式（共同通信社提供）

誰でも読める日本現代史年表

ふりがな付き

西暦	年号・干支	内閣	記事
◀一九四五	昭和二〇 乙酉	(小磯国昭内閣)	【政治・経済】 1・18 最高戦争指導会議、「今後採るべき戦争指導大綱」を決定(本土決戦即応態勢確立など)。1・25 最高戦争指導会議、決戦非常措置要綱を決定。1・27 軍需充足会社令を公布(非軍需産業でも軍需の充足上必要な事業について軍管理を行う)。2・14 近衛文麿、敗戦の必至・共産革命の脅威・早期終戦などを上奏(近衛上奏文)。2・16 軍需金融等特別措置法を公布(三月二三日施行)。2・19 アメリカ軍、硫黄島に上陸(三月一七日、日本軍守備隊全滅)。3・9 日本軍、仏印で武力行使、軍政実施。アメリカ空軍B二九、東京大空襲(～三月一〇日、東京の下町ほぼ壊滅、全焼二三万戸、死者・行方不明約一〇万人・一三～一四日大阪、五月一四日名古屋を空襲)。3・30 大日本政治会結成(総裁南次郎・翼賛政治会解散)。3・31 アメリカ軍、沖縄に上陸(四月一日、沖縄本島上陸、六月二三日、日本軍守備隊全滅、日本側の死者、一般住民約一〇万を含め約二〇万人)。4・1 軍需工廠官制を公布。米人抑留者に救恤品を輸送していた安導券保持の阿波丸、台湾沖で米潜水艦により撃沈される・死者約二〇〇〇人。4・5 小磯内閣、繆斌(ミアオ＝ピン)を通じた対中和平工作に失敗し総辞職。ソ連外相モロトフ、佐藤尚武駐ソ大使に日ソ中立条約不延長を通告(中立条約の有効期限は昭和二一年四月二五日まで)。4・7 鈴木貫太郎内閣成立。4・13 アメリカ空軍、再び東京大空襲・都心・東京北西地区に大被害(四月一五日にも)。5・14 最高戦争指導会議構成員会議、ソ連を仲介とした和平交渉方針を決定。5・25～26 アメリカ空軍、三たび東京大空襲・皇居表宮殿など焼失、山の手地区に大被害。6・3 広田弘毅元首相、マリク駐日ソ連大使に日ソ関係改善を申入れる。6・6 ブラジル、対日宣戦布告。6・8 御前会議、「今後採るべき戦争指導の基本大綱」を採択(六月六日の最高戦争指導会議決定の本土決戦方針)。第八七臨時議会召集(六月九日開会、同一二日閉会)。6・22 戦時緊急措置法を公布(内閣に強力

西暦	
年号・干支	
内閣	
記事	な権限を委任)。**6・23** 義勇兵役法を公布(一五歳以上六〇歳以下の男子・一七歳以上四〇歳以下の女子を国民義勇戦闘隊に編成)。**6・30** 秋田県花岡鉱山で強制労働中の連行中国人が蜂起、憲兵らと数日間衝突、死者四〇〇人余(花岡鉱山事件)。**7・4** 重要産業団体令を改正・公布。**7・7** 戦時農業団令を公布(中央農業会・全国農業経済会を統合、農業統制組織を一元化)。**7・10** 最高戦争指導会議、ソ連に和平仲介を求める使節派遣を決定(一三日、ソ連に近衛文麿派遣を申入れ・一八日、ソ連拒否)。アメリカ機動部隊、関東地区を空襲。**7・25** 佐藤尚武駐ソ大使、ソ連に和平斡旋を申入れる。**7・26** 米・英・中、対日ポツダム宣言で日本に降伏を呼びかける(三国共同宣言。のちソ連、参加)。**7・28** 鈴木貫太郎首相、記者団に対しポツダム宣言黙殺・戦争邁進を声明。**8・6** アメリカ軍、広島に原子爆弾投下、広島市街一瞬で壊滅。**8・8** ソ連、中立条約を侵犯して日本に宣戦布告(モロトフ外相、九日より戦争状態にあるべき旨を佐藤大使に宣言、八月九日、ソ連軍、満洲・朝鮮・樺太などに侵攻開始)。**8・9** アメリカ軍、長崎に原子爆弾投下(平成二年五月の厚生省発表では広島・長崎での被爆者の死者約三〇万人)。ポツダム宣言受諾に関し最高戦争指導会議構成員による御前会議開催(一〇日、天皇の統治権不変更との了解のもとに受諾決定・スイス・スウェーデンを通じて連合国に申入れ)。**8・12** 連合国側回答公電到着(バーンズ回答文)、受諾に関して閣議で意見対立。**8・14** 御前会議、天皇の裁断で再度ポツダム宣言受諾を決定(中立国を通じて連合国に申入れ)。**8・15** 陸軍の一部将校、終戦阻止の反乱、玉音放送録音盤奪取をはかるも鎮圧される。正午、戦争終結の詔書を天皇自身が放送(玉音放送)。鈴木内閣総辞職。**8・17** 東久邇宮稔彦内閣成立(初の皇族首相)。満洲国皇帝溥儀(プーイー)退位・満洲国解体。**8・26** 終戦連絡中央事務局官制を公布(外務省の外局として設置)。**8・28** 連合国軍先遣部隊、神奈川県の厚木飛行場に到着。東久邇宮首相、記者会見で国体護持・全国民総懺悔を呼びかける。

西暦	年号・干支	内閣	記事
一九四五 ◀▶	昭和二〇 乙酉	（小磯国昭内閣） 4・7 鈴木貫太郎内閣	**8・30** 連合国軍最高司令官マッカーサー、厚木到着。**9・1** 第八八臨時議会召集（九月四日開会、同五日閉会）。**9・2** 東京湾のアメリカ戦艦ミズーリ号上で降伏文書に調印（全権重光葵・梅津美治郎）。連合国軍総司令部（GHQ）指令第一号発表（陸海軍解体・軍需生産停止）。**9・3** イギリス人記者バーチェット、「広島における大惨状」を打電し、初めて被爆地の状況を報道。**9・9** マッカーサー、日本管理方式（間接統治・自由主義助長など）につき声明発表。**9・11** GHQ、東条英機元首相ら戦争犯罪人三九人の逮捕を命じる。**9・13** 大本営を廃止。**9・20** ポツダム宣言の受諾に伴い発する命令に関する件を公布（ポツダム命令）。**9・22** GHQ、「降伏後における米国の初期の対日方針」を発表。**9・25** 復員第一船高砂丸、メレヨン島から大分県別府に帰港。**9・27** 天皇、マッカーサーを訪問。**9・29** 新聞各紙、天皇のマッカーサー訪問写真を掲載。**10・4** GHQ、政治的・民事的・宗教的自由に対する制限撤廃の覚書（天皇に関する自由討議・思想警察全廃・政治犯釈放など）を通達。近衛文麿国務相、マッカーサー・政治顧問ジョージ＝アチソンと会見、憲法改正につき示唆をうける。**10・5** 東久邇宮内閣総辞職（GHQの覚書は実行不可能として）。全日本海員組合結成。**10・9** 幣原喜重郎内閣成立（外相吉田茂）。**10・10** 政治犯約五〇〇人を釈放（徳田球一・志賀義雄、「人民に訴う」を声明）。**10・11** マッカーサー、幣原首相に憲法の自由主義化と人権確保の五大改革（婦人解放・労働組合結成・教育民主化など）を口頭で指令。近衛文麿を内大臣府御用掛に任じる（一三日、佐々木惣一を同御用掛に任じる・憲法改正の検討に着手）。**10・15** 治安維持法・思想犯保護観察法など廃止の件を公布。(名)安田保善社理事会、GHQの要請により保善社解散を決定。在日朝鮮人連盟全国大会開催。**10・25** 政府、憲法問題調査委員会設置（委員長に松本烝治国務相）。**10・30** GHQ、教育関係の軍国主義者・超国家主義者の追放などを指令。**10・31** 沖縄の住民、収容キャンプから居住地へ移動開始。**11・2** 日本社会党結成（書記長片山哲）。

西暦	
年号・干支	
内閣	
記事	11・4 政府、持株会社(四大財閥)の自発的解体計画をGHQに提出。11・6 GHQ、持株会社の解体に関する覚書(政府提出案の承認・持株会社整理委員会の設立など、財閥解体)。11・9 日本自由党結成(総裁鳩山一郎)。11・16 日本進歩党結成(幹事長鶴見祐輔・一二月一八日、総裁に町田忠治)。11・22 近衛文麿、帝国憲法改正要綱を天皇に提出。11・26 第八九臨時議会召集(一一月二七日開会、一二月一八日解散)。12・1 日本共産党第四回大会(〜三日・書記長に徳田球一)。12・6 GHQ、近衛文麿・木戸幸一ら九人の逮捕を命じる(一六日、近衛、服毒自殺)。12・7 連合国のポーレー使節団、対日賠償中間報告(ポーレー報告)発表。元フィリピン方面軍司令官山下奉文、マニラの軍事裁判で死刑宣告(昭和二一年二月二三日、絞首刑執行)。12・8 共産党など六団体、戦争犯罪人追及人民大会を開催(戦犯名簿発表)。松本烝治国務相、衆議院予算委員会で天皇の統治権総攬は不変、議会権限の拡充など憲法改正の四原則を表明。12・9 GHQ、農地改革に関する覚書(昭和二一年三月までに自作農創設の農地改革計画を作成・提出するよう指令)。12・17 衆議院議員選挙法を改正・公布(婦人参政権実現など)。12・27 鈴木安蔵らの憲法研究会、憲法草案要綱を発表。12・28 高野岩三郎、改正憲法私案要綱を発表。12・29 農地調整法を改正・公布(第一次農地改革)。 【社会・文化】 1・13 東海地方に大地震、死者約二〇〇〇人、全半壊一万七〇〇〇戸。2・- 戦争敗北に関する流言増加(一月以来、東京で検事局送致四〇件余)。3・6 国民勤労動員令を公布(国民徴用令・国民勤労報国協力令・女子挺身勤労令・労務調整令・学校卒業者使用制限令の廃止・統合)。3・15 閣議、大都市における疎開強化要綱を決定。3・18 閣議、決戦教育措置要綱を決定(国民学校初等科を除き四月から授業停止)。3・- 連行朝鮮人労働者、全国の炭坑労働者数の約三割を占める。5・

西暦	年号・干支	内閣	記事
一九四五 ◀▶	昭和二〇 乙酉	(鈴木貫太郎内閣) 8・17 東久邇宮稔彦内閣	22 戦時教育令を公布(学校ごとに学徒隊を、地域・職場ごとに連合隊を結成)。6・1 沖縄の師範学校・高等女学校などの男女生徒多数、沖縄戦に従軍(「ひめゆり隊」など多くの死者を出す)。7・11 主食の配給量、一割減の二合一勺とする。8・12 北村サヨ、山口県田布施町で天照皇大神宮教開教。8・18 内務省、占領軍向け性的慰安施設の設置を地方長官に指令。8・20 灯火管制を解除。8・27 大日本言論報国会、解散宣言。8・30 日本文学報国会解散。9・1 東京劇場、戦後初興行(市川猿之助一座、大阪歌舞伎座なども開場)。9・10 GHQ、言論及び新聞の自由に関する覚書発表、検閲開始(占領軍・連合国に関する報道を厳しく規制)。9・17 西日本に枕崎台風、被害甚大。9・19 GHQ、プレス=コードに関する覚書(二一日、ラジオ=コードに関する覚書)。9・20 文部省、中等学校以下の教科書から戦時教材を省略・削除するよう通牒(墨ぬり教科書)。9・26 哲学者の三木清、豊多摩拘置所で獄死。9・30 大日本産業報国会解散。10・1 GHQ、個人の信書など郵便検閲を指令。10・8 北海道夕張炭坑の朝鮮人労働者、労働条件改善を要求してストライキ。10・9 GHQ、東京五大紙の新聞記事の事前検閲を開始。10・10 自由戦士出獄歓迎人民大会開催。松岡駒吉の招請で全国労働組合結成懇談会開催。10・22 GHQ、「日本教育制度に対する管理政策」を指令(軍国主義的・超国家主義的教育の禁止)。10・23 読売新聞社従業員、社員大会で社内民主化を決議(二五日、従業員組合結成、編集業務管理・一二月一一日、正力松太郎社長退陣・第一次読売争議)。10・29 日本勧業銀行、第一回宝くじ発売。11・1 全国人口調査実施(総人口七一九九万八一〇四人)。11・3 新日本婦人同盟結成(会長市川房枝)。11・4 東京帝大経済学部教授会、大内兵衛・矢内原忠雄・山田盛太郎ら七人の復職を決定。11・10 歴史学研究会、国史教育再検討座談会を開催、活動再開。11・19 鳥養利三郎京都帝大総長、京大再建方針を発表(滝川事件以前の状態の回復・昭和二一年二月一六日、滝川幸辰、教授復職)。11・

西暦	
年号・干支	
内閣	
記事	24 GHQ、理化学研究所・京都帝大などのサイクロトロンを破壊。12・1 全日本教員組合結成。12・4 閣議、女子教育刷新要綱を了解（女子大創設・大学の男女共学制など）。12・11 京成電鉄争議（業務・運賃管理・二九日解決）。12・15 GHQ、国家神道と神社神道の分離など指令。12・22 労働組合法を公布（団結権保障など・昭和二一年三月一日施行）。12・28 宗教法人令を公布（信教の自由を保障）。12・30 新日本文学会結成（江口渙・中野重治ら）。12・31 GHQ、修身・日本歴史及び地理の授業停止と教科書回収の覚書。**この年** 戦後の労働組合五〇九（三八万六七七人）、組織率四・一パーセント。稲作大凶作、食糧不足深刻化、栄養失調による死者続出。 【死没】 1・15 野村徳七（68、実業家）。1・22 柳川平助（67、陸軍軍人）。1・27 野口雨情（64、詩人）。1・30 橋本進吉（64、国語学）。2・18 建部遯吾（75、社会学）。2・20 光永星郎（80、通信・広告経営者）。2・24 河口慧海（80、仏教探検家）。2・26 田保橋潔（49、朝鮮史学）。橋本関雪（63、日本画家）。3・2 金森通倫（89、伝道者）。3・10 山岸荷葉（70、劇作家）。一竜斎貞山（六代）（69、講釈師）。河井荃廬（75、書道史家）。3・15 鈴江言一（52、中国革命史）。市川正一（54、日本共産党）。3・30 小室翠雲（72、日本画家）。4・1 小川郷太郎（70、財政学）。足立文太郎（81、解剖学）。4・3 阪井久良伎（77、川柳作家）。4・7 伊藤整一（56、海軍軍人）。4・16 田村俊子（62、小説家）。5・1 猪熊浅麻呂（76、有職故実学）。5・6 市村羽左衛門（一五代）（71、歌舞伎役者）。5・12 入沢宗寿（61、教育学）。5・17 滝精一（73、美術史家）。5・20 載仁親王（81、閑院宮）。5・21 清沢洌（56、外交評論家）。5・25 柳瀬正夢（46、画家）。織田万（78、法学）。関保之助（78、有職故実学）。5・26(?) 石井菊次郎（80、外交官）。6・2 平山信（79、天文学）。6・7 西田幾多郎（76、哲学）。6・22 相田二郎（49、日本史学）。6・23 牛島満（59、陸軍軍人）。6・25 秋月左都夫（88、外交官）。6・28 山崎覚次郎（78、漆芸家）。高楠

西暦	年号・干支	内閣
一九四五	昭和二〇 乙酉	10・9 幣原喜重郎内閣

記事

順次郎(80、仏教学)。7・4 利光鶴松(83、実業家)。7・7 塩沢昌貞(76、経済学)。8・9 戸坂潤(46、思想家)。8・15 阿南惟幾(59、陸軍軍人)。8・16 丸山定夫(45、俳優)。大西滝治郎(55、海軍軍人)。8・17 島木健作(43、小説家)。8・24 田中静壱(59、陸軍軍人)。8・25 影山庄平(60、神道家)。9・8 川島義之(68、陸軍軍人)。9・9 建川美次(66、陸軍軍人)。9・12 杉山元(66、陸軍軍人)。9・14 橋田邦彦(64、生理学・教育行政)。9・18 島津保次郎(49、映画監督)。9・26 三木清(49、哲学)。9・− 戸谷敏之(34、歴史学)。10・3 杉村楚人冠(74、新聞記者)。10・9 薄田泣菫(69、詩人)。10・14 本居長世(61、作曲家)。10・15 木下杢太郎(61、詩人、医学)。10・16 田中正平(84、物理学)。10・18 葉山嘉樹(52、小説家)。水野広徳(71、海軍軍人)。10・21 深井英五(75、銀行家)。10・23 吉満義彦(42、哲学者)。10・25 橘 樸(65、ジャーナリスト)。11・18 工藤吉郎兵衛(86、育種家)。11・20 本庄 繁(70、陸軍軍人)。11・26 三宅雪嶺(86、ジャーナリスト)。11・27 平生釟三郎(80、実業家)。11・28 中沢弁次郎(55、農民運動家)。12・2 岩崎小弥太(67、三菱財閥)。安井てつ(76、教育者)。12・9 吉田栄三(初代)(74、文楽人形遣い)。12・13 柴五郎(87、陸軍軍人)。12・16 近衛文麿(55、政治家)。12・24 白石元治郎(79、日本鋼管)。12・29 村田峰次郎(89、日本史学)。

【世界】

1・17 ソ連軍、ワルシャワを占領。1・20 ハンガリーのミクローシュ臨時政府、連合国軍と休戦協定に調印。2・4 米・英・ソ、ヤルタ会談(ローズヴェルト・チャーチル・スターリン)・対ドイツ戦後処理・ソ連の対日参戦など協議・～一一日)。2・13 ソ連軍、ブダペストを占領(四月四日、ハンガリー全土からドイツ軍を撃退)。3・3 パン＝アメリカ会議(メキシコシティーで開催)で、チャプルテペック協定を採択。3・22 アラブ連盟憲章調印(エジプト・シリア・レバノン・イラク・トランスヨルダン・サウジアラビア・イエメンの七ヵ国参加)。4・12 米ローズヴェルト大統領死去、トル

西暦	
年号・干支	
内閣	
記事	ーマン副大統領が大統領就任。**4・13** ソ連軍、ウィーン占領。**4・22** ソ連軍、ベルリン市街に突入（五月二日、ベルリン占領）。**4・23** 中国共産党第七期全国大会、延安（イエンアン）で開催（〜六月一一日・毛沢東（マオ＝ツォートン）、「連合政府論」を報告）。**4・25** サンフランシスコ連合国全体会議開催（〜六月二六日・五〇ヵ国参加・国連憲章調印）。**4・27** ムッソリーニ、逮捕される（四月二八日銃殺）。**4・30** ヒトラー、ベルリンの総統官邸で自殺。**5・5** 中国国民党第六期全国大会、重慶（チョンチン）で開催（〜二一日）。**5・7** ドイツ、ランス・ベルリン（八日）で、連合国への無条件降伏文書に署名。**7・16** 米、ニューメキシコで原子核爆発実験に成功。**7・17** 米・英・ソ、ポツダム会議（二六日、米・英・中三国で対日ポツダム宣言発表、のちソ連も参加・八月二日、ドイツに関するポツダム議定書発表）。**7・26** イギリス総選挙で労働党大勝、チャーチル内閣総辞職（二七日、アトリー労働党内閣成立）。**7・31** リカルテ没（78、フィリピン革命の指導者）。**8・10** セルギー没（74、日本ハリストス正教会府主教）。**8・14** 中ソ友好同盟条約調印。**8・15** ソウルで朝鮮建国準備委員会結成（委員長呂運亨（ノ＝ウンヒョン）・一〇月七日解散）。**8・17** インドネシア共和国独立宣言（大統領スカルノ）。**8・18** 米軍、上海・広州（クワンチョウ）・天津（ティエンチン）・青島に上陸。**8・19** チャンドラ＝ボース、台湾で飛行機事故により死去（48）。ベトナムのハノイで蜂起（八月革命）。**8・20** ソウルで朝鮮共産党再建委員会結成（委員長朴憲永（パク＝ホニョン））。**8・28** 蔣介石（チアン＝チエシー）・毛沢東（マオ＝ツォートン）、重慶（チョンチン）で会談（一〇月一〇日、双十協定調印・内戦回避などに合意）。**9・2** ベトナム民主共和国成立宣言（臨時政府主席ホー＝チ＝ミン・二三日、フランス軍、サイゴンを占領）。朝鮮、北緯三八度線を境に北はソ連、南はアメリカの管理下に置かれる。**9・10** 米・英・仏・ソ・中、ロンドン外相会議（講和問題を討議・二九日、極東諮問委員会設置を決定・〜一〇月二日）。**9・17** 郁達夫（ユー＝ターフー）没（49、中国の作

西暦	年号・干支	内閣	記事
一九四五 ▶	昭和二〇 乙酉	（幣原喜重郎内閣）	家）。**10・12** ラオス臨時政府成立（反仏組織ラーオ＝イッサラ、暫定憲法を採択）。**10・17** 中国国民政府軍、台湾に上陸。**10・24** 国連憲章発効、国際連合が正式に成立。**10・29** ブラジルでバルガス大統領辞任。**11・20** ニュルンベルク国際軍事裁判開廷。**11・27** 米トルーマン大統領、マーシャル元帥を中国の国共内戦調停の大統領特使に任命（一二月二三日、マーシャル特使、重慶（チョンチン）に到着）。**11・29** ユーゴスラヴィア制憲議会、王制を廃し、連邦人民共和国を宣言。**12・12** イランでソ連軍の援助により、アゼルバイジャン共和国樹立。**12・16** 米・英・ソ、モスクワ外相会議開催（占領・講和問題・極東問題を討議・～二六日）。**12・25** 王克敏（ワン＝コーミン）没（73、中国の政治家）。**12・27**「モスクワ宣言」発表（朝鮮信託統治、極東委員会・対日理事会設置に合意）。
一九四六 ◀	二一 丙戌		【政治・経済】 **1・1** 天皇、神格化否定の詔書（マッカーサー承認）。**1・4** GHQ、「好ましくない人物の公職よりの除去に関する覚書」（公職追放）及び超国家主義団体の解散指令。**1・10** 山川均、人民戦線の結成を提唱。**1・12** 野坂参三、中国延安（イエンアン）から帰国（一四日、共産党と天皇制・民主戦線につき共同声明・二六日、東京の日比谷公園で帰国歓迎国民大会）。GHQ、三月一五日以後の総選挙実施を認可。**1・13** 煙草の「ピース」発売。幣原内閣改造（公職追放に伴い、内・農・運輸・文相及び内閣書記官長を入れ替え）。**1・16** 社会党中央執行委員会、共産党との共同戦線を時期尚早とする。**1・19** マッカーサー、極東国際軍事裁判所の設置を命令、同裁判所憲章を発布。**1・21** GHQ、公娼廃止に関する覚書（公娼を許容する一切の法規撤廃）。自由党、憲法改正要綱を発表（天皇の統治権総攬）。**1・27** 平野義太郎・伊藤武雄ら、中国研究所設立。**1・29** GHQ、奄美大島を含む琉球列島・小笠原諸島などに対し日本の行政権を停止する覚書。**2・1** 内務・司

西暦	
年号・干支	
内閣	
記事	法・商工・厚生大臣、生産管理闘争に関する違法行為処断を声明。**2・3** マッカーサー、「三原則」を示して日本憲法草案の作成をＧＨＱ民政局に指示(一〇日、ＧＨＱ案完成)。**2・8** 日本政府、憲法改正要綱(松本試案)をＧＨＱに正式提出。**2・9** 日本農民組合結成(日農、会長須永好)。**2・11** 梅若万三郎ら、第五回文化勲章受章(戦後初)。関東食糧民主協議会結成。**2・13** ＧＨＱ、松本試案を拒否し、ＧＨＱ憲法草案を日本政府に手交。**2・14** 進歩党、憲法改正案要綱を発表。**2・17** 金融緊急措置令を公布(旧円預貯金の封鎖・新円の発行など。即日施行)。食糧緊急措置令を公布(食糧供出確保のため強権発動を規定)。**2・19** 天皇、神奈川県を巡幸(以後、二八日東京都、三月二五日群馬県など全国を巡幸)。**2・23** 社会党、憲法改正案要綱を発表(国家主権・天皇制の存置)。**2・24** 共産党第五回大会、議会的方法による平和的革命構想を採択。**3・3** 物価統制令を公布。**3・6** 日本政府、憲法改正草案要綱を発表(主権在民・象徴天皇制・戦争放棄を規定。マッカーサー承認)。**3・20** 極東委員会、新憲法の制定過程で日本の世論を尊重せよとのマッカーサー宛指令を決定。**4・3** 山川均ら、民主人民連盟結成準備大会を開催(暫定共同綱領一五項目を発表。七月二一日、創立大会)。**4・5** 連合国対日理事会第一回会合、東京で開催。**4・7** 幣原内閣打倒人民大会、東京日比谷で開催(デモに警官発砲)。**4・10** 新選挙法による第二二回衆議院総選挙(自由一四一・進歩九四・社会九三・協同一四・共産五・諸派三八・無所属八一、女性議員三九人)。**4・17** 政府、憲法改正草案正文を発表(日本国憲法草案。ひらがな混り・口語体)。**4・19** 自由・社会・協同・共産四党、幣原内閣打倒共同委員会を結成(内閣の即時辞職要求、倒閣国民大会開催を決定)。**4・20** 持株会社整理委員会令を公布(八月八日、委員を任命)。**4・22** 幣原内閣総辞職。**4・30** 経済同友会設立(代表幹事諸井貫一)。**5・3** 極東国際軍事裁判所開廷。**5・4** ＧＨＱ、自由党総裁鳩山一郎の公職追放令該当を政府に通達。**5・13** 極東委員会、中間賠償取立案決定。社会党、

西暦	年号・干支	内閣
一九四六 ◀▶	昭和二一 丙戌	（幣原喜重郎内閣） 5・22 第1次吉田茂内閣

記事

救国民主連盟の結成を決定。 5・14 吉田茂、自由党総裁就任を受諾。 5・15 対日理事会でアメリカ代表アチソン、共産主義を支持せずと発言。 5・16 吉田茂に組閣を命じる。第九〇臨時議会召集（六月二〇日開会、一〇月一一日閉会）。 5・22 第一次吉田内閣成立（蔵相石橋湛山・国務相幣原喜重郎）。 5・24 天皇、食糧難克服に関して録音放送。協同民主党結成（委員長山本実彦）。 6・12 占領軍の占領目的に有害な行為に対する処罰等に関する勅令を公布（勅令三一一号・七月一五日施行）。 6・17 対日理事会、農地改革に関する日本政府回答（三月一五日付）は不十分と確認。関東経営者協会設立（委員長足立正）。 6・18 極東国際軍事裁判所首席検事キーナン、ワシントンにて天皇を戦争犯罪人としないと言明。 6・22 GHQ、日本の漁業・捕鯨業の操業区域を指定（マッカーサー＝ライン）。 6・26 吉田首相、衆議院で新憲法第九条は自衛権の発動としての戦争も交戦権も放棄と言明。 6・29 共産党、日本人民共和国憲法草案を決定。 6・- GHQ、徹底的な農地改革計画を作成するよう政府に勧告（第二次農地改革実施）。 7・2 極東委員会、新日本国憲法の基本諸原則を採択（六日、アメリカ政府からマッカーサーに送付）。 8・12 経済安定本部令・物価庁官制を各公布。 8・16 経済団体連合会設立（「経団連」・代表理事石川一郎）。 8・22 持株会社整理委員会発足（財閥解体の本格的開始・九月六日、四大財閥本社と富士産業㈱を持株会社に指定・以後、合計八三社指定）。 8・24 衆議院、憲法改正案を修正可決。 10・1 臨時物資需給調整法を公布。 10・3 在日朝鮮居留民団結成。 10・6 貴族院、特別委員会の憲法改正案を可決。 10・7 衆議院、貴族院で修正された憲法改正案を可決、日本国憲法成立。 10・8 文部省、教育勅語捧読の廃止、勅語・詔書の謄本などの神格化廃止を通達。復興金融金庫法を公布（昭和二二年一月二五日、開業・理事長に伊藤謙二興銀総裁・復金インフレ発生）。 10・19 軍需補償打切り対処のため、戦時補償特別措置法・金融機関再建整備法などを各公布。 10・21 農地調整法改正（一一月二二日施行）・

西暦	図1 ↓53年
年号・干支	
内閣	
記事	下記

自作農創設特別措置法（一二月二九日施行）を公布（ともに第二次農地改革を推進）。**11・3** 日本国憲法公布。**11・10** 石炭不足で旅客列車を一六パーセント削減。**11・12** 財産税法を公布。**11・17** アメリカ国務次官、日本賠償に関するポーレー賠償最終報告を発表。**11・20** 日本商工会議所設立。**11・25** 第九一臨時議会召集（一一月二六日開会、一二月二五日閉会）。**11・26** 全官公庁労組共同闘争委員会結成。**12・2** 内務省、地方長官に特殊飲食店（赤線）指定を指示。**12・17** 生活権確保・吉田反動内閣打倒国民大会開催。**12・18** 極東委員会、日本の労働組合に関する一六原則を決定。**12・21** 南海道大地震、近畿・四国地方に大被害（死者一三〇〇余人）。**12・27** 閣議、石炭・鉄鋼産業に重点を置く傾斜生産方式を決定。第九二通常議会召集（一二月二八日開会、昭和二二年三月三一日解散）。**12・30** GHQ、日本の綿工業の復興に対する資金計画に関する覚書（六億円融資を許可）。**この年** 広島・長崎の被爆者の間に白血病広まる。インフレーション進行（東京小売物価指数、昭和九～一一年平均の一八・九倍）、鉱工業生産激減（同じく〇・三一倍）。

【社会・文化】

1・1 戸田城聖、創価学会再建。**1・12** 民主主義科学者協会創立大会（会長小倉金之助）。**1・18** 名古屋で南朝の子孫と主張する熊沢天皇が名のり出る。**1・19** 村山知義ら、新協劇団を再建。ラジオ「のど自慢素人音楽会」放送開始。**1・22** 東京の元陸軍板橋造兵廠で、大量の隠匿物資発見、人民管理で住民に自主配給。**1・26** マニラから小麦粉一〇〇〇トン積載の食糧輸入船、東京港に到着。**1・―** 岩波書店『世界』創刊。**2・1** 平川唯一の英語会話放送開始。**2・7** 出口王仁三郎、大本教を愛善苑として再建。**2・8** 北海道の美唄炭坑争議、生産管理を実施（一七日、「人民裁判事件」）。**2・11** 『四国新聞』創刊（『香川日日新聞』改題）。『南日本新聞』創刊（『鹿児島新聞』『鹿児島朝日新聞』合併）。**2・19** 部落解放同盟全国委員会結成（委員長松本治一郎）。**2・28** 戦後初のアメリカ

西暦	年号・干支	内閣
一九四六 ◀▶	昭和二一 丙戌	(第１次吉田茂内閣)

記事

映画封切。 **3・1** 文部省主催第一回日本美術展(日展・東京都美術館・～三一日)。『日本経済新聞』創刊(『日本産業経済』改題)。 **3・5** アメリカ教育使節団来日(三一日、報告書提出、六・三制など教育民主化を勧告)。 **3・9** 社会党、山川均提唱の民主人民戦線への不参加を決定。都会地転入抑制緊急措置令を公布(東京・大阪など大都市の人口抑制策)。 **3・11** 大西愛治郎、天理本道を再建。 **3・16** 婦人民主クラブ結成。 **4・7** ひめゆりの塔建立。 **4・-** 鎌倉在住の知識人を中心に鎌倉大学校設立(のちの鎌倉アカデミア)。 文学者による戦争責任論起こる。 **5・1** 第一七回メーデー(一一年ぶりに復活)。 **5・12** 東京世田谷区で「米ヨコセ」区民大会(宮城へデモ、初めて赤旗が坂下門をくぐる)。 **5・19** 食糧メーデー(宮城前広場で飯米獲得人民大会とデモ・プラカード事件起こり、六月二二日、不敬罪で起訴)。 **5・20** マッカーサー、大衆示威運動に警告、「暴民デモ許さず」と声明。 **5・31** 早稲田大学で初めて学生自治会の自治権確立。 **5・-** 日本史研究会『日本史研究』創刊。 **6・13** 政府、社会秩序保持・食糧危機突破に関する声明を発表。 **6・-** 日本歴史学会『日本歴史』創刊。 吉田幸一編『古典文庫』創刊。 **7・1** NHK、ラジオで「尋ね人」の放送開始。 **7・12** 読売新聞社で、編集首脳六人の解雇に対してスト(～一六日・一〇月一六日、妥結・第二次読売新聞社争議)。 **7・24** 国鉄、七万五〇〇〇人解雇を組合に申入れ(九月一四日、解雇撤回)。 **8・1** 日本労働組合総同盟結成(「総同盟」・会長松岡駒吉)。 **8・10** 教育刷新委員会設置(内閣総理大臣所轄のもと教育の重要事項を調査審議・委員長安倍能成)。 **8・19** 全日本産業別労働組合会議結成(「産別会議」・委員長聴濤克巳)。 **8・20** 婦女暴行殺人容疑で小平義雄を逮捕(死刑判決)。 **8・31** 国民医療法施行令を改正(医師国家試験・インターン制度の採用)。 **9・5** 第一回芸術祭開催(文部省芸術課長今日出海の提唱・～一〇月)。 **9・9** 生活保護法を公布(一〇月一日施行)。 **9・27** 労働関係調整法を公布。 **9・29** 御木徳近、ＰＬ教団を開教。 **10・1** 東芝労連、スト突入(産別会議指

西暦	
年号・干支	
内閣	
記事	導の一〇月闘争開始）。10・25 日本労働組合会議結成（「日労会議」）。10・－ 民主主義科学者協会歴史部会『歴史評論』創刊。11・1 主食の配給が二合一勺から二合五勺に増配。11・16 政府、当用漢字表（一八五〇字）・現代かなづかいを告示。12・－ 佐佐木信綱ら監修『日本古典全書』刊行開始。 【死没】 1・7 相馬半治（78、実業家）。1・10 伊良子清白（70、詩人）。1・19 靉光（40、洋画家）。1・21 杉田久女（57、俳人）。1・26 蓑田胸喜（53、右翼運動家）。1・30 河上肇（68、経済学）。2・1 谷本富（80、教育学）。2・8 南弘（78、社会心理学）。2・14 木下竹次（75、新教育運動）。2・23 山下奉文（62、陸軍軍人）。2・26 原田熊雄（59、政治家）。3・4 田中義能（75、神道学）。3・5 大村卓一（75、鉄道官僚）。3・7 加藤繁（67、東洋史学）。3・12 鈴木文治（62、労働運動）。3・16 片岡仁左衛門（一二代）（65、歌舞伎役者）。3・22 関根金次郎（79、棋師）。3・24 林歌子（83、婦人運動家）。3・31 武田麟太郎（43、小説家）。4・3 本間雅晴（60、陸軍軍人）。4・5 桂田富士郎（80、医学）。4・13 村岡典嗣（63、史学）。4・19 安藤利吉（63、陸軍軍人）。尾野実信（82、陸軍軍人）。4・21 千葉勇五郎（77、牧師）。4・25 岩波茂雄（66、岩波書店）。4・28 米山梅吉（79、銀行家）。5・19 中部幾次郎（81、実業家）。5・26 三浦環（63、声楽家）。6・4 松井慶四郎（79、外交官）。6・10 恩田鉄弥（83、国立園芸試験場）。6・12 寺内寿一（68、陸軍軍人）。6・14 幸田延（77、音楽教育家）。6・23 矢野道也（71、印刷業）。6・27 松岡洋右（67、外交官）。6・29 梅若万三郎（初代）（79、能楽師）。7・9 今井五介（88、実業家）。7・23 坂田三吉（77、棋士）。8・13 渡辺水巴（65、俳人）。8・16 博恭王（72、伏見宮）。8・29 茅野蕭々（64、ドイツ文学）。9・4 白瀬矗（86、探検家）。9・12 望月太左衛門（九代）（45、歌舞伎囃子方）。9・13 酒井隆（60、陸軍軍人）。9・21 伊丹万作（47、映画監督）。10・1 尾佐竹猛（67、司法官・日本史学）。10・6 森本薫（35、劇作家）。窪田静太郎（82、社会事業家）。10・8 山本鼎（65、版画家）。10・10 福

西暦	年号・干支	内閣
▶一九四六	昭和二一 丙戌	(第1次吉田茂内閣)

記事

士幸次郎(58、詩人)。**10・16** 松井米太郎(78、牧師)。**10・28** 浮田和民(88、政治家)。**11・7** 近藤万太郎(64、農学)。**11・12** 町田忠治(84、政治家)。**11・25** 堀切善兵衛(65、政治家)。**12・1** 杉山平助(52、評論家)。**12・5** 大塚武松(69、日本史学)。草紙庵(72、小唄作曲家)。**12・7** 川上貞奴(76、俳優)。**12・9** 鳩山秀夫(63、法学)。**12・15** 桑木厳翼(73、哲学)。**12・21** 黒板勝美(73、日本史学)。

【世界】

1・1 南朝鮮の朝鮮共産党、モスクワ外相会議決定の信託統治支持を声明。**1・5** 中国国民党政府、モンゴル人民共和国の独立を承認。**1・7** 軍事三人委員会(周恩来(チョウ=エンライ)・張群(チャン=チュン)・マーシャル)、国共停戦会談(一〇月、停戦協定成立)。**1・10** 第一回国連総会、ロンドンで開催(~二月一四日)。政治協商会議、中国重慶(チョンチン)で開催(~三一日)。**1・11** アルバニア、人民共和国を宣言。**2・1** ハンガリー、共和国を宣言、新憲法を制定。**2・5** バックストン没(85、宣教師)。**2・18** ボンベイでインド海軍の水兵が反乱。**2・26** 極東委員会第一回会議、ワシントンで開催。**3・5** チャーチル、アメリカで「鉄のカーテン」演説。**3・6** フランス・ベトナム、予備協定に調印(フランス連合内でのベトナム自治に合意)。**4・24** フランス軍、ラオスのビエンチャンを占領(ラオイサラ政府、タイに亡命)。**5・4** 中国共産党中央、土地改革の実施を指示。**5・5** 中国国民党政府、南京遷都。**5・9** ソ連軍、アゼルバイジャンからの撤退完了。**5・25** ソ連軍、中国東北地区(満洲)からの撤退を完了。**6・2** イタリアの国民投票で王制廃止決定。**6・4** アルゼンチン、ペロン、大統領就任。**6・14** 国連原子力委員会第一回会議でアメリカ代表バルーク、原子力の国際管理機構設置を提案。**6・-** 陳公博(チェン=コンポー)処刑(57、中国国民党改組派の指導者)。**7・1** アメリカ、ビキニ環礁で原爆実験。**7・4** フィリピン共和国、独立を宣言(大統領ロハス)。**7・12** 国民政府軍、江蘇(チアンスー)・安徽(アンホイ)の解放区を攻撃、

西暦		◀一九四七
年号・干支		二二 丁亥
内閣		
記事	中国の全面的内戦始まる。**7・29** 旧枢軸五ヵ国(イタリア・ハンガリー・ブルガリア・ルーマニア・フィンランド)に関するパリ平和会議開催(～一〇月一五日)。**8・16** インド＝ムスリム連盟、ヒンドゥー教徒と衝突。**8・28** 北朝鮮労働党結成。**8・29** フィリピンでロハス政権に対するフクバラハップの武装抵抗始まる。**9・1** ギリシアの国民投票で王制支持される。**9・2** インドでネルー首相の中間政府成立。**9・15** ブルガリア、人民共和国を宣言。**9・24** 南朝鮮でゼネスト。**10・1** ニュルンベルク国際軍事裁判判決、一二人に絞首刑宣告。**10・13** フランス、人民投票で第二次憲法草案を可決。**11・9** 梁鴻志(リアン＝ホンチー)処刑(65、中華民国の政治家)。**11・10** フランス、国民議会選挙で共産党が第一党となる。**11・15** 国民党、南京で国民大会を強行開催(共産党・民主同盟不参加・～一二月二五日)。オランダ・インドネシア、リンガジャティ協定に仮調印(インドネシア共和国承認・オランダとの連合合意)。**12・19** フランス軍、ハノイでベトナム軍を攻撃(第一次インドシナ戦争始まる)。**この年** セミョーノフ没(ロシア反革命派のコサックの首長)。	【政治・経済】 **1・1** 吉田茂首相、年頭の辞で労働運動指導者を「不逞の輩」と非難。**1・4** 公職追放令を改正(言論界・地方公職などに範囲を拡大)。**1・15** 産別会議・総同盟など、「二・一スト」準備のため全国労働組合共同闘争委員会(全闘)を結成。**1・16** 皇室典範・皇室経済法を各公布(五月三日施行)。**1・18** 全官公庁労組共闘委員会、「二・一スト」を宣言。**1・28** 吉田内閣打倒・危機突破国民大会、宮城前広場で開催。**1・31** マッカーサー、「二・一ゼネスト」の中止を命じる。吉田内閣改造(社会党との連立工作失敗後の対処策)。**2・6** 経済復興会議結成(議長鈴木茂三郎)。**2・7** マッカーサー、吉田首相宛の書簡で総選挙の実施を指示。**2・18** アメリカ陸軍省派遣のストライク賠償調査団

西暦	年号・干支	内閣	記事
一九四七 ◀▶	昭和二二 丁亥	(第1次吉田茂内閣)	(一月二八日、来日)、GHQに報告書を提出。2・24 参議院議員選挙法を公布。2・28 閣議、供米促進対策要綱を発表(報奨金・供米に応じた物資特配など)。3・3 公職資格訴願審査委員会官制を公布。3・5 大村清一内相、全国警察部長会議で主食の強権供出を訓示。3・8 国民協同党結成(協同民主党・国民党などの合同・書記長三木武夫)。3・11 GHQ、軍票一ドル=五〇円に設定(それまで一五円)。3・31 第一回農地買収実施。財政法を公布(国の予算・財政に関する基本法令)。民主党結成(五月一八日、総裁に芦田均、名誉総裁に幣原喜重郎)。衆議院議員選挙法を改正・公布。衆議院解散(帝国議会終幕)。4・1 町内会・部落会・隣組廃止(五月三日、政令を公布)。新学制による小学校・中学校発足(六・三制・男女共学)。4・5 第一回統一地方選挙(知事・市区町村長選挙)。4・7 労働基準法を公布(九月一日施行)。4・14 私的独占の禁止および公正取引の確保に関する法律(独占禁止法)を公布(七月一日一部を、二〇日全面施行)。4・17 地方自治法を公布(五月三日施行)。4・20 第一回参議院議員選挙(社会四七・自由三九・民主二九・国民協同一〇・共産四・諸派一三・無所属一〇八)。4・25 第二三回衆議院議員総選挙(社会一四三・自由一三一・民主一二四・国民協同三一・共産四・日本農民四・諸派一六・無所属一二)。4・30 都道府県議会・市区町村議会議員選挙。5・3 日本国憲法施行。5・14 社会党左派の鈴木茂三郎・加藤勘十、外国人記者団に対し共産党との絶縁を声明。5・17 参議院の無所属議員、緑風会結成。政府、石橋湛山蔵相・石井光次郎商工相・木村篤太郎司法相三閣僚の公職追放令該当を発表。5・19 経営者団体連合会結成(代表常任理事諸井貫一。昭和二三年四月一二日、日本経営者団体連盟と改称)。5・20 第一特別国会召集(一二月九日閉会)。吉田内閣総辞職。5・23 衆・参両院、内閣総理大臣に片山哲を指名。5・24 片山哲内閣成立(閣僚の任命が遅れ、片山首相が各省大臣を兼務)。6・1 片山内閣、閣僚を任命(社会・民主・国民協同三党の連立)。6・15 沖縄民主同盟結成(委員長仲宗

西暦	
年号・干支	
内閣	片山哲内閣 5・24

記事

根源和）。7・1 公正取引委員会発足（委員長中山喜久松）。7・3 GHQ、商事会社の解体に関する覚書（三井物産・三菱商事の解体を指令）。7・4 政府、第一次経済実相報告書（経済白書）を発表。7・5 経済安定本部、新価格体系を発表（七日、「一八〇〇円ベース」の新物価体系を発表）。7・6 国鉄、貨物運賃値上げを実施（七日、旅客運賃値上げ）。7・20 主食遅配が全国平均二〇日となる。沖縄人民党結成（委員長浦崎康華）。8・4 最高裁判所発足（長官三淵忠彦ら一四人を裁判官に任じる）。8・15 GHQ、制限付の民間貿易再開を許可。9・1 労働省を設置（婦人少年局長に山川菊栄就任）。9・5 閣議、臨時石炭鉱業管理法案原案を決定（二五日、国会提出）。9・10 沖縄社会党結成（事務長大宜味朝徳）。10・10 キーナン検事、天皇と実業界に戦争責任なしと言明。10・13 初の皇室会議、山階など一一宮家五一人の皇籍離脱を決定。10・21 国家公務員法を公布（即日一部を、昭和二三年七月一日全面施行）。10・26 改正刑法を公布（姦通罪・不敬罪を廃止。一一月一五日施行）。11・4 片山首相、平野力三農相を罷免（後任問題で社会党内紛糾）。11・19 農業協同組合法を公布（一二月一五日施行）。12・10 第二通常国会召集（昭和二三年七月五日閉会）。12・12 児童福祉法を公布（昭和二三年一月一日施行）。12・13 農相後任に波多野鼎（これに不満の社会党左派、四党協定廃棄・党内野党を声明）。12・17 警察法を公布（国家地方警察・自治体警察を設置。昭和二三年三月七日施行）。12・18 過度経済力集中排除法を公布（即日施行）。12・20 臨時石炭鉱業管理法を公布（炭鉱国家管理）。12・22 改正民法を公布（家・戸主の廃止、家督相続の廃止など。昭和二三年一月一日施行）。12・31 内務省廃止。

【社会・文化】

1・15 新宿帝都座で初の額縁ヌードショー。1・― 東京都の小学校で学校給食再開。2・12 日本ペンクラブ再建（会長志賀直哉）。2・20 文部省、ひらがな先習の小学校教科書を発表。2・

西暦	年号・干支	内閣
一九四七 ◀▶	昭和二二 丁亥	(片山哲内閣)

記事

25 八高線高麗川駅付近で列車脱線転覆、死者一七四人(八高線列車事故)。2・- 梅本克己・松村一人ら、哲学の主体性論争を始める。3・9 戦後初の国際婦人デー。3・31 教育基本法・学校教育法を各公布(六・三・三・四制を規定)。6・8 日本教職員組合結成。6・- 『文学界』再刊。7・5 NHK、「鐘の鳴る丘」放送開始。7・10 静岡県登呂遺跡の発掘開始。7・28 滝沢修・宇野重吉・森雅之ら、民衆芸術劇場(民芸)結成。8・9 古橋広之進、競泳四〇〇メートル自由形で世界新記録(四分三八秒四、以後、世界記録続出)。8・20 全逓組合員、俸給繰上げ支給などを要求し各地で集団欠勤開始(一〇月二二日、政府、「山ねこ争議」と非難)。9・2 小・中学校で社会科授業を開始。9・14 キャスリーン台風来襲、一六日まで関東を中心に大水害。10・1 国勢調査実施(人口七八一〇万一四七三人)。10・11 東京地方裁判所の山口良忠判事、配給食糧のみによる生活を守り、栄養失調で死亡。11・14 倉敷天文台の本田実、新彗星を発見(本田彗星)。11・25 第一回共同募金。11・30 職業安定法を公布(一二月一日施行・職業紹介事業の開始)。12・1 勧業銀行、一〇〇万円宝くじを発売(一枚五〇円)。12・29 出生届の人名を当用漢字に限定。12・- 竹内理三編『平安遺文』第一巻刊(〜昭和五五年)。**この年** 用紙事情悪化で雑誌休刊続出。労働組合結成が相次ぐ。笠置シヅ子の「東京ブギウギ」大流行。

【死没】

1・5 永野修身(68、海軍軍人)。1・10 織田作之助(35、小説家)。小畑敏四郎(63、陸軍軍人)。1・19 石原純(67、理論物理学)。1・27 清水三男(39、日本史学)。2・2 水野葉舟(65、詩人)。2・4 内ケ崎作三郎(71、教育者)。2・22 市村瓚次郎(84、東洋史学)。3・24 大島健一(90、陸軍軍人)。4・4 船津辰一郎(75、外交官)。4・7 児玉秀雄(72、植民地官僚)。4・14 萱野長知(75、大陸浪人)。7・11 今井慶松(77、箏曲家)。7・13 常磐津松尾太夫(三代)(73、浄瑠璃演奏家)。野口米次郎(73、詩

西暦	
年号・干支	
内閣	
記事	人)。**7・21** 菊池幽芳(78、小説家)。**7・30** 幸田露伴(81、小説家)。**8・9** 小幡酉吉(75、外交官)。**8・13** 伊波普猷(72、沖縄学)。**8・14** 三浦新七(71、歴史家)。**8・29** 中村孝太郎(67、陸軍軍人)。**9・2** 上司小剣(74、小説家)。**9・7** 永田広志(44、哲学)。**9・25** 清水澄(80、枢密院議長)。**10・2** 谷津直秀(71、動物学)。**10・9** 桜内幸雄(68、政治家)。田川大吉郎(79、政治家)。**10・25** 泉二新熊(72、検察官)。**10・26** 矢崎嵯峨屋(85、小説家)。**10・31** 川村麟也(69、病理学)。**11・10** 豊原又男(76、職業紹介業)。**11・12** 山本達雄(92、財界人)。**12・13** 狩野直喜(80、中国学)。**12・21** 島田俊雄(71、政治家)。**12・26** 吉江琢児(74、数学)。**12・30** 横光利一(50、小説家)。**12・31** 塚越停春楼(84、歴史家)。 【世界】 **1・30** 中国国民政府、軍事三人委員会の解散を声明。**2・10** パリ平和条約調印(連合国、イタリア・ハンガリー・ブルガリア・ルーマニア・フィンランドと講和・九月一五日発効)。**2・28** 台湾台北(タイペイ)で反国民政府暴動、戒厳令下の武力鎮圧で約三万人殺害(~五月一七日・二・二八事件)。**3・12** 米トルーマン大統領、「トルーマン=ドクトリン」を宣言(ギリシア・トルコへの援助を提案)。**3・19** 国民政府軍、延安(イエンアン)占領。**3・22** トルーマン大統領、連邦政府職員の忠誠審査計画を発表。**5・4** フランスのラマディエ連立内閣、共産党閣僚を排除。**5・30** イタリアで第四次デ=ガスペリ内閣成立(共産・社会両党を排除)。**6・5** 米マーシャル国務長官、ヨーロッパ経済復興援助計画を発表(マーシャル=プラン)。**6・23** アメリカでタフト=ハートレー法成立。**6・28** オランダ、インドネシア共和国に侵攻(国連安保理の停戦決議で八月四日両国停戦)。**7・2** ソ連、マーシャル=プラン参加を拒否。**7・12** ヨーロッパ一六ヵ国会議、パリで開催(マーシャル=プラン参加を決定)。**7・19** 南朝鮮の勤労人民党党首呂運亨(ノ=ウンヒョン)暗殺される(62)。アウン=サン没(32、ビルマ独立運動の指導者)。**7・26** アメリカで国家安全保障法成立。**8・14** パキス

西暦	年号・干支	内閣	記事
一九四七 ▶	昭和二二 丁亥	(片山哲内閣)	タン、独立を宣言(初代総督ジンナー)。**8・15** インド、独立を宣言(初代首相ネルー)。**9・2** 米州会議で、米州相互援助条約(リオ条約)調印。**9・22** ヨーロッパ主要共産党会議、ポーランドで開催、コミンフォルム結成(一〇月五日発表)。**9・23** 国連総会、朝鮮問題を議題として採択(アメリカ提案、ソ連反対)。**10・26** リットン没(71、イギリスの政治家)。**10・29** 国際貿易会議(ジュネーヴで開催)で関税と貿易に関する一般協定(ガット)調印。**11・29** 国連総会、パレスチナ分割案を採択。**この年** 殷汝耕(イン=ルーコン)没(59、中国の政治家)。張継(チャン=チー)没(66、中国国民党右派指導者)。
一九四八 ◀	二三 戊子		【政治・経済】 **1・6** 米ロイヤル陸軍長官、日本は共産主義に対する防壁とサンフランシスコで演説。**1・7** 財閥同族支配力排除法を公布(即日施行)。**1・13** 公職適否審査委員会、衆議院議員平野力三の公職追放令該当を決定。**1・19** 社会党大会、社会・自由・民主・国民協同四党による政策協定の破棄を決定。**2・4** GHQ、農地改革に関する覚書(改革の厳正実施を指令)。**2・8** 持株会社整理委員会、集中排除の六基準を発表、二五七社に対し集中排除法第一次指定(二二日、六八社に第二次指定)。**2・10** 片山内閣総辞職。**2・15** 法務庁発足(法務総裁鈴木義男)。**3・4** GHQ、祝祭日の国旗掲揚許可。**3・7** 新警察制度発足。**3・10** 芦田均内閣成立(民主・社会・国民協同の三党連立)。**3・13** アメリカ政府、過度経済力集中排除に関する決定(極東委員会二三〇号文書)の撤回をマッカーサーに通告。**3・15** 民主自由党結成(自由党と民主党幣原派の合同・総裁吉田茂)。**3・20** ドレーパー(アメリカ陸軍次官)賠償調査団来日(二六日、復興のための増産・対日援助などを表明)。**4・27** 海上保安庁設置法を公布(二八日、対日理事会で英・ソ・中三国代表が批判・五月一日施行)。

西暦	
年号・干支	
内閣	3・10 芦田均内閣

記事

5・1 軽犯罪法を公布(二日施行)。 5・4 集中排除審査委員会(「五人委員会」)・委員長キャンベル)来日。 5・18 ドレーパー調査団、ジョンストン報告書を発表(ストライク報告からさらに緩和)。 6・1 西尾末広国務相、献金五〇万円を社会党書記長個人として受領と証言(七月六日辞任・七日、東京地検、政令違反・偽証罪で起訴)。 6・19 衆・参両院、教育勅語・軍人勅諭などの排除・失効確認に関する決議案を可決。 6・23 昭和電工㈱社長日野原節三を贈賄容疑で逮捕(昭電疑獄事件)。 7・6 GHQ、軍票一ドル＝二七〇円に設定。 7・7 福井市、災害時公安維持に関する条例(公安条例)を公布。 7・8 建設省設置法を公布。 7・10 改正刑事訴訟法を公布(昭和二四年一月一日施行)。 7・12 警察官等職務執行法を公布。 改正民事訴訟法を公布(昭和二四年一月一日施行)。 7・20 政府、「経済安定一〇原則」のGHQ勧告を発表。 7・22 マッカーサー、芦田首相宛書簡で、国家公務員法の抜本的改正(公務員の争議行為禁止など)を指示。 7・31 「昭和二三年七月二二日附内閣総理大臣宛連合国最高司令官書簡に基づく臨時措置に関する政令」を公布(政令二〇一号)。 9・1 取引高税を実施。 9・11 GHQ、集中排除審査委員会勧告の「集中排除四原則」を提示。 9・30 昭電疑獄事件で、経済安定本部長官栗栖赳夫を逮捕(一〇月六日、西尾末広前国務相を逮捕)。 10・7 芦田内閣総辞職(昭電疑獄が原因)。 10・11 第三臨時国会召集(一一月三〇日閉会)。 10・13 GHQ民政局、民自党幹事長山崎猛を首相候補に推し、民主党内部に山崎首班説強まる(一四日、民自党幹部の説得で山崎、議員辞任)。 10・15 第二次吉田茂内閣成立(一九日、組閣完了)。 11・11 GHQ、経済安定三原則発表(賃金引上げ抑制策・企業三原則・賃金三原則とも)。 11・12 極東国際軍事裁判所、戦犯二五被告に有罪を判決(死刑七・終身禁錮一六ほか・一二月二三日、東条英機ら七人の絞首刑執行)。 11・30 国家公務員法を改正・公布(人事院の設置、争議行為等の禁止)。 12・1 第四通常国会召集(一二月二三日衆議院解散)。 12・2 労働者農民党結成(「労農

西暦	年号・干支	内閣	記事
一九四八 ◀▶	昭和二三 戊子	(芦田均内閣)	党」・主席黒田寿男)。12・7 昭電疑獄事件で芦田均前首相を逮捕。12・18 GHQ、アメリカ国務・陸軍両省共同でマッカーサーに経済安定九原則実施を指令したと発表。12・23 衆議院、内閣不信任案を可決、解散。12・24 GHQ、岸信介ら一九人のA級戦犯容疑者を釈放と発表。 【社会・文化】 1・26 帝国銀行椎名町支店で、行員一二人毒殺・現金奪取(帝銀事件)。2・13 産別民主化同盟結成(産別民同)。2・25 大阪中央郵便局で二四時間スト(全官公「三月闘争」始まる・地域的波状スト戦術を採用)。2・― 沢田美喜、混血児の養育施設エリザベス＝サンダース＝ホームを神奈川県大磯に開設。3・18 新橋演舞場、再建開場式。4・1 新制高等学校発足(全日制・定時制)。4・17 東宝労組スト開始、撮影所に籠城(八月一九日、東京地裁、仮処分執行、警官・アメリカ軍出動・一〇月一九日解決・東宝争議)。4・23 神戸で朝鮮人学校閉鎖反対デモ(二五日、アメリカ軍、神戸地区に初の非常事態宣言)。4・28 夏時刻法を公布(五月第一土曜～九月第二土曜・昭和二七年四月一一日廃止)。5・1 美空ひばり、横浜国際劇場でデビュー。5・12 厚生省、「母子手帳」の配布開始。6・5 国立国会図書館、旧赤坂離宮を仮庁舎として開館。6・26 一一三の大学・高専、教育復興を要求してスト。6・28 福井県に大地震、福井平野を中心に被害甚大(死者約三八〇〇人)。7・10 日本学術会議(「学術会議」)法を公布。7・13 優生保護法を公布(九月一一日施行)。7・15 GHQ、新聞社・通信社への事前検閲を廃止、事後検閲とする。教育委員会法を公布(一〇月五日、第一回教育委員選挙)。7・20 国民の祝日に関する法律を公布。8・5 政令二〇一号に反対し、国鉄松山機関区で職場放棄、以後波及。9・15 アイオン台風、関東・東北地方に上陸、大被害(死者・行方不明約二四〇〇人)。主婦連合会結成。9・18 全日本学生自治会総連合(全学連)結成大会。11・12 文部省、小学校学籍簿に五段階相対評価法の採用を通達。12・20 公共企業体労働関係法を公布

西暦	
年号・干支	
内閣	10・15 第2次吉田茂内閣

記事

（昭和二四年四月一日施行）。12・- 相沢忠洋、群馬県岩宿で先土器時代の石器を発見。この年 辻善之助『日本文化史』刊（～昭和二五年）。

【死没】

1・1 今村明恒（79、地震学）。1・7 塩野季彦（70、検察官）。1・13 木村謹治（60、ドイツ文学）。1・19 出口王仁三郎（78、宗教家）。1・24 若松若太夫（75、説経浄瑠璃太夫）。1・26 倉富勇三郎（96、政治家）。3・6 菊池寛（61、小説家）。3・14 千家元麿（61、詩人）。3・15 山崎達之輔（69、政治家）。3・16 野田律太（58、労働運動家）。3・18 中村梅玉（三代）（74、歌舞伎役者）。3・25 真山青果（71、作家）。3・27 小山松吉（80、検察官）。4・1 三土忠造（78、政治家）。4・17 鈴木貫太郎（82、海軍軍人）。4・18 津田信吾（68、綿糸紡績業）。4・20 米内光政（69、海軍軍人）。5・9 岩槻信治（60、農業技術者）。5・23 美濃部達吉（76、憲法学）。6・8 安保清種（79、海軍軍人）。6・9 入江波光（62、日本画家）。6・13 太宰治（40、小説家）。7・13 望月信亨（80、仏教学）。7・21 小西重直（74、教育学）。7・29 中村七三郎（五代）（70、歌舞伎役者）。8・2 安達謙蔵（85、政治家）。8・11 朝河貫一（76、日本史学）。9・8 シャンボン（73、大司教）。9・10 影佐禎昭（56、陸軍軍人）。10・5 大谷光瑞（73、真宗本願寺派僧侶）。10・10 勝田主計（80、政治家）。10・11 岡本一平（63、漫画家）。11・1 曾我廼家五郎（72、劇作家）。11・24 森英吉（60、農民運動家）。12・7 清水亀蔵（74、彫金工）。12・13 小島烏水（76、登山家）。12・18 多田駿（67、陸軍軍人）。本多熊太郎（75、外交官）。12・21 額田六福（59、劇作家）。12・23 武藤章（57、陸軍軍人）。木村兵太郎（61、陸軍軍人）。板垣征四郎（64、陸軍軍人）。東条英機（65、陸軍軍人）。土肥原賢二（66、陸軍軍人）。広田弘毅（71、政治家）。松井石根（71、陸軍軍人）。

【世界】

1・1 インド、カシミール問題で国連に提訴。1・4 ビルマ連邦共和国成立、英連邦離脱（八月、

西暦	年号・干支	内閣	記事
▶一九四八	昭和二三 戊子	(第2次吉田茂内閣)	カレン族、自治を要求し蜂起、一九四九年六月一四日、分離宣言、一九五〇年三月一九日、政府軍に敗北)。**1・17** オランダ・インドネシア、停戦協定に調印。**1・30** ガンディー、ヒンドゥー過激派によりニューデリーで暗殺される。**2・1** マラヤ連邦政府発足。**2・4** セイロン独立(但しイギリス連邦内自治領)。**2・20** チェコスロヴァキアで非共産系閣僚、辞表提出(二五日、ベネシュ大統領、共産党政権樹立を承認)。**3・17** 西欧五ヵ国(英・仏・ベネルクス三国)、ブリュッセル条約調印。**4・1** ソ連、ベルリンの陸上輸送規制を強化、ベルリン封鎖始まる。**4・3** アメリカで対外援助法成立。**4・6** ソ連・フィンランド、友好協力相互援助条約に調印。**4・9** タイでピブンが首相に復帰。**4・15** ロハス没(56、フィリピンの初代大統領)。**4・16** マーシャル=プラン参加一六ヵ国とドイツ西側占領地区、欧州経済協力機構(OEEC)条約に調印。**4・－** 周仏海(チョウ=フォーハイ)没(52、中国の政治家)。**5・2** 第九回パン=アメリカ会議でボゴダ憲章調印、アメリカ州機構(OAS)設立。**5・3** イギリス、E・L・ウッドウォード編『Documents on British Foreign Policy 1919—1939』刊行計画が議会下院で承認される。**5・10** 国連朝鮮委監視・アメリカ軍戦闘準備態勢下の南朝鮮で、南朝鮮制憲議会議員単独選挙を施行。**5・14** イギリスのパレスチナ委任統治終了・イスラエル、ユダヤ国家の成立を宣言(一六日、アメリカ、一八日、ソ連承認)。**5・15** パレスチナ戦争始まる(第一次中東戦争)。**6・24** ソ連、ベルリンと西側管理地区間の陸上交通を遮断(二六日、西側諸国、大空輸を開始)。**6・28** コミンフォルム、ユーゴスラヴィア共産党の除名を発表。**8・15** 大韓民国樹立の宣布式(大統領李承晩(イ=スンマン))。**9・1** 馮玉祥(フォン=ユーシアン)没(67、中国西北軍閥領袖)。**9・9** 朝鮮民主主義人民共和国樹立を宣言(首相金日成(キム=イルソン))。**9・18** インドネシア共産党、東ジャワのマディウンで革命政府を樹立。**11・2** アメリカで大統領選挙、民主党候補トルーマン(現職)当選。**12・10** 国連総会、「世界人権宣言」

を採択。12・19 オランダ軍、停戦協定破棄しインドネシアの首都ジョクジャカルタに進攻。この年 連合国、残存ドイツ外務省文書を『Documents on German Foreign Policy』として公刊することを決定。

西暦：◀一九四九

年号・干支：二四 己丑

内閣：第3次吉田茂内閣 2・16

記事：

【政治・経済】

1・1 家庭裁判所が発足(昭和二三年の裁判所法改正による)。GHQ、国旗の自由使用を許可。1・20 日本学術会議第一回総会(～二二日)。1・23 第二四回衆議院議員総選挙(民主自由二六四・民主六九・社会四八・共産三五・国民協同一四)。2・1 アメリカ陸軍長官ロイヤル・GHQ経済顧問ドッジら来日。2・8 公職資格訴願審査委員会を再設置。2・11 第五特別国会召集(五月三一日閉会)。2・14 民主党議員総会、入閣問題をめぐり連立派と野党派とに事実上分裂。2・16 第三次吉田内閣成立(蔵相池田勇人)。3・7 ドッジ公使、経済安定九原則を実現する具体策につき声明(「ドッジ＝ライン」)。4・4 団体等規正令を公布(暴力主義的団体の取締りを強化・即日施行)。4・23 GHQ、日本円に対する公式為替レート設定の覚書(一ドル＝三六〇円の単一為替レートの設定・二五日実施)。5・2 国民金融公庫法を公布(六月一日施行)。5・10 シャウプ税制使節団が来日。5・12 アメリカ政府、中間賠償施設撤去の中止をマッカーサーに指令と発表。5・24 通商産業省設置法を公布(二五日施行)。5・30 東京都議会に都公安条例反対のデモ、警官隊と衝突。5・31 行政機関職員定員法を公布(公務員の人員整理計画・六月一日施行)。総理府・外務省・大蔵省・文部省・厚生省・農林省・運輸省・労働省などの各設置法を公布(六月一日各発足)。人権擁護委員法を公布(六月一日施行)。6・1 工業標準化法を公布(日本工業規格JISの制定)。日本国有鉄道(総裁下山定則)・日本専売公社(総裁秋山孝之輔)が発足。6・18 独占禁止法を改正・公布(制限条

西暦	年号・干支	内閣	記事
一九四九 ◀▶	昭和二四 己丑（つちのとうし）	（第3次吉田茂内閣）	件の緩和・外資導入)。徳田球一共産党書記長、同党中央委員会総会で「九月までに民自党を打倒」と発言。**6・27** ソ連からの引揚げ再開、第一船高砂丸が舞鶴入港(引揚者の一部、共産党に集団入党)。**6・30** 福島県平市で労働者・市民、共産党の掲示板撤去に抗議して警官と衝突(平事件)。**7・4** 国鉄、定員法による第一次人員整理三万七〇〇〇人の通告を開始。**7・5** 下山定則国鉄総裁が行方不明、六日、轢死体で発見(下山事件)。**7・12** 国鉄、第二次人員整理約六万三〇〇〇人の通告を開始。**7・15** 中央線三鷹駅で無人電車が暴走、六人死亡(三鷹事件)。**8・3** GHQ、集中排除審査委員会(「五人委員会」)の任務終了と声明。**8・17** 東北本線の金谷川—松川間で列車転覆事件、三人死亡(松川事件)。**8・26** シャウプ税制使節団長、第一次税制改革勧告案概要を発表(九月一五日、GHQ、全文を発表・「シャウプ勧告」)。**9・5** 第一回米価審議会開会。**9・8** 団体等規正令適用により、在日朝鮮人連盟など朝鮮人四団体に解散を命じる。**9・15** 国鉄、東京—大阪間に特急列車を復活。**9・19** 人事院、人事院規則を制定(公務員の政治活動を制限・即日施行)。**10・1** 琉球アメリカ軍政長官にシーツ少将就任(恒久的な軍事基地建設の開始)。**10・19** 政府、朝連系朝鮮人学校九三校に閉鎖を、二四五校に改組を命じる。**10・20** 東京都公安条例を公布(即日施行)。**10・25** 第六臨時国会召集(一二月三日閉会)。**10・29** ローガン、対外貿易に関する意見を発表(「ローガン構想」)。**11・1** 道路交通取締法改正施行(歩行者右側・車左側の対面交通を実施)。アメリカ国務省、対日講和条約につき検討中と発表。大蔵省、外貨資金集中に関する省令を公布(八日、外国為替銀行一一行を認可)。**11・11** 吉田首相、参議院で単独講和にも応ずると答弁。**12・1** 外国為替及び外国貿易管理法を公布。外国為替特別会計法を公布。**12・4** 社会党中央執行委員会、全面講和・中立堅持・軍事基地反対の「平和三原則」を決定。第七通常国会召集(昭和二五年五月二日閉会)。**12・20** 政府、重要物資統制大幅撤廃のGHQ指令の受入れを発表。**12・25** マ

西暦

年号・干支

内閣

記事

ツカーサー、巣鴨拘置所に服役中の日本人戦犯の減刑を発表。

【社会・文化】

1・1 大都市への転入抑制を解除。 1・26 法隆寺金堂で火災（壁画を焼損）。 1・- 木下順二「夕鶴」、『婦人公論』に発表。 2・27 国宝松山城で火災、筒井門など焼失。 3・7 前進座の座員六九人、共産党に集団入党。 4・1 検定教科書の使用開始。 4・8 日本民俗学会発会式（会長 柳田国男）。 5・24 年齢のとなえ方に関する法律を公布（昭和二五年一月一日施行・満年齢で数える）。 5・28 カトリック教会、シャビエル来日四〇〇年祭を長崎・東京などで開催。 5・31 国立学校設置法を公布（新制国立大学六九校を各都道府県に設置）。 6・9 国電スト（一〇日、東神奈川で組合管理の「人民電車」運転）。 6・10 社会教育法を公布。 6・14 映画倫理規程管理委員会（映倫）発会式。 7・14 歴史教育者協議会創立大会。 7・19 CIE顧問イールズ、新潟大学で「共産主義教授」の追放を講演。 8・- 第二一回芥川賞・直木賞決定（戦後最初）。 10・6 学術会議、学問・思想の自由について決議。 10・22 全国大学教授連合、学問の自由・大学教授の地位につき声明。 11・3 スウェーデンアカデミー、湯川秀樹の中間子論にノーベル物理学賞を授与と発表（日本人初のノーベル賞受賞）。 11・26 プロ野球、太平洋野球連盟結成（一二月五日、セントラル野球連盟結成、プロ野球二リーグに分立）。 11・27 新聞の夕刊復活。 12・10 全国産業別労働組合連合（新産別）結成大会。 12・15 私立学校法を公布（昭和二五年三月一五日施行）。 この年 三宅雪嶺『同時代史』刊（〜昭和二九年）。

【死没】

1・1 宇野円空（65、宗教民俗学）。 1・8 梅津美治郎（68、陸軍軍人）。 蔵原惟郭（89、教育家）。 1・13 財部彪（83、海軍軍人）。 1・17 嶋中雄作（63、中央公論社）。 1・25 牧野伸顕（89、政治家）。 1・27 松本幸四郎（七代）（80、歌舞伎役者）。 2・10 安部磯雄（85、社会運動家）。 3・2 沢村宗十郎（七代）

西暦	年号・干支	内閣	記事
一九四九 ▶	昭和二四 己丑	(第3次吉田茂内閣)	(75、歌舞伎役者)。**3・19** 安田靫之助(61、陸軍軍人)。**4・5** 高野岩三郎(79、統計学)。**4・28** 須崎芳三郎(87、新聞人)。**5・13** 中村武羅夫(64、小説家)。**5・16** 宮地直一(64、神道学)。**6・3** 白鳥敏夫(63、外交官)。佐藤紅緑(76、小説家)。**6・5** 小野武夫(67、農業経済史学)。**6・14** 川島浪速(85、大陸浪人)。**7・1** 竹下勇(81、海軍軍人)。**7・10** 尾上菊五郎(六代)(65、歌舞伎役者)。**7・23** 姉崎正治(77、宗教学)。**8・13** 伊沢多喜男(81、内務官僚)。**8・15** 石原莞爾(61、陸軍軍人)。**8・16** 加藤茂苞(82、育種学)。**8・27** 上村松園(75、日本画家)。**9・2** 東浦庄治(52、農政学)。**9・3** 黒正巌(55、経済史学)。**9・19** 紀平正美(76、哲学)。**9・29** 稲畑勝太郎(88、実業家)。**10・7** 斎藤隆夫(80、政治家)。**10・12** 河上清(77、新聞記者)。**10・25** 高島米峰(75、思想家)。**10・29** 中島知久平(66、実業家)。**11・14** 松平恒雄(73、外交官)。**11・19** 柴田桂太(73、植物生理化学)。**11・20** 若槻礼次郎(84、政治家)。**11・25** 水野錬太郎(82、政治家)。**12・14** 森田草平(69、小説家)。**12・23** 鹿子木員信(66、思想家)。**12・27** 青木信光(81、政治家)。**この年** 藤本清兵衛(三代)(80、実業家)。 〔世界〕 **1・16** 国連総会、中国の内戦に不介入を決議。**1・20** 米トルーマン大統領、就任演説で低開発地域経済開発計画(ポイント=フォア)を発表。**1・25** ソ連・東欧五ヵ国、経済相互援助会議(COMECON、コメコン)の設立を発表。**1・31** 中国人民解放軍(共産軍)、北平に正式入城。**2・5** 国民政府、広東に移転。**3・8** フランス・ベトナム、ベトナム新独立協定に調印(フランス、バオ=ダイ政権成立とフランス連合内での独立を承認)。**3・30** シリアで軍事クーデタ(ザイム大佐による)、クワトリ大統領辞任。**4・1** 北平で国共和平会談開始(共産党代表 周恩来(チョウ=エンライ)・国民党代表 張治中(チャン=チーチョン))・二〇日、和平会談決裂。**4・4** 西側一二ヵ国、北大西洋条約に調印(八月二四日発効・NATO発足)。**4・21** 毛沢東(マオ=ツォートン)・朱徳(チュー=

西暦	
年号・干支	
内閣	
記事	トー)、総攻撃を命令・人民解放軍、長江(チャンチアン)(揚子江)を渡河(二三日、南京を占領)。**5・5** 米・英・仏・ソ、ベルリン封鎖解除の共同声明(一二日、ソ連の西ベルリン地上封鎖解除)。西ヨーロッパの一〇ヵ国により欧州評議会(CE)設立。**5・6** ドイツ連邦共和国(西ドイツ)臨時政府成立(五月八日、基本法(憲法)可決)。**5・27** 人民解放軍、上海を占領。**6・26** 金九(キム＝グ)暗殺される(74、朝鮮独立運動家)。**7・19** フランス・ラオス、協定に調印(ラオス、フランス連合内で独立)。**9・7** ドイツ連邦共和国発足、議会開会(二〇日、アデナウアー連立内閣成立)。**9・21** 北平、北京と改名。**9・23** トルーマン、ソ連の原爆実験を発表(二五日、ソ連、原爆保有を公表)。**10・1** 毛沢東(マオ＝ツォートン)主席、北京で中華人民共和国の成立を宣言(二日、ソ連承認)。**10・7** ドイツ民主共和国(東ドイツ)成立(一二日、グローテヴォール政府成立)。**10・15** 国民党政府、重慶(チョンチン)に移転(一一月二九日、成都(チョントゥー)移転・一二月七日、台北(タイペイ)移転)。**11・2** オランダ・インドネシア、ハーグ協定に調印(インドネシアへの主権移譲に同意・一二月二七日発効、移譲実施)。**11・8** カンボジア、フランス連合内で独立。**11・16** パーマー没(72、語学教育家)。**11・28** 国際自由労連創立大会、ロンドンで開催(英米など五三ヵ国参加)。**12・16** 毛沢東(マオ＝ツォートン)、モスクワを訪問(〜一九五〇年二月一七日)。**12・27** インドネシア連邦共和国成立(大統領スカルノ)。**この年** タンマラカ没(53、インドネシア民族運動指導者)。陸徴祥(ルー＝チョンシアン)没(79、中国近代北洋軍閥期外交官)。

西暦	年号・干支	内閣	記事
一九五〇 ◀	昭和二五 庚寅	(第3次吉田茂内閣)	【政治・経済】 1・1 マッカーサー、年頭の辞で日本国憲法は自衛権を否定せずと声明。 1・6 コミンフォルム機関紙、共産党指導者野坂参三の平和革命論を批判(一月一九日、共産党、批判を受け入れ、以後内紛激化)。 1・7 一〇〇〇円札(聖徳太子肖像)発行。 1・15 平和問題談話会、全面講和論を発表。 1・19 社会党第五回大会、左右両派に分裂(左派は鈴木茂三郎ら、右派は片山哲ら。四月三日、再統一)。 1・31 アメリカ統合参謀本部議長ブラッドレーら、極東情勢検討のため来日(二月一日、マッカーサーと軍事体制強化につき会談)。 2・10 GHQ、沖縄に恒久的な基地建設工事を開始すると発表。 3・1 自由党結成(民主自由党・民主党連立派の合同・総裁吉田茂)。 池田勇人蔵相、記者会見で中小企業の一部倒産もやむを得ない旨を発言、問題化。 4・1 日本製鉄㈱、八幡製鉄㈱・富士製鉄㈱・日鉄汽船㈱・播磨耐火煉瓦㈱の四社に分割(昭和二三年二月一七日の指令による)。 4・15 公職選挙法を公布。 4・26 野党外交対策協議会、平和・永世中立・全面講和を主張する共同声明。 4・28 国民民主党結成(民主党野党派・国民協同党・新政治協議会の合同・委員長苫米地義三)。 5・1 北海道開発法を公布(六月一日、北海道開発庁設置)。 5・3 吉田茂首相、南原繁東大総長の全面講和論を「曲学阿世」論と非難(六日、南原反論)。 マッカーサー、憲法記念日の声明書で共産党を侵略の手先と非難。 池田蔵相、ドッジ経済顧問とワシントンで会談。 5・10 商法を改正・公布(昭和二六年七月一日施行)。 外資に関する法律を公布(昭和二六年七月一日施行)。 5・26 国土総合開発法を公布。 5・30 民主民族戦線東京準備会主催の人民決起大会のデモで、アメリカ軍人五人への暴行を理由に労働者・学生八人検挙。 6・2 警視庁、東京都内の集会・デモを禁止。 6・4 第二回参議院議員選挙(自由五二・社会三六・緑風九・国民民主九・無所属一九)。 6・6 マッカーサー、吉田首相宛書簡で、共産党中央委員二四人の公職追放を指令。 6・16 国家地方

西暦	
年号・干支	
内閣	
記事	警察本部、デモ・集会の全国的禁止を指令（二五日、緩和を発表）。6・18 アメリカ国防長官ジョンソン・統合参謀本部議長ブラッドレー来日（一九日、マッカーサーと会談）。6・26 マッカーサー、『アカハタ』の三〇日間発行停止を指令（七月一八日、無期限発行停止を指令）。7・8 マッカーサー、吉田首相宛書簡で、国家警察予備隊（七万五〇〇〇人）創設・海上保安庁拡充（八〇〇〇人増）を指令。7・11 小倉市の米軍基地の黒人兵が集団脱走、アメリカ軍と銃撃戦。7・12 第八臨時国会召集（七月三一日閉会）。7・- 朝鮮戦争で特需景気おこる。8・10 警察予備隊令を公布（即日施行）。8・24 閣議、特需景気に伴う暴利取締対策を決定。9・1 閣議、公務員のレッドパージ方針を決定。9・21 第二次シャウプ勧告発表（平衡交付金増額など）。10・1 日本中国友好協会設立。10・13 政府、GHQの承認のもと、一万九〇人の追放解除を発表。10・31 占領目的阻害行為処罰令を公布（政令三二五号・昭和二一年の勅令三一一号を改正・一一月一日施行）。11・7 天野貞祐文相、修身科復活の意見を表明。11・10 政府、旧職業軍人三二五〇人の追放解除（一〇月三一日付）を発表。11・21 第九臨時国会召集（一二月九日閉会）。11・22 『朝日新聞』講和問題についての世論調査（九月二一～二四日実施）の結果発表、全面講和支持二一・四パーセント、単独講和支持四五・六パーセント、分からない三三パーセント。11・24 電気事業再編成令・公益事業令を各公布（電力再編成促進に関する二二日付の吉田首相宛マッカーサー書簡による）。12・5 アメリカ極東軍総司令部、琉球列島アメリカ民政府に関する指令（沖縄アメリカ軍政府を民政府に改組・民政長官にマッカーサー）。12・6 政府、中国向け要許可品目の輸出を全面停止。12・10 第一〇通常国会召集（昭和二六年六月五日閉会）。12・13 地方公務員法を公布（地方公務員・公立学校教員の争議行為等を禁止・昭和二六年二月一三日施行）。

西暦	年号・干支	内閣
一九五〇 ◀▶	昭和二五 庚寅	(第3次吉田茂内閣)

記事

【社会・文化】

1・-～6・- 雑誌の休廃刊五一一に及ぶ。**2・13** 東京都教育庁、共産主義者・同調者の教員二四六人に退職勧告。**2・27** 平和を守る会発足(八月六日、平和擁護日本委員会に改組)。**3・-** プロ野球、二リーグ制で開幕。**4・21** 日本炭鉱労働組合(炭労)結成。**4・22** 日本戦没学生記念会(わだつみ会)結成。**4・28** 学術会議第六回総会、戦争を目的とする科学研究には従事しないことを決議。**4・30** 図書館法を公布。**4・-** 短期大学一四九校発足。**5・2** 東北大でのイールズの講演会に学生が抗議、流会となる。**5・30** 文化財保護法を公布。**6・26** 最高検察庁、ロレンス作・伊藤整訳『チャタレイ夫人の恋人』の押収を指令(七月八日、発禁・九月一三日、伊藤らを起訴)。**6・-** 東洋経済新報社『昭和産業史』刊(～同年一一月)。**7・2** 金閣寺全焼(同寺徒弟林承賢の放火)。**7・11** 日本労働組合総評議会(総評)結成大会。**7・24** GHQ、新聞協会代表に共産党員と同調者の追放を勧告(二八日、新聞社・放送協会・通信社などで解雇実施・「レッドパージ」)。**8・30** 全学連緊急中央執行委員会、レッドパージ反対闘争宣言(九～一〇月、多くの大学で試験ボイコット)。GHQ、全国労働組合連合協議会(全労連)の解散を指令。**9・27** 『朝日新聞』、地下活動中の共産党幹部伊藤律との会見記掲載・九月三〇日、捏造記事と判明。**10・1** 国勢調査実施(総人口八三一九万九六三七人)。**10・17** 文部省、学校行事に国旗掲揚・君が代斉唱をすすめる天野貞祐文相の談話を通達。**11・10** 地方史研究協議会発足大会。**11・22** 初のプロ野球日本選手権で毎日オリオンズ(パ・リーグ)優勝。**この年** 原奎一郎編『原敬日記』刊(～昭和二六年)。原田熊雄述『西園寺公と政局』刊(～昭和三一年)。

【死没】

1・10 小川清彦(67、天文学)。**1・12** 竹越与三郎(84、政治家)。**1・17** 波多野精一(72、宗教哲学)。

西暦	
年号・干支	
内閣	
記事	1・19 秋山定輔(81、政治家)。1・27 野口幽香(83、保育事業家)。1・30 田辺治通(71、政治家)。2・6 三田定則(74、血清学)。2・7 井上正夫(68、新派俳優)。2・23 野上豊一郎(66、英文学)。2・27 稲田竜吉(75、内科医)。3・15 岩田愛之助(60、大陸浪人)。3・21 今井登志喜(63、西洋史学)。3・24 岡崎文夫(62、東洋史学)。4・5 吉田博(73、洋画家)。4・15 六角紫水(83、漆芸家)。5・8 相馬御風(66、歌人)。5・31 坂西利八郎(79、陸軍軍人)。6・10 関屋貞三郎(75、宮中官僚)。7・5 児島喜久雄(62、美術史家)。7・14 三淵忠彦(70、司法官)。7・23 東郷茂徳(67、外交官)。8・22 千石興太郎(76、農業団体指導家)。8・24 松方幸次郎(84、実業家)。9・1 原田慶吉(47、ローマ法学)。9・9 大幸勇吉(83、化学)。9・20 野沢吉兵衛(八代)(62、浄瑠璃三味線方)。9・22 藤原咲平(65、気象学)。10・9 池田成彬(83、政・財界人)。10・11 三浦謹之助(86、内科医学)。11・3 小磯国昭(70、陸軍軍人)。11・4 石渡荘太郎(59、大蔵官僚)。11・9 白柳秀湖(66、小説家)。11・26 楠山正雄(66、劇作家)。12・11 長岡半太郎(85、物理学)。12・17 林毅陸(78、外交史家)。12・29 鈴木忠治(75、実業家)。12・30 高野佐三郎(88、剣道家)。12・31 三上義夫(75、数学史家)。 【世界】 1・5 米トルーマン大統領、台湾への軍事不介入を声明。1・6 イギリス、中華人民共和国を承認(国民政府は対英断交)。1・26 米韓相互防衛援助協定調印。インド共和国憲法施行(初代大統領プラサド)。1・27 アメリカ・NATO加盟国間に相互防衛援助協定調印。1・31 トルーマン大統領、アメリカ原子力委員会に水素爆弾製造を命令。2・7 アメリカ・イギリス、ベトナムのバオ＝ダイ政権を承認。2・9 アメリカ上院議員マッカーシー(共和党)、国務省に共産主義者がいると演説(マッカーシーの「赤狩り」旋風始まる)。2・14 中ソ友好同盟相互援助条約調印。3・15 世界平和擁護大会常任委第三回総会、ストックホルムで開催(原爆禁止の「ストックホルム＝ア

西暦	年号・干支	内閣	記事
▶一九五〇	昭和二五 庚寅	(第3次吉田茂内閣)	ピール」を採択)。**5・1** トルコ、総選挙で民主党が共和党に勝利。**5・9** フランス外相シューマン、フランス・西ドイツによる石炭・鉄鋼共同管理案(シューマン=プラン)を提唱。**5・25** 英・米・仏、中東の現状維持に関する三国宣言発表。**6・6** 東ドイツ・ポーランド、オーデル=ナイセを国境線として承認する協定に調印。**6・25** 未明、朝鮮民主主義人民共和国(北朝鮮)軍、三八度線を越え韓国に侵攻(朝鮮戦争始まる)。**6・26** ユーゴスラヴィアで労働者評議会設置法採択される。**6・27** 国連安全保障理事会、国連加盟国による韓国援助決議案採択。**6・28** 北朝鮮軍、ソウル占領(七月一日、アメリカ軍、釜山(プサン)上陸)。**7・7** 国連安全保障理事会、アメリカによる国連軍指揮を決定(国連軍最高司令官にマッカーサー)。**8・13** ラオスにパテト=ラオ抗戦政府樹立(首相スファヌボン)。**9・14** トルーマン大統領、対日講和・日米安全保障条約締結予備交渉開始を国務省に許可。**9・15** 国連軍、仁川(インチョン)に上陸、反撃を開始(二六日、ソウルを奪回)。**10・7** 国連軍、三八度線を越えて北進(二〇日、平壌(ピョンヤン)入城)。**10・11** 中国軍、チベットに侵攻。**10・17** アメリカ・タイ、軍事援助協定に調印。**10・25** 中国軍、人民義勇軍の名目で北朝鮮を支援し朝鮮戦争に参戦。**11・25** ラムステッド没(77、フィンランドの言語学者)。**12・5** 北朝鮮軍・中国軍、平壌(ピョンヤン)を奪回。**この年** 馬占山(マー=チャンシャン)没(66、中国の軍人)。
◀一九五一	二六 辛卯		【政治・経済】**1・1** マッカーサー、年頭の辞で講和と集団安全保障を強調し、日本の再軍備を示唆。**1・15** 全面講和愛国運動全国協議会結成。**1・19** 社会党第七回大会、平和三原則・再軍備反対を決議、委員長に鈴木茂三郎を選出。**1・25** アメリカ講和特使ダレス来日(二九日・三一日・二月七日、吉田茂

西暦

年号・干支

内閣

記事

首相と対日講和条約などについて会談)。 **2・1** 日本輸出銀行開業。 **2・2** ダレス特使、対日講和方針について、日本の地域的集団安全保障参加・米軍駐留を原則と表明。 **2・9** 経済団体連合会(経団連)、日米経済提携懇談会設置(昭和二七年八月一三日、経済協力懇談会に改組)。 **2・10** 社会民主党結成(委員長平野力三、書記長佐竹晴記)。 **2・23** 共産党第四回全国協議会、武装闘争方針を提起(～二七日)。 **3・10** 総評第二回大会、平和四原則(再軍備反対・全面講和・中立堅持・軍事基地反対)を決定し、右派勢力後退(事務局長高野実)。 **3・29** 衆議院、共産党川上貫一議員の懲罰除名を決議。次官会議、メーデーでの皇居前広場の使用禁止を決定。 **3・31** 日本開発銀行法公布(四月二〇日、同銀行設立、五月一五日、開業)。 **4・1** 沖縄の米民政府、琉球臨時中央政府を設立(初代行政主席に比嘉秀平)。 **4・11** 米トルーマン大統領、中国領爆撃を主張した連合国軍最高司令官マッカーサーを解任(後任にM・B・リッジウェイ陸軍中将)。 **4・12** 東洋レーヨン㈱、アメリカのデュポン社よりナイロン製造技術の導入を承認される。 **4・16** マッカーサー離日・衆参両院、マッカーサーへの感謝を決議。 **4・18** 連合国軍最高司令官リッジウェイ・ダレス特使・吉田首相が会談し、対日講和および安全保障に関する既定方針を確認。 **4・29** 沖縄で日本復帰促進期成会結成。 **4・30** 第二回統一地方選挙実施。 **5・1** 北海道・東北・東京・中部・北陸・関西・中国・四国・九州の九電力㈱発足し電力再編成完了。リッジウェイ、占領下諸法規再検討権限の日本政府への委譲を声明(一四日、吉田首相の私的諮問機関として、政令諮問委員会開設)。第二二回メーデー(東京では皇居前使用禁止のため、芝公園などで分散メーデー)。 **6・9** (新)土地収用法公布(公共事業等に必要な土地の収用・使用・補償に関する規定・一二月一日施行)。 **6・20** 政府、第一次追放解除二九五八人を発表(石橋湛山・三木武吉ら)。 **6・21** 国際労働機構(ILO)総会、日本の加盟を承認。 **7・10** 持株会社整理委員会解散令公布(一一日施行・財閥解体の完了)。 **7・23**

西暦	年号・干支	内閣	記事
一九五一 ◀▶	昭和二六 辛卯	(第３次吉田茂内閣)	自由党、国民民主党に講和全権団への参加要請(二四日、社会党・緑風会にも要請・二六日、社会党拒否)。**7・31** 日本航空㈱設立(資本金一億円。戦後初の国内民間航空)。**8・6** 政府、第二次追放解除一万三九〇四人を発表(鳩山一郎ら)。**8・15** アメリカ・イギリス、対日講和条約最終草案を発表。**8・16** 政府、旧陸・海軍正規将校一万一一八五人の追放解除を発表。第一一臨時国会召集(八月一八日閉会)。**8・22** 講和会議全権委員六人任命(首席吉田茂首相、池田勇人蔵相・星島二郎・一万田尚登日銀総裁・苫米地義三国民民主党委員長・徳川宗敬緑風会議員総会議長)。**9・8** サンフランシスコ講和会議で、対日平和条約(日本を含む四九ヵ国)・日米安全保障条約に調印(昭和二七年四月二八日発効)。政府、GHQの承認により、旧特高関係者三三六人の追放解除を発表。**10・4** 出入国管理令および入国管理庁設置令公布(一一月一日施行)。**10・10** 第一二臨時国会召集(一一月三〇日閉会)。**10・16** 共産党第五回全国協議会、新綱領「日本共産党の当面の要求」(五一年テーゼ)を採択、武装闘争方針の具体化へ。**10・23** 社会党臨時大会開催(二四日、平和条約への賛否をめぐり、鈴木茂三郎委員長ら左派と浅沼稲次郎書記長ら右派とに分裂)。**10・25** 日本航空、東京・大阪・福岡便運行開始(東京―大阪間運賃六〇〇〇円、大卒初任給とほぼ同じ)。**10・26** 衆議院、平和・安保両条約を承認(対日平和条約三〇七対四七、安保条約二八九対七一)。**10・–** 異常渇水に起因する電力不足深刻化。**11・6** 総評、団体等規正法案・ゼネスト禁止法案などの治安立法に反対、非常事態を宣言。**11・12** 京大同学会学生、天皇の来学に際し「平和の歌」を高唱、天皇あての質問状を提出(学長、質問状受理を拒否。一五日、同学会に解散命令。京大事件)。**11・16** 閣議、経済安定本部に日米経済協力連絡会設置を決定。**11・18** 参議院、平和・安保両条約を承認(対日平和条約一七四対四五、安保条約一四七対七六)。**11・19** 天皇、対日平和・安保両条約を訪問先の奈良で認証(両条約批准の国内手続完了)。**11・29** 公職追放覚書該当者解除法

西暦

年号・干支

内閣

記事

公布（公職資格訴願審査会を設置）。**12・5** ＧＨＱ、琉球列島の北緯二九度以北の七島を日本に返還。**12・10** 第一三通常国会召集（昭和二七年七月三一日閉会）。**12・17** 水産資源保護法公布（昭和二七年六月一六日施行）。**12・24** 吉田首相、ダレス宛書簡中で国民政府との和解を確約（昭和二七年一月一六日、政府発表）。

【社会・文化】

1・3 歌舞伎座、復興開場式挙行。ＮＨＫ、第一回紅白歌合戦を放送。**1・24** 山口県熊毛郡麻郷村八海で、老夫婦惨殺事件起る（共犯として死刑・無期懲役の判決を受けた四被告、無実を主張し、昭和四三年一〇月、最高裁で無罪確定・八海事件）。日教組、「教え子を戦場に送るな」運動開始を決定。**2・24** 基督者平和の会結成。**3・4** ニューデリーで開催の第一回アジア競技大会に日本参加。**4・1** 東映㈱発足。**4・3** 宗教法人法公布。**4・19** 日本人初参加の第五五回ボストンマラソンで、田中茂樹優勝。**4・24** 国鉄桜木町駅付近で、京浜東北線六三型国電炎上、一〇六名が死亡（桜木町事件・以後車両の不燃化・貫通化が進展）。**5・3** 創価学会長に戸田城聖就任、折伏大行進を開始。**5・5** 児童憲章制定宣言。**6・1** 大阪市で、初のワンマンバスの運行開始。**6・8** 住民登録法公布（昭和二七年七月一日施行）。**6・21** ユネスコ、日本の加盟を正式承認（西ドイツ・インドシナ三国も同時加盟）。**6・30** 東京都教育委員会、足立区に夜間中学の設置を認可（七月二日、文部省、反対表明・一六日、足立区立第四中第二部として開校）。**8・14** 全国平和擁護日本大会開催。**9・1** 中部日本放送・新日本放送、民間放送初の正式放送（ラジオ局）開始。雑誌『世界』一〇月号、「講和問題」を特集、全面講和を主張（大反響となり四刷まで発行される）。**9・-** 農地改革記録委員会『農地改革顛末概要』刊。**10・1** 朝日・毎日・読売新聞社など、朝・夕刊組み合せ（ワンセット）発行を再開。**11・10** 日教組、第一回全国教育研究大会（教研集会）を開催（～一二

西暦	年号・干支	内閣
一九五一 ◀▶	昭和二六 辛卯	(第3次吉田茂内閣)

記事

日・大内兵衛ら記念講演)。**12・21** ソ連、大山郁夫参議院議員へのスターリン平和賞授与を発表。**12・27** 法隆寺金堂壁画の模写完成し落慶法要。**この年** 結核、初めて死因の二位に下がる(一位脳溢血)。パチンコが大流行。

【死没】

1・1 守正王(76、梨本宮)。**1・10** 仁科芳雄(60、物理学)。**1・16** 米窪満亮(62、労働運動家)。**1・21** 宮本百合子(51、小説家)。**1・23** 白井松次郎(73、興行師)。**2・19** 宮嶋資夫(64、小説家)。**2・22** 実川延若(二代)(73、歌舞伎役者)。**3・10** 幣原喜重郎(78、外交官)。**3・16** 宮部金吾(90、植物学)。**3・30** 金子薫園(74、歌人)。**4・5** 菊池秋雄(68、果樹園芸学)。**4・20** 前田夕暮(67、歌人)。**4・21** 山本忠興(69、電気工学)。**5・4** 常磐津文字太夫(七代)(54、常磐津節家元)。**5・17** 貞明皇后(66、大正天皇皇后)。**5・28** 堀内干城(62、外交官)。**6・29** 林芙美子(47、小説家)。**6・30** 今井嘉幸(73、政治家)。**7・15** 大井成元(87、陸軍軍人)。**8・1** 結城豊太郎(74、銀行家)。**8・18** 佐藤義亮(73、新潮社)。**9・1** 久村清太(70、技術者)。**9・7** 岡麓(74、歌人)。**9・11** 末弘厳太郎(62、法学)。**9・18** 朝永三十郎(80、哲学)。**9・23** 矢野恒太(85、第一生命)。**9・24** 小泉又次郎(86、政治家)。**10・2** 山口吉郎兵衛(四代)(68、実業家)。**10・3** 島津源蔵(二代)(82、島津製作所)。**10・5** 小平浪平(77、実業家)。**10・8** 鶴沢友次郎(六代)(78、文楽三味線弾き)。**10・22** 八浜徳三郎(81、社会事業家)。**11・25** 膳桂之助(64、財界役員)。**12・9** 芦田恵之助(78、教育者)。**12・20** 原石鼎(65、俳人)。

【世界】

2・1 国連総会、朝鮮戦争における中国を侵略者とする非難決議案を採択。**2・11** インドシナ共産党、第二回党大会を開催(〜一九日)、ベトナム労働党へ党名改称。**2・21** 世界平和評議会第一回総会、ベルリンで開催(〜二六日)、米・英・仏・ソ・中の五大国による平和協定締結を要求(ベル

西暦	
年号・干支	
内閣	
記事	リン＝アピール)。中国政府、反革命処罰条例を公布。3・15 グスマン、グアテマラ大統領に就任、土地改革などを推進。イラン国民議会、石油国有化法案を可決。3・24 国連軍最高司令官マッカーサー、中国本土爆撃も辞さずと表明(四月一一日、米トルーマン大統領、マッカーサーを解任、後任にリッジウェイ中将)。3・29 アメリカ、ローゼンバーグ夫妻、原子力スパイの容疑で死刑判決(一九五三年六月一九日、死刑執行)。3・30 アメリカ、対日平和条約草案をソ連など一五ヵ国に送付。4・1 インド、第一次五ヵ年計画開始。4・6 クオン＝デ没(69、ベトナム阮朝の皇族)。4・18 西欧六ヵ国(仏・西独・伊・蘭・ベルギー・ルクセンブルク)、欧州石炭鉄鋼共同体条約に調印(一九五二年七月二三日発効)。4・29 ムハンマド＝モサデグ、イラン首相に就任。5・2 イラン政府、アングロ＝イラニアン石油会社国有化実施。5・23 中国政府、チベット地方政府と問題の平和的解決の取り決め調印。6・23 ソ連国連代表マリク、朝鮮停戦交渉を提案。7・1 イギリス連邦諸国東アジア開発計画(コロンボ＝プラン)発足。7・10 朝鮮休戦会談、北緯三八度線上の開城(ケソン)で開催(〜八月二三日。以後も三八度線付近で戦闘継続)。7・20 ヨルダン国王アブドラ、イェルサレムで暗殺される。8・15 中国、サンフランシスコでの対日講和会議開催に対して非難声明。9・1 アメリカ・オーストラリア・ニュージーランド、太平洋安全保障条約(アンザス条約)に調印(一九五二年四月二五日発効)。9・4 対日講和会議、サンフランシスコで開催(〜八日。五二ヵ国参加)。10・8 エジプト、対英条約(一九三六年締結)およびスーダンの共同管理に関する協定(一八九九年締結)を一方的に破棄(一七日、スエズ運河地帯でのゲリラ戦開始)。10・10 アメリカ、相互安全保障法(MSA)を制定。10・26 イギリス総選挙、保守党勝利し第二次チャーチル内閣成立。10・27 中国軍、チベットのラサに進駐。11・14 アメリカ・ユーゴスラヴィア、軍事援助協定に調印。11・27 チェコスロヴァキア共産党書記長スランスキー、国家に対する陰謀容疑で

西暦	年号・干支	内閣	記事
一九五一 ▶	昭和二六 辛卯		逮捕。**12・8** 中国、三反運動(汚職反対・浪費反対・官僚主義反対)を開始(のち五反運動へ発展)。**12・24** リビア連合王国、独立を宣言(初代国王ムハンマド＝イドリース)。**この年** アメリカでカラーテレビ商業放送開始。許憲(ホ＝ホン)没(67、朝鮮の政治家)。
一九五二 ◀	二七 壬辰	(第3次吉田茂内閣)	**【政治・経済】** **1・16** 復興金融金庫解散し、権利・義務を日本開発銀行に継承。**1・21** 札幌市で白鳥一雄警部射殺される(白鳥事件・昭和三〇年八月、犯人として共産党員村上国治を逮捕起訴)。**1・23** NHK、初の国会中継ラジオ放送を実施。**2・8** 改進党、国民民主党・農民協同党・新政クラブの合同により結成(幹事長三木武夫)。**2・15** 第一次日韓正式会談開始・韓国、日本の財産請求権を拒否(四月二六日、事実上打ち切り)。**2・25** 通産省、綿紡績四割操短を業界に勧告。**2・28** 日米行政協定調印(日米安全保障条約に基づく米軍駐留の権利関係を規定・国会承認手続をとらず)。**2・29** 沖縄のアメリカ民政府、琉球政府の設立および琉球政府章典を公布(三月二日、第一回琉球立法院議員選挙実施、社大党一五・人民党一・無所属一五)。**3・8** GHQ、兵器製造および航空機生産の禁止緩和を日本政府に指令。**4・1** 琉球中央政府発足(初代主席比嘉秀平)。砂糖、統制撤廃され自由販売化。**4・5** 緑風会の高良とみ参議院議員、モスクワ国際経済会議に出席。**4・11** ポツダム宣言受諾に伴い発する命令に関する件(ポツダム政令)の廃止に関する法律公布(二八日施行)。**4・12** 破壊活動防止法(破防法)反対第一波スト(一八日、第二波スト、六月七日、第三波スト、七月四日、破防法成立)。**4・21** 公職追放令廃止(二八日施行、岸信介ら約五七〇〇人、自動的に追放解除)。**4・28** 対日平和条約・日米安全保障条約各発効、日本主権を回復・中国国民政府(台湾)と日華平和条約調印(八月五日発効)。外国人登録法公布(即日施行)。GHQ・極東委員会・

西暦	
年号・干支	
内閣	
記事	対日理事会、平和条約発効に伴ない廃止。平和条約発効に際し、大赦令・減刑令・復権令を各公布(即日施行)。**4・30** 戦傷病者戦没者遺族等援護法公布。**5・1** 第二三回メーデー、神宮外苑で挙行、大会終了後デモ隊六〇〇〇名、阻止を突破して皇居前広場に突入し警官隊と衝突、死者二人・負傷者多数を生じ、一二三二人を騒擾罪により検挙(メーデー事件)。共産党機関紙『アカハタ』復刊。**5・7** 財閥商号使用禁止等に関する政令廃止(以後、旧財閥の名称復活)。占領目的阻害行為処罰令(政令三二五号)・連合国人に対する刑事事件等特別措置令・民事裁判権の特例に関する勅令各廃止を公布。**5・9** 日・米・加漁業条約調印(北太平洋の公海漁業規程・昭和二八年六月一二日公布)。**6・1** 日中貿易協定、北京で調印(輸出入三〇〇〇万ポンド、物々交換での取引を原則)。**6・9** 日印平和条約調印(八月二六日発効)。**6・14** 貸付信託法公布(即日施行)。**6・24** 大阪府吹田市で、朝鮮戦争二周年記念日前夜祭の散会後、デモ隊と警官隊が衝突、一七〇人逮捕(吹田事件)。**7・7** 名古屋の大須で、帆足計・宮腰喜助のソ連・中国からの帰国報告会の終了後、デモ隊と警官隊が衝突、一二一人検挙(大須事件)。**7・15** 農地法公布、農地法施行法公布(一〇月二一日施行)。**7・21** 破壊活動防止法・公安調査庁設置法・公安審査委員会設置法公布、即日施行。**7・26** 日米行政協定に基づき在日米軍に提供される施設区域協定調印。**7・30** 最高裁、巣鴨刑務所収監中の朝鮮人・台湾人C級戦犯らの人身保護法に基づく釈放請求を却下。**7・31** 保安庁法公布(八月一日、保安庁設置、海上警備隊を警備隊と改称・一〇月一五日、警察予備隊を保安隊と改称)。**8・1** 法務府、法務省に改組・自治庁・経済審議庁各設置・日本電信電話公社発足(電気通信省は廃止)・大村収容所設置。**8・13** 日本、国際通貨基金(IMF)・国際復興開発銀行(世界銀行)に加盟。**8・26** 第一四通常国会召集(八月二八日衆議院解散)。**8・28** 吉田茂首相、衆議院の抜きうち解散実施(憲法第七条に基づく)。**8・31** 参議院

西暦	年号・干支	内閣	記事
一九五二 ◀▶	昭和二七 壬辰	(第3次吉田茂内閣)	緊急集会、最高裁裁判官国民審査の中央選挙管理会委員を選任。9・29 自由党、反吉田派の石橋湛山・河野一郎を除名処分(一二月一六日、石橋・河野復党)。10・1 第二五回衆議院議員総選挙(自由二四〇・改進八五・右派社会五七・左派社会五四・共産〇)。10・4 経団連など経済四団体、政局安定を要望する旨を決議、自由党首脳に要請。10・16 日経連教育部会、「新教育制度の再検討に関する要望」を発表。10・24 安藤正純・三木武吉ら自由党鳩山派強硬分子、民主化同盟を結成。第一五特別国会召集(昭和二八年三月一四日衆議院解散)。10・30 第四次吉田内閣成立(鳩山派を除外)。11・10 皇太子明仁親王、成年式・立太子の礼(特赦・特別減刑の恩赦を実施)。11・12 日米船舶貸借協定調印(海上警備用にフリゲート艦など六八隻を無償借入・一二月二七日発効)。11・27 池田勇人通産相、衆議院本会議で中小企業の倒産や経営者の自殺もやむを得ないと失言(二八日、通産相不信任案可決、二九日、辞任)。12・1 ㈱日本長期信用銀行、長期信用銀行法に基づき設立(資本金一五億円・五日、開業)。12・2 閣議、在日米軍試射場として石川県内灘の使用を決定。12・7 一年間行方不明の鹿地亘、突如帰宅、在日米軍諜報機関(キャノン機関)に監禁されたと声明(鹿地亘事件)。 【社会・文化】 2・19 青梅線小作駅から貨車四両が暴走(青梅事件・昭和二八年一月以降、犯人として共産党員一〇人を起訴・同四三年三月三〇日、無罪確定)。2・20 東大学生、学内の劇団ポポロ座公演の会場に潜入の私服警官に暴行、警察手帳を奪う(ポポロ事件)。3・29 文化財保護委員会、郷土芸能・工芸技術などに初の無形文化財指定。4・9 日航機もく星号、大島三原山に墜落、乗員・乗客三七人全員死亡。4・10 NHK「君の名は」放送開始、大人気を博す(のち映画化され真知子巻き流行)。4・17 鳥取市大火(焼失五二〇〇戸)。4・24 日本学術会議、破防法案に対する反対声明を可決。5・

西暦	
年号・干支	
内閣	
記事	9 メーデー事件関与者捜索のため武装警官隊、早大に突入し、阻止しようとした教職員・学生と衝突、教職員・学生約一〇〇人負傷（早大事件）。**5・19** 白井義男、マリノを破りボクシング世界フライ級で日本人初の世界チャンピオンとなる。**6・6** 中央教育審議会設置。**7・1** 第一回住民登録、全国的に実施（〜五日）。**7・9** 全国地域婦人団体連絡協議会結成。**7・19** 第一五回オリンピック・ヘルシンキ大会開催（〜八月三日）・日本、戦後初参加（レスリングのバンタム級で石井庄八が金メダル）。**8・6**『アサヒグラフ』八月六日号、原爆被害写真を初公開、五二万部即日完売。**8・8** 義務教育費国庫負担法公布（教職員給与の半額、教材費の一部を国庫負担・昭和二八年四月一日施行）。**9・24** 電産（日本電気産業労働組合）、電源スト開始（〜一二月一八日）。**10・13** 炭労、大手一七社による四八時間スト（一七日、無期限スト突入）。**10・14** 日本父母と先生全国協議会結成大会挙行（後の日本PTA全国協議会）。**11・1** 市区町村教育委員会、全国一斉に設置（九九六五委員会が新設）。**11・-** 近世庶民史料調査委員会編『近世庶民史料所在目録』刊（〜昭和三〇年一月）。**12・1** 国立近代美術館開館。**12・15** 政府、炭労ストに対し緊急調整権の発動を決定（一六日、炭労スト中止を指令、一七日、炭労スト全面的妥結）。**12・20** 日本初のボウリング場、東京青山に開業。**12・25** 全繊同盟など四労働組合、総評に対して指導方針批判。**この年** 竹内理三・清原貞雄ら監修『大分県史料』刊（〜昭和三九年）。東京大学史料編纂所編『大日本古記録』刊行開始（続刊中）。 【死没】 **1・5** 西川正治（67、物理学）。**1・11** 藤井健次郎（85、細胞遺伝学）。**1・19** 田原淳（78、病理学）。**1・25** 松野菊太郎（84、牧師）。**1・29** 本多静六（85、森林学）。**2・3** 蒲原有明（76、詩人）。**2・28** 木村小左衛門（64、政治家）。**3・1** 久米正雄（60、小説家）。**3・13** 有坂秀世（43、言語学）。**3・27** 豊田喜

西暦	年号・干支	内閣
一九五二 ▶	昭和二七 壬辰	10・30 第4次吉田茂内閣

記事

一郎(57、トヨタ自動車)。**4・9** 三鬼隆(60、財界人)。**5・14** 三田村鳶魚(82、随筆家)。**5・17** 中井正一(52、文化運動家)。**5・21** 田中館愛橘(95、地球物理学)。**5・27** 古島一雄(86、政治家)。**6・11** 和田小六(61、航空学)。**7・1** 山本実彦(67、出版人・政治家)。**7・12** 竹本大隅太夫(四代)(浄瑠璃太夫)。**7・31** 菱刈隆(80、陸軍軍人)。**8・4** 茅原華山(82、評論家)。**8・22** 平沼騏一郎(84、政治家)。**8・29** 大河内正敏(73、経営者)。**9・1** 小杉天外(86、小説家)。**9・8** 広瀬政次(58、能楽研究家)。**10・4** 市村羽左衛門(一六代)(47、歌舞伎役者)。**10・17** 岡田啓介(84、海軍軍人)。**10・19** 土井晩翠(82、詩人)。**11・1** 池内宏(74、東洋史学)。**11・30** 富本豊前太夫(九代)(67、富本節家元)。**12・6** 中井猛之進(70、植物分類学)。**12・8** 藤田五郎(37、日本経済史学)。**12・24** 藤浪与兵衛(三代)(61、小道具方)。**12・30** 中山晋平(65、作曲家)。

〔世界〕

1・18 韓国政府、「海洋主権宣言」を発表し、「李承晩(イ＝スンマン)ライン」を設定。**1・26** エジプト、カイロで焼き打ち・反英暴動(二七日、ワフド党内閣退陣)。**2・15** ギリシア、NATOに加盟(一八日、トルコ加盟、二〇日、NATOリスボン会議開催)。**2・26** イギリス首相チャーチル、イギリスの原爆保有を公表(一〇月二日、第一回実験に成功)。**3・10** キューバ元大統領バティスタ、軍事クーデタにより政権獲得。**4・9** ボリビアで左派民族主義勢力による革命勃発(一六日、指導者パス＝エステンソロ、大統領に就任・一〇月三一日、三大錫鉱山会社を国有化)。**5・7** 巨済(コジェ)島捕虜収容所の北朝鮮捕虜、収容所司令官を拘禁し反乱(巨済(コジェ)島事件)。**5・27** 欧州防衛共同体(EDC)条約調印(仏・伊・西独・ベネルクス三国参加)。**6・23** アメリカ空軍、北朝鮮の水豊(スプン)ダムを爆撃。**7・23** エジプトで、ナギブら自由将校団によるクーデタ勃発(二六日、国王ファルーク、アーメット＝ファド王子に譲位して亡命・一九五三年、王制廃止)。**7・27** ソ連、ヴォルガ＝ドン運河開通。8・3 イラン国会、モサデグ首相に六ヵ月間の非常大権を付与。8・9 中国政府、民族区域自治実施要綱公布。8・18 中ソ首脳会談、モスクワで開催(〜九月一六日。中ソ両国の対日講和条約締結までのソ連軍の旅順(リューシュン)駐留・中国への長春(チャンチュン)鉄道の年内返還を決定)。10・2 アジア太平洋平和会議、北京で開催(〜一二日・三七ヵ国三四四人参加)、「民族独立に関する決議」などを採択。10・5 ソ連共産党第一九回大会開催(〜一四日)、第五次五ヵ年計画を採択。10・13 ユーゴスラヴィア、米・英・仏と軍事経済援助協定を締結。10・20 英領ケニアで、秘密結社マウマウ団による白人入植者殺害事件頻発のため戒厳令発令。11・1 アメリカ、太平洋上のエニウェトク環礁で水爆実験を実施(一六日、実験成功を公表)。11・4 アメリカ大統領選挙、共和党候補のアイゼンハウアーが当選。12・12 諸国民平和大会、ウィーンで開催(〜二〇日、八五ヵ国一八八〇人が参加)、朝鮮戦争即時停戦・五大国の平和条約締結などの要求を決議。12・23 エロシェンコ没(61、ロシアの詩人・児童文学者)。12・31 ソ連、長春(チャンチュン)鉄道を中国に返還。

西暦：一九五三 ◀

年号・干支：二八 癸巳

内閣：

記事：

【政治・経済】

1・14 日米船舶貸借協定に基づく第一回船舶引渡式、横須賀米海軍基地で挙行され、フリゲート艦など一〇隻が保安庁警備隊に貸与。2・4 「李承晩(イ＝スンマン)ライン」に出漁した第一大邦丸、韓国警備艇に拿捕され、機関長射殺される(以後、同様の拿捕事件頻発し問題化)。2・28 吉田茂首相、衆議院予算委員会で質問の右派社会党西村栄一に対し「バカヤロー」と暴言(三月二日、衆議院、吉田首相懲罰動議を可決・自由党民同派・広川派は欠席)。3・2 首相、広川弘禅農相を罷免(首相懲罰動議の投票欠席のため)。3・12 フィリピンと沈没船引揚げに関する中間賠償

西暦	年号・干支	内閣	記事
一九五三 ◀▶	昭和二八 癸巳	（第4次吉田茂内閣）	協定調印。**3・14** 衆議院、吉田内閣不信任案を可決（賛成二二九、反対二一八、自由党民主化同盟派二〇人余は賛成投票）、衆議院解散（いわゆるバカヤロー解散）。**3・18** 分党派自由党総会、鳩山一郎を総裁に推挙、自治庁に結社届、自由党に分党届を提出。参議院緊急集会開催（二〇日、暫定予算を可決し閉会）。**3・23** 中国からの日本人引揚げ再開、興安丸・高砂丸、舞鶴に入港し三九六八人が帰国。**4・2** 日米友好通商航海条約調印（一〇月三〇日発効）。**4・8** 最高裁、政令二〇一号事件に関し「公共の福祉による公務員の争議権制限は違憲ではない」と判決し、昭和二〇年九月二〇日公布の勅令五四二号（ポツダム勅令）に関して、憲法外における法的効力を有すると見解。**4・15** 第二次日韓会談、東京で開催（七月二三日、自然休会）。**4・19** 第二六回衆議院議員総選挙（自由一九九・改進七六・左派社会七二・右派社会六六・分党派自由三五・労農五・共産一）。**4・24** 第三回参議院選挙（自由四六・左派社会一八・緑風一六・右派社会一〇・改進八・無所属三〇）。**5・12** 日仏文化協定調印（戦後初の文化協定）。**5・18** 第一六特別国会召集（八月一〇日閉会）。**5・21** 第五次吉田内閣成立。**6・2** 閣議、石川県内灘試射場の無期限使用を決定（一三日、反対農民による坐りこみ、一五日、米軍試射開始。九月一四日、接収補償妥協案成立）。**6・26** 政府、MSA（相互安全保障法）援助に関する日米交換公文を発表（七月一五日、日米交渉開始）。**7・2** 中国人戦中死没者の遺骨送還を開始。**8・1** 武器等製造法公布。恩給法改正公布、即日施行され旧軍人恩給復活支給開始。国際小麦協定加入。**8・17** 労働金庫法公布。**9・1** 独占禁止法公布（不況・合理化カルテルの認可、会社の株式保有・合併などの大幅緩和）。町村合併促進法公布（一〇月一日施行）。**9・15** 日米民間航空運送協定公布。**9・29** 日米行政協定改定調印（北大西洋条約行政協定に準じ米軍軍人・軍属に対する刑事裁判権を公務上の場合を除き日本側へ移譲・一〇月一九日公布、二九日発効）。**10・2** 池田勇人自由党政調会長、ワシントンでロバートソン米

西暦	
年号・干支	
内閣	第5次吉田茂内閣 5・21

記事

国務次官補と防衛問題に関し会談（池田・ロバートソン会談）。**10・6** 第三次日韓会談開催（一五日の「日本の朝鮮統治は朝鮮人に恩恵を与えた」などの久保田貫一郎発言により紛糾、二一日、決裂）。**10・14** 徳田球一共産党書記長、北京で客死（昭和三〇年八月一日、日本共産党から公表）。**10・24** 新興金融機関保全経済会（理事長伊藤斗福）、臨時休業を宣言、一五万人の投資家に損害（昭和二九年一月二六日、伊藤らを逮捕・保全経済会事件）。**10・29** 第二次日中貿易協定調印（輸出入ともに三〇〇〇万ポンド、有効期間昭和二九年一二月三一日まで）。第一七臨時国会召集（一一月七日閉会）。**10・30** 池田・ロバートソン会談終了し、日本の防衛力漸増などの共同宣言を発表。**11・15** 米ニクソン副大統領来日。**11・29** 分党派自由党解体し、鳩山ら二三人、自由党に復党・三木武吉・河野一郎ら残留派八人、日本自由党を結成。**11・30** 第一八臨時国会召集（一二月八日閉会）。**12・10** 第一九通常国会召集（昭和二九年六月一五日閉会）。**12・21** 米ロバートソン国務次官補・ラドフォード統合参謀本部議長来日し、吉田首相と防衛問題などにつき意見交換。**12・23** 最高裁、農地改革を合憲と判決。**12・24** 奄美群島返還の日米協定調印、即日国会で承認される（二五日、公布・発効され本土復帰）。**この年** 蛍光灯、一般家庭に普及進む。

【社会・文化】

2・1 NHK東京テレビ局、東京地区での本放送開始（契約数八六六）。**3・1** 財団法人農政調査会『地租改正関係農村史料集』刊。**4・1** 保安大学校開校（昭和二九年九月、防衛大学校と改称）。**4・5** 日本婦人団体連合会結成（会長平塚らいてう）。**5・25** 全日本自動車産業労働組合日産自動車分会、賃上げ要求を提出し争議突入（八月三〇日、日産自動車労働組合結成、九月二一日、賃上げ要求を撤回し争議終結）。**6・3** 岩国市教育委員会、山口県教組編『小学生日記』『中学生日記』を偏向とし回収を決定（山口日記事件）。**7・3** らい予防法改正反対運動の患者ら、国会議事

西暦	年号・干支	内閣	記事
一九五三 ◀▶	昭和二八 癸巳	(第5次吉田茂内閣)	堂前で坐りこみデモを開始。**7・4** スト規制法反対運動、第一波ストを実施(一一日、第二波スト、二七日、第三波スト)。**7・16** 伊東絹子、アメリカでミスユニバース世界大会三位入賞(「八頭身」流行語となり、ミス・ブーム起る)。**8・5** 電気事業および石炭鉱業における争議行為の方法の規制に関する法律(スト規制法)成立(七日公布、即日施行)。**8・7** 三井鉱山、六七三九人の人員整理案を発表(一一日から、労組、三池・砂川・美唄・芦別で総評・炭労の支援下に反対運動を展開・一一月二七日、解雇撤回により解決・いわゆる英雄なき一一三日の闘い)。**8・8** 学校図書館法公布(図書館・司書教諭の必置および国庫補助などを規定・昭和二九年四月一日施行)。**8・16** 岡山県月の輪古墳発掘(～一二月三一日・村民主導の発掘運動により全掘)。**8・28** 日本テレビ、本放送を開始(民放初のテレビ放送)。**9・11** 国際理論物理学会議、東京・日光で開会(一八日、本会議を京都で開催・～二三日・戦後初の国際学術会議の日本開催)。**10・26** 広津和郎・宇野浩二・志賀直哉・川端康成・吉川英治ら、松川事件の公正判決要求書を仙台高裁鈴木禎次郎裁判長に提出。**10・-** 赤色の委託公衆電話機、東京都内に初登場。**12・15** 熊本県水俣市で、原因不明の脳症状の初発症例(のちに水俣病公式認定患者第一号となる)。**12・31** NHK、紅白歌合戦を日本劇場から初のテレビ放送(以後、大晦日の人気番組として定着)。**12・-** 紀ノ国屋(国内初のスーパーマーケット)、東京青山に開店。**この年** 山田孝雄・神田喜一郎ら『貴重古典籍刊行会叢書』刊行開始(～昭和五六年)。東京大学史料編纂所編『大日本近世史料』刊行開始(続刊中)。藤井駿・水野恭一郎共編『岡山県古文書集』刊(～昭和三一年)。地租改正資料刊行会『明治初年地租改正基礎資料』刊(～昭和三二年)。日本国政事典刊行会編『日本国政事典』刊(～昭和三三年)。東畑精一・盛永俊太郎監修『日本農業発達史』刊(～昭和三四年)。 【死没】

西暦	
年号・干支	
内閣	
記事	1・1 樋貝詮三(62、政治家)。1・4 雍仁親王(50、秩父宮、昭和天皇の弟)。1・11 横田成年(77、造船学)。1・14 鳥居龍蔵(82、人類学)。1・17 河辺貞吉(88、牧師)。2・11 河井道(75、教育家)。2・25 斎藤茂吉(70、歌人)。2・28 美濃部洋次(52、官僚)。3・8 斎藤恒(75、陸軍軍人)。3・9 佐野学(61、日本共産党)。3・12 伊東静雄(46、詩人)。3・23 古田俊之助(66、実業家)。4・29 長崎英造(71、財界人)。5・28 堀辰雄(48、小説家)。6・17 乙竹岩造(77、教育史学)。6・29 幣原坦(82、教育家)。7・5 斎藤瀏(74、陸軍軍人)。7・7 阪東妻三郎(51、映画俳優)。7・16 吉住小三郎(初代)(55、長唄唄方)。8・25 河本大作(70、陸軍軍人)。9・3 折口信夫(66、民俗学)。9・7 阿部信行(77、陸軍軍人、政治家)。9・28 布施辰治(72、弁護士)。10・3 塩野義三郎(二代)(71、経営者)。芳村伊十郎(六代)(78、長唄唄方)。10・4 野口兼資(73、能楽師)。10・14 徳田球一(59、日本共産党)。10・21 樺山愛輔(88、実業家)。11・29 ガントレット恒子(80、婦人運動家)。12・22 田熊常吉(81、事業家)。 【世界】 1・1 中国、第一次五ヵ年計画を開始。1・13 ソ連、要人暗殺陰謀容疑によりクレムリンのユダヤ人医師団を逮捕(四月四日、容疑は事実無根と発表)。1・14 ユーゴスラヴィア国民議会、ティトーを初代大統領に選出。1・20 アイゼンハウアー、アメリカ大統領に就任(二一日、ダレス、国務長官に就任)。1・27 米ダレス国務長官、テレビで対ソ巻返し政策を発表。2・12 北欧会議第一回総会開催(スウェーデン・デンマーク・アイスランド・ノルウェーの四ヵ国参加)。2・15 中国共産党中央、「農業生産互助合作に関する決議」採択。3・5 ソ連スターリン首相没(六日、マレンコフ、後任として首相・党第一書記に就任、九日、国葬)。3・9 毛沢東(マオ=ツォートン)、スターリン追悼の辞として「最も偉大なる友誼」声明。6・16 東ベルリンで、労働者によるデモ発生(一七

西暦	年号・干支	内閣	記事
▶一九五三	昭和二八 癸巳	（第5次吉田茂内閣）	日、デモ暴動化し、ソ連軍の戒厳令により鎮圧）。**6・18** エジプト革命評議会、共和国樹立宣言（初代大統領兼首相ナギブ）。**7・10** ソ連、ベリア副首相兼内相を更迭し党から除名した旨を公表（一二月二三日、ベリアら銃殺刑）。**7・26** キューバ、カストロら、反バティスタ政権蜂起、モンカダ兵営襲撃に失敗して逮捕。**7・27** 朝鮮休戦協定、板門店（パンムンジョム）で調印（二八日、朝鮮休戦委員会第一回会議開催）。**8・8** マレンコフ、ソ連の水爆保有を公表（二〇日、実験成功を公表）。米韓相互防衛協定、ソウルで仮調印（一〇月一日、ワシントンで本調印、一九五四年一一月一七日発効）。**8・13** イラン国王パーレヴィー二世、モサデグ首相を罷免、ザヘディ将軍を首相に指名（一六日、パーレヴィー二世、国王派軍部クーデタの失敗により亡命・一九日、ザヘディ将軍のクーデタ成功し、モサデグを逮捕）。**9・12** フルシチョフ、ソ連共産党第一書記に就任。**11・9** カンボジア、完全独立を達成し独立式典を挙行。サウジアラビアのイブン＝サウード王没。**11・22** 中国・北朝鮮、経済援助協定に調印し、朝鮮戦争中の援助について無償供与を決定。**11・28** 蔣介石（チアン＝チエシー）・李承晩（イ＝スンマン）、台北（タイペイ）で会談しアジア反共連合の結成などにつき共同声明。

西暦	
年号・干支	
内閣	
記事	

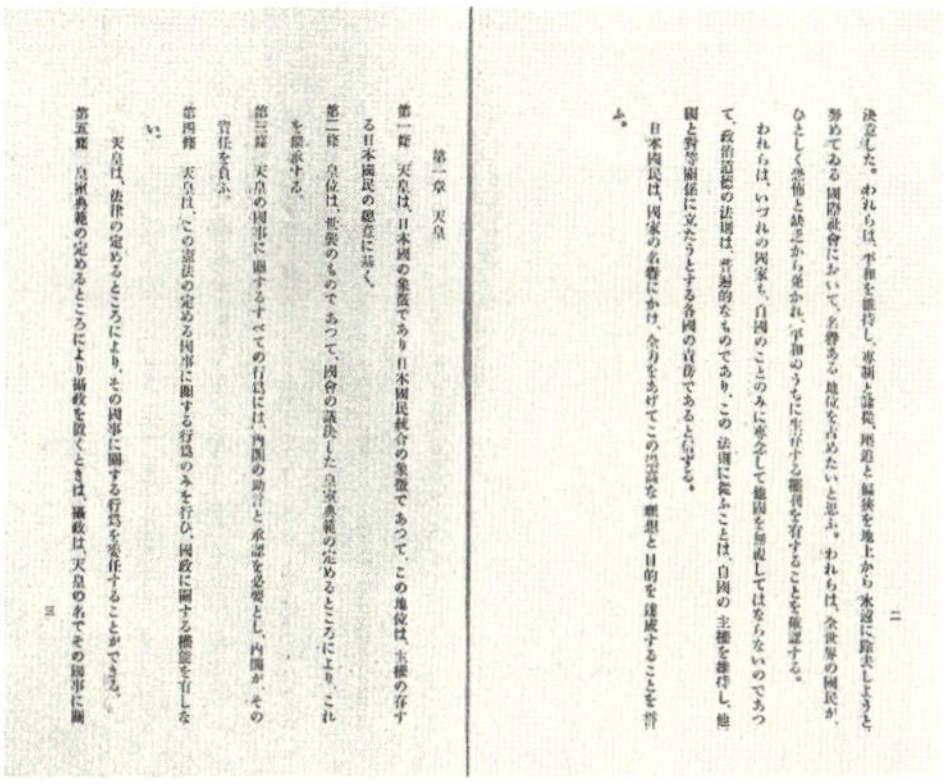

決意した。われらは、平和を維持し、專制と隷從、壓迫と偏狹を地上から永遠に除去しようと努めてゐる國際社會において、名譽ある地位を占めたいと思ふ。われらは、全世界の國民が、ひとしく恐怖と缺乏から免かれ、平和のうちに生存する權利を有することを確認する。

われらは、いづれの國家も、自國のことのみに專念して他國を無視してはならないのであつて、政治道德の法則は、普遍的なものであり、この法則に從ふことは、自國の主權を維持し、他國と對等關係に立たうとする各國の責務であると信ずる。

日本國民は、國家の名譽にかけ、全力をあげてこの崇高な理想と目的を達成することを誓ふ。

二

第一章　天皇

第一條　天皇は、日本國の象徴であり日本國民統合の象徴であつて、この地位は、主權の存する日本國民の總意に基く。

第二條　皇位は、世襲のものであつて、國會の議決した皇室典範の定めるところにより、これを繼承する。

第三條　天皇の國事に關するすべての行爲には、內閣の助言と承認を必要とし、內閣が、その責任を負ふ。

第四條　天皇は、この憲法の定める國事に關する行爲のみを行ひ、國政に關する權能を有しない。

天皇は、法律の定めるところにより、その國事に關する行爲を委任することができる。

第五條　皇室典範の定めるところにより攝政を置くときは、攝政は、天皇の名でその國事に關

三

図1（→1946年）
日本国憲法
（上）日本国憲法原本（国立公文書館）
（下）日本国憲法公布記念祝賀都民大会
（昭和21年11月3日，皇居前）

西暦	年号・干支	内閣
一九五四 ◀	昭和二九 甲午	(第5次吉田茂内閣)

記事

【政治・経済】

1・1 五〇銭以下の小額貨幣および一〇銭以下の小額紙幣の通用を廃止。1・7 米アイゼンハウアー大統領、一般教書演説で沖縄米軍基地の無期限保持を宣言。1・15 憲法擁護国民連合結成(議長片山哲)。1・20 営団地下鉄丸ノ内線、池袋—御茶ノ水間開業(戦後初の地下鉄路線開業)。2・22 政府、教育の政治的中立の確保に関する臨時措置法案・教育公務員特例法の一部改正案からなる教育二法案を国会に提出(三月二六日、衆議院を通過、五月一四日、参議院修正、二九日、衆議院、参議院修正案に同意、六月三日公布)。2・23 衆議院、自由党有田二郎議員の汚職容疑による逮捕許諾請求を期限付で了承(造船疑獄)。3・1 第五福竜丸、ビキニ環礁水域でのアメリカの水爆実験により被爆。3・8 日米MSA(相互防衛援助)協定調印(五月一日発効)。3・10 経団連など経済四団体、日米生産性向上委員会設立を決議(四月八日、第一回委員会を開催)。3・12 自由党憲法調査会、発会式を挙行(会長岸信介。一一月五日、日本国憲法改正案要綱を発表)。3・14 第二回琉球立法院選挙(社会大衆一二・民主一二・人民二・無所属二)。3・17 沖縄のアメリカ民政府、米軍用地に対し地代の一括払い(アメリカ側評価の地価相当額)実施による永代借地権設定構想を公表。4・1 衆議院、原子力国際管理決議案を可決(五日、参議院も同案および原子兵器禁止に関する決議案を可決)。世界平和者日本会議、八ヵ国一五〇人の参加により東京で開催(三日、原水爆禁止平和宣言などを決議)。4・21 犬養健法相、検事総長に対し指揮権を発動し、造船疑獄による佐藤栄作自由党幹事長の逮捕許諾を請求しないように指示(二二日、犬養法相辞職)。5・9 原水爆禁止署名運動杉並協議会発足(全国的な原水禁署名運動に発展)。5・14 日米艦艇貸与協定調印(六月五日発効)。6・3 衆議院本会議、会期延長をめぐり大混乱(乱闘国会)・両派社会党など、以後の決議をボイコット。6・5 衆議院、一〇日間の会期延長を決議。6・8 改正警

西暦	
年号・干支	
内閣	
記事	察法公布（国家地方警察・自治体警察を廃し、警察庁・都道府県警察を設置・七月一日施行）。経団連など経済四団体、国会の紛糾収拾に努力すべき旨声明。**6・9** 防衛庁設置法・自衛隊法各公布（保安隊を改組、陸上・海上・航空の三軍方式に拡大（七月一日施行）。MSA協定に伴う秘密保護法公布（七月一日施行）。**6・10** 臨時肥料需給安定法・硫安工業合理化及び硫安輸出調整臨時措置法（肥料二法）公布（昭和三四年七月三一日までの時限立法）。**6・13** NHK「ユーモア劇場」、政府の干渉により中止。**6・24** 日本、アジア極東経済委員会（ECAFE）に加盟。**7・1** 防衛庁・自衛隊（陸上・海上・航空）発足。三菱商事、旧三菱系四社の合併により発足。**7・3** 岸信介・石橋湛山・芦田均ら、新党結成準備会を結成（一一月一日、委員長に鳩山一郎を決定・八日、自由党、石橋・岸を除名処分）。**8・8** 原水爆禁止署名運動全国協議会結成（事務局長安井郁・一二月一四日までの署名数二〇〇八万一二三二人）。**9・19** 鳩山一郎・重光葵ら六人、反吉田新党の旗上げに関して同意。**9・23** ビキニ環礁で米水爆により被爆した第五福竜丸無線長久保山愛吉死去。**9・25** 政府、竹島領有権問題の国際司法裁判所への提訴を韓国政府に提案（一〇月二八日、韓国政府拒絶）。**9・26** 吉田茂首相、欧米七ヵ国歴訪へ出発（一一月一〇日、吉田・アイゼンハウアー共同宣言発表、一七日、帰国）。**10・20** 経済同友会、早期の保守合同実現について提言。**10・28** 日中・日ソ国交回復国民会議結成。**10・30** 中国紅十字会代表団（李徳全（リー＝トーチュアン）ら）、日本赤十字社の招きにより来日。**11・5** 日本・ビルマ平和条約、賠償および経済協力協定（賠償二億ドル、経済協力五〇〇〇万ドル）をラングーンで調印（昭和三〇年四月一六日発効）。**11・24** 日本民主党、自由党新党準備会派・改進党・日本自由党の合同により結成（総裁鳩山一郎）。最高裁大法廷、新潟県公安条例に対し合憲判決（公安条例についての初の最高裁判決）。**11・28** 自由党議員総会、吉田総裁の勇退および緒方竹虎の後任総裁推薦を決議。**11・30** 第二〇臨時国会召集（一二月

西暦	年号・干支	内閣	記事
一九五四 ◀▶	昭和二九 甲午	(第5次吉田茂内閣)	九日閉会)。12・7 吉田内閣総辞職。12・8 自由党議員総会、緒方竹虎を新総裁に決定。12・9 衆参両院、鳩山一郎を新首相に指名。12・10 第一次鳩山一郎内閣成立。第二一通常国会召集(昭和三〇年一月二四日衆議院解散)。12・22 政府、憲法九条についての統一解釈(自衛権の保有・自衛隊合憲)を発表。 【社会・文化】 1・2 皇居参賀者三八万人、二重橋付近で大混乱となり死者一六人に上る(二重橋事件)。1・12 文化財保護委員会、平城宮跡を発掘(七月、奈良国立文化財研究所による恒常的調査体制が確立)。2・8 全国二三婦人団体の代表ら、売春禁止法期成全国婦人大会を開催。2・19 力道山・木村政彦対シャープ兄弟のプロレスのタッグマッチ挙行、大人気を集める(日本テレビで連日中継される)。3・14 日教組、日曜振替授業および翌日の一斉休暇戦術を実施し、教育二法反対闘争を展開。3・16『読売新聞』、第五福竜丸のアメリカ水爆実験による被爆をスクープ・築地魚河岸で、同船より水揚げの鮪などから強度の放射能を検出・この後、大量の「水爆マグロ」が出現、処分される。3・― 農政調査会『小作騒動に関する史料集』刊。4・20 第一回全日本自動車ショー、日比谷公園で開催(〜二九日。約二三〇社二五〇台が参加)。4・22 全日本労働組合会議(全労会議)結成(議長滝田実)。4・23 学術会議第一七回総会、核兵器研究の拒否および原子力研究の三原則(公開・民主・自主)を声明。4・25 私鉄総連、賃上げなど要求の二四時間スト(春闘スト)を実施(二九日、第二波ストを実施)。4・27 厚生省管轄下に国立癩研究所を設置(昭和三〇年七月一日開設、同三七年六月一日、国立多摩研究所と改称)。4・28 文部省、「社会科の指導計画に関する資料」(学習指導要領の大綱、中学に道徳倫理の単元設置、小学校高学年に地理歴史学習を導入)を通達。4・―『中央公論』、広津和郎「松川裁判」の連載を開始。5・11 京都市旭丘中学、市教育委員会の補

西暦	
年号・干支	
内閣	
記事	習授業と京教組の組合管理による授業とに分かれ分裂授業（三一日、和解し分裂解消、六月一日、開校式、二二日、同校教員四六人に異動発令）。**6・2** 近江絹糸労働組合、外出・結婚・宗教の自由および組合の承認など二二項目の要求を提出（四日、会社の拒絶により「人権争議」開始、九月一六日、世論の支持を背景に円満妥結）。**7・8** 日本製鋼室蘭製作所労働組合、九〇一人の解雇通知を一括返上し強行就労（九月九日、スト突入、一二月三〇日、六六二人の解雇で妥決）。**7・27** 都内療養所入院中の結核患者一三〇〇人、入退院基準の改正に反対し、都庁前で坐りこみ、患者一人が死亡。**8・30** 千葉県史編纂委員会『千葉県史料』刊行開始。**9・16** 日本中央競馬会発足。**9・26** 国鉄青函連絡船洞爺丸、台風の中出港し座礁・転覆、死者・行方不明者合計一一五五人（洞爺丸事件・わが国最大の海難事故）。**10・10** 光文社『カッパ・ブックス』創刊。**11・3** 法隆寺金堂昭和大修理、二〇年ぶりに完工し落慶式挙行。**この年** 近世村落研究会編『近世村落自治史料集』刊（〜昭和三一年）。大蔵省昭和財政史編集室編『昭和財政史』刊（旧シリーズ、〜昭和四〇年・新シリーズ、大蔵省財政室編、〜昭和五九年）。福井県立図書館・郷土誌懇談会編『福井県郷土叢書』刊（〜昭和四〇年）。竹内理三編『大宰府・太宰府天満宮史料』刊行開始。 【死没】 **1・20** 井野辺茂雄（76、日本史学）。**1・31** 香取秀真（80、鋳金作家）。**2・2** ベイティ（84、国際法学者）。**2・8** 石射猪太郎（67、外交官）。**2・12** 本多光太郎（83、物理学）。**2・14** 相馬愛蔵（83、中村屋）。**2・19** 市来乙彦（81、大蔵官僚）。**3・5** 岸田国士（63、劇作家）。**3・18** 前田米蔵（72、政党政治家）。**3・21** 煙山専太郎（76、歴史家）。**4・1** 山鹿旗之進（94、牧師）。**4・7** 来栖三郎（68、外交官）。伊東忠太（86、建築家）。**4・13** 新納忠之介（85、彫刻家）。**5・10** 安藤紀三郎（75、陸軍軍人）。**5・15** 幸田成友（81、歴史家）。**6・4** 山崎朝雲（87、彫刻家）。**6・30** 三宅克己（80、洋画家）。**7・29** 山崎今朝

西暦	年号・干支	内閣	記事
一九五四 ▶	昭和二九 甲午	(第5次吉田茂内閣)	弥(77、弁護士)。**8・8** 前田普羅(68、俳人)。**8・22** 西原亀三(81、政治家)。**8・27** 暁烏敏(77、僧侶)。**9・5** 中村吉右衛門(東京系初代)(68、歌舞伎役者)。**9・21** 御木本幸吉(96、真珠養殖)。**10・6** 尾崎行雄(95、政治家)。**10・8** 松本烝治(76、商法学)。**11・5** 吉沢義則(78、国語学)。**12・9** 吉田茂(69、内務官僚)。 【世界】 **1・12** 米ダレス国務長官、大量報復政策(ニュールック政策)について発表。**1・21** アメリカで、世界初の原子力潜水艦ノーチラス号進水。**1・25** 米英仏ソ外相会議、ベルリンで開催(~二月一八日)、ジュネーヴでのアジアに関する国際会議開催を決定(対独墺講和問題および欧州安全保障問題に関しては未解決)。**2・6** 中国共産党第七期四中全会(~一〇日)開催され、高崗(カオ＝カン)・饒漱石(ラオ＝シューシー)の反党行為を批判。**3・1** 米州会議、カラカスで開催(~二八日)、アメリカ提出の国際共産主義活動防止決議案を採択(カラカス宣言)。**4・26** ジュネーヴ極東平和会議開催(~七月二一日)、インドシナおよび朝鮮問題につき討議。**4・28** 東南アジア五ヵ国首相会議、コロンボで開催(~五月二日)、インドシナ休戦・水爆実験中止要求およびアジア＝アフリカ会議開催などにつき決議。**5・7** ベトナム人民軍、フランス軍を破りディエンビエンフーを占領。**5・15** ネルー、インド連邦議会で「平和地域」の設定を提唱。**6・12** 仏ラニエル内閣、インドシナ政策の行き詰まりにより総辞職(一八日、マンデス＝フランス急進社会党内閣成立)。**6・27** ソ連、世界初の工業用原子力発電所が稼動を開始。**6・28** 周恩来(チョウ＝エンライ)・ネルー、インドで平和五原則についての共同声明を発表。グアテマラ、アメリカ支援の反革命内乱起り、アルベンス政権倒壊。**6・29** オッペンハイマー、危険人物として米原子力委員会から追放される。**7・6** ゴ＝ディン＝ディエム、南ベトナム首相に就任。**7・21** ジュネーヴ極東平和会議終了・ジュネー

西暦		◀ 一九五五
年号・干支		三〇 乙未
内閣	12・10	第1次鳩山一郎内閣
記事	ヴ協定調印され、インドシナ休戦・ベトナム南北分裂などを決定(アメリカ・ゴ＝ディン＝ディエム政権は調印せず)。**8・30** フランス議会、欧州防衛共同体(ＥＤＣ)条約の批准を拒否し、同条約は流産。**9・3** 中国人民解放軍、金門(チンメン)・馬祖(マーツー)両島への砲撃を開始。**9・6** 東南アジア条約機構(ＳＥＡＴＯ)創設、同創設会議をマニラで開催、米・英・仏・オーストラリア・ニュージーランド・フィリピン・タイ・パキスタンの八ヵ国が調印(八日、八ヵ国、東南アジア集団防衛条約・インドシナに関する付属議定書・太平洋憲章に調印・一九五五年二月一九日発効)。**10・5** 米・英・伊・ユーゴスラヴィア、ロンドンでトリエステ協定に調印、トリエステ帰属をめぐる伊・ユーゴ間の紛争解決。**10・16** 毛沢東(マオ＝ツォートン)、「紅楼夢研究の問題についての書簡」により、兪平伯(ユー＝ピンポー)・胡適(フー＝シー)らを批判。**10・19** イギリス軍のスエズ撤退に関するイギリス・エジプト協定にカイロで調印。**10・23** 西側九ヵ国会議(二一日～)でパリ協定に調印(西ドイツの主権回復・再軍備およびＮＡＴＯ加盟などを承認)。**11・1** アルジェリアで、ＦＬＮ(民族解放戦線)の武装蜂起勃発、アルジェリア戦争に発展。**12・2** アメリカ上院、マッカーシー議員非難決議を採択。**12・3** 米華(台)相互防衛条約、ワシントンで調印、(一九五五年三月三日発効)。**この年** アメリカで事務機器としてコンピュータの使用はじまる。	**【政治・経済】** **1・1** 共産党、『アカハタ』紙上に極左冒険主義に対する自己批判を掲載。**1・4** ビキニ被災事件の補償に関し日米公文交換(アメリカ政府、法律上の責任と関係なく慰謝料二〇〇万ドルを支払う)。**1・10** 鳩山一郎首相、記者会見で中国・ソ連との国交回復および憲法改正に積極的意志を有する旨を表明。**1・13** 自由人権協会の沖縄調査報告書「米軍の沖縄民政を衝く」、『朝日新聞』に掲

西暦	年号・干支	内閣
◀▶ 一九五五	昭和三〇 乙未	（第1次鳩山一郎内閣） 3・19 第2次鳩山一郎内閣

記事

載。**1・25** 元ソ連代表部首席ドムニツキー、鳩山首相を訪問し、ソ連政府の国交正常化に関する公式文書を手交。**2・14** ㈶日本生産性本部設立（会長石坂泰三）。**2・27** 第二七回衆議院総選挙（民主一八五・自由一一二・左社八九・右社六七・その他一四・革新勢力、改憲阻止に要する三分の一議席を確保）。**3・14** 防衛庁首脳会議、防衛六ヵ年計画案を決定（昭和三五年度までの目標として、陸上一八万人・海上一二万トン・航空機一二〇〇機を整備）。**3・18** 第二二特別国会召集（七月三〇日閉会）。**3・19** 第二次鳩山内閣成立（民主党少数単独内閣）。**3・29** 中国通商使節団来日。**3・31** 公正取引委員会、銅くず購入合理化カルテルを認可（初の現行独禁法適用）。**4・1** 富士重工業㈱、富士工業など五社を吸収合併（旧中島飛行機系列六社の合同・資本金八億三〇五〇万円）。**4・15** 日中漁業協議会および中国漁業協会準備会、北京で戦後初の日中民間漁業協定に調印（六月一四日発効）。**4・19** 防衛分担金削減に関する日米共同声明を発表（本年度に限り一七八億円減額の三八〇億円）。**4・23** 一九都道府県・全国都道府県議会議員選挙（三〇日、全国市町村長・同議会議員選挙・第三回統一地方選挙）。**5・5** 第二回日本国際見本市開催（東京晴海・大手町・〜一八日）。**5・8** 東京都砂川町で、立川基地拡張反対総決起大会開催、砂川闘争はじまる（一二日、砂川町議会、基地拡張反対を決議）。**5・26** 田中耕太郎最高裁長官、全国高裁長官および地裁・家裁所長合同会議で松川裁判批判を非難、「外部の雑音に迷うな」と訓示。在日本朝鮮人総連合会創立。**5・31** 日米余剰農産物買付協定調印（総額八五〇〇万ドル・六月二五日発効）。**6・1** ロンドンで日ソ国交正常化交渉開始（九月二三日、交渉休止の共同声明発表）。**6・22** 最高裁、三鷹事件の上告を棄却（竹内景助被告の死刑確定）。**6・23** 全国軍事基地反対連絡会議結成。**7・11** 民主・自由・緑風の三派議員有志、自主憲法期成議員同盟を結成。**7・20** 経済審議庁設置法および同庁組織令一部改正公布（経済企画庁に改組）。**7・25** 過度経済力集中排除法等廃止法公布。**7・**

西暦	
年号・干支	
内閣	
記事	26 総評第六回大会、内閣打倒方針をめぐり意見対立、高野実に代わり岩井章が事務局長に就任し、太田議長・岩井の指導権確立。 **7・27** 共産党、第六回全国協議会(六全協)を開催、武装闘争方針を自己批判し新方針を発表。 **7・29** 自動車損害賠償保障法公布(強制保険制度の導入)。 **8・6** 第一回原水爆禁止世界大会広島大会開催(一〇日、長崎大会、一五日、東京大会・原水爆禁止署名、国内三二三八万人、世界六億七〇〇〇万人に達する)。 **8・7** 東京通信工業㈱(後のソニー)、初のトランジスタラジオを発売。 **8・29** 重光葵外相ら、ワシントンで米ダレス国防長官と日米安保条約の改定条件など協議(三一日、日米安保条約の双務化に関する共同声明)。 **9・10** 日本の関税および貿易に関する一般協定(GATT)加盟発効。 **9・13** 砂川町の立川基地拡張予定地で強制測量実施、警官隊と地元反対派、支援労組・学生が衝突(一〇月一四日、鳩山首相、滑走路予定地区に対し収用認定・一一月九日、測量終了)。 **9・19** 原水爆禁止日本協議会(原水協)結成。 **10・13** 社会党統一大会開催、委員長に鈴木茂三郎、書記長に浅沼稲次郎を選出(両院とも第二党として新発足)。 **10・14** アメリカ下院軍事分科委員会(プライス調査団)、沖縄を訪問調査。 **11・14** 原子力非軍事利用に関する日米協定、ワシントンで調停(一二月二七日発効)。 **11・15** 自由民主党、民主・自由両党合同により結成(保守合同成る)、総裁決定まで鳩山一郎・緒方竹虎・三木武吉・大野伴睦による代行委員制を実施。 **11・22** 第三次鳩山内閣成立。 第二三臨時国会召集(一二月一六日閉会)。 **12・13** 日本の国連加盟案、ソ連の拒否権により否決。 **12・15** 三菱日本重工業横浜造船所で、戦後最初の国産自衛艦つがる竣工。 **12・19** 原子力基本法・原子力委員会設置法各公布(昭和三一年一月一日施行)。 **12・20** 第二四通常国会召集(昭和三一年六月三日閉会)。 **この年** 下期より輸出が増大し、神武景気を迎える(~昭和三二年上期)・鉄鋼生産高九四一万トン(世界六位、一位は米国一億〇六一七万トン)。

西暦	年号・干支	内閣
一九五五 ◀▶	昭和三〇 乙未	(第2次鳩山一郎内閣)

記事

【社会・文化】

1・27 文化財保護委員会、重要無形文化財第一次指定二五件三〇人を内定(二月一五日告示)。**1・28** 炭労・私鉄・電産など民間六単産、春季賃上げ共闘会議総決起大会を開催(「春闘方式」の端を開く)。**2・17** 横浜の聖母の園付属養老院で火災発生、収容の女性九五人と職員一人が死亡。**2・-** 改造社、『改造』二月号(三六巻二号)を最後に出版活動を停止。**3・23** 東京都教育委員会、都立朝鮮人学校を廃し各種学校(学校法人東京朝鮮学園)として認可。**3・-** 外務省編纂『日本外交年表並主要文書』刊。**4・-** 財団法人竜門社『渋沢栄一伝記資料』発刊(～昭和四六年五月)。**5・11** 国鉄宇高連絡船紫雲丸、濃霧のため国鉄貨車輸送船第三宇高丸と衝突し沈没、死者一六八人。**5・14** 京都大学カラコルムヒンズークシ学術探検隊出発(隊長木原均、九月二日帰国)。**5・-** 新村出編『広辞苑』初版刊。**6・1** 一円アルミ貨発行開始。**6・7** 第一回日本母親大会、東京豊島公会堂などで開催(～九日)。**7・9** 後楽園遊園地開場。**7・17** 国民文化会議創立総会挙行。**7・25** 日本住宅公団発足。**8・13** 日本民主党『うれうべき教科書の問題』第一集を刊行し教科書を左翼的偏向と非難(一一月三日までに第三集刊行)、これにより教科書論議が盛行。**8・-** 岡山で人工栄養児四人が死亡、飲用の森永粉ミルクから砒素含有発見、死者一三三人、患者数一万一七八八人にのぼる。佐賀県史編纂委員会編『佐賀県史料集成』古文書編第一巻刊、続刊中。**9・3** 沖縄で米兵による幼女暴行殺害事件起こる(由美子ちゃん事件)。**10・1** 国勢調査実施(人口八九二七万五五二九人)。**12・1** 郭沫若(クオ＝モールオ)ら中国学術視察団、学術会議の招きにより来日(～二五日)。**この年** スモン病患者発生。電気掃除機・電気洗濯機・電気冷蔵庫、いわゆる「三種の神器」として家庭電化製品の使用が進む。諸橋轍次『大漢和辞典』刊(～昭和三五年)。九州史料刊行会編『九州史料叢書』刊(～昭和四二年九月で中絶)。自治庁『地方税制度資料』刊行開始。佐藤進一・池内義資・

西暦	
年号・干支	
内閣	第3次鳩山一郎内閣 11・22
記事	百瀬今朝雄編『中世法制史料集』刊行開始。日本銀行調査局編『日本金融史資料』刊行開始。 【死没】 1・1 太田水穂(78、歌人)。1・7 塩原又策(77、経営者)。1・9 潮恵之輔(73、内務官僚)。1・22 河原田稼吉(69、内務官僚)。2・17 坂口安吾(48、小説家)。2・22 田中伝左衛門(一〇代)(75、歌舞伎囃子方)。2・25 能勢朝次(60、国文学)。3・2 相馬黒光(78、経営者)。3・5 金光庸夫(77、政治家)。4・13 羽田亨(72、東洋史学)。4・20 下村湖人(70、小説家)。5・30 佐々木到一(69、陸軍軍人)。6・3 恩地孝四郎(63、版画家)。6・18 豊島与志雄(64、小説家)。7・28 宮武外骨(88、ジャーナリスト)。7・31 戸田貞三(68、社会学)。8・13 丸山幹治(75、新聞記者)。9・8 川村竹治(84、政治家)。9・9 菊池契月(75、日本画家)。9・23 笠木良明(63、右翼運動家)。9・25 大達茂雄(63、内務官僚)。9・28 カンドー(58、司祭)。10・13 辻善之助(78、日本史学)。10・14 安藤正純(79、政治家)。10・21 鵜沢総明(83、政治家)。11・30 大山郁夫(75、政治学)。12・1 栗田元次(65、国史学)。菊池武夫(80、陸軍軍人)。12・2 岩崎久弥(90、三菱財閥)。12・5 南次郎(81、陸軍軍人)。12・11 棚橋寅五郎(89、実業家)。12・12 百田宗治(62、詩人)。12・13 赤松克麿(61、社会運動家)。12・14 安井曾太郎(67、洋画家)。12・27 清野謙次(70、人類学)。 【世界】 1・21 インド国民会議派第六〇回大会、アバディで開催され、社会主義型社会の建設を決議。1・25 ソ連、対独戦争状態終結宣言を声明。1・31 モット没(89、アメリカの宣教師)。2・8 ソ連マレンコフ首相辞任。後任にブルガーニン元帥。中国人民解放軍、階級制を導入。2・23 クローデル没(86、フランスの詩人・劇作家、外交官)。2・24 イラク＝トルコ相互防衛条約(バグダード条約)調印(四月四日イギリス、九月二三日パキスタン、一一月三日イラン加盟)。4・5 英チャーチル首

西暦	年号・干支	内閣	記事
一九五五 ▶	昭和三〇 乙未	（第3次鳩山一郎内閣）	相、老齢を理由として辞任、後任にイーデン。**4・18** アジア＝アフリカ会議（バンドン会議）、ネルーらコロンボ＝グループの提唱によりインドネシアのバンドンで開催、平和一〇原則を採択（〜二四日・アジア二三、アフリカ五ヵ国が参加）。**5・5** ドイツ連邦共和国（西ドイツ）、パリ条約発効により主権回復・再軍備（六日、NATO加盟）。**5・7** 西欧連合（WEU）理事会、西ドイツの加盟を承認（英・仏・ベネルクス・伊・西独による西ヨーロッパ防衛体制構築）。**5・14** ソ連および東欧八ヵ国、友好相互援助条約（ワルシャワ条約）・統一司令部設置議定書に調印、ワルシャワ条約機構を形成（六月五日発効）。**5・15** 米・英・仏・ソ、オーストリア国家条約に調印（七月二七日、同条約発効により、オーストリア、主権を回復）。**5・25** ソ連管理下の旅順（リューシュン）軍事施設中国移管に関する中ソ共同声明発表（二六日、ソ連軍の旅順（リューシュン）撤退完了）。**5・26** ソ連ブルガーニン首相・フルシチョフ第一書記らソ連首脳、ユーゴを訪問（〜六月二日・ベオグラード宣言に調印）。**5・31** アメリカ最高裁、公立学校における人種差別撤廃の実施を公布。**6・9** ウォーナー没（73、アメリカの東洋美術研究家）。**7・9** バートランド＝ラッセルら、核戦争の危機につき米・ソ・英・仏・中・加の各国首脳にあて警告（ラッセル・アインシュタイン宣言）。**7・18** ジュネーヴ四国巨頭会談（米アイゼンハウアー大統領・英イーデン首相・仏フォール首相・ソ連ブルガーニン首相）開催（〜二三日）・緊張緩和・「雪どけ」気運高まる（ジュネーヴ精神）。**7・23** ハル没（83、アメリカの国務長官）。**7・31** 毛沢東（マオ＝ツォートン）、中国の農業集団化促進を指示。**9・8** 西独アデナウアー首相ら、ソ連を訪問（〜一三日）、フルシチョフ第一書記らと会談、国交樹立の共同宣言を発表。**9・19** アルゼンチン、軍部クーデタによりペロン大統領辞職、軍事評議会、政権を掌握。**9・27** エジプト、ソ連からの武器援助受諾、チェコからの武器購入を発表。**10・4** 中国共産党第七期拡大六中全会を開催（〜一一日）、「農業集団化問題に関する決議」を採択。**10・26** ゴ＝デ

	1955	1956
西暦		◀一九五六
年号・干支		三一 丙申
内閣		
記事	イン＝ディエム、国民投票により南ベトナム大統領に就任、バオ＝ダイ帝を追放しベトナム共和国を樹立。**11・22** バグダード条約加盟国、閣僚会議を開催(一一月二〇日～)、中東条約機構(METO)を結成。**12・9** 西独、東独を承認する国との断交の原則(ハルシュタイン＝ドクトリン)を発表。**12・17** アメリカ、エジプトのアスワン＝ハイダムの建設に対する融資として七〇〇〇万ドルの借款供与を発表。**12・19** ディルクセン没(73、ドイツの外交官、駐日大使)。	【政治・経済】 **1・4** 在日米軍地上兵力削減を発表。 **1・17** 日ソ国交正常化交渉、ロンドンで再開。 **1・31** 鳩山一郎首相、参議院本会議で軍備否認の現行憲法への反対を示す答弁(二月二日、取消す)。 **2・9** 衆議院、原水爆実験禁止要望決議案を可決(一〇日、参議院も可決)。 **2・21** 経団連会長石川一郎辞任、後任に石坂泰三東芝社長が就任。 **2・29** 鳩山首相、参議院予算委員会で「自衛のためなら敵基地を侵略してもよい・侵略とは攻撃という意味」と答弁、失言を追及され取消す。 **3・1** 政府、国防会議構成法案を国会に提出(五月二日、衆議院、六月三日、参議院で可決、七月二日公布)。 **3・10** 運輸省航空局、羽田・伊丹・小松・松島四空港の航空管制権を米空軍から引継ぐ。 **3・14** 日本道路公団法公布(四月一六日、同公団設立)。 **3・19** 政府、小選挙区法案を国会に提出。 **3・20** 日ソ国交正常化交渉、領土問題で難航し無期限休会となる。 **3・22** 日米技術協定調印(MSA協定に基づく防衛生産協力のため・六月六日発効)。 **4・5** 自民党臨時大会、投票により鳩山一郎を初代総裁に選出、吉田派など白票六九票。 **4・11** 日本中小企業政治連盟結成(総裁鮎川義介)。 **4・26** 首都圏整備法公布(首都建設法は廃止)。 **4・29** 日ソ漁業交渉、モスクワで第一回会談を開始(～五月一五日・日本側代表河野一郎農相、ソ連側代表イシコフ漁業相)。 **4・30** 衆議

西暦	年号・干支	内閣	記事
一九五六 ◀▶	昭和三一 丙申	（第3次鳩山一郎内閣）	院本会議、小選挙区法案をめぐり混乱し散会（五月一日、議長斡旋により同法案を選挙法改正特別委員会に差戻し・一六日、衆議院、修正可決するも参議院で審議未了となり廃案）。**5・1** 熊本県水俣市新日本窒素肥料水俣工場付属病院、保健所に「原因不明の中枢神経疾患多発」の報告（水俣病の公式確認）。**5・4** 日本原子力研究所法・核原料物質開発促進臨時措置法・原子燃料公社法（いわゆる原子力三法）各公布。**5・9** 日比賠償協定・経済開発借款に関する交換公文、マニラの大統領府で調印（二〇年間で一九八〇億円の賠償支払い、九〇〇億円の借款供与を取決め・七月二三日発効）。**5・14** 日ソ漁業条約・海難救助協定など、モスクワで調印（一二月一二日発効）。**5・23** 百貨店法公布（床面積制限などの事業活動規制）。**6・9** 琉球米民政府副長官モーア、沖縄米軍基地に関するプライス勧告要旨を沖縄側に伝達（二〇日、同勧告全文、沖縄に到着し、五六市町村で反対集会、二五日、第二回住民大会開催され、全島あげての闘争に発展）。**6・11** 憲法調査会法公布、同日施行。**6・30** 地方教育行政の組織及び運営に関する法律（新教育委員会法）公布（公選制を任命制に改正・一〇月一日施行）。**7・2** 国防会議構成法公布（一二月八日、第一回会議開催）。**7・4** 沖縄問題解決総決起大会、東京で開催。**7・8** 第四回参議院議員選挙（自民六一・社会四九・緑風五・共産二・諸派一・無所属九）。**7・17** 経済企画庁、経済白書「日本経済の成長と近代化」を発表、技術革新による発展を強調（「もはや戦後ではない」が流行）。**7・31** 重光葵外相、モスクワで日ソ国交回復交渉を再開（八月一三日、交渉中止）。**8・25** 総評第七回大会、運動方針案中の共産党との共闘禁止の項を削除。静岡県磐田郡の佐久間ダム竣工。**9・6** 経団連会長石坂泰三・日商会頭藤山愛一郎ら、財界有志代表として自民党三役と会談し、鳩山引退と政局収拾を申入れ。**9・11** 鳩山首相、日ソ国交正常化交渉の再開に関しソ連ブルガーニン首相に打診（一五日、ソ連側承認）。**10・12** 立川基地拡張のため、砂川町二次強制測量を実施、警官

西暦	
年号・干支	
内閣	
記事	隊と地元反対派、支援労組・学生ら衝突し負傷者多数(一四日、政府、測量打切り)。**10・15** 首相ら、モスクワで日ソ国交回復交渉を再開。**10・19** 日ソ共同宣言・通商航海議定書に調印(一二月一二日発効)。**11・12** 第二五臨時国会召集(一二月一三日閉会)。**11・16** 大阪に梅田コマスタジアム開場(一二月八日、新宿コマスタジアム開場)。**11・23** 特殊核物資の賃貸借に関する日米協定、ワシントンで調印(一二月一四日公布・発効)。**12・8** 参議院、スト規制法存続決議案を可決成立(時限立法から恒久法化)。**12・14** 自民党大会、総裁選挙を初実施、石橋湛山、岸信介を破り同党総裁に当選。**12・18** 国連総会、日本の国連加盟案を全会一致で可決。**12・19** わが国の国際連合加盟により大赦令。**12・20** 鳩山内閣総辞職。第二六通常国会召集(昭和三二年五月一九日閉会)。**12・23** 石橋内閣成立。**12・25** 沖縄那覇市長選挙、人民党書記長瀬長亀次郎当選(二七日、米民政府、補助および同市都市計画への融資を中止し市の預金を凍結)。**この年** 経済成長率実質九・三パーセント(昭和一五年基準)、名目一二・五パーセント・船舶建造高、一七五万トンに達し世界第一位。 【社会・文化】 **1・1** 新潟県西蒲原郡の弥彦神社で、福餅まきに殺到した群衆、帰りの石段で将棋倒しとなり圧死者一二四人・負傷者九四人。総理府に原子力委員会を設置。**1・23** 石原慎太郎『太陽の季節』、芥川賞を受賞。**1・26** 猪谷千春、冬季オリンピック・コルチナ大会のスキー回転で銀メダル。**2・11** 高知県繁藤小学校、授業を中止し紀元節の式典を強行(二四日、清瀬一郎文相、閣議で式典は教育委員会の許可次第だが、授業の中止は遺憾と言明)。**2・19**『週刊新潮』創刊(初の出版社発行の週刊誌、週刊誌ブーム盛行)。**2・-** 中野好夫「もはや戦後ではない」(『文芸春秋』)・戦後は終わったかの論議盛行。**3・8** 政府、新教育委員会法案を国会に提出。**3・13** 政府、教科書法案を国会に提出(五月二四日、衆議院可決するも審議未了により廃案)。**3・19** 日本住宅公団、

西暦	年号・干支	内閣	記事
一九五六 ◀▶	昭和三一 丙申	(第3次鳩山一郎内閣)	初の入居者募集(堺市金岡団地)を開始(五月一日、千葉市稲毛団地で入居開始、ダイニングキッチン様式定着)。矢内原忠雄東京大学総長ら在東京一〇大学の学長、教育二法に反対声明(二三日、関西一三大学の学長ら、同声明を支持)。**3・31** 科学技術庁設置法公布(五月一九日開庁・初代長官正力松太郎)。**3・-** 財団法人農政調査会編纂『農地改革事件記録』刊。**4・1** 医薬分業制度、医師会・歯科医師法および薬事法の一部改正施行(昭和三〇年八月八日公布)に伴い実施。**4・6** 原子力委員会、茨城県東海村を原子力研究所・実験原子炉敷地に選定。**4・19** 衆議院本会議、新教育委員会法案をめぐり混乱、翌朝(暁の国会)におよび可決。**5・1** 奈良国立文化財研究所、飛鳥寺を発掘(～昭和三二年三月)。**5・9** 日本登山隊、ヒマラヤのマナスル(八一二五メートル)に初登頂。**5・24** 売春防止法公布(昭和三三年四月一日施行)。**6・1** 参議院、新教育委員会法案をめぐり混乱(二日、議長要請により本会議場に警官隊導入、文教委員長中間報告のみで同法案可決成立)。**7・1** 中央気象台、気象庁として改組発足(六月三〇日、気象庁組織規則公布)。**8・-** 伊原敏郎『歌舞伎年表』刊(～昭和三八年五月)。**9・11** 広島原爆病院開院(お年玉付年賀はがきの付加金により建設)。**9・28** 文部省、初の全国学力調査を実施。**10・10** 文部省、教科書調査官を設置。**10・11** 比叡山延暦寺、少年の放火により大講堂などを焼失。**11・1** 愛媛県教育委員会、勤務評定による昇給・昇格の実施を決定(教職員の反対運動激化)。**11・3** 水俣病熊本大学医学部研究班、工場廃水の関連疑惑を報告。**11・8** 南極予備観測隊、南極観測船宗谷で東京港から出発(昭和三二年一月二九日、南極オングル島上陸・昭和基地設営開始)。**11・22** 第一六回オリンピック・メルボルン大会開会、日本選手一一八人出場(日本、男子二〇〇メートル平泳など四種目で金メダル)。**この年** 「太陽の季節」「狂った果実」などの太陽族映画流行。亀井勝一郎ら、遠山茂樹ら『昭和史』・井上清『日本近代史』などを取り上げ、マルクス主義史学の歴史叙述

西暦

年号・干支

内閣

記事

を人間不在と批判、昭和史論争活発化。鎌倉市史編纂委員会『鎌倉市史』刊（～昭和三四年一〇月）。近代日本教育制度史料編纂会編『近代日本教育制度史料』刊（～昭和三四年）。総監修千宗室『茶道古典全集』刊（～昭和三七年）。

【死没】

1・1 黒田英雄（77、大蔵官僚）。1・23 柴山兼四郎（66、陸軍軍人）。1・28 緒方竹虎（67、政治家）。1・29 日野草城（54、俳人）。1・31 沖野岩三郎（80、小説家）。3・4 服部之総（54、日本史学）。3・8 織田一磨（73、版画家）。3・17 梅根常三郎（72、鉄鋼技術者）。4・2 高村光太郎（73、彫刻家）。4・5 馬場恒吾（80、ジャーナリスト）。4・7 伍堂卓雄（78、海軍軍人）。4・21 吉田絃二郎（69、小説家）。4・30 宇垣一成（87、陸軍軍人）。5・11 松本たかし（50、俳人）。5・19 橋本増吉（75、東洋史学）。5・27 太田亮（71、日本古代史）。5・28 稀音家浄観（二代）（82、長唄三味線方）。6・2 山川智応（77、日蓮教学）。6・25 宮城道雄（62、箏曲家、作曲家）。7・4 三木武吉（71、政治家）。8・24 溝口健二（58、映画監督）。8・31 真崎甚三郎（79、陸軍軍人）。9・2 岡田武松（82、気象学）。9・29 明石照男（75、第一銀行）。10・21 多忠朝（73、作曲家）。11・4 斎藤良衛（75、外交官）。11・14 三輪寿壮（61、政治家）。11・21 会津八一（75、美術史家）。11・28 石川三四郎（80、社会運動家）。12・5 佐野利器（76、建築構造学）。12・19 池田亀鑑（60、国文学）。12・26 青山杉作（67、演出家）。

【世界】

1・1 スーダン、イギリス・エジプト共同統治領から共和国として独立。1・6 自由ラオス戦線（ネーオ＝ラーオ＝イッサラ）、ラオス愛国戦線に改称し、全国大会で政治綱領を採択。2・14 ソ連共産党第二〇回大会開催（～二五日）、平和共存・社会主義への平和的移行などの新路線を採択。2・24 フルシチョフ第一書記、党二〇回大会秘密会でスターリン批判演説（六月四日、アメリカ国務

西暦	年号・干支	内閣	記事
一九五六 ▶	昭和三一 丙申	(第3次鳩山一郎内閣)	省、演説内容発表)。**2・29** チリで人民行動戦線結成。キリーノ没(65、フィリピン共和国大統領)。**3・2** モロッコ、フランスから独立。**3・8** サンソム没(81、イギリスの外交官・日本史研究者)。**3・20** チュニジア、フランスから独立。**3・23** パキスタン=イスラム共和国、憲法発効により発足(初代大統領ミルザ)。**4・5** 中国共産党中央委員会、『人民日報』に「プロレタリア独裁の歴史的経験について」を発表(ソ連共産党第二〇回大会のスターリン批判に対する留保の見解)。**4・17** コミンフォルム解散。**5・20** アメリカ、南太平洋ビキニ島で水爆投下実験。**6・2** ユーゴ大統領ティトー、ソ連を訪問(~二〇日)、共同宣言を発表(社会主義の多様性の承認を確認)。**6・13** 英軍、スエズ運河基地からの撤退完了(一八日、エジプト、同運河を接収)。**6・28** ポーランドのポズナニで反政府暴動起こる(~三〇日)。**7・18** ユーゴ大統領ティトー・インド首相ネルー・エジプト大統領ナセル、三国首脳会議(ブリオニ会談)を開催(~二〇日)、軍事ブロック反対・植民地主義反対・原水爆禁止を共同声明。**7・19** アメリカ、エジプトのアスワン=ハイダム建設に対する資金援助を撤回(二〇日、イギリス・世界銀行も援助撤回)。**7・26** エジプト大統領ナセル、スエズ運河会社の国有化を宣言。**8・16** 第一次スエズ運河国際会議、ロンドンで開催、一八日、ナセル、国際管理案を拒否(~二三日)。**10・1** 周恩来(チョウ=エンライ)、ソ連共産党のスターリン批判を批判(一一月三〇日、毛沢東(マオ=ツォートン)、スターリンの方針・路線は正しかったと発言)。**10・21** ポーランド統一労働者党、ゴムルカを第一書記に選出。**10・23** ハンガリーのブダペストで、学生・労働者による反政府暴動起こる(ハンガリー事件の端緒)。**10・24** ソ連軍、ブダペストの反政府暴動鎮圧に出動(ソ連第一次武力介入)・ナジ、ハンガリー首相に就任。**10・29** イスラエル軍、エジプト領シナイ半島に侵入、スエズ戦争始まる(三一日、イギリス・フランス、国連安保理でのアメリカ停戦案に拒否権発動・英・仏軍、スエズ運河地帯でエジプト軍を攻撃、米大統領、英仏の攻撃を

西暦		一九五七 ◀
年号・干支		三二 丁酉
内閣	石橋湛山内閣 12・23	
記事	非難）。**11・1** ハンガリー首相ナジ、ハンガリーの中立とワルシャワ条約からの脱退を宣言。**11・2** 国連緊急総会でアメリカのスエズ即時停戦決議案を採択。**11・4** ソ連軍、ハンガリーに対する第二次武力介入本格的に実施・ハンガリー、カーダール労農革命政権樹立・ナジ、ユーゴ大使館に亡命（後、ソ連により処刑）。**11・5** ソ連ブルガーニン首相、英・仏・イスラエル各首相あて書簡で、エジプト侵略に対する武力介入を示唆。イスラエル・エジプト、国連スエズ停戦決議を受諾（六日、英・仏、国連軍の監視を条件に停戦に合意）。**この年** 中国で「百花斉放」「百家争鳴」の動き進む。林献堂（リン＝シエンタン）没（76、台湾の抗日民族運動家）。	【政治・経済】 **1・4** 米極東軍司令官兼米民政府長官レムニッツァー、沖縄米軍用地の地代一括支払方針を声明。**1・16** 労働者農民党、解党大会を開催し社会党との統一を決定。**1・17** 社会党、第一三回大会を開催、左派が中央執行委員会の過半数を占める。**1・30** 群馬県相馬ヶ原射撃場で、薬莢拾いの農婦、米兵ジラードに射殺される（ジラード事件・一一月一九日、前橋地裁、懲役三年・執行猶予四年の判決）。**1・31** 石橋湛山首相、病気のため岸信介外相を首相代理に指命。**2・6** アメリカ国防総省、ナイキなど誘導兵器の日本への供与を発表。**2・8** 日本・ポーランド国交回復協定、ニューヨークで調印（五月一八日発効）。**2・23** 石橋内閣総辞職。**2・25** 岸内閣成立（全閣僚留任）。**3・9** 政府、ソ連に核実験の中止を要請（二九日、ソ連、他国が同様の義務受諾の際には実験停止する旨を回答）。**3・15** 参議院本会議、原水爆禁止決議案を可決。**3・21** 自民党大会、岸信介を総裁に選出。**4・1** ㈱日本不動産銀行（朝鮮銀行の後身）・日本貿易信用㈱（台湾銀行の後身）各開業。**4・25** 高速自動車国道法公布。政府、参議院内閣委員会で攻撃的核兵器の保持は違憲とする統一見解

西暦	年号・干支	内閣
一九五七 ◀▶	昭和三二 丁酉	2・25 第1次岸信介内閣

記事

を発表。**4・29** 政府、アメリカに核実験の中止を要請。**5・7** 岸首相、参議院内閣委員会で自衛権の範囲内での原子力の利用は可能と答弁(一二日、自衛隊に原子兵器装備はしないと訂正)。**5・17** 東北開発促進法公布。**5・18** 株式暴落(ダウ五二一円五六銭)。**5・20** 岸首相、東南アジア六ヵ国歴訪へ出発(～六月四日・戦後初の首相のアジア諸国訪問)。**6・3** 岸首相、台北(タイペイ)で蔣介石(チアン＝チエシー)と会談し、国府の大陸回復に同感と表明。**6・14** 国防会議、第一次防衛力整備三ヵ年計画を決定(陸上一八万人・艦艇一二万四〇〇〇トン・航空機一三〇〇機に及ぶ拡充計画)、閣議、即日了承。**6・16** 岸首相、訪米(～七月一日)。**6・19** 岸首相、ワシントンでアイゼンハウアー大統領と会談(～二一日・日米共同声明を発表・日米新時代の強調・在日米地上軍の撤退・安保条約の検討委設置などを表明)。**6・24** 松川事件に関する「諏訪メモ」の存在、スクープされる(検察側の隠匿を暴露)。**7・4** 在琉球米軍司令官琉球列島米民政府副長官ムーア中将、初代琉球駐在高等弁務官に就任。**7・8** 東京都砂川町で、米軍立川基地拡張区域(民有地)の本測量を実施、反対派と警官隊衝突し、学生の一部が基地内に入る(九月二二日、学生・労組員ら二五人を刑事特別法第二条違反などにより逮捕)。**7・10** 岸内閣改造(日本商工会議所会頭藤山愛一郎の外相就任など)。**7・27** 日中国交回復国民会議結成(理事長風見章)。**8・1** アメリカ国防総省、在日米軍地上兵力の撤退開始を発表(昭和三三年二月八日、撤退完了)。**8・6** 日米両政府、日米共同声明に基づく日米安保委員会設置(一六日、初会合)。**8・13** 憲法調査会、第一回総会開催(社会党不参加)。**9・14** 日米両国、安保条約と国連憲章の関係に関する交換公文に調印(安保条約の運用を国連憲章に則るものと規定)。**9・23** 日本、国連に核実験停止決議案を提出(一一月六日、政治委員会で否決)。**9・28** 外務省、『わが外交の近況』(いわゆる外交青書)を初刊行。**10・1** 日本、国連総会で安全保障理事会非常任理事国に当選(昭和三三年一月一日より

西暦

年号・干支

内閣

記事

任期二年間）。日本銀行、五〇〇〇円札を発行。**10・4** インド首相ネルー、来日（一七日、岸首相と大量破壊兵器禁止に関し共同声明）。**11・1** 第二七臨時国会召集（一一月一四日閉会）。**11・25** 那覇市議会、市長瀬長亀次郎の不信任案を可決および臨時市長を選任、次期市長選挙を昭和三三年一月一二日に決定。**12・6** 日ソ通商条約、東京で調印（昭和三三年五月九日発効）。**12・11** 政府、一〇〇円銀貨を発行。**12・20** 第二八通常国会召集（昭和三三年四月二五日衆議院解散）。**この年** なべ底不況（昭和三二年下期〜三三年下期）・国際収支、五億三三〇〇万ドルの赤字に転落・経済成長率実質九・九パーセント、名目一五・一パーセント。

【社会・文化】

1・13 美空ひばり、浅草の国際劇場で塩酸をかけられ三週間の負傷。**2・14** 佐賀県教組、二五九人の人員削減に反対して休暇闘争を開始（四月二日、一一人処分、二四日、一〇人逮捕）。**3・7** 第二四回世界卓球選手権大会、ストックホルムで開催（日本五種目で優勝）。**3・13** チャタレイ裁判、最高裁判決（上告棄却、訳者伊藤整・出版者小山久二郎の有罪が確定する）。**3・26** 一橋大学教授都留重人、アメリカ上院国内治安分科委員会に喚問され、共産党との関わりを否定する証言。**3・30** 愛媛県教育委員会、勤務評定による人事を発令。**3・31** 原子爆弾被爆者の医療等に関する法律公布（四月一日施行）。**4・14** 日本医師会、会長に武見太郎を選任。**4・26** 学術会議、全世界の科学者に原水爆実験の禁止を提言。**4・－** 新東宝製作の映画「明治天皇と日露大戦争」封切、空前の大ヒット。文化服装学院にはじめて男子生徒入学。**5・4** 光文社、右翼団体の抗議により『三光』（中国での日本人による生体解剖・虐殺などの告白や写真を綴った内容）の販売を中止。**5・10** 国労、春季闘争処分反対闘争を開始（当局の処分の強行に対する実力行使激化・七月一六日、実力行使中止決定）。**6・－** 江崎玲於奈、トンネル効果の実例現象（エサキ効果）を発見。**7・1** 国

西暦	年号・干支	内閣
一九五七 ◀▶	昭和三二 丁酉	(第1次岸信介内閣)

記事

際地球観測年(IGY)開始、東京上野で日本学術会議により開始記念式開催。**8・1** 水俣病患者互助会結成。**8・2** 杵島炭鉱労組、企業整備反対無期限ストに突入(九月三〇日・一〇月三日、炭労大手一三社、二四時間同情スト実施・一一月六日、妥結)。**8・12** 国立岡山療養所の結核患者朝日茂、現行の生活保護は憲法二五条違反として東京地裁に提訴(朝日訴訟)。**8・27** 原子力研究所(茨城県東海村)のJRR-1原子炉、臨界点に到達(日本初の原子の火ともる)。**8・-** 財団法人古代学協会『古代文化』創刊。**9・2** 第二九回国際ペン大会、東京で開催(〜八日)。**9・10** 文部省、教員勤務評定の趣旨徹底を通達。**9・20** 糸川英夫ら、秋田県由利郡岩城町道川海岸で初の国産ロケット一号カッパーC型の打ち上げに成功。**9・30** 東大原子核研究所、同所の国産六三インチサイクロトロンの試運転に成功。**10・14** 日本最初のモノレール、東京上野公園で開通(世界で二番目)。**10・15** 最高裁、八海事件の原判決の破棄および差戻しを決定。**11・12** 丸山真男「日本の思想」(『岩波講座現代思想』第一一巻)刊・文学における実感信仰と社会科学における理論信仰という二つの日本的思考様式をめぐる論争を惹起。**12・10** 元満洲国皇帝溥儀(プーイー)の姪である愛新覚羅慧生、伊豆天城山で級友と心中死体で発見される。**12・20** 全国都道府県教育委員長協議会、全国都道府県教育長協議会作成の「教職員の勤務評定試案」を了承し翌年からの実施をめざす。**12・22** 日教組、臨時大会を開き勤務評定反対闘争の強化を決定。**12・24** NHK、FM放送を開始。**この年** 電気釜の売上げ一〇〇万台を突破、大ヒット商品となる。田中一松監修『日本絵巻物全集』刊(〜昭和四四年)。麻生磯次ら監修『日本古典文学大系』刊(〜昭和四四年)。

【死没】

1・10 有馬頼寧(72、政治家)。**1・13** 尾上柴舟(80、歌人)。**1・18** 牧野富太郎(94、植物分類学)。**1・25** 小林一三(84、政・財界人)。志賀潔(86、細菌学)。**1・26** 重光葵(69、政治家)。**1・27** 大口喜六

西暦	
年号・干支	
内閣	
記事	(86、政治家)。2・20 大麻唯男(67、政治家)。3・1 桜間弓川(67、能楽師)。3・15 山崎猛(69、政治家)。村田省蔵(78、政治家)。3・24 結城素明(81、日本画家)。4・3 小林古径(74、日本画家)。4・7 羽仁もと子(83、自由学園)。4・28 渡辺世祐(83、日本史学)。5・3 江藤源九郎(78、陸軍軍人)。6・29 橋本欣五郎(67、陸軍軍人)。6・30 川合玉堂(83、日本画家)。7・31 生江孝之(89、社会事業家)。9・10 長沼妙佼(67、宗教家)。9・22 豊田副武(72、海軍軍人)。10・14 星野輝興(75、宮内省掌典)。10・30 中野金次郎(75、実業家)。11・2 徳富蘇峰(94、評論家)。11・29 徳川武定(69、海軍造船技術者)。12・4 前田河広一郎(69、小説家)。12・9 マキノ光雄(48、映画製作者)。下村海南(82、新聞経営者)。12・24 大川周明(71、国家主義運動家)。12・27 砂田重政(73、政治家)。 〔世界〕 1・5 米アイゼンハウアー大統領、中東特別教書を議会に提出、中東における「国際共産主義の危険」阻止を主眼とした、軍隊出動命令の権限および経済援助を要請(アイゼンハウアー=ドクトリン)。1・7 中国周恩来(チョウ=エンライ)首相、東南アジア歴訪を中止しモスクワを訪問、ソ連・東欧を歴訪(～一九日)。1・9 英イーデン首相、スエズ戦争の責任をとり辞任・後任首相にマクミラン就任。1・18 中ソ共同宣言(社会主義諸国の団結をうたう)。2・27 毛沢東(マオ=ツォートン)、最高国務会議第一一回拡大会議で、「人民内部の矛盾を正しく処理する問題について」と題し演説。3・6 ガーナ、英連邦内で独立(サハラ以南の黒人国家として初の独立・初代大統領エンクルマ)。3・25 ヨーロッパ経済共同体(EEC)およびヨーロッパ原子力共同体(EURATOM)両条約、ローマで調印(仏・西独・伊・ベネルクス三国の六ヵ国で構成・一九五八年一月一日発効)。4・4 ノーマン自殺(47、日本研究者)。4・5 インド、ケララ州議会選挙で共産党が六〇議席(一二六議席中)を獲得し第一党、初の共産党州政府が出現。5・15 イギリス、クリスマス

西暦	年号・干支	内閣	記事
一九五七 ▶	昭和三二 丁酉	(第１次岸信介内閣)	島で初の水爆実験。**5・24** 台北(タイペイ)で米軍人の殺人事件裁判の判決に対する抗議のデモ起こり、アメリカ大使館を占領。**6・8**『人民日報』、社説「これはどうしたことか」を掲載(「百家争鳴」にあらわれた自由化の動きを「ブルジョワ思想」としてきびしく糾弾、その排除をめざし反右派闘争本格化)。**6・20** 中国、ソ連の第二次大戦後の工業施設撤収および朝鮮戦争の戦費請求について非難。**6・22** ソ連共産党中央委員会総会(〜二七日)、マレンコフ・モロトフらを反党グループとして党および政府から追放。**8・26** ソ連、大陸間弾道弾(ＩＣＢＭ)の実験成功を発表。**8・31** マラヤ連邦、英連邦内の自治領として独立(一九六三年九月、マレーシア連邦に国名変更)。**9・9** 米アイゼンハウアー大統領、公民権法に署名(黒人選挙権を保障)。**9・16** タイ、サリット元帥による軍事クーデタ起こり、ピブン政権崩壊。**10・4** ソ連、人工衛星スプートニク一号の打上げに成功。**11・4** カンボジア、中立法を公布。**11・14** 社会主義一二ヵ国共産党・労働者党代表者会議、モスクワで開催(〜一六日・二一日、モスクワ宣言を発表)。**11・16** 六四ヵ国共産党・労働者党代表者会議、モスクワで開催(〜一九日・二三日、平和宣言を発表)。**11・18** 毛沢東(マオ＝ツォートン)、モスクワで開催の共産党・労働者党代表者会議で、「東風は西風を圧す」「アメリカ帝国主義は張り子の虎」論などを演説。**12・12** ジュネーヴでの米中大使級会談中断(一九五八年九月一五日再開)。**12・17** アメリカ、大陸間弾道弾(ＩＣＢＭ)実験に成功。**12・26** アジア＝アフリカ人民連帯会議、カイロで開催(〜一九五八年一月一日・カイロ宣言を発表)。

西暦	一九五八 ◀
年号・干支	三三 戊戌
内閣	
記事	【政治・経済】 1・8 琉球政府立法院、民立法により教育基本法・教育委員会法・学校教育法・社会教育法（教育四法）を公布（「日本国民としての教育」を明示。四月一日施行）。1・12 那覇市長選挙。民主主義擁護連絡協議会の兼次佐一、社会大衆党候補を破り当選。1・20 日本・インドネシア平和条約、賠償協定など、ジャカルタで調印（一二年間で二億二三〇八万ドル支払い。四月一五日発効）。2・4 日印通商協定および円借款協定、東京で調印（日本輸出入銀行から三年間で一八〇億円の借款供与。四月八日発効）。2・5 アラビア石油㈱設立（資本金一〇〇億円、社長山下太郎。昭和三五年一月二九日、ペルシャ湾クウェート沖で第一号井成功）。2・26 日中鉄鋼協定、北京で調印（日本から鉄鋼、中国から石炭・鉄鉱石・農産物を輸出する五年間一〇〇八億円のバーター協定）。3・5 第四次日中民間貿易協定、北京で調印（三月一四日、国民政府、同協定に抗議し日本との通商会談を中止。四月一五日、会談再開）。3・9 日本道路公団、関門国道トンネル開通式を挙行（全長三四六一メートル）。3・28 岸信介首相、衆議院内閣委員会で在日米軍基地への攻撃は日本への侵略との見解を答弁。4・15 第四次日韓全面会談、四年ぶりに開始（一二月一九日、北朝鮮帰還問題などをめぐり休会）。4・18 衆議院、原水爆禁止決議案を可決（二一日、参議院でも同案可決）。自民党岸・社会党鈴木茂三郎両党首、国会解散に関し合意（二五日、衆議院、「話しあい」解散）。4・26 日本貿易振興会法公布（即日施行。七月二五日、同会設立）。4・30 刑法・刑事訴訟法各改正公布（斡旋収賄罪・凶器準備集合罪の新設、暴行・脅迫罪に対する緊急逮捕の認可など。五月二〇日施行）。5・6 東京地裁、蒲田事件について東京都公安条例を違憲とする判決。5・13 閣議、対中関係についての静観を確認。5・22 第二八回衆議院議員総選挙（自民二八七・社会一六六・共産一・諸派一・無所属一二）。6・10 第一次岸内閣総辞職。第二九特別国会召集（七月八日閉会）。

西暦	年号・干支	内閣	記事
一九五八 ◀▶	昭和三三 戊戌	(第1次岸信介内閣)	6・12 第二次岸内閣成立。 6・16 日米原子力一般協力協定(ワシントン)・日英原子力一般協力協定(ロンドン)に調印。 6・30 仙台高裁、平事件について原判決を破棄とし、騒乱罪成立を認める有罪判決(多くの被告に執行猶予付きの有罪判決・昭和三五年、最高裁、上告を棄却し有罪確定)。 7・30 米琉球高等弁務官ブース、沖縄の米軍用地代一括払い取止めを声明。 8・5 三井物産㈱、第一物産㈱との合併契約に調印(旧三井物産系商社の大合同完了・資本金五九億二七〇〇万円、社長新関八洲太郎)。 8・11 沖縄軍用地問題に関する現地折衝開始(一一月三日、現地折衝妥結、地代一括払い方式を中止し新方式を決定)。 川崎市の朝鮮人、北朝鮮金日成(キム＝イルソン)首相に帰国要望を伝達(昭和三四年一二月一四日、日朝赤十字間の協定に基づき、在日朝鮮人の北朝鮮への帰国開始・同四二年末までに八万八〇〇〇人が帰還)。 8・17 誘導ミサイル「エリコン」(防衛庁がスイスから輸入)、横浜に到着、沖仲仕組合・横浜港湾労組連合会など陸揚げ拒否(二四日、横須賀の自衛隊用岸壁から陸揚げ)。 8・22 衆議院決算委員会、次期主力戦闘機選定(グラマンF一一Fに内定済)に関する不正疑惑を追及(二五日、防衛庁、機種正式決定を中止)。 8・23 米高等弁務官ブース、沖縄の通貨のB号円軍票からドル建への切換実施を発表(九月一六日～二〇日実施)。 8・27 総評、勤評問題のため傘下労働者に対し子弟の登校拒否を指示(九月五日、小林武日教組委員長逮捕)。 9・11 藤山愛一郎外相、ワシントンでダレス国務長官と会談、日米安全保障条約改定に同意(一二日、共同声明発表・一〇月四日、東京で改定交渉開始)。 9・29 第三〇臨時国会召集(一二月七日閉会)。 10・8 政府、警察官職務執行法(警職法)改正案を国会に提出・社会党、同法案提出に対する非難声明を発表。 10・13 社会党・総評など、警職法改悪反対国民会議およびその共闘組織を結成(二五日から五度の全国統一行動を実施)。 11・1 国鉄、東海道本線(東京―神戸間)に電車特急「こだま」号の運転を開始(東京―大阪間を六時間五〇分)。

西暦	
年号・干支	
内閣	第2次岸信介内閣 6・12

記事

11・4 政府・自民党、衆議院本会議で会期三〇日延長（一一月八日〜一二月七日）を強行・社会党、延長を無効とし審議参加拒否（抜き打ち会期延長により、警職法改悪反対闘争激化）。11・13 藤山外相、安保改定交渉の国会正常化までの延期を言明。11・22 自民党岸・社会党鈴木両党首会談、国会正常化に関し、警職法審議未了・衆議院自然休会とする事で了解成立。11・27 皇室会議（議長岸首相）、皇太子継宮明仁親王と日清製粉社長正田英三郎長女美智子との婚約を決定、宮内庁長官より婚約発表。12・1 日本銀行、一万円札を発行。12・10 第三一通常国会召集（昭和三四年五月二日閉会）。12・27 自民党反主流派三閣僚（池田勇人・三木武夫・灘尾弘吉）、辞表を提出（三一日辞任）。

【社会・文化】

2・1 紀元節問題懇談会、歴史学者を中心に結成され紀元節復活反対声明を発表。2・8 日劇、第一回「ウェスタン＝カーニバル」を開催（この頃ロカビリー流行）。2・15 全日本産業別労働組合会議（産別会議）、解散大会を挙行。2・- 東京新宿の伊勢丹デパート、日本ではじめてバレンタインチョコレートを売り出す（売行き不振）。3・18 文部省、小中学校の道徳教育の実施要項および四月からの開始を通達。3・24 全日本農民組合連合会結成（農民組織統一）。4・1 売春防止法施行（全国約三万九〇〇〇軒の業者・約一二万人の従業婦が消える）。4・23 都教組、勤務評定反対一〇割休暇闘争を開始（五月七日福岡・六月五日和歌山・六月二六日高知でも闘争）。5・16 NHKテレビ受信契約、一〇〇万を突破。6・8 大内兵衛・我妻栄・宮沢俊義ら、憲法問題研究会を設立、第一回総会を開催。6・14 日仏合同日本海溝学術調査、仏潜水艇バチスカーフにより宮城県女川沖から開始。6・20 原水爆禁止を訴える広島—東京間一〇〇〇キロ平和行進、日本原水協により実施される（八月一一日、東京に到着）。6・24 阿蘇山大爆発、死者一二人。6・- 和歌山県で教

西暦	年号・干支	内閣
一九五八 ◀▶	昭和三三 戊戌	(第2次岸信介内閣)

記事

員の勤務評定実施される。**7・18** 王子製紙労組、賃上げ・協約改定問題をめぐり無期限スト突入(〜一二月九日、中央労働委員会の斡旋により妥結)。**7・31** 文部省、小中学校学習指導要領改訂案(理数系の強化、中学校に男女別の技術・家庭科を新設)を発表(一〇月一日、官報告示)。**8・1** 日本ビクター㈱、初の国産ステレオレコードを発表。**8・4** 京大登山隊、ヒマラヤのチョゴリザ(七六五四メートル)に初登頂。**8・15** 総評、和歌山で勤評反対・民主教育を守る国民大会を開催(〜一六日・デモ隊、警官隊と衝突)。**8・21** 都立小松川高校女子生徒、同校内で絞殺死体で発見(九月一日、同校の朝鮮人生徒を容疑者として逮捕)。**9・6** 文部省、道徳教育指導者講習会を東京国立博物館で開催(〜九日・以後各地で開催)。**9・7** 埼玉県ジョンソン基地の米兵、小銃を進行中の西武線電車に向け発射、乗客の学生一人が死亡。**9・15** 日教組、勤評反対全国統一行動を展開(都教組など、正午授業打ち切りを実施)。**9・27** 台風二二号、中伊豆に大被害もたらす、死者一一八九人(狩野川台風)。**10・21** 西鉄ライオンズ、プロ野球日本シリーズで対巨人戦三連敗から四連勝して日本一となる。**12・4** 高知の勤評反対闘争、一〇割休暇に発展。**12・9** 神奈川県教委・同県教組、勤評の「神奈川方式」(勤務評定を教員の教育活動に関する自発的な記録とする)を決定(一三日、文部省反対・昭和三四年二月一七日、日教組臨時大会、同方式を評価)。**12・10** 共産党除名の全学連幹部ら、共産主義者同盟(ブント)を結成。**12・23** 東京タワー完工式挙行(高さ三三三メートル)。**12・27** 国民健康保険法公布(社会保険未適用者を対象、国民皆保険化および給付内容改善を目標・昭和三四年一月一日施行)。**この年** ミッチーブーム。フラフープ大流行。日清食品㈱、「即席チキンラーメン」(初のインスタントラーメン)を発売・以後インスタントラーメンのメーカーが急増。慶応義塾編『福沢諭吉全集』刊(〜昭和四六年)。

【死没】

西暦	
年号・干支	
内閣	
記事	1・14 松本彦次郎(77、日本史学)。2・2 富崎春昇(77、地歌、箏曲家)。2・3 葛生能久(83、国権主義者)。2・10 岩住良治(83、農学)。2・15 徳永直(59、小説家)。2・23 宗像利吉(85、篤農家)。3・23 山川均(77、社会主義理論家)。3・29 武田祐吉(71、国文学)。3・30 西山翠嶂(78、日本画家)。4・2 戸田城聖(58、宗教家)。4・10 宮地嘉六(73、小説家)。4・13 藤田元春(79、地理学)。4・24 門野重九郎(90、実業家)。5・7 林頼三郎(79、裁判官)。5・9 及川古志郎(75、海軍軍人)。7・2 蓼胡蝶(88、小唄演奏家)。7・9 藤井甚太郎(75、明治維新史学)。7・30 俵国一(86、鉄冶金学)。8・5 藤懸静也(77、美術史学)。8・14 松岡駒吉(70、労働運動家)。9・1 中西伊之助(71、社会主義者)。9・20 小笠原長生(90、海軍軍人)。10・14 安藤広太郎(87、育種学)。10・30 岡田忠彦(80、内務官僚)。11・18 木村荘八(65、洋画家)。11・20 山田孝雄(85、国語学)。12・7 吉植庄亮(74、政治家)。12・16 三好十郎(56、劇作家)。12・17 飯塚琅玕斎(68、竹芸家)。12・29 石井柏亭(76、洋画家)。 〖世界〗 1・31 アメリカ、人工衛星エクスプローラー一号の打上げに成功。2・1 エジプト、シリアを合併しアラブ連合共和国成立。2・19 中朝共同声明、平壌(ピョンヤン)で発表(中国軍の年内撤退などを決定・一〇月二六日完了)。3・27 ソ連ブルガーニン首相辞任・後任首相にフルシチョフ党第一書記が就任(兼任)。3・31 ソ連最高会議、核実験の一方的停止を決議。4・15 第一回アフリカ独立諸国会議、ガーナのアクラで開催(~二二日・八ヵ国参加)。5・5 中国共産党八全大会第二回会議開催(~二三日)、社会主義建設の総路線・大躍進などを決議。5・10 レバノンのトリポリで、民族主義者らによる反米暴動勃発(一二日、全国的な武力反乱へ発展)。5・13 アルジェリア駐留のフランス軍など、反乱してアルジェリア政庁を占領、ド=ゴールの復帰・公安委員会の設置を要

西暦	年号・干支	内閣
一九五八 ▶	昭和三三 戊戌	(第2次岸信介内閣)

記事

求。**6・1** フランス、ド＝ゴール内閣成立。**7・14** イラク、軍部クーデタおこり共和国宣言・ファイサル国王殺害され、カシム准将首班の共和政権樹立。**7・15** 米アイゼンハウアー大統領、レバノン出兵特別教書演説・米海兵隊、レバノン上陸を開始。**7・17** 英軍降下隊、ヨルダンに進駐。**7・31** フルシチョフら、北京を訪問(～八月三日)、毛沢東(マオ＝ツォートン)・周恩来(チョウ＝エンライ)らと会談し、米・英のレバノン・ヨルダン派兵を非難する共同声明。**8・17** 中国共産党中央政治局拡大会議、河北(ホーペイ)省北戴河(ペイターホー)で開催(～三〇日)・八月二九日、「農村において人民公社を設立する問題についての決議」などを採択。**8・18** ラオスで、親米派クーデタ起こり、プイ＝サナニコン内閣成立(愛国戦線閣僚、排除される)。**8・21** 国連緊急総会、アラブ一〇ヵ国提出のレバノン・ヨルダン問題に関する中東平和共同解決案を全会一致により可決。**9・15** 米中大使級会談、ワルシャワで再開。**9・19** アルジェリア共和国臨時政府、カイロに樹立。**10・2** ギニア共和国、フランス共同体から離脱し独立宣言(初代大統領セク＝トゥーレ)。**10・5** フランス、新憲法公布され、第五共和制発足(一二月二一日、ド＝ゴール、大統領選で圧勝・一九五九年一月八日就任)。**10・27** パキスタン、軍部の無血クーデタ成功、ミルザ大統領退陣し、アユーブ＝ハーン総司令官、大統領就任。**11・17** スーダン、アッブード将軍による軍事クーデタ起こり、軍事政権成立。**12・8** 第一回全アフリカ人民会議、ガーナのアクラで開催(～一三日、二八ヵ国参加)、同会議常設書記局のアクラ設置を決定。第一回アジア＝アフリカ経済会議、ガーナのアクラで開催(～一一日)、アジア＝アフリカ経済協力機構の設置を決定。**12・29** ヨーロッパ通貨協定(EMA)発足し、西欧通貨、交換性を回復。**この年** 中国で人民公社の建設など「大躍進」政策進むも、その行き過ぎに対する批判もおこる。

西暦	一九五九 ◀
年号・干支	三四　己亥
内閣	

記事

【政治・経済】

1・24 自民党第六回大会開催・岸信介、松村謙三を破り同党総裁に再選。2・18 藤山愛一郎外相、政府・自民党首脳との会談で安保改定「藤山試案」を発表（二五日、自民党反主流派、早期の安保改定調印に懸念）。2・19 自民党、衆議院社会労働委員会で最低賃金法案を社会党欠席のまま可決。3・9 社会党訪中使節団浅沼稲次郎団長、北京での中国人民外交学会において「米帝国主義は日中両国人民共同の敵」と演説。3・28 社会党・総評・原水協など、日米安保条約改定阻止国民会議を結成。3・30 東京地裁（裁判長伊達秋雄）、安保条約に基づく米軍駐留は違憲であり刑事特別法は無効、砂川事件は無罪と判決（伊達判決・四月三日、検察側、最高裁へ跳躍上告）。九州地方開発促進法公布（四月一日施行）。4・10 皇太子明仁・正田美智子結婚・結婚パレードをテレビ中継。復権令、皇太子御成婚により公布。4・13 藤山外相、アメリカ駐日大使と安保改定交渉を再開。4・14 首都高速道路公団法公布（即日施行）。4・15 安保条約改定阻止国民会議、第一次統一行動を実施、東京日比谷公園で中央集会を挙行。4・23 第四回統一地方選挙（一九都道府県知事・全国都道府県議会議員・二大市長・五大市議会議員）施行。5・13 日本・南ベトナム賠償協定、サイゴンで調印（賠償三九〇〇万ドル・借款七五〇万ドル・経済協力九一〇万ドル、総計五五六〇万ドル・昭和三五年一月一二日発効）。6・2 第五回参議院議員選挙（自民七一・社会三八・緑風六・共産一・無所属一〇）。6・15 厚生省、急性灰白髄炎（小児マヒ）を指定伝染病に指定。6・18 岸内閣改造（池田勇人、通産相として入閣）。6・22 第三二臨時国会召集（七月三日閉会）。6・30 沖縄宮森小学校に米軍機墜落、死者二一人、負傷者一〇〇人。7・7 上原専禄・青野季吉・清水幾太郎ら、安保問題研究会を結成。7・11 岸首相、欧州・中南米一一ヵ国歴訪に出発。7・19 社会党西尾末広、共産党の安保条約改定阻止国民会議からの締め出しを主張。7・21 自民党、安保反

西暦	年号・干支	内閣
一九五九 ◀▶	昭和三四 己亥	(第2次岸信介内閣)

記事

対に方針を転じた日本原水協を批判、補助金中止・不参加などを決定(八月一一日、母親大会にも同様決定)。**8・10** 最高裁、松川事件原判決の破棄および差戻しを判決。**8・12** 第四次日韓会談、八カ月ぶりに東京で再開(昭和三五年四月、韓国国内の政情不安により休止)。**8・13** 日本・北朝鮮両国赤十字代表、カルカッタで在日朝鮮人の北朝鮮帰還に関する協定に調印(一二月一四日、帰還第一船、新潟を出発)。**9・12** 社会党第一六回大会開催(一三日、西尾末広を党規律違反として統制委員会に付議・一六日、一時休会・一〇月一五日、統制委、左派のみで西尾譴責処分を可決・一六日、大会再開・一八日閉会)。**10・25** 社会党西尾派三三議員、離党し新会派「社会クラブ」を結成。**10・26** 自民党衆参両院議員総会、安保改定を党議決定。第三三臨時国会召集(一二月二七日閉会)。**11・6** 国防会議、航空自衛隊次期主力戦闘機にロッキードF一〇四C改装型の採用を決定。**11・11** 通産省、対ドル地域輸入制限一八一品目に対する自由化・制限緩和を発表。**11・25** 社会党河上派一二議員離党(二六日、新会派「民社クラブ」を結成)。**11・27** 安保条約改定阻止国民会議、第八次統一行動を実施・労組・全学連からなる国会請願のデモ隊約二万人、国会構内に入り座り込み。**11・30** 民主社会主義新党準備会、社会クラブ・民主クラブの合同により結成。**12・16** 最高裁、砂川事件原判決(「伊達判決」)を憲法解釈誤認として破棄、差し戻し(駐留米軍は憲法九条に抵触せずとの見解)。**12・29** 第三四国会召集(昭和三五年七月一五日閉会)。**この年** いわゆる岩戸景気(昭和三四年下期〜三六年下期)。

【社会・文化】

1・1 メートル法施行、度量衡をメートル法に統一(昭和四一年四月一日、取引などの証明行為における尺貫法の使用を禁止)。**1・10** NHK教育テレビ開局(二月一日、日本教育テレビ、三月一日、フジテレビ開局)。**1・14** 第三次南極観測隊、昭和基地に一年間放置のカラフト犬一五

西暦

年号・干支

内閣

記事

頭のうち、太郎・次郎の二頭の生存を確認。**1・19** 三井鉱山、全国三井炭鉱労働組合連合会(三鉱連)に、六〇〇〇人希望退職企業整備案を提示(三月、三池炭鉱を中心にスト、四月六日妥結)。**1・-** 勤評提出状況(提出都県三六・提出拒否県二・実施延期県一・提出延期府県三・規則未制定道府県四)。藩法研究会編『藩法集』刊(～昭和五〇年六月)。**2・15** 主婦と生活社労組、労組副委員長の配転をめぐり無期限ストに突入(三一日、大宅壮一ら一五〇人、スト支援のため執筆拒否声明・一二月二九日、解決)。**3・10** 杉並区善福寺川でBOAC日本人スチュワーデスの死体発見(六月一一日、重要参考人のベルギー人神父、突如帰国し事件は迷宮入り)。**3・15**『朝日ジャーナル』創刊。**3・28** 東京千代田区の千鳥ヶ淵戦没者墓苑完工式、無名戦士の遺骨を安置。**4・15** 最低賃金法公布(七月一〇日施行)。**4・16** 国民年金法公布(一一月一日施行)。**4・30** 市町村に社会教育主事を必置。**6・10** 国立西洋美術館開館(東京上野)。**7・12** 田中聡子、二〇〇メートル背泳で世界新記録を樹立。**7・22** 熊本大学医学部水俣病研究班、水俣病の原因を有機水銀に特定(一〇月二一日、通産省、新日本窒素に対して水俣川への排水中止・浄化装置の完備を指示・一一月一二日、厚生省水俣病食中毒部会、「水俣病の主因は有機水銀」と厚相に答申)。**7・24** 児島明子、ミスユニバースに決定。**7・26** 山中毅、四〇〇メートル自由形で世界新記録を樹立。**8・28** 三井鉱山、三鉱連に四五八〇人希望退職第二次企業整備案を提示(一〇月一三日から反復スト・一二月一一日、三井、指名解雇通告を開始、三池争議始まる)。**9・10**「黒い羽根」募金運動、北九州の炭鉱失業者救済を目的として全国展開(一二月一八日、炭鉱離職者臨時措置法公布・施行)。**9・12** 小沢征爾、ブザンソン国際指揮者コンクール(フランス)で一位入賞。**9・23** 広島高裁、八海事件やり直し裁判で原判決を破棄し無罪判決(一〇月一日、広島高等検察庁、無罪判決を事実誤認として上告)。**9・26** 台風一五号(伊勢湾台風)、日本列島を縦断、中部地方を中心に被害甚大、死者・行方不明者五〇四一

西暦	年号・干支	内閣
一九五九	昭和三四 己亥	(第2次岸信介内閣)

記事

人(明治以降最大)。**10・6** 新日本窒素、同社水俣病院細川一の猫による工場廃水投与実験で同廃水が原因と確認。**10・9** 三宅泰雄、第三回放射化学討論会で日本のストロンチウム九〇降下量は世界最高と報告。**10・31** 文部省、初の教育白書『わが国の教育水準』を発表。**11・2** 不知火海沿岸漁民一五〇〇人余、新日本窒素に対し浄化装置完成までの操業停止などの交渉要求を拒否され同社水俣工場内に乱入、警官隊と衝突。**11・19**「緑のおばさん」、東京都に登場(失業未亡人救済および学童の交通安全を目的)。**12・30** 水俣病患者互助会、見舞金契約による調停受諾。**この年** 明治文化資料叢書刊行会編『明治文化資料叢書』刊(～昭和三八年)。名古屋市教育委員会・名古屋蓬左文庫編『名古屋叢書』『名古屋叢書続編』『名古屋叢書三編』刊(～平成二年)。

【死没】

1・2 堺為子(86、堺利彦の妻)。**1・3** 和田英作(84、洋画家)。**1・6** 観世華雪(74、能楽師)。**1・16** 山本一清(69、天文学)。**2・1** 新木栄吉(67、銀行家)。**2・13** 平沼亮三(79、スポーツ功労者)。**2・19** 小岩井浄(61、政治家)。**2・22** 岡倉士朗(49、演出家)。**3・7** 鳩山一郎(76、政治家)。**3・18** 井上匡四郎(82、工学)。**3・26** 魚澄惣五郎(69、日本史学)。**4・8** 高浜虚子(85、俳人)。**4・9** 中川末吉(84、実業家)。**4・13** 田宮嘉右衛門(83、経営者)。**4・17** 川路柳虹(70、美術評論家)。**4・30** 永井荷風(79、小説家)。**5・12** 堀悌吉(75、海軍軍人)。**5・22** 吉岡弥生(88、東京女子医大)。**6・4** 土方与志(61、演出家)。**6・5** 岡繁樹(80、反戦運動家)。**6・16** 金森徳次郎(73、政治家)。**6・20** 芦田均(71、政治家)。**6・29** 苫米地義三(78、政治家)。**7・4** 川上多助(74、歴史学)。**7・12** 中村時蔵(三代)(64、歌舞伎役者)。**7・26** 伊藤永之介(55、農民作家)。**8・1** 清水六兵衛(五代)(84、陶芸家)。**8・3** ラウレス(67、宣教師)。**8・4** 武田長兵衛(五代)(90、武田薬品工業)。**8・14** 五島慶太(77、東急グループ)。**8・16** 梅若実(二代)(81、能楽師)。**8・20** 渥美清太郎(66、演劇評論家)。**9・19** 本

西暦	
年号・干支	
内閣	
記事	間憲一郎(69、民間右翼指導者)。 **9・20** 内山完造(74、上海内山書店)。 **10・20** 阿部次郎(76、評論家)。 **11・25** 小山松寿(83、政治家)。 **12・29** 千葉命吉(72、教育者)。 〖世界〗 **1・1** カストロ指揮のキューバ革命軍、バハマを占領しバティスタ政権を打倒(二月一六日、カストロ、首相に就任)。 **2・19** 英・ギリシア・トルコの三国、キプロス独立協定をロンドンで調印(一九五五年四月以来の反英闘争収拾)。 **3・5** アメリカ、トルコ・イラン・パキスタン各国との相互防衛条約をアンカラで調印。 **3・10** チベットのラサで対中国反乱起こる(一二日、ダライ＝ラマ、チベット独立を宣言・二三日、中国人民解放軍、武力鎮圧してラサを占領・二八日、中国、チベット地方政府を解散・以後僧侶・寺院などへの大弾圧続く・パンチェン＝ラマをチベット自治区準備委員会主任に任命・三一日、ダライ＝ラマ、インドへ亡命、四月、インド首相ネルー、ダライ＝ラマの亡命受け入れと中国の対チベット武力介入非難の声明)。 **4・9** ライト没(91、建築家)。 **4・15** 米ダレス国務長官辞任(一八日、後任にハーター国務次官昇格)。 **4・27** 中国第二期全国人民代表大会第一回会議(四月一八日～)、毛沢東(マオ＝ツォートン)、国家主席をしりぞき、新国家主席に劉少奇(リウ＝シャオチー)を選出。 **5・11** 米・英・仏・ソ四ヵ国外相会議(～六月二〇日、七月一三日～八月五日)、ジュネーヴで開催され、ベルリン・ドイツ問題を討議(東西ドイツ代表も顧問として参加)。 **5・16** クレーギー没(75、駐日イギリス大使)。 **5・17** キューバ、農地改革法を制定(六月四日公布)。 **5・24** ダレス没(71、アメリカの外交指導者)。 **6・3** シンガポール自治国、英連邦内での独立により発足(初代首相リー＝クアンユー)。 **6・20** ソ連、中国との国防用新技術に関する協定を破棄、原爆見本と原爆生産技術資料提供の約束を撤回(一九六三年八月一五日、中国公表)。 **7・31** インド大統領プラサド、ケララ州共産党政権を接収し、同州を直轄統治。 **8・**

西暦	年号・干支	内閣
一九五九 ▶	昭和三四 己亥	(第2次岸信介内閣)

記事

2 中国共産党第八期八中全会開催(廬山(ルーシャン)会議・～一六日)・中ソ対立・大躍進・人民公社を巡り論争(一六日、大躍進反対派の彭徳懐(ポン＝トーホワイ)国防相らを反党集団とする決議、九月一七日、彭徳懐(ポン＝トーホワイ)解任・後任に林彪(リン＝ピアオ)。**8・7** 中国・インド両軍、インド東北国境地帯で衝突(八月二五日・一〇月二〇日再衝突・九月九日、ソ連、タス通信を通じ中印国境問題における友好的解決を要望)。**8・20** バグダード条約機構、イラクの脱退によりアンカラに移転、中央条約機構(CENTO)と改称。**9・14** ソ連の宇宙ロケットルナ二号、初めて月面に到着。**9・15** ソ連フルシチョフ首相、訪米(～二八日)。**9・16** 仏ド＝ゴール大統領、民族自決原則に基づくアルジェリア和平政策を発表。**9・18** フルシチョフ、国連総会で三段階・四年間での完全全面軍縮提案を演説。**9・25** アイゼンハウアー・フルシチョフ会談、キャンプ＝デーヴィッドで開催、国際諸問題の平和的手段による解決などに合意(二七日、共同コミュニケを発表)。**9・30** フルシチョフ、訪中(～一〇月三日)、毛沢東(マオ＝ツォートン)ら中国首脳と会談(共同声明なく、中ソ対立表面化)。**10・26** ソ連、惑星間ステーションルナ三号撮影の月の裏側写真を発表。**11・6** ラウレル没(68、フィリピン共和国大統領・法学者)。**11・7** 中国首相 周恩来(チョウ＝エンライ)、インド首相ネルー宛て書簡でマクマホン＝ラインからの二〇キロ相互後退・首相会談開催を提案(一六日、インド、首相会談に合意し予備交渉開催を提案)。**11・15** 西独社会民主党臨時大会(一一月一三日～)、バート＝ゴーデスベルク綱領を採択し、国民政党への転換を声明。**11・20** イギリスなど非EEC七ヵ国、ヨーロッパ自由貿易連合(EFTA)設立議定書に仮調印(一一月二九日・三一日本調印・一九六〇年五月三日発効)。国連総会、「全面完全軍縮のための諸措置」を満場一致で可決。**この年** 中国で長江(チャンチアン)・黄河(ホワンホー)流域の自然災害と大躍進政策の失敗により農業生産の減退はじまる(～一九六一年)。

西暦	一九六〇 ◀
年号・干支	三五 庚子
内閣	
記事	【政治・経済】 1・5 閣議、貿易為替自由化促進閣僚会議の設置を決定。 1・12 貿易為替自由化促進閣僚会議、第一回会合を開き基本方針などを決定。 1・16 新安保条約調印全権団(岸信介首相ら)、渡米・全学連主流派学生ら約七〇〇人、羽田空港ビルで座り込み、警官隊と衝突。 1・19 日米相互協力および安全保障条約(新安保条約)・地位協定など、ワシントンで調印、日米両国首脳の共同コミュニケを発表。 1・24 民主社会党、旧社会党右派を中心に結成、結党大会を挙行(委員長西尾末広・のちの民社党)。 1・27 ソ連グロムイコ外相、新安保条約調印を非難、国内に外国軍隊が駐留する限り歯舞・色丹を引き渡さない旨の覚書を駐ソ大使に手交。 1・30 緑風会、参議院同志会と改称。 2・5 政府、衆議院に日米相互協力および安全保障条約・地位協定を提出。 2・11 衆議院、安保特別委員会を設置(一九日、審議開始)。 3・23 社会党、臨時大会を開催(~二四日、委員長に浅沼稲次郎、書記長に江田三郎を選出)。 4・19 経団連、自由化対策の政府・国会への提出を決定(企業体質改善策・独禁法などの改正、貿易業法制定・税制改革などの総合的実施を提言)。 4・28 沖縄県祖国復帰協議会、結成大会を挙行(民間団体を中心とした革新系団体)。四国地方開発促進法公布。 5・9 社会党、衆議院安保特別委員会でソ連の米軍U二型機撃墜事件に関し、厚木米軍基地の同型機「黒いジェット機」問題で政府を追及(一〇日、アメリカ国務省、在日U二型機の情報活動への不使用を声明)。 5・19 衆議院安保特別委員会、自民党の採決強行により紛糾・衆議院議長清瀬一郎、警官隊の導入により社会党の坐り込みを排除し本会議を開会、野党・自民反主流派欠席の中で会期五〇日延長を議決。 5・20 自民党、衆議院本会議で新安保条約および関連協定を単独強行採決・以後の政局混乱し、国会、空白状態となる・全学連主流派デモ隊、国会・首相官邸で警官隊と衝突。 5・26 安保改定阻止国民会議、第一六次統一行動で一七万

西暦	年号・干支	内閣	記事
一九六〇	昭和三五 庚子	（第2次岸信介内閣）	人のデモ隊により国会を包囲。参議院本会議、自民党・参議院同志会のみで会期五〇日延長を議決。**6・4** 安保改定阻止第一次実力行使、「六・四統一行動」に突入し、全国で五六〇万人（総評発表）が参加。主婦・未組織の市民による「声なき声の会」、国会デモに参加。**6・10** 米大統領新聞係秘書ハガチー来日、羽田空港出口で全学連反主流派らのデモ隊に車を包囲され、米軍ヘリコプターで脱出（ハガチー事件・ハガチー、翌日離日）。**6・15** 安保改定阻止第二次実力行使、「六・一五統一行動」に突入し、全国で五八〇万人が参加。全学連主流派、国会突入をはかり警官隊と衝突、東大生樺美智子が死亡し国会構内で抗議集会・警官隊、デモ隊に暴行し学生ら一八二人を逮捕（負傷者一〇〇〇人以上）。**6・16** 岸内閣、臨時閣議で米アイゼンハウアー大統領の訪日延期要請を決定。全国の大学で学生・教職員の抗議集会、授業放棄を決議・東大学長茅誠司、全学連の国会突入事件に関し政府を批判。**6・17** 在京七新聞社、「暴力を排し議会主義を守れ」との共同宣言（地方紙も多数同調）。**6・18** 安保改定阻止国民会議、第一八次統一行動で三三万人のデモ隊により徹夜で国会を包囲。**6・19** 新安保条約および関連協定、参議院未議決のまま午前零時をもって自然承認。**6・23** 新安保条約批准書、外相公邸で交換され発効・岸首相、閣議で辞意を表明。**7・1** 自治省、自治庁（総理府外局）からの昇格により発足。**7・14** 自民党大会開催され、池田勇人を新総裁に選出。**7・15** 岸内閣総辞職。**7・18** 第三五臨時国会召集（七月二二日閉会）。**7・19** 第一次池田内閣成立（初の女性閣僚中山マサ厚生大臣）。**7・25** 東海道幹線自動車国道建設法公布（昭和四〇年四月二二日、日本道路公団、東名高速道路を起工）。**7・29** 北富士演習場で地元農民三〇〇人、米軍・自衛隊に対し演習中止を要求・着弾地に一〇人が座り込み。**9・1** 石炭鉱業合理化事業団発足。**9・8** 第一回日米安保協議委員会、新安保条約に基づき開催。**10・12** 浅沼稲次郎社会党委員長、日比谷公会堂での三党首立会演説会の壇上で、右翼少年山口二矢に刺殺

西暦	
年号・干支	
内閣	

記事

される(一一月二日、山口、鑑別所内で自殺)。**10・17** 第三六臨時国会召集(一〇月二四日衆議院解散)。**10・25** 第五次日韓会談の予備会談、東京で開催(日本側首席代表沢田廉三、韓国側首席代表兪鎮午(ユ＝ジノ)・三六年五月、韓国軍事クーデタにより中止)。**10・27** 第二次日朝赤十字会談、新潟で開催・日朝両赤十字代表、北朝鮮帰還協定の一年間延長に合意。**11・1** 経済審議会、国民所得倍増計画案を答申(昭和四五年度までの一〇年間に平均成長率七・二パーセント、GNP二六兆円への倍増を目標)。**11・20** 第二九回衆議院議員総選挙(自民二九六・社会一四五・民社一七・共産三)。**12・1** 石川島播磨重工業㈱発足(石川島重工業の播磨造船合併にともなう改称・資本金一〇二億円)。**12・5** 第三七特別国会召集(一二月二二日閉会)。**12・8** 第二次池田内閣成立。最高裁、平事件への騒乱罪適用を合憲とし、二審の仙台高裁判決を支持し上告を棄却。**12・16** 最高裁、菅生事件の検察側上告を棄却、二審の福岡高裁判決を支持し、駐在所爆破に関し全員無罪確定。**12・26** 第三八通常国会召集(昭和三六年六月八日閉会)。**12・27** 閣議、経済審議会の答申に基づき国民所得倍増計画(高度成長政策)を決定。北陸地方開発促進法・中国地方開発促進法各公布。**この年** 自動車生産台数四八万台(米は九二〇万台)、粗鋼生産二二一四万トン(米は九〇〇七万トン)。給与平均月額一万九六〇〇円(三〇人以上の事業所)、大学卒男子初任給約一万三〇〇〇〜一万五〇〇〇円、失業率一・七パーセント。

【社会・文化】

1・5 三井鉱山三池炭鉱労組、一二一四人の解雇通告を一括返上(二五日、三井鉱山、三池鉱業所をロックアウト・労組側、全山無期限ストに突入)。**2・23** 皇太子妃、宮内庁病院で男子(浩宮徳仁)を出産。**3・17** 三井労組分裂し、第二組合結成。**3・28** 三井炭鉱、第二組合のみの生産再開を強行、反対する第一組合と衝突(二九日、第一組合員久保清、暴力団員により刺殺される)。**3・**

西暦	年号・干支	内閣	記事
一九六〇 ◀▶	昭和三五 庚子	7・19 第1次池田勇人内閣	積水化学(株)、プレハブ住宅を試作。**4・7** 警視庁、サド『悪徳の栄え・続』(渋沢龍彦訳、昭和三四年一二月現代思潮社刊)を猥褻文書の疑いで押収(同三八年一月二一日、第二審で有罪判決)。**5・16** 東京世田谷で雅樹ちゃん誘拐殺人事件起こる(一九日、死体発見、七月一七日、犯人逮捕)。**5・24** 北海道・東北地方の太平洋岸にチリ津波来襲、死者一三九人・被害家屋四万六二一四戸。**6・20** 熊本の下筌ダム建設反対派、「蜂の巣城」で警官隊と衝突。**6・25** 道路交通法公布(一二月二〇日施行)。**7・1** 国鉄、二・三等制を一・二等制に改め、旧三等の赤切符を廃止。**7・7** 福岡地裁、三池三川鉱ホッパーピケ排除の仮処分を決定・三池炭鉱の資材運搬船、第一組合側と海上で衝突、負傷二三七人。**7・19** 中央労働委員会(中労委)、三池労使双方に白紙委任による斡旋を申入れ(八月一〇日、最終斡旋案を提示・九月六日、炭労臨時委員会、斡旋受諾を決定・一一月一日、解決)。**7・21** 最高裁、丸正事件の上告を棄却、有罪確定。**8・1** 東京山谷で、住民三〇〇〇人が暴動、連日騒動が続発。**8・12** 日本航空、国際線(東京―サンフランシスコ)にジェット機初就航。**8・25** 第一七回オリンピック・ローマ大会開会(~九月一一日)、日本選手団一六九人参加(金四・銀六・銅六のメダルを獲得)。**8・29** 近代日本研究会主催のセミナーのための予備会議(箱根会議)開催(~九月二日・ホール・ドーア・川島武宜・大内力ら出席、昭和三七年より、日本近代化に関する国際シンポジウム開かれ、いわゆる近代化論の影響深まる)。**9・10** NHK(東京総合・同教育・大阪総合・同教育)および民放(日本テレビ・ラジオ東京・朝日放送・読売テレビ)、カラーテレビ本放送を開始。**9・20** 将棋の大山康晴名人、王位戦に勝ち王将・九段位と合わせて四冠独占。**10・1** 国勢調査実施(総人口九三四一万八五〇一人、東京都の昼間人口一〇〇〇万人を超える)。**10・19** 東京地裁、「朝日訴訟」において、現行の生活保護水準を違憲とする判決。**11・30** 中央公論社、深沢七郎「風流夢譚」(『中央公論』一二月号)中の皇室への名誉毀損につき、宮内庁へ陳謝。**12・―** 衆議院・参

西暦	
年号・干支	
内閣	
記事	議院編『議会制度七十年史』刊(〜昭和三八年七月)。**この年** 平均寿命、男六五・三二歳・女七〇・一九歳。電気冷蔵庫普及し、「三種の神器」流行語となる。「ダッコちゃん」ブーム起こる(一個一八〇円、販売数二四〇万個)。『防長風土注進案』刊。労働運動史研究会『明治社会主義史料集』刊(〜昭和三八年)。日米修好通商百年記念行事運営会『万延元年遣米使節史料集成』刊(〜昭和三六年)。 【死没】 **1・4** 風巻景次郎(57、国文学)。**1・5** 松阪広政(75、検察官)。**1・24** 火野葦平(52、小説家)。**2・28** 高木貞治(84、数学)。**3・10** 石黒忠篤(76、農林官僚)。**3・17** 藤原銀次郎(90、財界人)。**4・5** 林譲治(71、政治家)。**4・23** 賀川豊彦(71、社会運動家)。**4・25** 中島久万吉(86、実業家)。**4・30** 服部卓四郎(59、陸軍軍人)。**6・6** 蘆田伊人(82、歴史地理学)。**6・22** 野村兼太郎(64、経済学)。**7・5** 斉藤惣一(73、社会運動家)。**7・18** 中村清二(90、物理学)。**7・21** 河井弥八(82、宮中官僚)。**7・30** 後藤守一(71、考古学)。**8・6** 常磐津文字兵衛(三代)(71、常磐津節三味線)。**8・28** 犬養健(64、政治家)。**10・12** 浅沼稲次郎(61、社会主義運動家)。**10・16** 小坂順造(79、財界人)。**10・17** 中村富十郎(四代)(52、歌舞伎役者)。**10・26** 西尾寿造(78、東京都長官)。**11・7** 松村松年(88、昆虫学)。**11・15** 吉井勇(74、歌人)。**12・12** 藤田亮策(68、考古学)。**12・17** 水谷長三郎(63、政治家)。**12・26** 和辻哲郎(71、哲学)。 〔世界〕 **1・28** 中国・ビルマ、友好相互不可侵条約および国境問題処理協定に調印(一〇月一日、国境条約に調印)。**2・1** アメリカ南部で、黒人シット=イン(座り込み)運動始まり全米各地へ拡大。**2・13** フランス、サハラ砂漠で初の原爆実験。**3・15** 韓国大統領選挙実施・馬山(マサン)で不正選

西暦	年号・干支	内閣	記事
一九六〇 ▶	昭和三五 庚子	（第１次池田勇人内閣）	挙に抗議する市民・学生デモ起こり各地に波及（一六日、李承晩（イ＝スンマン）再選）。**3・21** 中国・ネパール、国境協定および経済援助協定に調印。南アフリカ政府、シャープヴィルでのパス法反対暴動に対し武力弾圧、死傷者二七〇人以上を出す（シャープヴィル事件）。**4・11** 第二回アジア・アフリカ会議、コナクリ（ギニア）で開催（〜一五日・五二ヵ国参加・民族独立と世界平和への連帯を唱えるコナクリ宣言を発表）。**4・18** 高麗（コリョ）大学生、ソウルで李承晩（イ＝スンマン）大統領退陣要求デモを実施、全国に波及。**4・19** 韓国政府、ソウルでの学生・市民の反政府デモに対し武力行使、非常戒厳令布告・ハーター国務長官、韓国の非民主的弾圧に対し批判（二七日、李承晩（イ＝スンマン）、退陣しハワイに亡命・「四月革命」）。中国周恩来（チョウ＝エンライ）首相、中印国境問題協議のため訪印（〜二六日）、ニューデリーでネルー首相らと会談（解決に至らず）。**4・28** トルコで学生の反政府デモ起こる。**5・1** ソ連、領空侵犯の米偵察機U二型機を撃墜（五日、ソ連側公表・七日、アメリカ国務省、スパイ行為を認める声明・一〇日、ソ連グロムイコ外相、侵入機の基地供与国に対し警告）。**5・3** 欧州自由貿易連合（ＥＦＴＡ）発足。**5・16** 米英仏ソ首脳会談、パリで開催（〜一七日）・ソ連フルシチョフ首相、予備会談でアメリカに対しU二型機事件に関する陳謝を要求・アメリカ側は拒否（会談決裂により流会）。**5・23** 閻錫山（イエン＝シーシャン）没（78、中華民国の軍閥）。**5・27** トルコ、軍部のクーデタによりメレンデス政権崩壊（二八日、ギュルセル陸軍大将、政権を掌握し国家統一委員会議長に就任）。**5・31** 中国・モンゴル、友好相互援助・経済技術援助協定に調印。**6・12** 米アイゼンハウアー大統領、極東歴訪に出発（〜二六日・日本訪問は安保改定反対運動激化により中止）。**6・21** ソ連フルシチョフ首相、ルーマニア労働党第三回大会で、帝国主義が存在しても戦争防止は可能と演説し中国共産党を批判（二二日、中国共産党、ソ連の平和共存方針を批判し反論・中ソ論争公然化）。**6・30** コ

西暦	一九六一 ◀	
年号・干支	三六 辛丑	
内閣		第2次池田勇人内閣 12・8
記事	【政治・経済】 **1・-** 伊豆新島のミサイル試射場反対闘争激化し、支援オルグ団入島(三月一三日、新島村議会、試射場への道路改修を認める決議)。**2・5** 社会党中央執行委員会、構造改革論を中心とした新運動方針を決定。**2・21** 国連大使松平康東、外務省外交問題懇談会でコンゴ動乱に関連して「国連警察軍への参加は国連協力の根本」と発言し問題化。**2・28** 自民・社会両党、党首会談による予算	ンゴ共和国、ベルギーから独立(初代大統領カサブブ・初代首相ルムンバ)。**7・6** コンゴ、保安隊の反乱起こり反白人排撃の内乱に発展(コンゴ動乱始まる)。**7・16** ソ連、対中派遣専門家一三〇〇人の引揚げ・既定契約数百の破棄を通告。**8・9** ラオス、コン＝レ大尉の無血クーデタにより反共親米のサナニコン政権崩壊。**8・12** 尹潽善(ユン＝ボソン)、韓国大統領に当選(一五日、第二共和国発足)。**9・14** 石油輸出国機構(OPEC)結成(イラン・イラク・クウェートなど産油五ヵ国で構成)。**10・20** アメリカ国務省、食糧・医薬品以外の対キューバ禁輸措置を発動(キューバの現地米資産の接収・中華人民共和国承認などへの報復措置)。**11・8** ケネディ、アメリカ大統領に当選。**12・6** 世界八一ヵ国共産党・労働者党会議、モスクワ声明を発表(平和共存・反帝国主義を確認)。**12・14** 国連総会、植民地独立宣言を採択(あらゆる植民地の即時解放を主張)。西側二〇ヵ国、経済協力開発機構(OECD)条約に調印(一九六一年九月三〇日正式発足・欧州経済協力機構の発展的改組)。**12・18** 周恩来(チョウ＝エンライ)首相、ネルー首相に対し国境問題会談開催を提案(二六日、インド側拒絶)。**12・19** 中国・カンボジア、友好相互不可侵条約に調印。**12・20** 南ベトナム民族解放戦線結成(アメリカ帝国主義・ゴ＝ディン＝ディエム政権の打倒を目的)。**この年**「アフリカの年」。一七ヵ国独立。アンダーソン没(87、スウェーデンの地質・考古学者)。

西暦	年号・干支	内閣
一九六一 ◀ ▶	昭和三六 辛丑	(第2次池田勇人内閣)

記事

修正交渉(三月二日、第二回会談行なうも物わかれに終る)。**3・6** 社会党大会開催され、委員長河上丈太郎・書記長江田三郎を選出。**3・20** 通産省、自由化対策会議を開き四月一日からの貿易自由化三〇〇品目に関し説明。**3・31** 港湾整備緊急措置法公布(四月一日公布・整備五ヵ年計画を作成)。**4・1** 昭和三六年度予算成立(総額一兆九五二七億円、前年度比二四・四パーセント増・所得倍増計画初年度の積極予算)。**4・19** 米駐日大使ライシャワー着任。**4・28** 祖国復帰県民総決起大会、沖縄の那覇で開催。**5・13** 自民・民社両党、政治的暴力行為防止法(政防法)案を衆議院に提出(六月三日、強行可決・八日、会期終了につき参議院議長の斡旋により継続審議)。**6・2** 防衛二法(防衛庁設置法・自衛隊法)改正案成立(一二日、公布・陸上自衛隊を管区隊・混成団一〇から一三師団に改編、航空自衛隊に西部航空方面隊を新設など)。**6・8** 選挙制度審議会設置法公布(一六日、第一回総会開会)。**6・12** 農業基本法公布(即日施行・農業の近代化・生産性向上・従事者所得向上など他産業との不均衡を是正)。**6・16** 農政審議会令公布。**6・21** 厚生省、小児マヒ大流行(一月以来患者一〇〇〇人を越える)のため、生ワクチン一三〇〇万人分緊急輸入および全国一斉の大量投与を決定。**6・22** 訪米中の池田首相、ケネディ大統領と共同声明(日米貿易経済合同・教育文化・科学の三委員会設置などにつき合意)。**7・15** ㈶国民協会発足(自民党の資金調達機関・会長岩田宙造、基金五〇〇万円)。**7・18** 国防会議、第二次防衛力整備計画を決定(ミサイル装備強化を中心とした昭和三七〜四一年度の五ヵ年計画)。**7・25** 共産党第八回大会開催(二七日、新綱領を採択・〜三一日)。**7・28** 閣議、公式制度調査連絡会議の設置を決定。**8・8** 仙台高裁、松川事件差戻審で被告全員に無罪判決(二一日、検察側、再上告)。**8・14** ソ連ミコヤン第一副首相、ソ連工業見本市(八月一五日〜九月四日)出席のため来日(一六日、ミコヤン、池田首相に日米安保体制批判のフルシチョフ親書を手交・二二日、歯舞・色丹両島の返還は日米安保体

西暦	
年号・干支	
内閣	
記事	制解消が条件と述べ離日)。**8・28** 駐ソ大使、フルシチョフ親書に対する池田首相の反論をソ連グロムイコ外相に手交。**9・2** 政府、ソ連の核実験再開決定に対し抗議(六日、アメリカの再開決定に対しても撤回を要請・二〇日、ソ連の実験強行に対し抗議)。**9・25** 第三九臨時国会召集(一〇月三一日閉会)。**9・30** 愛知用水、完工通水式を挙行(幹線水路延長一一二キロ・総延長一一三五キロ・最大通水量毎秒三〇トン)。**10・20** 第六次日韓会談開始(首席代表日本側杉道助・韓国側裵義煥(ペ＝ウィファン)・昭和三九年四月、韓国政情不安により中断)。**10・25** 衆議院本会議、自民・社会・民社三党共同提案の核実験禁止に関する決議案を可決(二七日、参議院本会議でも可決)。**11・2** 第一回日米貿易経済合同委員会、箱根で開催(四日、共同声明を発表し閉会)。**11・12** 韓国国家再建最高会議朴正熙(パク＝チョンヒ)議長、訪米の途上来日、池田首相と会談し日韓会談の早期妥結に関し合意。**11・13** 水資源開発促進法・水資源開発公団法各公布(昭和三七年二月一六日施行、五月一日、同公団発足)・低開発地域工業開発促進法・産炭地域振興臨時措置法各公布、即日施行。**11・14** 通産省、山口県徳山・岡山県水島の石油化学センターの設立許可方針を決定。**11・15** 核兵器禁止平和建設国民会議(核禁会議)結成(自民・民社党系、議長松下正寿)。**12・9** 第四〇通常国会召集(昭和三七年五月七日閉会)。**12・12** 旧軍人らによる内閣要人暗殺・クーデタ計画発覚し、旧陸士出身者を中心に一三人逮捕(三無事件)。**12・13** 憲法調査会、憲法改正に関する是非の基本的問題についての審議開始。**12・17** 那覇市長選挙、自民党の西銘順治当選(五年ぶりの保守派市長)。 【社会・文化】 **1・29** 平城宮跡官衙跡から紀年(天平宝字六年)銘を有する木簡、初めて発見される。**2・1** 風流夢譚事件により、嶋中鵬二中央公論社社長宅を右翼少年が襲撃、家人二人を殺傷(二日、犯人逮捕・二四日、小倉謙警視総監辞任・嶋中事件)。**2・19** 日本医師会・日本歯科医師会、医療費値

西暦	年号・干支	内閣
一九六一 ◀ ▶	昭和三六 辛丑	(第2次池田勇人内閣)

記事

上げを要求し全国で一斉一日休診。**3・9** 全日赤、賃上げを要求し無期限スト突入(五月一六日妥結)。**3・15** 有田八郎元外相、三島由紀夫『宴のあと』をプライバシーの侵害として告訴(昭和三九年九月二八日、東京地裁、初めてプライバシー権を容認し、原告に勝利判決・同四一年一一月二八日和解)。**3・22** 舟橋聖一・宇野精一ら五委員、表音主義に反対し国語審議会から脱退声明。**5・31** 丸正事件弁護士正木ひろしら、同事件「真犯人」発表につき、名誉毀損により起訴される(昭和四〇年五月二三日、一審有罪判決・同五一年三月二三日、有罪確定)。**6・14** 朝永振一郎・杉村春子ら「七人の会」、平和アピール発表。**6・17** 全沖縄労働組合連合会(全沖労連)、県内二八労組六四〇〇名により結成。**6・24** 萩野昇ら、イタイイタイ病のカドミウム原因説を発表。**8・1** 大阪釜ヶ崎で、群衆約二〇〇〇人が暴動、警官隊と衝突(二日、一万人以上が暴徒化・三日、大阪府警、警官約六〇〇〇人を投入し鎮圧)。**8・7** 水俣病患者診査協議会、胎児性水俣病患者を初めて公式確認。**9・1** 日本赤十字、愛の献血運動を開始。**9・16** 台風一八号(第二室戸台風)、近畿地方を中心に猛威、死者二〇二人・被害家屋九八万戸(瞬間最大風速八四・五メートル以上の新記録)。**10・2** 大鵬・柏戸、そろって横綱に昇進(ともに照国の最年少横綱を更新・柏鵬時代始まる)。**10・11** 西鉄ライオンズ稲尾和久投手、年間四二勝の日本最高タイ記録樹立(昭和一四年のスタルヒンと並ぶ)。**10・26** 文部省、中学二・三年生全員を対象に全国一斉学力テストを実施(日教組、統一反対行動を実施・一部の生徒・地方ではボイコット・中止)。**11・5** 福岡の降雨から高濃度の放射能を検出(このころ放射能雨が問題化)。**11・-** 早大教授暉峻康隆の「女子学生亡国論」をめぐって論議活発。**12・15** 学術会議学問・思想の自由委員会、第一回シンポジウムを開催。**12・21** 中央公論社、『思想の科学』三七年一月号(「天皇制」特集号)を「業務上の都合」を理由に発売中止(二六日、思想の科学評議委員会、中央公論社と絶縁し、三七年三月、自主刊行)。**この年** 坂本九「上を向いて歩こう」・植

西暦	
年号・干支	
内閣	
記事	木等「スーダラ節」など流行。講談社『日本教科書大系』刊(〜昭和五二年)。**この頃から** 四日市でぜん息患者が多発する。

【死没】

1・15 富田満(77、牧師)。**1・16** 古川緑波(57、喜劇俳優)。桂三木助(三代)(58、落語家)。**2・13** 村松梢風(71、小説家)。**2・21** 下中弥三郎(82、教育運動家)。**2・27** 筧克彦(88、公法学)。**4・16** 金成マツ(85、ユーカラ伝承者)。**4・18** 長田新(74、教育学)。**4・28** 郷古潔(78、三菱重工業)。**5・3** 柳宗悦(72、思想家)。**5・11** 小川未明(79、小説家)。**5・13** 駒井徳三(75、満洲国建国工作)。**5・16** 喜多村緑郎(89、新派女形)。**6・1** 牧野良三(76、政治家)。**6・11** 片山正夫(83、物理化学)。**6・23** 青野季吉(71、文芸評論家)。**7・15** 伊達源一郎(87、新聞人)。**7・16** 寺尾博(77、育種学)。**7・22** 森律子(70、俳優)。**7・28** 外村繁(58、小説家)。**8・4** 妹尾義郎(71、社会運動家)。**8・5** 北昤吉(76、政治家)。**8・20** 菅野序遊(五代)(75、一中節浄瑠璃)。**9・4** 田中惣五郎(67、日本近代史家)。**9・12** 前田蓮山(88、政治評論家)。**9・21** 宇野浩二(70、小説家)。**10・29** 長与善郎(73、小説家)。**11・4** 坂東三津五郎(七代)(79、歌舞伎役者)。**11・6** 伊藤道郎(68、現代舞踊家)。**11・9** 正田貞一郎(91、館林製粉会社)。**11・15** 沼田多稼蔵(69、陸軍軍人)。**11・20** 小倉正恒(86、実業家)。**11・21** 豊田貞次郎(76、海軍軍人)。**12・4** 津田左右吉(88、歴史学)。**12・13** 矢田挿雲(79、小説家)。**12・16** 須田国太郎(70、洋画家)。**12・20** 風見章(75、政治家)。**12・25** 矢内原忠雄(68、経済学)。**この頃** 辻政信(この年行方不明、昭和四三年七月二〇日死亡宣告)(陸軍軍人)。

【世界】

1・3 アメリカ、キューバとの国交を断絶(二〇日、キューバ首相カストロ、米大統領に国交回復の用意ある旨通告・二五日、アメリカ側拒絶)。**1・20** ケネディ、米大統領に就任、就任演説で

西暦	年号・干支	内閣	記事
一九六一 ▶	昭和三六 辛丑	(第2次池田勇人内閣)	ニューフロンティア演説。**2・2** カナダ、中国への小麦売却を発表(六日、オーストラリアも発表)。**2・12** ルムンバ前コンゴ首相、カタンガ州政府によって殺害される。**3・1** 米ケネディ大統領、行政命令により平和部隊を創設。**4・11** イスラエルで、ユダヤ人大量殺害容疑者旧ナチスのアイヒマン裁判開始(一二月一五日、アイヒマンに死刑判決)。**4・12** ソ連宇宙船ヴォストーク一号(カガーリン少佐搭乗)、地球一周飛行に成功。**4・17** キューバ反革命軍、米軍の支援によりキューバ南部ピッグズ湾上陸(一九日、失敗し一二〇〇名逮捕される)。**4・22** サラン将軍ら仏軍アルジェ駐留部隊、アルジェリア和平に反対し反乱(二三日、ド=ゴール大統領、非常大権を発動・二五日、鎮圧)。**4・24** イギリス・ソ連、ラオス停戦および関係諸国国際会議開催の共同提案(二五日、ラオス三派、停戦を受諾・五月三日、停戦成立)。**5・1** キューバ首相カストロ、社会主義共和国宣言(ハバナ宣言)。**5・16** 韓国で軍事クーデタ・軍事革命委員会(議長張都暎(チャン=ドヨン)・副議長朴正熙(パク=チョンヒ))、実権を掌握(一八日、張勉(チャン=ミョン)内閣総辞職し第二共和制崩壊・二〇日、張都暎(チャン=ドヨン)首班の軍事政権成立)。ラオス問題一四ヵ国国際会議、ジュネーヴで開催(~一九六二年七月二一日)。**6・3** 米ケネディ大統領・ソ連フルシチョフ首相、ウィーンで会談(~四日)、ラオス中立化につき合意。**6・19** クウェート、イギリス保護領から独立(二五日、イラク、クウェート領有を宣言・二七日、クウェート、非常事態宣言)。**7・3** 朴正熙(パク=チョンヒ)、張都暎(チャン=ドヨン)を追放し国家再建最高会議議長に就任。**7・6** ソ連・北朝鮮、モスクワで友好協力相互援助条約に調印(一一日、中国・北朝鮮、北京で同条約に調印)。**8・13** 東ドイツ、東西ベルリンの境界に壁を構築(ベルリンの壁)、東西ベルリンを遮断。**8・17** 米州二〇ヵ国(キューバを除く)、米州機構経済社会理事会でプンタ=デル=エステ憲章に調印、「進歩のための同盟」を形成。**8・30** ソ連、核実験の再開を発表(九月一日、

実験再開)。9・1 第一回非同盟諸国首脳会議、ベオグラードで開催(ティトー・ナセル・ネルーの呼びかけで非同盟二五ヵ国・オブザーバー三ヵ国参加。七日、平和共存・民族解放闘争支持・外国軍事基地一掃・新旧植民地主義反対を宣言)。9・20 アメリカ・ソ連、国連総会で全面完全軍縮八原則の共同宣言(マクロイ・ゾーリン協定)を発表。9・28 シリアで反エジプトクーデタ起こる(二九日、新政権、アラブ連合共和国から離脱)。10・17 ソ連フルシチョフ首相、ソ連共産党第二二回大会で、アルバニア労働党指導者を非難(一九日、同大会参加の周恩来(チョウ＝エンライ)、フルシチョフに反論、会期中途で帰国)。11・25 ソ連・アルバニア、双方とも大使を召還し国交断絶状態。12・15 国連総会、中国代表権問題を重要事項とする決議案を採択。12・19 インド軍、ポルトガル領のゴア・ダマン・ディウを接収。

西暦：一九六二 ◀

年号・干支：三七 壬寅

内閣：

記事：

【政治・経済】

1・9 ガリオア・エロア対米債務返済処理協定、東京で調印(債務四億九〇〇〇万ドル・年利二分五厘、一五年返済。九月一一日発効)。1・13 社会党使節団長鈴木茂三郎、中国人民外交学会長張奚若(チャン＝シールオ)と会談、「アメリカ帝国主義は日中人民共同の敵」を確認し共同声明。1・17 創価学会政治連盟、公明政治連盟と改称(七月一一日、参議院の同連盟所属議員ら、院内交渉団体として公明会を結成)。2・2 日米関税引下げ協定調印(五月三〇日、スウェーデン、六月二二日、EECとも同様の協定調印)。2・27 日本電気㈱、初の国産大型電子計算機(NEAC二二〇六型)を発表。3・6 日米ガット関税取決め調印。3・29 阪神高速道路公団法公布(五月一日、同公団発足)。4・13 藤山愛一郎経済企画庁長官、経済同友会総会において池田首相の高度経済成長などの経済政策を批判。4・28 通産省、綿紡指示操短率の三六・三パーセントへの引上げ

西暦	年号・干支	内閣	記事
一九六二 ◀▶	昭和三七 壬寅	(第2次池田勇人内閣)	を告示(〜九月三〇日・戦後最高)。**4・-** 不況、各産業に広がる。**5・7** 政治的暴力行為防止法案(政防法)、第四〇通常国会閉会により審議未了で廃案。**5・10** 新産業都市建設促進法公布(八月一日施行・地方開発における中核産業都市の建設促進)。**5・11** 石炭鉱業調査団発足(団長有沢広巳法政大総長)。**5・15** 防衛庁設置法、自衛隊法等の一部を改正する法律公布(九月一日施行・一一月一日、防衛調達庁、調達庁・防衛庁建設本部の統合改組により、防衛庁外局として設置)。**6・8** 電源開発㈱、奥只見水力発電所完工式を挙行(昭和三六年七月二九日完工・出力三六万キロワット)。**6・10** 国鉄北陸本線北陸トンネル(一三・八七キロ)開通(当時日本最長、工期四年七ヵ月)。**7・1** 第六回参議院議員選挙(自民六九・社会三七・創価学会九・民社四・共産三・同志会二・無所属三)。**7・10** 佐世保重工業㈱佐世保造船所、大型タンカー日章丸(排水量一三万トン)を進水(当時世界最大・一〇月七日、出光興産に納入)。**7・27** 江田三郎社会党書記長、新しい社会主義のビジョン(江田ビジョン)を発表(党内対立に発展)。**8・4** 第四一臨時国会召集(九月二日閉会)。**8・6** 第八回原水爆禁止世界大会、東京で開催、社会党・総評のソ連核実験抗議の緊急動議をめぐり紛糾、大会宣言不採択で閉会。**8・30** 日本航空機製造㈱、戦後初の国産中型輸送機YS一一型の初飛行に成功(乗客六〇人、双発プロペラ機、生産総数一八〇機)。**9・3** 地対空ミサイル・ナイキ=アジャックス九二発(アメリカ供与)、横浜米軍埠頭から揚陸(四日、防衛庁、同ミサイル上陸を発表)。**9・5** 運輸省、臨海工業地帯開発計画(昭和三八〜四五年度)を発表。**9・12** 日本原子力研究所(茨城県東海村)国産一号炉JRR-3、臨界に到達。**9・26** 若戸大橋開通(全長二〇六八メートル、東洋一のつり橋)。**10・5** 閣議、全国総合開発計画を決定。**10・13** 石炭鉱業調査団、石炭鉱業安定の対策案を首相に答申。**10・26** 「国づくり」懇談会(池田首相の私的諮問機関)、茅誠司・森戸辰男・安岡正篤ら参加し発足(一二月五日、「人づくり」懇談会も発足)。**11・**

西暦	
年号・干支	
内閣	
記事	4 池田首相ら、ヨーロッパ七ヵ国歴訪に出発（〜二五日）。11・6 日本、国連総会での南アフリカ連邦の人種差別政策に対する制裁措置決議に反対投票（同決議案は可決）。11・9 高碕達之助・廖承志（リアオ＝チョンチー）、日中総合貿易覚書（LT貿易覚書）に北京で調印（有効期限昭和四二年一二月三一日までの長期総合バーター）。11・14 日英通商航海条約、ロンドンで調印（昭和三八年五月四日発効・最恵国待遇の相互保証・日本に対するGATT三五条援用の撤回）。11・27 社会党第二二回大会、「江田ビジョン」批判決議案を可決、江田書記長は辞意を表明（二九日、同大会、新書記長に成田知巳を選出し閉会）。12・1 配給米、平均一二パーセント値上げ。12・8 第四二臨時国会召集（一二月二三日閉会）。12・11 北海道島松演習場で演習中の陸上自衛隊、抗議の地元酪農民により電話線を切断される（恵庭事件・昭和三八年三月七日、札幌地検、自衛隊法違反で起訴）。12・24 第四三通常国会召集（昭和三八年七月六日閉会）。 【社会・文化】 1・10 柳沢文徳東京医科歯科大学教授ら、中性洗剤の有害性を指摘（一一月一四日、食品衛生調査会、厚相に無害と答申）。1・– 東京で流行性感冒（A二型）大流行、全国に広まる（六月末までに患者四七万人・死者五八六八人）。2・1 東京都の常住人口、推計で一〇〇〇万人を越える（世界初の一〇〇〇万都市）。2・6 早大での米司法長官R・ケネディ講演会、学生の沖縄問題などに関する質疑・ヤジなどにより混乱。3・1 テレビ受信契約者数、一〇〇〇万を越える（普及率四八・五パーセント）。3・31 義務教育諸学校の教科用図書の無償に関する法律公布（四月一日施行）。4・11 日本宗教者平和協議会結成。4・21 新日本窒素水俣労組、安定賃金方式をめぐり紛糾し重要部分でストライキ（七月二三日、会社側、全面ロックアウト・二四日、労組側分裂し第二組合結成・昭和三八年一月二二日妥結）。5・3 国鉄常磐線三河島駅構内で二重衝突事故、死者一六〇人、

西暦	年号・干支	内閣
一九六二 ◀▶	昭和三七 壬寅	（第2次池田勇人内閣）

記事

重軽傷者三二五人。**5・4** 家庭用品品質表示法公布（一〇月一日施行）。**5・7** 第一回科学者京都会議、京都天竜寺で開催、パグウォッシュ精神に立脚した核爆発実験禁止協定締結の必要性を声明（朝永振一郎・湯川秀樹・大佛次郎ら）。**5・17** 大日本製薬㈱、サリドマイド系睡眠薬を自主的に出荷停止（西ドイツでの妊婦服用による奇形児問題表面化のため・九月一三日、製薬五社とも、販売停止）。**5・30** 高知県窪川町興津中学校で、校長の部落差別発言をきっかけに、生徒二九人同盟休校、紛争激化（七月四日、武装警官隊二五〇人、同部落を襲い一七人を逮捕）。**6・2** ばい煙の排出の規制等に関する法律公布（一二月一日施行）。**8・12** 堀江謙一、日本人で初の小型ヨットによる単独の太平洋横断に成功、サンフランシスコに到着。**9・5** 国鉄スワローズ金田正一投手、奪三振三五一四個の世界新記録を樹立（昭和四四年一〇月まで現役通算四四九〇個）。**10・15** 中央教育審議会（中教審）、大学の管理運営・入学試験・設置および組織編成についての三案を答申。**10・19** 新日本婦人の会結成。**10・22** MRA（道徳再武装運動）世界大会、神奈川県小田原市で開催（～二六日・四一ヵ国から三〇〇人参加）。**10・30** 最高裁、五〇年間無実を訴え続けた「岩窟王」吉田石松の再審請求を許可（昭和三八年二月二八日、名古屋高裁、無罪判決）。**12・-** 東京のスモッグ問題拡大。**この年** 大学の文学部における女子学生比率、全国平均三七パーセント（学習院大八九パーセント、青山学院大八六パーセント、成城大七八パーセント、立教大六四パーセントなど）。洞富雄編『初期日本関係米英両国議会資料』刊。神川彦松・田中直吉監修『日韓外交資料集成』刊（～昭和四二年）。

【死没】

1・7 石井漠（75、舞踊家）。**1・28** 中村時蔵（四代）（34、歌舞伎役者）。**2・19** 熊谷岱蔵（81、内科医学）。**2・20** 鳥井信治郎（83、寿屋）。**2・21** 吉田文五郎（92、文楽人形遣い）。**3・22** 児島善三郎（69、洋画

西暦	
年号・干支	
内閣	
記事	家)。3・26 室生犀星(72、詩人)。3・27 武林無想庵(82、小説家)。4・1 西東三鬼(62、俳人)。4・11 竜村平蔵(85、織物工芸家)。4・21 伊藤正徳(74、軍事評論家)。4・29 田辺元(77、哲学)。5・10 畑俊六(82、陸軍軍人)。5・12 秋田雨雀(75、劇作家)。6・3 塩谷温(83、漢学)。6・4 前田多門(78、政治家)。6・30 春日政治(84、国語学)。7・4 小林躋造(84、海軍軍人)。7・15 板沢武雄(67、蘭学史)。7・27 山本英輔(86、海軍軍人)。8・8 柳田国男(87、日本民俗学)。8・19 真島利行(87、有機化学)。9・4 岸沢式佐(一〇代)(53、常磐津節)。9・7 吉川英治(70、小説家)。9・11 植田謙吉(87、陸軍軍人)。9・26 松永和風(四代)(88、長唄唄方)。10・1 塩入松三郎(72、土壌学)。10・3 飯田蛇笏(77、俳人)。10・18 松野鶴平(78、政治家)。10・21 小倉金之助(77、数学教育学)。10・26 谷正之(73、外交官)。10・28 正宗白鳥(83、小説家)。11・1 信夫淳平(91、国際法)。11・16 滝川幸辰(71、刑法学)。12・2 植原悦二郎(85、政治家)。12・21 奈良武次(94、陸軍軍人)。 【世界】 2・4 キューバ首相カストロ、第二ハバナ宣言を発表(中南米における革命の必然性・米州機構との対決姿勢を言明)。2・8 アメリカ国防省、南ベトナムに軍事援助司令部を設置。2・16 南ベトナム民族解放戦線第一回代表大会開催(～三月三日)、新綱領を採択しグエン＝フー＝トを議長に選任。3・2 ビルマ、ネ＝ウィンの軍部クーデタにより革命評議会成立。3・18 フランス・アルジェリア臨時政府、停戦協定(エヴィアン協定)調印(アルジェリア戦争終結)。3・22 韓国尹潽善(ユン＝ボソン)大統領、政治活動浄化法(三月一六日公布)に反対して辞任。3・24 朴正熙(パク＝チョンヒ)、韓国大統領代行に就任。6・12 ラオス三派、連合政権樹立協定に調印(一三日、プーマ連合政府発足)。7・3 アルジェリア、フランスから正式独立(九月二六日、ベン＝ベラ政権

西暦	年号・干支	内閣	記事
▶一九六二	昭和三七 壬寅	(第2次池田勇人内閣)	発足)。7・23 ジュネーヴ会議(関係一四ヵ国参加)、ラオス中立協定調印。7・- イラン、国王による「白色革命」開始。9・9 リーベルマン、論文「計画・利潤・褒賞金」を『プラウダ』に発表。9・27 イエメン、軍部による反王制クーデタ、イエメン=アラブ共和国成立。10・1 章宗祥(チャン=ツォンシアン)没(84、中国の政治家)。10・17 中印国境紛争再発・両軍軍事衝突(第二次中印紛争)。10・22 米ケネディ大統領、ミサイル基地建設中のキューバに対する海上封鎖を声明(キューバ危機)。10・24 米海軍、キューバ海上封鎖を開始。10・26 インド政府、中国との紛争勃発に際し非常事態宣言。10・28 ソ連フルシチョフ首相、アメリカのキューバ不侵略を前提に、国連管理下でのミサイル基地解体撤去をケネディ大統領に通告(キューバ危機収束)。11・20 ケネディ、キューバ海上封鎖の解除を発表。ハンガリー共産党、第八回党大会で中国共産党を批判(この後イタリアおよびチェコ共産党などからも中共批判あい次ぐ)。11・21 中国、中印国境全線における自主的停戦・後退を発表(二二日実施)。12・10 アジア・アフリカ中立六ヵ国首脳会議、中印国境紛争調停につき開催(コロンボ、～一二日)、中印紛争平和解決案(コロンボ提案)を作成。**この年** 張景恵(チャン=チンホイ)没(91、満洲国の軍人・政治家)。
◀一九六三	三八 癸卯		【政治・経済】 1・9 ライシャワー米駐日大使、大平正芳外相に原子力潜水艦の日本寄港承認申入れ(二六日、アメリカ国務省申入れ)。2・5 日ソ貿易支払協定、東京で調印。2・6 IMF理事会、日本に対し八条国(国際収支を理由とする為替制限の禁止)移行を勧告。2・15 綿紡一五社各首脳、アメリカの綿製品輸出規制措置に抗議。2・20 日本、ガット理事会で一一条国(国際収支を理由とする貿易制限の禁止)移行を通告。3・2 政府、ILO八七号条約批准案件および国家公務員法改

西暦	
年号・干支	
内閣	
記事	正案など関係国内五法改正案を衆議院に提出（六月一四日、両院にＩＬＯ特別委員会設置・審議未了）。**3・15** 最高裁、公共企業体職員は公共企業体等労働関係法で争議権が否定されているため、ストをした場合に刑事責任を問われる、との新判例を提示。**3・29** 日本・ビルマ経済技術協力協定および借款に関する交換公文、ラングーンで調印（一〇月二五日発効・賠償見直しにより無償供与一億四〇〇〇万ドル、借款供与三〇〇〇万ドル）。**4・17** 第五回統一地方選挙（都道府県知事・二大市長・五大市議選挙実施）。**5・12** 水爆搭載可能の米空軍Ｆ一〇五Ｄ戦闘爆撃機一四機、沖縄から福岡市板付基地に配属（七五機配属予定）。**5・14** 日仏通商協定、パリで調印（昭和三九年一月一〇日発効）。**6・5** 関西電力㈱、黒部川第四発電所（黒四ダム）完工式を挙行（初の完全地下式発電所、ダムの高さ一八六メートル、出力二三万四〇〇〇キロワット）。外務省、原子力潜水艦の安全性と損害補償につき、「米原子力潜水艦について」と題する審議資料を衆議院外務委員会に提出。**6・22** 大阪地裁、吹田事件被告九五名に対し、騒乱罪不成立の判決。**7・1** 防衛庁、ヒュース社（アメリカ）のバッジシステム（半自動防空警戒管制組織）採用を決定。**7・10** 近畿圏整備法公布施行、近畿圏整備本部発足（初代長官河野一郎建設相）。**7・12** 閣議、新産業都市一三ヵ所（道央・諏訪・水島など）・工業整備特別地域六ヵ所（鹿島など）の指定を決定。政府、生存者叙勲の復活を発表。**7・15** 名神自動車道路の尼崎―栗東間開通（初の本格的高速道路）。**7・20** 中小企業基本法公布施行。**7・26** 経済協力開発機構（ＯＥＣＤ）理事会、日本の加盟を承認（昭和三九年四月二八日加盟）。**8・5** 第九回原水禁世界大会、広島で開催（部分的核実験停止条約に反対する共産党系に対し、条約を全面的実験停止の第一歩として支持した社会党・総評系、大会をボイコット、六日、原水禁運動を守る国民大会を開催・原水禁運動分裂）。**8・14** 日本、部分的核実験停止条約に調印（一〇月一〇日発効、調印一〇八ヵ国・昭和三九年六月一五日、批准書寄託）。

西暦	年号・干支	内閣
一九六三 ◀▶	昭和三八 癸卯	(第2次池田勇人内閣)

記事

8・15 第一回全国戦没者追悼式(政府主催)、東京日比谷公会堂で挙行。**9・1** 安保反対国民会議など、横須賀と佐世保で米原潜寄港阻止反対集会を開催。**9・4** 憲法調査会の一八委員(八木秀次・愛知揆一ら)、「憲法改正の方向」と題する意見書を高柳賢三会長に提出。**9・12** 最高裁、松川事件再上告審で上告棄却の判決、被告全員の無罪確定(仙台高裁の無罪判決を支持・一四年ぶりに解決)。**10・15** 第四四臨時国会召集(一〇月二三日衆議院解散)。**10・17** 最高裁、白鳥事件上告審で札幌高裁の二審判決(村上国治に懲役二〇年など)を支持し、上告を棄却。**11・1** 大蔵省、前年からの贋札対策として新千円札(伊藤博文の肖像)を発行。**11・2** 大蔵省、貿易外取引管理令公布(一一月二〇日施行・貿易・為替の自由化推進)。**11・21** 第三〇回衆議院議員総選挙(自民二八三・社会一四四・民社二三・共産五・無所属一二、投票率七一・一四パーセント)。**11・23** 初の日米間テレビ宇宙中継受信実験に成功、ケネディ大統領暗殺ニュースを受信。**12・4** 第四五特別国会召集(一二月一八日閉会)。**12・7** 東京地裁、原爆被爆者の国への損害賠償請求に対し、原爆投下は国際法違反とするが賠償請求は棄却する判決。**12・9** 第三次池田内閣成立(前閣僚全員留任)。**12・20** 第四六回通常国会召集(昭和三九年六月二六日閉会)。**12・26** 最高裁、砂川事件再上告を棄却、被告七人全員の有罪確定。

【社会・文化】

1・23 北陸地方に豪雪、国鉄の北陸・上越・信越の各線は全線運休し約一万五〇〇〇人が車内に足止め、一月二八日までの雪による死者八四人(三八・一豪雪)。**2・3** 日本教師会結成(日教組脱退者の糾合めざす)。**2・10** 北九州市発足(門司・小倉・八幡・戸畑・若松の五市合併・人口一〇五万人)。**2・28** 沖縄駐留米軍のトラック、横断歩道の中学生を轢殺(五月一日無罪判決)。**3・27** 原子力科学者一五四人、原子力潜水艦寄港反対を声明。**3・31** 東京入谷で村越吉展ちゃん誘拐される(四

西暦	
年号・干支	
内閣	
記事	月二五日、警視庁、犯人の声のテレビ・ラジオを通じ一般公開・昭和四〇年七月三日、小原保容疑者、犯行を自供・七月五日、円通寺で遺体発掘）。**3・-** 小松左京・星新一ら、日本SF作家クラブを結成。**4・1** 高等学校女子の家庭科、必修科目となる。**4・7** 日本近代文学館、創立総会を挙行（初代理事長高見順）。NHKテレビ、初の大河ドラマ「花の生涯」放送開始。**4・25** 大阪駅前に日本初の横断歩道橋完成。**4・26** 日本学術会議総会（四月二四日～）、日本国民の安全の脅威となる原子力潜水艦の日本寄港は望ましくない旨の声明を採択。**5・4** 埼玉県狭山市入間川の農道で、捜索中の女子高校生の遺体発見（五月二三日、浦和地検、被差別部落出身青年石川一雄を別件逮捕・昭和三九年三月一一日、浦和地裁、石川被告に暴行・殺人罪により死刑判決・被告側控訴、狭山事件）。厚生省、初の児童福祉白書を発表。**5・10** 水上勉、『中央公論』で身体障害児対策の立遅れを訴える。**5・22** 最高裁、ポポロ事件につき、学生集会が実社会の政治的社会的活動である場合は、大学の有する学問の自由と自治は享有されないと判決。**6・1** 第一回部落問題研究全国集会（主催部落問題研究所）、同志社大学で開催（～二日）。**6・13**「小さな親切」運動、東大総長茅誠司らの提唱により開始、二年間を運動期間とし全国展開。**6・20** 観光基本法公布施行。**7・8** 職業安定法・緊急失業対策法各改正公布。**7・11** 老人福祉法公布（八月一日施行）。**9・1** 国鉄、自動列車停止装置（ATS）の使用を開始（昭和四一年四月二〇日、全線に導入完了）。**9・5** 営団地下鉄銀座線京橋駅に停車中の車内で手製の時限爆弾爆発、乗客一〇人が負傷、犯人「草加次郎」、次の犯行を予告。**10・10** アイ＝バンク（眼球提供の斡旋）、慶応義塾・順天堂両大学病院に開業。**10・-** 新潟水俣病、新潟県阿賀野川流域で発症。**11・9** 横浜市鶴見区の東海道線で二重衝突事故、死者一六一人（鶴見事故）。福岡県の三井鉱山㈱三池鉱業所三川鉱で炭塵爆発事故、死者四五八人、負傷者五〇〇人以上（国内炭鉱史上二番目の大事故・生存者にも一酸化炭素中毒に

西暦	年号・干支	内閣
一九六三 ◀▶	昭和三八 癸卯	(第2次池田勇人内閣)

記事

よる後遺症問題化)。**11・16** 第一回能研テスト(能力開発研究所主催)、全国で実施、約三六万二〇〇〇人の高校生・浪人が受験。**12・21** 教科書無償措置法公布施行(広域選択制・教科書出版企業の指定制などを規定)。**この年** 水戸市史編纂委員会『水戸市史』上巻刊(～昭和四三年、未完)。森末義彰・市古貞次・堤精二編『国書総目録』刊(～昭和五一年)。

【死没】

1・3 石原忍(83、眼科学)。**1・8** 河野省三(80、国学)。**1・14** 伊藤証信(86、宗教家)。**1・20** 鈴木虎雄(85、中国文学、漢詩人)。**1・24** 東恩納寛惇(80、歴史家)。**1・27** 吉田秀雄(59、広告経営者)。**2・18** 徳川家正(78、政治家)。**2・21** 湯沢三千男(74、内務官僚)。**3・28** 亀山直人(72、応用化学)。**4・8** 安藤幸(84、バイオリン奏者)。**4・14** 野村胡堂(80、小説家)。**5・6** 久保田万太郎(73、小説家)。**5・22** 松林桂月(86、日本画家)。**5・29** 橋本多佳子(64、俳人)。**6・8** 富本憲吉(77、陶芸家)。**6・11** 長谷川伸(79、劇作家)。**6・12** 市川猿之助(二代)(75、歌舞伎役者)。**6・22** 和田清(72、東洋史学)。**6・23** 尾山篤二郎(73、歌人)。**7・11** 田宮猛雄(74、医学)。**7・14** 宇井伯寿(81、インド哲学)。**8・15** 田子一民(81、内務官僚)。**9・6** 宮島清次郎(84、経営者)。**9・27** 河田烈(80、大蔵官僚)。**9・29** 園部秀雄(93、薙刀術師範)。**10・10** 板谷波山(91、陶芸家)。**10・17** 加藤武男(86、三菱銀行)。松本健次郎(93、炭鉱経営者)。**10・25** 渋沢敬三(67、財界人)。**10・30** 百武三郎(91、海軍軍人)。**11・9** 三枝博音(71、哲学)。**11・10** 勝沼精蔵(77、内科学)。**11・23** 相沢春洋(67、書家)。**11・28** 市村咸人(85、日本史学)。**12・2** 佐佐木信綱(91、歌人)。**12・5** 田中万逸(81、政治家)。**12・12** 小津安二郎(60、映画監督)。**12・23** 板倉卓造(84、ジャーナリスト)。

〔世界〕

1・21 中国、コロンボ提案の原則的受諾を表明(一月二三日、インド首相ネルーも受諾を表明)。

西暦	
年号・干支	
内閣	第3次池田勇人内閣 12・9
記事	1・22 仏・西独協力条約調印(七月二日発効)。2・8 イラク、バース党アーレフ大佐のクーデタ成功し、反共親ナセルの新政権発足(三月八日、シリアでも同党主体のクーデタ)。ルーマニア、コメコンの国際分業計画に反対。4・12 中国劉少奇(リウ＝シャオチー)国家主席・陳毅(チェン＝イー)外相ら、東南アジア諸国を歴訪(〜五月一六日)。イギリス、原水爆反対のオールダマストン行進行われる(〜一五日・一〇〇キロの行程に約七万人が参加)。5・8 南ベトナムのフエで、仏教徒による反政府デモ。5・22 アフリカ独立諸国首脳会議、アジスアベバで開催(〜二五日・四四カ国参加)、アフリカ統一機構(OAU)を創設。6・5 イラン、白色革命反対デモ起り、ホメイニ師逮捕される。6・20 アメリカ・ソ連、ジュネーヴで直通通信(ホットライン)協定に調印、即日発効(八月三〇日、機能開始)。7・5 中国鄧小平(トン＝シアオピン)総書記ら訪ソ(〜二一日)、モスクワで中ソ両共産党会談を開催(〜二〇日、物別れに終り中ソ対立激化)。7・15 米英ソ三国核実験停止会議、モスクワで開催(七月二五日、部分的核実験停止条約に仮調印、八月五日、正式調印、一〇月一〇日、発効)。8・21 南ベトナム、全土に戒厳令を布告、寺院・学校の反対勢力を弾圧。8・28 人種差別撤廃・雇用拡大要求の「ワシントン大行進」、約二〇万人参加。9・6 『人民日報』『紅旗』、「ソ連共産党指導部と我々との分裂の由来と発展」を発表。9・7 秦徳純(チン＝トーチュン)没(71、中華民国の軍人)。9・16 マレーシア連邦発足(一七日、インドネシア・フィリピンと断交)。10・11 西独アデナウアー首相辞表提出(一五日辞任・後任にエアハルト副首相)。10・15 朴正熙(パク＝チョンヒ)、尹潽善(ユン＝ボソン)を僅差で破り韓国大統領に当選。11・1 南ベトナム、軍部クーデタによりゴ＝ディン＝ディエム政権倒壊(二日、ゴ首相殺害・四日、グエン＝コク＝ト首班の臨時政府発足・七日、アメリカ、新政権を承認)。11・22 米ケネディ大統領、テキサス州ダラスで暗殺される・後任にジョンソン副大統領昇格。12・12 ケニア、イギリスから独立。

西暦	年号・干支	内閣	記事
一九六三 ▶	昭和三八 癸卯		**12・14** 中国周恩来(チョウ＝エンライ)首相・陳毅(チェン＝イー)外相ら、アフリカ諸国を歴訪(〜一九六四年二月四日)。**12・22** キプロス、ギリシア系・トルコ系住民が衝突、両住民間の対立・紛争激化(三〇日、両者間に中立地帯を設置)。
一九六四 ◀	三九 甲辰	(第3次池田勇人内閣)	【政治・経済】 **1・26** F一〇五D配備・原潜寄港反対全国統一運動、板付・横田などで展開。**2・15** ILO理事会、八七号条約批准問題につき、対日実情調査団派遣案を採択。**2・23** 吉田茂元首相、台湾を訪問(〜二七日)、蔣介石(チアン＝チェシー)総統と会談。**3・10** 日韓農相会談、東京で開催(漁業水域問題を中心に会談。四月六日、韓国国内の反対デモ激化により第一二回会議で休会)。**3・12** 第六次日韓会談会議、東京で再開(二〇日、韓国民主共和党議長金鍾泌(キム＝ジョンピル)来日)。**3・24** ライシャワー米駐日大使、米大使館前で精神分裂症の少年に右腿を刺され負傷(同大使、治療時の輸血で肝炎に感染、売血「黄色い血」が問題化)。**3・27** 社会党委員長河上丈太郎、日韓会談の打切りを要求。**4・1** 日本、IMF八条国に移行。**4・2** 総評、第二五回臨時大会を開催、公労協主力の四・一七春闘半日スト実施を決定(四月八日、共産党、公労協スト反対声明・各地の労組、闘争方針をめぐる対立起こる。四月一六日、スト中止決定。七月一九日、共産党、スト反対声明は誤りと自己批判)。**4・5** 町田市商店街に米軍ジェット機墜落、四人死亡しパイロットは脱出し軽傷(九月八日、神奈川県大和・厚木両市にも墜落)。**4・15** 日本国内航空㈱、日東・富士・北日本三社合併により設立。**4・25** 政府、第一回戦没者叙勲を発令(二九日、第一回生存者叙勲を発令・吉田茂に大勲位菊花大綬章)。**4・27** 琉球立法院、日本復帰・施政権返還要請決議を本会議で可決。**4・28** 日本、経済協力開発機構(OECD)に加盟。**5・14** ソ連最高会議議員団(団長ミ

西暦	
年号・干支	
内閣	
記事	コヤン第一副首相)来日(～五月二七日・九月四日～九月一六日、日本国会議員団訪ソ)。**5・15** 衆議院、部分的核実験停止条約の批准を承認(二五日、参議院も承認)。**5・30** 東京地裁、三無事件に破壊活動防止法(破防法)を初適用し有罪判決。**6・1** 三菱重工業㈱、三重工(新三菱重工・三菱日本重工・三菱造船)の合併により発足(資本金七九一億円、社長藤井深造)。**6・19** 東京地裁、安保デモ(昭和三五年六月一五日)での警官隊の行為の行過ぎを認め、教授団への損害賠償支払を命じる判決。**6・24** 暴力行為等処罰法改正公布(七月一四日施行)。**7・3** 憲法調査会、最終報告書を首相に提出(改憲論と改憲不要論の両論を併記)。**7・9** 経済企画庁、経済白書「開放体制下の日本経済」を発表。**7・10** 自民党臨時大会、総裁選で現職の池田勇人が三選。**8・26** 原子力委員会、米原子力潜水艦の寄港は安全に支障なしとの統一見解を発表(二八日、政府、アメリカに原潜寄港受諾を通告)。**9・5** 名神高速道路、一宮―西宮間開通。**9・13** 静岡県沼津市で、石油コンビナート進出反対の住民二万人総決起大会開催(三〇日、沼津市議会、誘致反対を決議・住民運動による初めての阻止例)。**9・17** 東京モノレール㈱、浜松町―羽田空港間開業(国内初の営業モノレール)。**9・18** 政府、二〇〇〇万ドルの対韓緊急援助(金利五・七五パーセント・一年据置・四年延払い)を決定。**9・23** 王貞治(巨人)、年間本塁打五五本の日本新記録。**10・1** 国鉄、東海道新幹線開業(東京―大阪間を「ひかり」四時間、昭和四〇年一一月一日より三時間一〇分)。**10・17** 鈴木善幸官房長官、中国の核実験に対する抗議の談話を発表・社会・民社・公明政治連盟の各党および総評も抗議声明。日本共産党(書記長宮本顕治)、中国の核実験はやむを得ない「防衛的な措置」とこれを是認する声明を発表。**10・25** 池田首相、自民党総裁談話として退陣を表明(病気の長期療養のため)。**11・9** 自民党両院議員総会、後継首相候補を佐藤栄作に決定。第四七臨時国会召集(一二月一八日閉会)・池田内閣総辞職、佐藤内閣成立。**11・12** 米原子力潜水艦シード

西暦	年号・干支	内閣
一九六四 ◀▶	昭和三九 甲辰	(第3次池田勇人内閣)

記事

ラゴン、佐世保港に入港(連日反対デモ・一四日出港)。**11・17** 公明党、結成大会を挙行(委員長原島宏治・書記長北条浩)。**12・1** 自民党臨時大会、佐藤栄作を新総裁に選任。**12・3** 第七次日韓会談、東京で開始(日本側首席代表代理牛場信彦、韓国側首席代表金東祚(キム＝ドンジョ))。**12・8** 社会党大会開催(〜一一日・河上丈太郎委員長・成田知巳書記長を再任、副委員長職の新設・選任、「日本における社会主義への道」を採択)。**12・21** 第四八通常国会召集(昭和四〇年六月一日閉会)。

【社会・文化】

1・3 五人連続殺人犯西口彰、熊本県玉名温泉で逮捕。**3・11** 浦和地裁、狭山事件石川一雄被告に死刑判決(九月一〇日、東京高裁で控訴審開始・石川被告、第一回公判で犯行を否認)。**4・1** 海外観光旅行の自由化実現(年一回外貨五〇〇ドルに限り持ち出し可、この年、海外への観光旅行者約一二万人)。**4・2** 四日市ぜんそく患者、初めての死亡例。**4・8** 国立西洋美術館(東京上野)、「ミロのビーナス特別公開展」を開催(〜五月一五日)。**4・16** 予防接種法改正公布施行(小児マヒ予防ワクチンに生ワクチンを採用)。**5・1** 風俗営業等取締法改正公布(深夜営業規制を強化・八月一日施行)。**5・16** 国際金属労連日本協議会(IMF－JC)結成。**6・1** ビール・酒類、二五年ぶりに全面的自由価格となる。**6・16** 新潟を中心に大地震、死者二六人・全半壊家屋八六〇〇、昭和石油の原油タンク爆発し一五日間炎上(新潟地震)。**6・23** 熊本県小国町の下筌ダム建設反対派の籠る「蜂ノ巣城」、警官隊の実力行使により強制撤去。**8・6** 東京、異常渇水による水不足深刻化、一七区で第四次給水制限(一日一五時間断水)を実施(二五日、秋ヶ瀬取水口工事「あさか水路」完成し、三五パーセント節水の第三次給水制限に緩和・「東京砂漠」の語誕生)。**8・10** 社会党・共産党・総評など一三七団体、ベトナム戦争反対集会を開催。**9・7** 全国連合小学校長会、学力テ

西暦	
年号・干支	
内閣	

記事

ストの全面中止を要望。**9・14** 富山市の富山化学工業で塩素ガス流出、住民ら五三一人が中毒。**10・10** 第一八回オリンピック東京大会開催（〜一〇月二四日）、参加九四ヵ国、選手五五四一人（日本は女子バレーなど一六種目で金メダル・女子バレー決勝日本対ソ連戦のテレビ視聴率八五パーセント）。**11・8** パラリンピック（国際身体障害者スポーツ大会）東京大会開催（〜一一月一二日）、参加二二ヵ国、選手三七五人。**11・12** 全日本労働総同盟（同盟）、旧総同盟・全労・全官公の合同により結成（加盟者数一四六万六〇〇〇人・会長中地熊造・書記長天池清次）。**この年** 日本科学史学会『日本科学技術史大系』刊（〜昭和四七年）。

【死没】

1・16 長谷川勘兵衛（一六代）（74、歌舞伎大道具師）。**2・1** 牧野虎次（92、牧師、教育者）。**2・17** 野沢喜八郎（九代）（78、浄瑠璃三味線方）。**2・19** 尾崎士郎（66、小説家）。**2・24** 高碕達之助（79、実業家）。**2・25** 竜粛（73、日本史学）。**2・28** 辰野隆（75、フランス文学）。**3・16** 太田垣士郎（70、経営者）。**4・5** 三好達治（63、詩人）。**4・12** 広瀬豊作（72、財政家）。**4・16** 小杉放庵（82、洋画家）。**4・18** 朝倉文夫（81、彫刻家）。**4・26** 堤康次郎（75、実業家）。**5・6** 佐藤春夫（72、詩人）。長田幹彦（77、小説家）。**5・7** 一柳米来留（83、近江兄弟社）。**5・8** 野村吉三郎（86、海軍軍人・外交官）。**5・14** 光田健輔（88、らい療養所長）。**5・29** 大野伴睦（73、政治家）。**6・7** 高群逸枝（70、女性史学）。**6・20** 三田村四郎（67、労働運動）。野村秀雄（76、新聞人）。**7・9** 阿部真之助（80、ジャーナリスト）。**7・15** 吉田熊次（90、教育学）。**7・23** 林久治郎（81、外交官）。石山賢吉（82、ダイヤモンド社）。**7・26** 山本東次郎（三代）（65、能楽師）。**8・13** 尾上菊之丞（55、歌舞伎役者）。**8・23** 三笑亭可楽（八代）（67、落語家）。**9・22** 佐々木邦（81、作家）。**10・11** 杉山元治郎（78、農民運動家）。**10・28** 松根東洋城（86、俳人）。**12・2** 生駒雷遊（69、活動弁士）。**12・9** 原島宏治（55、政治家）。**12・14** 杉道助（80、関西財界人）。

西暦	年号・干支	内閣
▶一九六四	昭和三九 甲辰	(第3次池田勇人内閣)

記事

12・17 石川信吾(70、海軍軍人)。**12・26** 西田直二郎(78、日本史学)。**12・29** 広沢虎造(65、浪曲師)。三木露風(75、詩人)。

【世界】

1・27 中国・フランス、外交関係樹立を発表(二月一〇日、国民政府、対仏国交断絶・四月二七日、中国・フランス、駐留大使を交換)。**1・30** 南ベトナム、グエン=カーンによる第二次軍事クーデタ(二月八日、グエン首班の新政権発足・八月一六日、グエン、大統領に就任)。**2・6** キプロス、憲法改正をめぐりギリシア・トルコ両系住民衝突(三月四日、国連安保理、国連警察軍派遣を可決)。アギナルド没(94、フィリピン革命の指導者)。**2・22** アメリカ・ソ連、モスクワで文化科学交流協定に調印(原子力の平和利用等での情報交換を決定)。**2・25** 中国・ソ連、北京で東北国境問題専門家会談を開催(八月九日、打切り)。**3・23** 国連貿易開発会議(UNCTAD)、ジュネーヴで開催(〜六月一六日・参加一二一ヵ国)。**3・31** ブラジル、カステロ=ブランコ将軍によるクーデタ(四月四日、グラール大統領、ウルグアイに亡命・四月一一日、ブラジル議会、同将軍を大統領に選任)。**4・5** マッカーサー没(84、アメリカの軍人・日本占領連合国最高司令官)。**5・27** インド首相ネルー没(六月九日、シャストリ、首相に就任)。**5・28** 第一回パレスチナ国民会議、イェルサレムで開催(〜六月二日)、パレスチナ解放機構(PLO)結成などを決議。**5・-** 中国人民解放軍総政治部、『毛主席語録』を刊行。**6・3** 韓国、ソウルで日韓交渉反対・朴正熙(パク=チョンヒ)政権退陣を要求する学生デモ。韓国政府、ソウルに非常戒厳令を布告(七月二九日解除)。**6・5** 中国で、毛沢東(マオ=ツォートン)の妻江青(チアン=チン)の指導する現代化京劇競演大会開催(〜七月三一日)。**7・2** アメリカ下院、公民権法案(一九六四年法)を採択(即日施行)。**7・14** ピブンソンクラーム没(67、タイの軍人・政治家)。**7・18** アメリカ、ニューヨークで非番警官の黒人少年射殺をき

西暦	年号・干支	内閣	記事
		11・9 第1次佐藤栄作内閣	つかけとして黒人暴動(～二二日)。**8・2** アメリカ国防総省、米海軍駆逐艦マドックスがトンキン湾で北ベトナム魚雷艇の攻撃をうけたと発表(トンキン湾事件・四日、米軍機、北ベトナムを報復爆撃)。**8・7** アメリカ上下両院、トンキン湾事件に際して大統領への軍事権限一任決議案(トンキン湾決議)を採択。**8・21** 北京科学シンポジウム開催(～三一日・参加四三ヵ国、三五三人の科学者ら)。**9・2** マレーシア、マレー半島南部へのインドネシア軍部隊降下を発表(三日、全土に非常事態宣言を発令、国連安保理に提訴)。**9・25** モザンビーク解放戦線(FRELIMO)、ポルトガルに対する独立武装闘争を開始。**10・15** ソ連共産党中央委員会・ソ連最高会議、フルシチョフ第一書記兼首相を解任、後任第一書記ブレジネフ、首相コスイギン就任。**10・16** 中国、初の原爆実験に成功。**11・2** サウジアラビアのウラマー会議、サウード国王の廃位と弟ファイサル皇太子の即位を決議。**12・20** グエン＝カオ＝キ将軍、南ベトナムの実権掌握。**この年** アメリカの公民権運動の指導者キング牧師、ノーベル平和賞を受賞・J・P・サルトル、ノーベル文学賞を辞退。
◀一九六五	四〇 乙巳		【政治・経済】 **1・10** 佐藤栄作首相・椎名悦三郎外相訪米(一三日、佐藤・ジョンソン共同声明発表)・国際労働機関(ILO)対日調査団来日(二六日離日・八月三一日、報告書発表・団長ドライヤー)。**2・3** 佐藤首相、全国知事会議で建国記念日は二月一一日が適当と表明。**2・10** 社会党岡田春夫衆議院議員、予算委員会で防衛庁統幕会議作成の極秘文書「昭和三八年度統合防衛図上研究」(三矢研究)を暴露、同研究の違憲性と全資料提出を求め政府を追及(三月三日、再追及におよぶが政府拒否)。**2・17** 椎名悦三郎外相、日韓会談のため訪韓、金浦(キムポ)空港で両国間の不幸な歴史を遺憾とする反省表明を発表。**2・20** 外相、日韓基本条約案に仮調印、李東国(イ＝ドングク)韓国

西暦	年号・干支	内閣
一九六五 ◀▶	昭和四〇 乙巳	(第1次佐藤栄作内閣)

記事

外相と共同声明を発表。**3・6** 山陽特殊製鋼㈱、負債総額四七億円で会社更生法適用申請(戦後最大の倒産)。**3・16** 東京地検、都議会議長選挙をめぐる贈収賄容疑により小山貞雄議長宅を捜索、三都議を逮捕(四月二〇日、小山辞任・六月一一日、一七都議の起訴に及び捜索終了)。**3・-** 繊維業界、中小企業倒産激増。**4・15** 自民党、衆議院ILO特別委員会でILO八七号条約承認・関係国内四法改正案を一括強行採決・社会・民社・共産各党、採決無効を主張(四月二二日、船田中衆議院議長の斡旋により、本会議可決・五月一七日、参議院本会議も可決・六月一四日、ILOに批准書寄託)。**5・6** 社会党臨時大会、新委員長に佐々木更三を選任。**5・21** 社会・公明・民社・共産各党、都議会解散リコール運動の一本化を決定(二九日、統一推進本部発足)。**5・27** 八郎潟新農村建設事業団法公布(六月一日施行・国営八郎潟干拓事業実施団体の設立)。**5・28** 田中角栄蔵相、倒産危機の山一証券(累積赤字一〇〇億円)に対する無制限・無期限の日銀特別融資措置を発表(山一証券事件・日銀法第二五条適用・五月二九日〜六月二八日、六次累計二三四億円)。**6・2** 新東京国際空港公団法公布(昭和四一年七月七日施行・七月二九日、同公団発足)。**6・14** 東京都議会、満場一致で解散を可決。**6・22** 日韓基本条約ならびに漁業・財産請求権および経済協力・在日韓国人の法的地位・文化財および文化協力の四協定、東京の首相官邸で調印(一二月一八日、ソウルで批准書交換し発効)。**6・-** 東京都ゴミ処分場「夢の島」にハエ大量発生、江東区一帯に飛来し問題化。**7・1** 名神高速道路、全線開通(小牧―西宮間一八九・七キロ・総工費一一五〇億円・日本初の本格的高速自動車専用道路)。**7・4** 第七回参議院議員選挙(自民七一・社会三六・公明一一・民社三・共産三・自民党、東京地方区で全滅)。**7・22** 第四九臨時国会召集(八月一一日閉会)。**7・23** 東京都議会議員選挙(社会四五・自民三八・公明二三・共産九・民社四・無所属一)。**7・30** 社会・民社・公明・共産各党、米軍B五二戦略爆撃機の沖縄からの北ベトナム渡洋爆撃に抗議。

西暦	
年号・干支	
内閣	
記事	8・19 佐藤首相、首相として戦後初の沖縄訪問(~二一日)、宿舎を祖国復帰実現要求のデモに囲まれ、米軍基地に宿泊。10・1 通産省、完成乗用車の輸入自由化を実施。10・5 ライシャワー米駐日大使、日本の新聞のベトナム報道の左翼的偏向性を批判。第五〇臨時国会召集(一二月一三日閉会)。10・12 社会・共産両党、日韓条約批准阻止で統一行動、反対集会を開催、一〇万人が国会請願デモに参加。11・10 日本原子力発電㈱東海発電所、初の商業用原子力発電に成功(昭和四一年八月八日、本格的発電を開始、出力一一キロワット)。11・12 衆議院本会議、議長発議(前例なし)により日韓条約案件を議題とし、同条約を可決(一二月一一日、自民・民社両党、参院本会議で日韓基本条約・諸協定および関係国内三法案を両党のみで可決・一二月一八日、ソウルで批准書交換)。11・14 第七回琉球立法院議員選挙(民主一九・社大七・社会二・人民一・無所属三・一五日、開票と同時に四候補が布令違反で失格処分)。11・15 日本・アメリカなど一〇ヵ国、中国代表権重要事項指定決議案を国連総会に提出(一七日可決)。11・19 閣議、財政処理目的として二五九〇億円の国債発行を決定(戦後初の赤字国債)。12・10 日本、国連総会で安全保障理事会非常任理事国に当選。12・20 第五一通常国会召集(昭和四一年六月二七日閉会)。この年 自動車生産台数一八八万台(米は一一一四万台)、粗鋼生産四一一六万トン(米は一億一九二六万トン)。給与平均月額(三〇人以上の事業所)三万九〇〇〇円、失業率一・二パーセント。 【社会・文化】 1・1 中日新聞社『中日新聞』創刊(『中部日本新聞』改題)。1・11 中央教育審議会、「期待される人間像」中間草案を発表。1・17 朝日・毎日・読売三新聞、第一・三日曜夕刊を廃止(四月から日曜夕刊全廃)。1・28 慶応義塾大学で、学費大幅値上げ反対の学生側による全学スト(二月一日、無期限スト突入・二月五日、妥結)。2・1 原水爆禁止国民会議(原水禁)、社会党・総評を中心に結成

西暦	年号・干支	内閣	記事
一九六五 ◀▶	昭和四〇 乙巳	(第1次佐藤栄作内閣)	(あらゆる国の核実験に反対表明)。**3・1** 東京都文京区向ヶ丘弥生町の住民、東京地裁に町名変更反対の行政訴訟。**3・18**「明治村」、愛知県犬山市入鹿池畔に開設。**4・13** 高崎市立経済大学生ら、地元優先の委託入学制度に反対しスト。**4・24** ベトナムに平和を!市民文化団体連合(ベ平連)、初のデモ行進。**4・−** 高校進学率、全国平均七〇パーセントを超過(最高は東京の八六・八パーセント)。**5・9** 日本テレビ、「ベトナム海兵大隊戦記・第一部」を放映、大反響を呼ぶが第二・三部および再放送中止。**5・20** 市立都留文科大学生ら、市の大学運営方針に反対しデモ(七月九日、スト突入・九月一五日、大学側、扇動を理由に三教官を懲戒免職)。**6・1** 福岡県嘉穂郡稲築町の山野炭鉱でガス爆発、死者二三七人(三井三池に次ぐ戦後第二の惨事)。**6・12** 家永三郎、自著の高等学校教科書『新日本史』の検定不合格をめぐり、教科書検定制度を違憲とし国に対する損害賠償請求を東京地裁に提訴(九月一八日、教科書検定訴訟を支援する歴史学関係者の会、一〇月一〇日、教科書検定訴訟を支援する全国連絡会、それぞれ結成)。植木幸明・椿忠雄両新潟大教授、阿賀野川流域に水俣病類似の有機水銀中毒患者が発生と発表(新潟水俣病・昭和四二年四月一八日、厚生省特別研究班、同病は昭和電工鹿瀬工場の廃水を原因とするメチル水銀中毒と公表)。**7・−** 吉野源三郎編集主幹『大航海時代叢書』刊。**8・3** 長野県松代町付近に地震、以後四年間にわたり有感地震六万二六二一回(松代群発地震)。**9・22** お茶の水女子大学生、新学生寮管理規定に反対し無期限ストに突入(一〇月一日妥結)。**9・24** 国鉄、全国主要駅などに「みどりの窓口」開設(電子計算機により指定席特急券を発売)。**10・1** 国勢調査実施(総人口九八二七万四九六一人、東京都一〇八六万九二四四人)。**10・21** 朝永振一郎のノーベル物理学賞受賞が発表される。南海ホークス野村克也、プロ野球戦後初の三冠王達成。**11・27** 海員組合、賃上げ・労働協約改定を要求して全面ストに突入(〜昭和四一年一月三〇日)。**12・4** 日本科学者会議発起人総会開催。**12・**

西暦	
年号・干支	
内閣	
記事	20 東大・群馬大・名古屋大各病院で、無給医局員（インターン）約三四〇人、身分保障・待遇改善を要求して初の診療拒否。**12・28** 文部省、在日韓国・朝鮮人子弟の学校教育につき通達（民族教育を目指す朝鮮人学校の各種学校化不認可など）。**この年** 読売巨人軍、日本シリーズに勝ち日本一となる（以後昭和四八年まで川上哲治監督のもとで長嶋茂雄・王貞治を主力とし九連覇）。立教大学日本史研究室編『大久保利通関係文書』刊（〜昭和四六年）。 【死没】 **1・5** 芳沢謙吉（90、外交官）。**1・6** 花柳章太郎（70、俳優）。**1・17** 河井酔茗（90、詩人）。**1・27** 三船久蔵（81、柔道家）。**1・29** 久原房之助（95、政治家）。**2・5** 林逸郎（72、弁護士）。**2・16** 奥井復太郎（67、都市学）。**3・2** 河辺正三（78、陸軍軍人）。**3・4** 有田八郎（80、外交官）。**3・5** 若林忠志（57、プロ野球）。**3・11** 土橋八千太（98、天文学）。**4・15** 水沼辰夫（72、労働運動家）。**5・3** 中勘助（79、小説家）。**5・8** 加藤玄智（91、神道学）。**5・11** 塩田広重（91、医学）。**6・6** 岡野喜太郎（101、銀行家）。**7・3** 近藤栄蔵（82、社会運動家）。**7・8** 河野一郎（67、政治家）。**7・10** 山下徳治（73、教育学）。**7・15** 内藤民治（79、ジャーナリスト）。**7・18** 山田乙三（83、陸軍軍人）。**7・19** 梅崎春生（50、小説家）。**7・21** 赤松常子（67、社会運動家）。**7・28** 江戸川乱歩（70、探偵小説家）。**7・30** 谷崎潤一郎（79、小説家）。**8・1** 信時潔（77、作曲家）。**8・4** 佐々木惣一（87、憲法学）。**8・13** 池田勇人（65、政治家）。**8・17** 高見順（58、小説家）。**9・17** 桜井忠温（86、作家）。**10・5** 岩村通世（80、司法官僚）。**10・10** 岡崎勝男（68、政治家）。**11・10** 市川団十郎（一一代）（56、歌舞伎役者）。**11・21** 式場隆三郎（67、医学）。**12・3** 河上丈太郎（76、政治家）。**12・10** 中野友礼（78、実業家）。**12・17** 山田三良（96、法律学）。**12・18** 工藤鉄三郎（83、満洲国侍衛官長）。**12・29** 米川正夫（74、ロシア文学者）。山田耕筰（79、作曲家）。

西暦	年号・干支	内閣
▶一九六五	昭和四〇 乙巳	(第1次佐藤栄作内閣)

記事

〔世界〕

1・2 インドネシア、国連に脱退を通告(七日、スカルノ大統領、国連脱退声明を発表・二一日、脱退を正式通告・翌年九月二八日、国連復帰)。 **1・8** 韓国、南ベトナムへの派兵(工兵など二〇〇〇人)を決定(一月二六日、議会、派兵案承認・二月二五日、第一陣、サイゴン到着)。 **1・24** チャーチル没(90、イギリス元首相)。 **2・7** 南ベトナム民族解放戦線、ブレイク米空軍基地を襲撃・米軍、北爆を開始。 **2・23** 中国、対ソ債務を完済と発表。 **3・1** 世界共産党協議会、モスクワで開催(〜三月五日・中国共産党欠席)。 **3・18** ソ連宇宙船ヴォスホート二号のレオノフ飛行士、初の宇宙遊泳に成功。 **4・13** 北ベトナム国会、ベトナム問題解決四条件(米軍撤退・再統一まで南北双方への外国軍および基地の排除ほか二項目)を決議。 **4・17** ワシントンで一万人参加のベトナム反戦デモ。 **4・24** ドミニカ、ボッシュ元大統領復帰を求める陸軍蜂起し内戦化(四月二八日、アメリカ軍事介入・五月五日、停戦協定調印)。 **5・3** カンボジア、アメリカと国交断絶。 **5・13** 西ドイツ・イスラエル、外交関係を樹立(アラブ七ヵ国、西ドイツと国交断絶)。 **5・22** 中国人民解放軍、階級制度を廃止。 **5・25** グルー没(84、アメリカの外交官)。 **6・19** アルジェリアでクーデタ、ブーメディエン陸軍参謀長、ベン＝ベラ大統領を逮捕し実権掌握(六月二六日、AA会議準備委員会、アルジェリア政情不安のため、外相会議を一〇月二八日、首脳会議を一一月五日に延期)。 **6・29** 韓国、日韓条約反対デモ激化のため、ソウル市内一一大学繰り上げ夏期休暇をはじめ、大学・高校に強制休校措置令発令。 **7・19** 李承晩(イ＝スンマン)没(76、大韓民国初代大統領)。 **7・29** 米軍B五二戦略爆撃機三〇機、沖縄からサイゴン南東へ渡洋爆撃。 中印国境紛争(〜九月一七日)。 **8・9** シンガポール共和国、マレーシア連邦から分離独立(首相リー＝クアンユー)。 **8・11** ロサンゼルス市ワッツで黒人暴動(〜一六日)、州兵出動により鎮圧(死者三五人・火災約二〇〇〇件)。

西暦		一九六六 ◀
年号・干支		四一 丙午
内閣		
記事	8・14 韓国国会、日韓条約・諸協定批准案を与党単独で可決(八月二〇日、ソウルで学生による批准反対デモ。八月二六日~九月二五日、ソウルに衛戍令発令)。 9・1 インド・パキスタン両軍、カシミールで衝突(第二次印パ戦争)。 9・3 『人民日報』、林彪(リン=ピアオ)「人民戦争勝利万歳」掲載。 9・30 インドネシア、ウントン中佐らの共産党と提携したクーデタ、スハルト少将らによって鎮圧(九・三〇事件)。以後共産党の大弾圧開始。 11・10 姚文元(ヤオ=ウェンユアン)、『文匯報』(上海)紙上で、呉晗(ウー=ハン)の『海瑞の罷官』をブルジョア的と批判(文化大革命の端緒)。 11・11 ローデシア(首相イアン=スミス)、イギリスからの一方的独立を宣言・イギリス、独立は違法と声明(一二日、国連安保理、ローデシア非難決議)。 11・27 ワシントンで二万五〇〇〇人参加のベトナム平和行進(ヨーロッパ各地で呼応デモ開催)。 12・7 ローマ法王パウロ六世・ギリシア正教会総主教アテナゴラス、一〇五四年以来の「破門宣告」を解消し共同宣言。 12・15 アメリカ宇宙船ジェミニ六号・七号、初の宇宙ランデブー成功。 12・21 国連総会、人種差別撤廃条約案を採択。	【政治・経済】 1・19 昭和四〇年度財政処理特別措置法を公布(二九日、赤字国債発行)。 1・21 椎名悦三郎外相ら、日ソ航空協定にモスクワで調印(昭和四二年三月三日発効)。 3・7 政府、紀元節復活を含めた祝日法改正案を衆議院に提出。 3・10 佐藤栄作首相、衆議院予算委員会で沖縄防衛に日本も参加と答弁(一六日、首相、法律・条約上沖縄に自衛隊は出動できないと再答弁)。 3・25 閣議、明治一〇〇年記念事業を国家的規模で行うことを決定(五月一一日、準備会議発足、昭和四三年一〇月二三日を式典日に決定)。 4・20 日産自動車㈱・プリンス自動車工業㈱、合併契約に調印(八月一日、日産自動車㈱として新発足)。 5・10 物価問題懇談会、米価値上げ抑制を政府に勧告(一二

西暦	年号・干支	内閣
一九六六 ◀▶	昭和四一 丙午	(第1次佐藤栄作内閣)

記事

日、農業諸団体が反論)。**5・30** アメリカ原子力潜水艦、横須賀に初入港。**6・14** ILO八七号条約発効。**6・25** 国民の祝日法を改正・公布(敬老の日・体育の日を制定、建国記念の日は六ヵ月以内に政令で定める)。**7・4** 閣議、新東京国際空港の建設地を千葉県成田市に決定。**7・8** 政府、建国記念日審議会を設置(菅原通済ら一〇委員を委嘱)。**7・11** 第五二臨時国会召集(七月三〇日閉会)。**9・27** 社会党、参議院決算委員会で、共和製糖㈱への不当融資問題を追及。**10・1** 東京・大阪両証券取引所、戦後初めて国債を上場。**10・15** 日野自動車、トヨタグループへの参加を発表。**10・21** 総評の五四単産、ベトナム反戦統一ストを決行。**11・8** 公正取引委員会、価格協定の疑いで大手家庭電器六社などを臨検。**11・14** 日本・アメリカなど一三ヵ国、中国代表権問題の重要事項指定再確認決議案を国連総会に提出(二九日可決)。**11・24** アジア開発銀行設立(本店マニラ・総裁渡辺武)。**11・29** 国防会議、第三次防衛力整備計画大綱を決定。**12・3** 佐藤内閣第三次改造。第五三臨時国会開会式(一一月三〇日召集)、社会・共産両党欠席(自民党単独審議のまま一二月二〇日閉会)。**12・5** アメリカ国務長官ラスク来日(六日、佐藤首相・椎名外相と会談)。**12・8** 建国記念日審議会、建国記念の日を二月一一日と答申(九日公布・国民文化会議・紀元節問題懇談会など、答申に抗議声明)。**12・27** 第五四通常国会召集・衆議院解散(「黒い霧」解散)。**この年** 景気上昇(「いざなぎ景気」、昭和四〇年下期〜四五年下期)。

【社会・文化】

1・13 古都における歴史的風土の保存に関する特別措置法を公布(四月一五日施行)。**1・18** 早大学生、授業料値上げ反対・学生会館運営参加権要求でスト(二月一〇日、早大全学共闘会議学生、大学本部占拠・六月二二日、終結)。**1・28** 最高裁、山林入会権紛争の「小繋事件」の上告棄却、全被告の有罪確定。**2・4** 全日空ボーイング七二七型機、羽田空港着陸直前に東京湾に墜落(一三三

西暦	
年号・干支	
内閣	
記事	人全員死亡）。**2・27** 第一回物価メーデー。**3・4** カナダ航空DC八型機、羽田空港に激突炎上（六四人死亡）。**3・5** BOACボーイング七〇七型機、富士山付近で空中分解し墜落（一二四人全員死亡）。**3・18** 国士館大学の非民主的運営・復古教育が国会で問題となる。**3・26** 富山県、全国初の登山届出条例を制定（一二月一日実施）。**3・31** 法務省住民登録集計で総人口一億人を超す。**4・26** 公労協・交運共闘統一スト（戦後最大の交通スト）。**6・29** ザ＝ビートルズ来日（三〇日、日本武道館で公演・この頃、エレキブーム最高潮となる）。**7・13** 東京都教委、都立高校入試制度改善の基本方針を決定（学校群新設・内申書尊重・三教科制）。**8・4** 公害審議会、公害に関する政府と企業の無過失責任を強調した中間報告を厚相に提出（一〇月七日、第一次答申提出）。**8・-** 桑原武夫・末川博・江口朴郎ら学者・文化人八八四人、二月一一日を建国記念日とすることに反対声明。**9・18** サルトルとボーヴォワールが来日。**10・19** 学術会議、建国記念の日を二月一一日とするのは不適当と結論。**11・1** 国立劇場開場（東京三宅坂）。**11・24** 明治大学学生会、授業料値上げ案に反対してストライキ。**12・9** 中央大学学生自治会、学生会館の管理運営をめぐり授業放棄（二五日解除）。**この年** 「ひのえうま」で、出生数が前年比二五パーセント減。木戸幸一日記研究会編『木戸幸一日記』刊。 【死没】 **1・2** 藤蔭静樹（85、日本舞踊家）。**1・22** 川田順（84、歌人）。**2・22** 岩田宙造（90、政治家）。**2・26** 八杉貞利（89、ロシア文学者）。**4・10** 川端竜子（80、日本画家）。山下新太郎（84、洋画家）。**4・13** 高石勝男（59、水泳）。**4・25** 下条康麿（81、政治家）。**4・27** 二木謙三（93、医学）。**4・28** 山中峯太郎（80、小説家）。**5・3** 小宮豊隆（82、文芸評論家）。**5・5** 苫米地英俊（81、政治家）。**5・10** 栗栖赳夫（70、銀行家）。**5・11** 小泉信三（78、経済学）。**6・1** 清元梅吉（三代）（76、清元節三味線）。**6・4** 市

西暦	年号・干支	内閣
▶一九六六	昭和四一 丙午	(第1次佐藤栄作内閣)

記事

川団蔵(八代)(84、歌舞伎役者)。**6・7** 安倍能成(82、教育者)。**6・15** 高橋三吉(83、海軍軍人)。**6・22** 仁井田陞(62、東洋史学)。**7・12** 鈴木大拙(95、仏教学)。**8・2** 牟田口廉也(77、陸軍軍人)。**9・2** 岡村寧次(82、陸軍軍人)。**9・4** 高瀬荘太郎(74、政治家)。**9・8** 小原直(89、政治家)。**9・17** 吉田一(74、社会運動家)。村上直次郎(98、日本史学)。**10・31** 佐々木隆興(88、内科医学)。**11・1** 牛塚虎太郎(87、東京市長)。**11・2** 荒木貞夫(89、陸軍軍人)。**11・9** 小沢治三郎(80、海軍軍人)。**11・14** 亀井勝一郎(59、文芸評論家)。吉田善吾(81、海軍軍人)。**11・16** 河崎ナツ(79、日本母親大会)。**11・18** 河井寛次郎(76、陶芸家)。**11・19** 大久保留次郎(79、政治家)。**11・22** 松本治一郎(79、部落解放運動)。**12・7** 一竜斎貞山(七代)(41、講釈師)。**12・18** 東条操(82、国語学・方言学)。

〖世界〗

1・3 三大陸(アジア・アフリカ・ラテンアメリカ)人民連帯会議、ハバナで開催(～一五日・一〇〇カ国・五〇〇人の代表が参加)。**1・4** インド・パキスタンの和平首脳会談、ソ連のタシケント(一〇日、武力不行使九項目などを内容とするタシケント宣言)。**2・23** シリアでバース党過激派のクーデタ、ハーフェズ大統領失脚。**2・24** ガーナでクーデタ発生、北京訪問中のエンクルマ大統領を免職、国家解放評議会設置。**4・14** 中国科学院院長郭沫若(クオ＝モールオ)、自己批判を表明。**4・18** 『解放軍報』、社説で社会主義文化大革命への積極的参加を提唱。**4・21** ソ連マリノフスキ外相、中国がベトナム援助を妨害していると非難。**4・26** ピゴット没(83、イギリスの陸軍軍人)。**5・4** タイ、南ベトナムへの派兵を決定。**5・16** 中国共産党中央、彭真(ポン＝チェン)批判と中央文化革命小組設置を通達(文革派と実権派の権力闘争激化)。**5・25** 北京大学に学長批判の大字報(壁新聞)が初出。**5・29** 清華(チンホワ)大学付属中学に紅衛兵組織結成。**6・20** ド＝ゴール大統領、ソ連を訪問(三〇日、共同宣言発表)。**6・29** アメリカ軍機、ハノイ・ハイフォン地区の石油貯蔵施

西暦	◀一九六七	
年号・干支	四二 丁未	
内閣	第2次佐藤栄作内閣 2・17	

記事

設を爆撃。**7・1** フランス、NATO軍から正式に脱退。**8・18** 北京天安門広場で紅衛兵ら、文化大革命祝賀の一〇〇万人集会開催。**8・20** 紅衛兵、北京街頭に進出、四旧打破を要求。**10・24** ベトナム参戦七ヵ国会議、マニラで開催(~二五日)。**11・16** 中国共産党中央、紅衛兵の北京上京を一九六七年三月まで禁止。**12・1** 西ドイツでキージンガー、首相に就任、大連立内閣成立。**12・26** 紅衛兵の壁新聞、劉少奇(リウ=シャオチー)国家主席の党中央工作会議での自己批判を報道(二七日、鄧小平(トン=シアオピン)党総書記の自己批判を報道)。**この年** 徳王没(65、内モンゴルの自治運動指導者)。曹汝霖(ツァオ=ルーリン)没(90、清末・中華民国初めの官僚)。

【政治・経済】

1・24 『赤旗』、初めて公然と中国共産党を批判。**1・29** 第三一回衆議院議員総選挙(自民二七七・社会一四〇・民社三〇・公明二五・共産五。自民得票率、五〇パーセント割る)。**2・13** 公明党第四回大会、委員長竹入義勝・書記長矢野絢也を選出。**2・15** 第五五特別国会召集(七月二一日閉会)。**2・17** 第二次佐藤内閣発足。**3・29** 札幌地裁、恵庭事件(昭和三七年一二月)で、自衛隊の違憲問題にはふれずに無罪判決。**4・15** 都道府県知事・議員選挙(東京都知事に社・共推薦の美濃部亮吉当選)。**6・6** 閣議、資本取引自由化基本方針を決定。**6・9** 首相、国会周辺デモを許可した東京地裁決定に異議申立て(一〇日、東京地裁、決定を取消し)。**6・10** 公正取引委員会、兵庫県の牛乳販売店の値上げ協定破棄を勧告(一五日、東京・愛知の牛乳商業組合に勧告。七月二五日、審判開始)。**6・19** 民社党第九回大会(二一日、委員長西村栄一・書記長春日一幸を選出)。**6・30** 首相、朴正熙(パク=チョンヒ)大統領就任式典出席のため韓国訪問(七月二日、朴(パク)大統領・アメリカ副大統領・台湾副総統と四国首脳会談開催)。**7・21** 公正取引委員会、松下電器産業

西暦	年号・干支	内閣	記事
一九六七 ◀▶	昭和四二 丁未	(第2次佐藤栄作内閣)	㈱にヤミ再販廃止を勧告(八月三日、松下電器、勧告拒否・九月一八日、審判開始)。**7・27** 第五六臨時国会召集(八月一八日閉会)。**8・19** 社会党二九回大会(二〇日、委員長勝間田清一・書記長山本幸一を選出)。**9・7** アメリカ代理大使、原子力空母エンタープライズの寄港を外務省に申入れ(一一月二日、政府、寄港承認をアメリカに通告)。**9・28** 国鉄上越線の新清水トンネル開通。**10・8** 首相、第二次東南アジア・オセアニア訪問に出発(抗議デモ、羽田で警官隊と衝突、学生一人死亡・第一次羽田事件)。**10・31** 日本武道館で吉田茂元首相の国葬(戦後初の国葬)。**11・2** 那覇市で沖縄即時無条件返還要求県民大会開催。**11・12** 首相、アメリカ訪問に出発(全学連の抗議デモ、空港周辺で警官隊と衝突・第二次羽田事件)。**11・15** ワシントンで日米共同声明発表(小笠原返還は一年以内、沖縄返還の時期示さず)。**11・25** 佐藤改造内閣発足。**12・4** 第五七臨時国会召集(一二月二三日閉会)。**12・27** 第五八通常国会召集(昭和四三年六月三日閉会)。**12・-** 昭和四三年度政府予算編成にあたり、財政硬直化が問題となる。 【社会・文化】 **2・4** 厚生省、初の原爆被爆者実態調査の結果を発表(昭和四〇年一一月一日現在の生存被爆者二九万八五〇〇人)。**2・10** 国際基督教大学生、能研テスト利用に反対して本館に籠城(二二日、大学側、能研テスト不採用を発表)。**2・11** 初の建国記念の日(東大・東京教育大などの教員・学生、登校し反対の集会)。**3・12** 青年医師連合、インターン制度に反対して医師国家試験の受験拒否。**3・26** 日本基督教団、「第二次大戦下における日本基督教団の責任についての告白」を発表。**4・5** 小林純岡山大教授、富山県のイタイイタイ病は三井金属神岡鉱業所が原因と発表(昭和四三年五月八日、厚生省、同一見解を発表)。**4・13** 東大宇宙航空研、国産人工衛星第一号ラムダ四Sロケットの打上げに失敗。**5・24** 最高裁、朝日訴訟について、原告の死亡時に訴訟は終

西暦	
年号・干支	
内閣	
記事	了したと判決。**6・10** 東京教育大評議会、筑波研究学園都市への移転を決定（教員の間に反対論、一四日、学生移転に抗議して授業放棄）。**6・23** 家永三郎、高校日本史教科書の検定不合格処分取消しの行政訴訟を起こす。**7・14** 三池炭鉱「一酸化炭素中毒患者家族の会」の主婦約八〇人、坑底に坐り込み（二八日、一酸化炭素中毒症特別措置法を公布）。**7・28** 放送法改正、ラジオ受信料廃止（昭和四三年四月一日施行）。**8・3** 公害対策基本法を公布（即日施行）。**8・8** 新宿駅構内でガソリン積載のアメリカ軍タンク車と貨物列車が衝突炎上（国電一一〇〇本運休）。**9・1** 四日市ぜんそく患者九人、市内の石油コンビナート六社を相手に慰謝料請求訴訟。**9・10** 文部省、文相諮問機関として学術審議会を設置。**9・14** 法政大学での学生処分をめぐり、警官隊出動。**9・16** 統一教会・原理研究会の活動に対し、原理運動対策全国父母の会結成。**11・9** アメリカ軍押収の原爆記録映画返還。**11・11** エスペランチストの由比忠之進、首相の北爆支持などに抗議し官邸前で焼身自殺。**この秋頃** 女性のミニスカート、ブームに（昭和四八年頃まで流行続く）。**この年** 続群書類従完成会『史料纂集』刊行開始。児玉幸多編『近世交通史料集』刊（～昭和五五年）。宮内庁蔵版『孝明天皇紀』刊（～昭和四四年）。 【死没】 **1・7** 広川弘禅（64、政治家）。**1・20** 吉田奈良丸（二代）（87、浪曲師）。**2・3** 武島羽衣（95、詩人）。**2・7** 津島寿一（79、政治家）。**2・13** 鮎川義介（86、経営者）。岩佐作太郎（87、社会運動家）。**2・14** 山本周五郎（63、小説家）。**2・16** 満井佐吉（73、陸軍軍人）。**2・22** 柳原白蓮（81、歌人）。**3・4** 和田博雄（64、政治家）。井上日召（80、ファシズム運動家）。**3・14** 唐沢俊樹（76、内務官僚）。**3・23** 勝本清一郎（67、近代文学研究家）。**3・30** 加藤完治（83、農本主義者）。**3・31** 伊藤熹朔（67、舞台美術家）。**4・12** 窪田空穂（89、歌人）。**4・18** 豊竹若太夫（一〇代）（78、文楽太夫）。**4・22** 豊竹山城少掾（88、

西暦	年号・干支	内閣
▶一九六七	昭和四二 丁未	(第2次佐藤栄作内閣)

記事

文楽太夫)。**5・7** 矢部貞治(64、政治評論家)。**6・2** 金沢庄三郎(95、言語学)。**6・6** 磯谷廉介(80、陸軍軍人)。**6・9** 山下太郎(78、アラビア石油)。**6・11** 高柳賢三(80、法学)。**6・14** 横路節雄(56、政治家)。**6・23** 壺井栄(66、小説家)。**6・27** 清瀬一郎(82、政治家)。**7・10** 木暮武太夫(74、政治家)。**7・12** 古田良一(73、日本史学)。**7・19** 浅原健三(70、労働運動家)。**7・26** 花田大五郎(85、ジャーナリスト)。**8・8** 中上川アキ(69、参議院議員)。**8・17** 新村出(90、言語学)。**8・22** 和田三造(84、洋画家)。**10・16** 富田常雄(63、作家)。**10・20** 吉田茂(89、政治家)。**10・27** 時枝誠記(66、国語学)。**11・14** 中山正善(62、宗教家)。**11・15** 河竹繁俊(78、演劇研究家)。**11・21** 中田薫(90、法制史学)。**12・4** 笠信太郎(66、ジャーナリスト)。**12・17** 山梨勝之進(90、海軍軍人)。**12・24** 柿内三郎(85、生化学)。

〔世界〕

1・10 ラダ＝ビノッド＝パール没(81、東京裁判のインド判事)。**1・27** 米・英・ソ、宇宙空間平和利用条約に調印。**1・31** 中国の黒竜江(ヘイロンチアン)省に初めて革命委員会成立。**3・12** インドネシア暫定国民協議会、スハルト将軍を大統領代行に任命(スカルノ大統領の全権限を剝奪)。**3・21** ギリシアで陸軍のクーデタ、コリアス検事総長首班の軍事政権成立。**5・2** バートランド＝ラッセル主唱の「ベトナム戦争犯罪裁判」、ストックホルムで開廷。**5・30** ナイジェリア旧東部州がビアフラ共和国として独立を宣言、連邦政府との内戦始まる。**6・5** イスラエル・アラブ諸国間に戦闘始まる(第三次中東戦争)。**6・17** 中国、西部地区上空で水爆実験に成功。**6・23** 米ソ首脳会議(ジョンソン大統領・コスイギン首相)、アメリカのグラスボロでひらく。**6・27** チェコスロヴァキアの第四回作家同盟大会、激しく政府を批判。**6・30** ケネディ＝ラウンド(関税一括引下げ)最終文書に五三ヵ国調印。**7・1** ヨーロッパ共同体(EC)成立。**7・20** 武漢(ウーハン)の労働者

西暦	年号・干支	内閣	記事
			組織「百万雄師」、中央派遣の謝富治(シエ＝フーチー)らを監禁(武漢(ウーハン)事件、武闘激化)。**7・23** ニューヨークで発生の黒人暴動がデトロイトに波及(最大規模)、連邦軍出動。**8・8** フィリピン・マレーシア・インドネシア・タイ・シンガポール五ヵ国、東南アジア諸国連合(ASEAN)を結成。**8・15** 孔祥熙(コン＝シアンシー)没(87、中国国民政府の財政・外交政治家)。**8・22** 紅衛兵、北京のイギリス大使館に放火(二九日、ロンドンで中国大使館員とイギリス警官が衝突)。**8・26** 先進一〇ヵ国蔵相・中央銀行総裁会議、国際通貨基金特別引出し権(SDR)創設で合意。**8・29** アラブ首脳会議、ハルトゥームで開催(～九月一日)。**10・9** ボリビア陸軍、前キューバ工業相ゲバラの死を発表。**10・17** 溥儀(プーイー)没(62、清朝最後の皇帝)。**10・21** ワシントンで反戦大集会(一〇万人参加)。**10・25** 国連緊急安保理事会、中東問題に関して停戦侵犯非難決議案を可決。**この年** 周作人(チョウ＝ツォーレン)没(83、中国の文学者)。
一九六八 ◀	四三 戊申		【政治・経済】 **1・19** アメリカ原子力空母エンタープライズ、佐世保に入港。**2・1** アメリカ琉球高等弁務官アンガー、琉球政府行政主席の直接公選制を認めると言明。**2・5** B五二爆撃機が沖縄嘉手納基地に移駐(一〇日、琉球立法院、即時撤収を全会一致で決議)。**2・6** 倉石忠雄農相、記者会見で現行憲法は他力本願であり軍艦や大砲が必要と発言、問題化(二三日、倉石農相辞任)。**4・1** 東京都公害研究所発足。**4・5** 小笠原諸島返還協定に調印(六月一二日公布・二六日発効)。**4・24** 全沖縄軍労働組合、アメリカ労働布令一一六号撤廃と賃上げを要求し初の一〇割年休行使。**5・2** 沖縄嘉手納基地前でデモ隊が武装アメリカ兵と衝突。**5・8** 厚生省、富山県下のイタイイタイ病の責任を三井金属神岡鉱業所と明示、公害病に正式認定。**5・24** 植村甲午郎、経団連会長に

西暦	年号・干支	内閣	記事
一九六八 ◀▶	昭和四三 戊申	(第2次佐藤栄作内閣)	就任。**5・26** 自民党、「都市政策大綱」発表(五月二九日社会「都市再建綱領」、六月七日公明、八日民社、一〇日共産の各党が都市政策を発表)。**7・7** 第八回参議院議員選挙(自民六九・社会二八・公明一三・民社七・共産四・無所属五・タレント候補が多数当選)。**7・18** アメリカ軍東富士演習場の管理権を防衛庁に移す使用転換協定に調印。**8・1** 第五九臨時国会召集(八月一〇日閉会)。**8・21** 社会・民社・公明三党、ソ連軍のチェコ侵入に抗議声明、木村俊夫官房長官も重大な関心を表明。**8・24** 共産党、ソ連非難の声明。**9・11** 社会党第三一回定期大会開会(九月一四日、人事調整つかず休会。一〇月四日、再開大会、委員長成田知巳、書記長江田三郎を選出)。**9・26** 厚生省、水俣病は新日本窒素肥料排出のメチル水銀化合物と断定・科学技術庁、阿賀野川の水銀中毒は昭和電工の排水が基盤と発表。**10・23** 明治百年記念式典、日本武道館で開催(一一月一日、閣議、記念恩赦を決定)。**11・10** 琉球政府主席・立法院総選挙(主席に屋良朝苗当選)。**11・19** 沖縄の嘉手納基地でB五二が爆発、住民五人負傷、民家多数に被害。**11・30** 佐藤改造内閣発足。**12・1** 那覇市長選、社会大衆党の平良良松当選。**12・10** 第六〇臨時国会召集(一二月二一日閉会)。**12・27** 第六一通常国会召集(昭和四四年八月五日閉会)。**この年** 日本の国民総生産(GNP)、一四二八億ドルとなり、西ドイツを抜き自由主義諸国の中でアメリカに次ぎ第二位となる・年間国際収支一〇億四八〇〇ドルの黒字。 【社会・文化】 **1・29** 東大医学部学生自治会、登録医師制に反対し無期限ストに入る(東大紛争の発端)。**2・5** 帝国ホテル旧館、明治村への移転開始。**2・13** 升本喜兵衛中央大学学長、授業料値上げ反対の全学スト(一月一三日〜)のため辞任(一六日、値上げ案撤回)。**2・20** 金嬉老(キム=ヒロ)、静岡県清水市内でライフル銃で二人を射殺・翌日、寸又峡温泉で一三人を人質に籠城(二四日逮捕・金嬉

西暦	
年号・干支	
内閣	
記事	老(キム＝ヒロ)事件)。2・26 反日共系学生など、成田空港阻止集会、成田市役所前で警官隊と乱闘。3・9 イタイイタイ病患者・遺族二八人、三井金属鉱業に損害賠償提訴。4・1 国際勝共連合結成。4・2 東京国税局、日本大学の約二〇億円の脱税を摘発(日大紛争の発端)。4・12 三井不動産の霞が関ビル完成(地上三六階、高さ一四七メートル、最初の超高層ビル)。4・17 美濃部亮吉都知事、朝鮮大学校を各種学校として認可(灘尾弘吉文相、遺憾の意を表明)。5・27 日本大学で全学共闘会議結成(議長秋田明大)。5・30 消費者保護基本法を公布。5・31 文部省、小学校学習指導要領改定案を発表(社会科教科書に建国神話導入、批判強まる)。5・- 山川出版社編『歴史と地理』創刊。6・2 アメリカ軍F四Cファントム機が九州大学構内に墜落(四日、学長を先頭に抗議デモ)。6・10 大気汚染防止法・騒音規制法を各公布。6・15 東大で青医連七〇人、安田講堂など占拠(一七日、機動隊により占拠者排除・二八日、全学共闘会議結成・七月二日、安田講堂再占拠・七月〜、学生ストライキ全学に拡大・東大紛争)。文化庁発足(初代長官今日出海)。6・- 日本古文書学会『古文書研究』創刊。7・1 郵便番号制度実施。8・1 実業の世界社『実業の世界』創刊(『三田商業会』『実業之世界』を経て改題)。8・6 文部省、紛争校は私大教育研究費補助制度の対象から除外することを決定。8・8 札幌医大附属病院で和田寿郎教授執刀により日本初の心臓移植手術。10・12 第一九回オリンピック・メキシコ大会開催、日本選手団二一五人参加(〜二七日、体操男子総合など金メダル獲得)。10・17 川端康成、ノーベル文学賞の受賞決定。10・21 国際反戦デー・反日共系全学連学生ら、新宿駅を占拠(二二日、警視庁、騒乱罪を適用)。10・- 宮内省臨時編修局『明治天皇紀』刊(〜昭和五二年三月)。11・1 東大評議会、大河内一男総長の辞任、豊川前医学部長・上田前病院長の退官などを承認(加藤一郎総長代行となる)。11・16 文部省、東大・東京教育大・東京外語大・日大に授業再開を要請する通達。12・10 東京都府中市

西暦	年号・干支	内閣
一九六八 ▶	昭和四三 戊申	(第2次佐藤栄作内閣)

記事

で、日本信託銀行の現金輸送車の三億円が車ごと奪われる(昭和五〇年一二月一〇日、時効成立、迷宮入り)。**12・29** 東京大学・東京教育大学の四学部、翌年の入試中止を決定。**この年** 共同通信社『近衛文麿日記』刊。宇垣一成『宇垣一成日記』刊(～昭和四六年)。『日本庶民生活史料集成』刊(～昭和五九年)。近衛篤麿日記刊行会編『近衛篤麿日記』刊(～昭和四四年)。

【死没】

1・9 円谷幸吉(27、マラソン)。**1・10** 町野武馬(92、陸軍軍人)。**1・22** 松永東(80、政治家)。**1・29** 藤田嗣治(81、洋画家)。**3・25** 下村定(80、政治家)。**4・28** 林博太郎(94、教育家)。**5・19** 大谷米太郎(86、経営者)。**5・24** 大村清一(76、内務官僚)。**5・30** 古武弥四郎(88、生化学)。**6・22** 山岡万之助(93、司法官)。**6・26** 山崎巌(73、内務官僚)。**7・19** 子母澤寛(76、小説家)。**7・27** 大原総一郎(58、経営者)。**7・31** 天羽英二(80、外交官)。青木得三(83、財政学)。**8・16** 熊谷一弥(77、テニス)。**9・21** 広津和郎(76、小説家)。**10・3** 今村均(82、陸軍軍人)。**10・14** 沢瀉久孝(78、国文学)。**11・9** 石田英一郎(65、民族学)。**11・15** 北村徳太郎(81、政治家)。**12・3** 沢村田之助(五代)(66、歌舞伎役者)。**12・16** 双葉山定次(56、横綱)。渋谷兼八(80、底曳網業)。

〔世界〕

1・9 サウジアラビア・クウェート・リビア、アラブ石油輸出国機構(OAPEC)結成。**1・23** 北朝鮮、アメリカ情報収集艦プエブロ号の捕獲を発表。**1・30** 南ベトナム解放民族戦線軍、南ベトナム全土で攻撃を開始(テト攻勢)。**3・8** ワルシャワで学生デモ起こる。**3・15** イギリス、ロンドン金市場・株式取引所・銀行の業務停止の緊急措置を実施。**3・16** 南ベトナムのソンミ村でアメリカ軍が住民を虐殺(ソンミ事件・一九六九年一一月一六日報道)。**3・21** イスラエル軍、ヨルダン領を攻撃・パレスチナ抵抗勢力、カラーメの戦闘でイスラエル軍を撃退。**3・31** 米ジョン

西暦	一九六九 ◀	
年号・干支	四四 己酉	
内閣		
記事	【政治・経済】 1・24 美濃部亮吉都知事、東京都の公営ギャンブル廃止を発表。2・4 沖縄でB五二撤去要求の決起集会開催、五万五〇〇〇人参加。3・6 八幡製鉄㈱・富士製鉄㈱、合併契約書に調印（四月一〇日、公取委、合併に関し公聴会開催）。王子製紙㈱・十条製紙㈱・本州製紙㈱、業務提携契約書に調印。4・28 全国で「沖縄デー」・社・共・総評、代々木公園で中央集会開催、反日共系学	ソン大統領、北爆の一方的停止を発表、和平交渉を要請（四月三日、北ベトナム、アメリカとの予備交渉に同意）。4・4 アメリカの黒人運動指導者キング牧師、メンフィスで暗殺、各地で抗議運動。4・29 アメリカで、黒人による「貧者の行進」デモ、各地からワシントンに向け出発。5・4 フランスの学生デモと警官隊衝突（「五月危機」始まる）。5・10 アメリカ・北ベトナム、パリで和平会談を開始。6・27 チェコスロヴァキアの知識人ら七〇名、民主化促進を要求し「二〇〇〇語宣言」を発表。7・1 EC関税同盟発足。核拡散防止条約、ロンドン・モスクワ・ワシントンで調印。7・17 イラクでクーデタ、バクル将軍のバース党政権成立。8・20 ソ連軍を中心にワルシャワ条約機構加盟の五ヵ国軍、チェコスロヴァキアに侵入、民主化運動を武力鎮圧（チェコ事件）。8・－ クアン＝アパイウォン没（66、タイの政治家）。9・12 アルバニア、ワルシャワ条約機構からの脱退を発表。9・26 ポルトガル首相サラザール、病状悪化により辞職。10・3 ペルーで軍事クーデタ、ベラウンデ大統領辞職。10・13 中国共産党、劉少奇（リウ＝シャオチー）国家主席を永久除名（のち劉少奇（リウ＝シャオチー）は軟禁され、一九六九年死亡）。11・19 マリ共和国でクーデタ、ケイタ大統領追放。12・28 イスラエル軍、ベイルート空港を奇襲（三一日、国連安保理、イスラエル非難を決議）。

西暦	年号・干支	内閣	記事
一九六九 ◀▶	昭和四四 己酉	(第2次佐藤栄作内閣)	生など都内各所で警官隊と衝突、交通混乱。**4・30** 国土総合開発審議会、新全国総合開発計画を政府案通りに答申。**5・26** 東名高速道路全通(名神高速と直結し東京―西宮間全通)。**6・2** 愛知揆一外相、沖縄返還について米国ニクソン大統領と会談・外相、「安保条約わく内での一九七二年中施政権返還」の方針を示す。**6・3** 都市開発法を公布(一四日施行)。**6・23** 宇宙開発事業団を設置。**7・13** 東京都議会議員選挙、自民党が第一党に復活(社会党第三党に転落)。**8・3** 参議院本会議で議長重宗雄三、大学臨時措置法案を審議なしで抜打ち採決、可決成立。**8・7** 大学の運営に関する臨時措置法を公布。**9・14** 札幌地裁所長平賀健太が長沼ナイキ訴訟審理中の裁判長に書簡を出した事実判明(二〇日、最高裁、平賀所長に注意処分)。**10・9** 自民党、日米安保条約自動延長を決議(一四日、「日米安保条約の継続について」発表)。**11・5** 沖縄県祖国復帰協、即時無条件全面返還要求の「網の目行進」を開始。**11・16** 首相訪米抗議集会、全国一二〇ヵ所で開催・反日共系学生ら、同時多発的ゲリラ行動。**11・17** 首相、沖縄返還交渉のため訪米(一九日、ニクソン大統領と第一回会談・二〇日、第二回会談)。**11・21** 首相、ニクソン大統領と第三回会談、日米共同声明発表(安保堅持・一九七二年沖縄施政権返還・韓国と台湾の安全重視など)。**11・29** 第六二臨時国会召集(一二月二日、衆議院解散)。**12・27** 第三二回衆議院議員総選挙(自民二八八・社会九〇・公明四七・民社三一・共産一四)。**この年** 昭和四四年度産米から自主流通米制度発足。 【社会・文化】 **1・10** 東大、七学部集会を東京青山の秩父宮ラグビー場で開催。**1・18** 東大当局、機動隊に安田講堂など占拠の学生排除を要請(一九日、安田講堂封鎖解除)。**1・20** 東大、四四年度入試中止を正式決定。**1・23** 文部省、能力開発研究所の能研テスト廃止を決定。**2・18** 日本大学、機動隊

西暦	
年号・干支	
内閣	
記事	を導入して全学の封鎖を解除。**3・3** 国立大学一期校の入試、警備下で実施。**3・7** 中央教育審議会、「学園における学生の地位について」の中間報告草案を発表。**3・12** 東京で積雪三〇センチを記録。**3・23** 東大総長に加藤一郎総長代行を選出（四月一日就任）。**4・21** 文部省、全国の大学長宛に、警官が学内に立入るかどうかの最終判断は警察側にあると通達。**4・22** 加藤東大総長、文部省通達を批判（二五日、日本学術会議、通達に反対を表明）。**5・23** 政府、初の公害白書（昭和四三年度公害の状況に関する年次報告）発表。**6・5** 全沖縄労組、賃上げ・解雇撤回を要求し二四時間スト突入・抗議デモがアメリカ兵と衝突。**6・12** 初の国産原子力船むつ、進水式。**7・1** 東京地裁、女子の三〇歳定年制は男女差別で無効と判決。**7・2** 東京都公害防止条例を公布。**7・10** 同和対策事業特別措置法を公布。**7・24** 東京教育大評議会、筑波学園都市への移転に伴う新大学構想を決定。**8・1** 彫刻の森美術館開館（神奈川県箱根町）。**8・16** 第一五回母親大会、日本婦人会議は不参加。**9・5** 全国全共闘連合結成大会、東京日比谷野外音楽堂で開催、一万五〇〇〇人参加。**9・28** 三里塚空港粉砕全国総決起集会、成田市の市営第二公園で開催。**10・10** 巨人の金田正一投手、通算四〇〇勝達成（一一月三〇日引退）。**10・13** 札幌地検、心臓移植手術を行なった（昭和四三年八月）和田札幌医大教授らを捜査。**10・21** 国際反戦デー、反日共系学生が各地で機動隊と衝突。**10・29** 厚生省、発ガン性の疑いで人工甘味料チクロの使用禁止、回収を指示。**10・-** プロ野球で八百長事件発覚（昭和四五年までに関係者永久追放など処分される、黒い霧事件）。**11・1** 日本記者クラブ、正式に発足。航空自衛隊小西誠三曹、「安保反対」等のビラを張り自衛隊法違反で逮捕（昭和五六年三月二七日、新潟地裁、差戻し審で無罪判決）。**11・5** 警視庁、山梨県大菩薩峠で武闘訓練合宿中の赤軍派五三人を逮捕。**12・1** 東京都、老人医療費無料制を実施。**12・15** 公害に係る健康被害の救済に関する特別措置法を公布（一部を除きを即日施行）。こ

西暦	年号・干支	内閣	記事
一九六九 ▶	昭和四四 己酉	(第2次佐藤栄作内閣)	の年 信濃史料刊行会編纂『信濃史料』成る。近藤出版社『日本史料選書』刊行開始(昭和六三年で中絶)。 【死没】 **1・1** 中村福助(高砂屋系五代)(58、歌舞伎役者)。 **1・3** 浅野長武(73、東京国立博物館長)。 **1・8** 三好伊平次(95、部落改善)。 **1・20** 中村岳陵(79、日本画家)。 **2・21** 原阿佐緒(81、歌人)。 **3・5** 東くめ(91、作詞家)。 **3・15** 武蔵山武(59、横綱)。 **3・19** 羽原又吉(88、社会学)。 **4・26** 植芝盛平(86、合気道)。 **5・8** 松平信子(82、秩父宮妃母)。 **5・9** 潮田江次(67、慶大塾長)。 **6・7** 柳田泉(75、英文学)。 **6・23** 矢部長克(90、地質学)。 **7・2** 成瀬巳喜男(63、映画監督)。 **7・12** 石川謙(78、教育史学)。 **7・14** 坂本繁二郎(87、洋画家)。 **7・29** 村上武次郎(86、冶金学)。 **8・6** 近藤憲二(74、社会運動家)。 生方敏郎(86、随筆家)。 **8・19** 奥村喜和男(69、官僚)。 **8・20** 大山柏(80、外交史)。 **8・30** 左近司政三(90、海軍軍人)。 **9・25** 松村武雄(86、神話学)。 **10・3** 市川左団次(三代)(71、歌舞伎役者)。 **10・9** 正力松太郎(84、新聞経営者)。 **10・14** 羽黒山政司(54、横綱)。 **10・30** 木宮泰彦(82、歴史学)。 **10・31** 林髞(木木高太郎)(72、推理作家)。 **11・11** 長谷川如是閑(93、ジャーナリスト)。 **11・15** 伊藤整(64、小説家)。 **11・29** 田村栄太郎(76、日本史家)。 **12・1** 高柳光寿(77、日本史学)。 **12・3** 長谷部言人(87、人類学)。 **12・9** 高坂正顕(69、哲学)。 **12・13** 獅子文六(76、小説家)。 **12・25** 倉田主税(80、経営者)。 **12・26** 大谷竹次郎(92、松竹創業)。 **12・30** 由起しげ子(67、作家)。 〔世界〕 **1・20** ニクソン、アメリカ大統領に就任。 **2・3** アラファト、パレスチナ解放機構(PLO)議長に選出。 **3・2** 中・ソ国境警備隊、ウスリー川のダマンスキー島(珍宝(チェンパオ)島)で武力衝突。 **3・29** フィリピンで新人民軍(共産党の軍事組織)結成。 **4・1** 中国共産党第九回全国代表

西暦	一九七〇 ◀
年号・干支	四五 庚戌
内閣	
記事	大会、北京で開催(一四日、林彪(リン=ピアオ)副主席を毛沢東(マオ=ツォートン)の後継者と規定)。**4・28** フランス大統領ド=ゴール、上院・地方制度改革の国民投票で敗北し辞任。**5・25** スーダンで軍事クーデタ、ヌメイリ議長の革命評議会が実権掌握。**5・30** 西ドイツ、ハルシュタイン原則の廃止決定。**6・8** 南ベトナム共和国臨時革命政府樹立(首相にフィン=タン=ファト。一〇日公表)。**6・10** 中・ソ両軍、新疆(シンチアン)西北部で衝突(一一日、中国、ソ連に抗議)。**7・8** 中・ソ両軍、アムール河のゴルジンスキー島(八岔(パーチャ)島)で衝突。**7・20** アメリカ宇宙船アポロ一一号、月面着陸。**8・2** 米ニクソン大統領、ルーマニア訪問、チャウシェスク書記長と会談。**8・12** 北アイルランドでカトリック系住民が警官隊・プロテスタント系住民と衝突(一四日、イギリス軍出動)。**8・21** イスラエルのエルアクサ寺院炎上。**9・1** リビアでクーデタ、王制を廃止、共和国を樹立。**9・3** 北ベトナム大統領ホー=チ=ミン没(ベトナム共産党の創立者)。**10・20** レバノン軍、レバノン南部のゲリラ拠点を攻撃(レバノン紛争)。**10・21** 西ドイツの社会民主党党首ブラント、首相に選出、自由民主党との連立内閣が発足。**11・12** 劉少奇(リウ=シャオチー)没(72、中国革命の指導者)。**11・17** 米ソ戦略兵器制限交渉(SALT)の予備交渉、ヘルシンキで開始(~一二月二二日)。
	【政治・経済】**1・5** 共産党、公明党の出版妨害につき声明・公明党、公式に否定。**1・14** 第六三特別国会召集(五月一三日閉会)。第三次佐藤内閣成立。**1・21** 主婦連などの消費者団体、チクロ不買同盟を結成。**2・3** 政府、核拡散防止条約調印を決定。**2・17** 社会党委員長成田知巳、衆議院本会議の代表質問で出版妨害問題を提起。**2・19** 新東京国際空港公団、反対派農民の土地に対し強制立入り調

西暦	年号・干支	内閣	記事
一九七〇 ◀ ▶	昭和四五 庚戌	1・14 第3次佐藤栄作内閣	査を実施。**3・2** 社会・民社・共産三党、出版妨害問題で衆議院に調査特別委員会設置・予算委員会への証人喚問を要求。**3・24** 日産自動車㈱・いすゞ自動車工業㈱、業務提携書に調印。**3・31** 新日本製鉄㈱(八幡・富士製鉄の合併)、正式発足。**4・1** 社会党、江田ビジョンを骨子とした党再建の運動方針発表。**4・18** 法務省、長沼ナイキ訴訟担当の福島重雄裁判長の忌避申立。**4・19** 日中覚書貿易交渉の会談コミュニケ発表、貿易協定調印(中国、日本の軍国主義復活と佐藤内閣を非難)。**4・23** 佐藤首相、日中覚書貿易の会談コミュニケは内政干渉と反論。**5・2** 最高裁判所長官石田和外、軍国主義者・共産主義者・無政府主義者は裁判官に不適格と発言。**6・22** 政府、日米安保条約の自動延長を声明。**6・23** 全国的な反安保統一行動、全国一三四五ヵ所、七七万人参加。**6・24** 最高裁、政治献金は会社の社会的役割の一部と新判断、八幡製鉄事件に合憲判決。**7・1** 共産党第一一回大会(七日、中央委員会幹部会委員長に宮本顕治を選出)。**8・1** 琉球政府、復帰対策室を設置。**10・7** 防衛庁、復帰後の第一次沖縄防衛計画を発表(自衛隊員三二〇〇人配備など)。**10・19** 裁判官訴追委員会、元札幌地裁所長平賀健太を不訴追・福島重雄判事を訴追猶予と決定。**10・20** 政府、初の防衛白書(「日本の防衛」)を発表。**10・28** 日銀、公定歩合〇・二五パーセント引下げ実施(この年、「いざなぎ景気」おわる)。**10・29** 自民党二四回大会、総裁に佐藤栄作を四選。**11・15** 沖縄の国政参加選挙(衆議院は自民二・革新三、参議院は自民・革新各一)。**11・24** 第六四臨時国会召集(一二月一八日閉会)。**12・9** 超党派の日中国交回復促進議員連盟発足(会長藤山愛一郎)。**12・20** 沖縄コザ市で市民五〇〇〇人とアメリカ憲兵隊が対立、嘉手納基地にデモ隊進入。**12・26** 第六五通常国会召集(昭和四六年五月二四日閉会)。**この年** 日本の産業構造の高度化進行し、この年、第一次産業人口の対有業人口比率二〇パーセントを下回る。自動車生産台数五二九万台(米は八二八万台)、粗鋼生産九三三二万トン(米は一億一九三二万トン)。平均給与月

西暦	
年号・干支	
内閣	
記事	額(三〇人以上の事業所)五万六三〇〇円、失業率一・一パーセント。 【社会・文化】 **1・8** 全沖縄軍労組、基地労働者の大量解雇撤回を要求して四八時間スト突入。 **1・30** 東京に五四日ぶりの雨。 **2・11** 東大宇宙航空研究所、初の国産人工衛星「おおすみ」の打上げ成功。 **3・14** 日本万国博覧会EXPO'70、大阪千里丘陵で開会式(テーマ「人類の進歩と調和」、七七ヵ国参加・～九月一三日)。 **3・20** 厚生省のスモン調査研究協議会、全国の患者数二六六九人と発表。 **3・31** 赤軍派学生九人、日航機よど号をハイジャック、韓国金浦(キムポ)空港に着陸(世界革命を唱え、四月三日、人質を乗せ平壌(ピョンヤン)へ)。 **5・3** 創価学会長池田大作、出版妨害問題を反省、公明党と学会の分離を表明。 **5・11** 日本山岳会エベレスト登山隊の松浦輝夫・植村直己、日本人初の登頂に成功。 **5・17** 日本自然保護協会・日本野鳥の会主催「自然環境を取戻す都民集会」開催。 **5・21** 東京文京区医療生協の医師団、排気ガス問題の新宿区牛込柳町交差点付近の住民の集団検診の結果、血液から鉛の異常値を検出と発表。 **5・-** 『日本思想大系』刊(～昭和五七年五月)。 **7・17** 東京地裁、家永教科書裁判(第二次訴訟)で検定の運用は違憲とする判決(二四日、文部省、控訴)。 **7・18** 東京杉並区の立正高校で、光化学スモッグにより生徒四〇数人が倒れる。 **7・28** 閣議、中央公害対策本部設置を決定(三一日発足)。 **7・-** 静岡県富士市の田子の浦港がヘドロの堆積でマヒ状態となる(二八日、大型船入港を制限、八月九日、ヘドロ公害追放の住民集会、八月一一日、四製紙会社と知事を告発)。 **8・2** 警視庁、銀座・新宿などで休日の車両通行を禁止(歩行者天国)。 **9・5** 椿忠雄新潟大学教授、スモン病の原因に整腸剤キノホルムが関係と発表(七日、厚生省、キノホルムの販売・使用中止を通達)。 **9・11** 主婦連など消費者五団体、カラーテレビの二重価格問題で一年間の買い控えを決議。 **9・30** 三里塚・芝山空港反対同盟、空港公団

西暦	年号・干支	内閣
一九七〇 ◀▶	昭和四五 庚戌	(第3次佐藤栄作内閣)

記事

の立入り調査に抵抗(五九人逮捕)。**10・1** 国勢調査、沖縄も含めて実施(本土人口一億三七二万六〇人、沖縄人口九四万五一一一人)。**10・12** 宇井純ら、東大で公開自主講座「公害原論」を開講。**11・25** 三島由紀夫、楯の会会員四人と東京市谷の陸上自衛隊東部方面総監部でクーデタを訴え、失敗・三島、会員一人と自殺。**11・28** チッソ㈱の株主総会、水俣病の企業責任を問う患者・一株株主の抗議で混乱。**12・7** WHO(世界保健機構)、日本における幼児死亡率激減を「ノーベル賞もの」と公表。**12・18** 参議院本会議、公害関係一四法案を可決、成立(公害対策基本法改正法・公害犯罪処罰法・水質汚濁防止法など)。**12・28** 政府、環境保護庁の設置を決定(昭和四六年一月八日、環境庁と改称)。**この年** 公害・環境・万国博に関する議論が盛ん。道路上の交通事故の死者一万六七六五人に達し史上最悪、昭和四六年以後減少へ。東大史料編纂所編『保古飛呂比—佐佐木高行日記』刊(〜昭和五四年)。

【死没】

1・2 矢野仁一(97、東洋史学)。**1・3** 永野護(79、経営者)。**1・7** 榎本健一(65、喜劇俳優)。**1・20** 石川一郎(84、経団連会長)。**1・22** 花柳寿輔(三代)(76、日本舞踊家)。**2・5** 中村孝也(85、日本史学)。**2・11** 山野千枝子(74、美容家)。**2・20** 土井辰雄(77、枢機卿)。**2・26** 西岡虎之助(74、日本史学)。**3・17** 市河三喜(84、英語学)。**3・20** 西光万吉(74、全国水平社)。**4・16** 石原広一郎(80、経営者)。**4・18** 牧野英一(92、刑法学)。**4・19** 上野精一(87、朝日新聞社主)。**4・30** 須磨弥吉郎(77、外交官)。**5・7** 鈴木茂三郎(77、日本社会党)。**5・14** 河合良成(84、小松製作所)。**5・30** 岡部長景(85、政治家)。**6・4** 守島伍郎(79、外交官)。**6・8** 山田抄太郎(71、長唄三味線方)。**7・23** 藤田尚徳(89、海軍軍人)。**8・7** 内田吐夢(72、映画監督)。**8・9** 近藤鶴代(68、政治家)。**8・12** 西条八十(78、詩人)。**8・21** 桐竹紋十郎(二代)(69、文楽人形遣い)。**8・29** 山内清男(68、考古学)。**9・2** 長谷川清(87、海軍

西暦	
年号・干支	
内閣	
記事	軍人)。9・6 富本豊前太夫(一〇代)(75、富本節)。9・12 春日弘(85、経営者)。9・26 豊道春海(92、書家)。10・16 坂田昌一(59、物理学)。10・31 森田たま(75、随筆家)。11・9 川島正次郎(80、政治家)。11・15 泉靖一(55、文化人類学)。11・18 細川護立(87、美術収集家)。11・22 大宅壮一(70、評論家)。岩畔豪雄(73、陸軍軍人)。11・25 三島由紀夫(45、小説家)。11・28 伊木寿一(87、日本史学)。12・4 飯塚浩二(64、人文地理学)。12・8 山井基清(85、雅楽家)。12・19 加藤鐐五郎(87、政治家)。 〔世界〕 2・18 米ニクソン大統領、平和三原則と日本の役割を強調した外交教書を議会に提出。3・18 カンボジアで右派クーデタ、外遊中のシアヌーク元首を解任、ロン=ノル首相が実権掌握。3・19 東・西両ドイツ首相会談、東ドイツのエルフルトで開催(五月二一日、第二回会談)。4・5 中国周恩来(チョウ=エンライ)首相、北朝鮮を訪問(~七日・九日、日本軍国主義の復活反対などの共同声明を発表)。4・24 中国、初の人工衛星打上げ成功。4・30 米ニクソン大統領、カンボジア領内への攻撃を命令(五月一日、アメリカ・南ベトナム政府両軍侵攻・アメリカ空軍、北爆再開)。5・4 オハイオ州兵、反戦デモの学生四人を射殺。5・5 シアヌーク、北京で王国民族連合政府成立を発表。6・21 スカルノ没(69、インドネシアの政治家)。7・21 アラブ連合のアスワン=ハイダム、ソ連の援助により建設完成、送電開始。7・26 オマーンで宮廷クーデタ、サイド=ビン=タイムル首長追放。8・12 ソ連・西ドイツ、武力不行使・ヨーロッパの現状維持をめぐる条約に調印。9・6 パレスチナ=ゲリラ、ヨーロッパで旅客機を連続で四機ハイジャック。9・8 第三回非同盟諸国会議、ザンビアで開催(~一〇日)。9・16 ヨルダン国王フセイン、ダウド軍事政府を発足させ、全土に戒厳令(一七日、政府軍とゲリラ軍の戦闘始まる・「黒い九月」事件)。9・28 アラブ連合大統領ナセル急死(一〇月七日、サダト大統領就任)。10・6 フランス大統領ポンピドー、訪ソ(一三日、

西暦	年号・干支	内閣	記事
▶一九七〇	昭和四五 庚戌	(第3次佐藤栄作内閣)	ソ仏共同宣言調印)。10・24 チリで左翼統一連合のサルバドル＝アジェンデが大統領に選出。10・29 米ソ宇宙協力協定調印(一二月九日公表)。11・10 パキスタン大統領ヤヒア＝カーン、北京を訪問(中国政府、二億ドル借款供与を約束)。11・20 国連総会で、「中国招請・国府追放決議案」が初めて過半数、「重要事項指定確認決議案」を可決。11・— 東パキスタン(後のバングラデシュ)、超大型のサイクロンにより甚大な被害(死亡・行方不明約三〇万人)。12・7 西ドイツ・ポーランド両首相、「関係正常化の基礎に関する条約」正式調印。12・20 ポーランド統一労働者党の第一書記ゴムルカ辞任(後任にギエレク政治局員)。
◀一九七一	四六 辛亥		【政治・経済】 1・13 アメリカ軍、沖縄知花弾薬貯蔵地域から毒ガスの第一次移送開始(九月九日、移送完了)。1・22 佐藤首相、施政方針演説で「中華人民共和国政府」の正式名称を初めて使用。2・22 新東京国際空港公団、空港建設予定地に第一次強制代執行。3・11 第一銀行・日本勧業銀行、対等合併を発表(一〇月一日、第一勧業銀行として発足)。3・31 ハイジャック防止条約承認。4・11 第七回統一地方選挙(東京都知事に美濃部亮吉再選・大阪府知事に黒田了一当選)。4・16 天皇・皇后、初めて広島の原爆慰霊碑に参拝。5・8 日本弁護士連合会、最高裁による裁判官の再・新任など人事に批判決議。5・12 三菱重工業㈱、子会社の三菱自動車工業㈱へのクライスラー社の資本参加を承認、契約書調印。6・17 沖縄返還協定(琉球諸島及び大東諸島に関する日本国とアメリカ合衆国との間の協定)に調印。6・27 第九回参議院議員選挙(自民六三・社会三九・公明一〇・民社六・共産六)。7・5 第三次佐藤改造内閣発足(外相福田赳夫・通産相田中角栄・環境庁長官大石武一)。7・14 第六六臨時国会召集(七月二四日閉会)。7・16 いすゞ自動車工業㈱、ゼネラル＝モ

西暦	
年号・干支	
内閣	
記事	ーターズ社と資本提携に調印。8・3 民社党、臨時党大会で春日一幸を委員長に選出。8・6 佐藤首相、広島での第二六回平和記念式典に現職首相として初めて出席。8・16 アメリカのドル防衛策発表により、東証ダウ株価大暴落。8・28 政府、円の変動相場制移行を実施。9・16 成田空港予定地に第二次強制代執行、反対派が激しく抵抗、機動隊員三人死亡。9・27 天皇・皇后、ヨーロッパ七ヵ国親善訪問に出発(一〇月一四日帰国)。10・16 第六七臨時国会召集(一二月二七日閉会)。11・17 自民党、衆議院の沖縄返還協定特別委員会で返還協定を強行採決(一八日、琉球政府首席屋良朝苗、首相らに抗議)。12・19 閣議、基準外国為替相場を一ドル＝三〇八円と決定(二〇日実施)。12・29 第六八通常国会召集(昭和四七年六月一六日閉会)。12・30 自民党、沖縄返還関連四法案(公用地等の暫定使用に関する法律など)を単独可決(三一日公布)。 【社会・文化】 2・10 沖縄全軍労、三〇〇〇人解雇に反対し四八時間ストに突入(三月二日第二波、四月一四日第三波スト)。2・17 京浜安保共闘の学生ら、栃木県真岡市の銃砲店から散弾銃一〇挺など強奪(二七日、警視庁、銃二挺を群馬・新潟で発見)。3・5 大阪大・大阪市大の入試問題の盗難・売買が発覚。3・26 東京多摩ニュータウンへの第一次入居開始。5・14 前橋署、殺人容疑で大久保清を逮捕(女性八人を誘拐・殺害。昭和四八年二月二二日、死刑判決)。横綱大鵬引退(横綱在位五八場所・優勝三二回・全勝優勝八回・六場所連続優勝二回・四五連勝)。名古屋高裁、津市の公費による神式地鎮祭に違憲判決。5・19 沖縄全軍労・自治労など、沖縄返還協定に反対二四時間ゼネスト。6・2 全国教育研究所連盟、授業内容をよく理解している子どもは半数との調査報告発表(この頃から「落ちこぼれ」問題化)。6・5 熊本国税局、ネズミ講の第一相互経済研究所を脱税容疑で強制捜査。6・11 中央教育審議会、「今後における学校教育の総合的な拡充整備のための基本施策」

西暦	年号・干支	内閣
一九七一	昭和四六 辛亥	(第3次佐藤栄作内閣)

記事

を答申(四・四・六制の試行など)。**6・30** 富山地裁、イタイイタイ病第一次訴訟判決でカドミウムが主因と認定、三井金属工業に慰謝料の支払いを命じる。**7・1** 環境庁発足(初代長官に山中貞則)。国立公文書館発足。**7・3** 東亜国内航空の「ばんだい」号、函館北方の横津岳で遭難(四日発見、六八人全員死亡)。**7・15** 「赤軍」派と「京浜安保共闘」が合同、「連合赤軍」を結成。**7・17** 今井通子(東京女子医大助手)、グランド＝ジョラス北壁登頂成功(アルプス三大北壁登頂)。**7・30** 自衛隊ジェット機、岩手県雫石町上空で全日空機と衝突、全日空機一六二人全員死亡。**7・-** 全国地域婦人団体連絡協議会、一〇〇円化粧品「ちふれ」をデパートなどで販売。**8・16** 文部省、放送大学の実験放送を開始。**8・-** ウーマン＝リブ合宿大会、長野県で開催、二〇〇人参加。**9・21** 公明党委員長竹入義勝、暴漢に刺され重傷。**9・28** 美濃部都知事、議会でゴミ処理の危機を訴え、「東京ゴミ戦争」を宣言。東大宇宙航空研究所、日本初の科学衛星「しんせい」打上げに成功。**9・29** 新潟地裁、阿賀野川流域の新潟水俣病は昭和電工の排水が原因と認定、昭和電工に賠償金支払いを命じる。**10・3** 東京八王子市で全国初の「ノーカーデー」。**11・11** 神奈川県川崎市で国立防災科学技術センターなど四機関、崖崩れ実験に失敗、一五人死亡(一一月一六日、平泉渉科学技術庁長官を更迭)。**11・19** 全国九三〇ヵ所で沖縄返還協定強行採決に対する抗議行動。総評・中立労連など、全国統一スト決行。**12・18** 警視庁警務部長土田国保の自宅に配達された小包が爆発、妻が死亡。**この年** 大学卒男子の平均初任給 四万八〇〇〇円。竹内理三編『鎌倉遺文』刊(～平成九年九月)。

【死没】

1・7 内田信也(90、政治家)。**1・11** 喜多六平太(96、能楽師)。**1・14** 金田一京助(89、言語学)。**1・20** 男女ノ川登三(67、横綱)。**1・23** 宮崎竜介(78、社会運動家)。**2・6** 福留繁(80、海軍軍人)。**3・**

西暦	
年号・干支	
内閣	
記事	21 深田久弥(68、作家)。横山エンタツ(74、漫才師)。4・3 市川寿海(三代)(84、歌舞伎役者)。4・20 内田百閒(81、小説家、随筆家)。5・9 吉野信次(82、商工官僚)。5・24 平塚らいてう(85、女性解放思想家)。5・31 山口蓬春(77、日本画家)。6・7 大石ヨシエ(74、政治家)。6・13 日夏耿之介(81、詩人)。斯波孝四郎(96、三菱重工業)。6・16 松永安左ェ門(95、電気事業)。6・20 市川中車(八代)(74、歌舞伎役者)。8・1 徳川夢声(77、俳優)。8・17 前田山英五郎(57、横綱)。8・21 松村謙三(88、政治家)。9・10 小熊捍(86、遺伝学)。10・11 玉の海正洋(27、横綱)。10・21 志賀直哉(88、小説家)。11・12 富士松加賀太夫(九代)(82、新内節)。11・22 駒井和愛(66、考古学)。12・12 伊井弥四郎(66、日本共産党)。桂文楽(八代)(79、落語家)。12・18 佐藤尚武(89、外交官)。12・19 三品彰英(69、朝鮮史学)。 〖世界〗 1・25 ウガンダで軍部のクーデタ、アミン政権成立。2・22 パキスタン大統領ヤヒア、閣僚評議会を解散(三月一日、制憲議会を無期延期とする)。3・15 アワミ連盟総裁ラーマン、東パキスタンの行政権掌握を発表(四月一七日、バングラデシュ臨時政府発足)。4・21 宋子文(ソン＝ツーウェン)没(81、中華民国の政治家)。5・9 EC緊急理事会、西ドイツの変動為替相場制移行を承認(一〇日、オランダ、変動相場制へ移行)。5・25 ソ連最高幹部会議長ボドルヌイ、カイロ訪問(二七日、友好協力条約調印)。6・13『ニューヨーク＝タイムズ』、国防総省のベトナム秘密報告書(ペンタゴン＝ペーパーズ)の掲載開始。6・23 イギリスのEC加盟交渉妥結(デンマーク・アイルランド・ノルウェーも加盟)。6・30 ユーゴスラヴィアで憲法改正、複数大統領制を採用。7・9 米キッシンジャー大統領補佐官、秘密裏に中国訪問、周恩来(チョウ＝エンライ)と会談。7・10 ライシャワー没(91、宣教師)。7・15 ニクソン大統領、一九七二年五月までに周恩来(チョウ＝エンライ)首

西暦	年号・干支	内閣	記事
一九七一 ▶	昭和四六 辛亥	(第3次佐藤栄作内閣)	相の招待を受けて中国を訪問すると発表。**7・19** スーダンで左派クーデタ・二二日、反クーデタでヌメイリ議長が政権奪回(左派支持のイラクと断交)。**8・9** ソ連・インド、平和・友好・協力条約に調印。**8・15** ニクソン大統領、金とドルの交換一時停止などを含むドル防衛の経済政策を発表。**9・8** 中国共産党副主席林彪(リン＝ピアオ)、毛沢東(マオ＝ツォートン)暗殺のクーデタ失敗、飛行機で逃亡中に墜落死(一九七二年七月二八日、中国当局者が発表)。**10・16** キッシンジャー大統領補佐官、ニクソン大統領の中国訪問準備のため出発。**10・25** 国連総会、アルバニアなど二三ヵ国提案の「中国招請・国府追放案」を可決、中国の国連復帰決定。**12・3** インド・パキスタン紛争、全面戦争となる(印パ戦争)。**12・16** 東パキスタンのパキスタン軍、無条件降伏(一七日、パキスタン、インドの停戦案受諾)。**12・18** ワシントンでの一〇ヵ国蔵相会議、多国間通貨調整成立(スミソニアン合意)。**この年** バーレーン(八月一四日)・カタール(九月一日)・アラブ首長国連邦(一二月二日)が独立、湾岸で新体制が固まる。スイスで女性の参政権実現。
一九七二 ◀	四七 壬子		【政治・経済】 **1・3** 日米繊維協定、ワシントンで調印。**1・6** 佐藤首相、米ニクソン大統領と会談(七日、沖縄返還を五月一五日とするなどの共同声明)。**1・16** 日朝友好促進議員連盟の代表団、平壌(ピョンヤン)へ出発(二五日、国交樹立をめざす共同声明)。**3・7** 防衛庁、陸上自衛隊航空部隊を宇都宮より立川基地へ抜打ち的に移駐(八日、美濃部都知事、中止を求める声明)。**3・15** 山陽新幹線、新大阪―岡山間開通。**3・27** 社会党の横路孝弘、沖縄交渉をめぐる外務省の極秘電報を暴露(四月四日、警視庁、機密漏洩で外務省事務官蓮見喜久子らを逮捕)。**4・17** 政府、国防会議で沖縄への自衛隊配備計画を決定。**5・15** 沖縄の施政権返還・日本本土復帰実現、沖縄県発足。**5・20**

西暦	
年号・干支	
内閣	
記事	アメリカ軍B五二が三機、ベトナムからの帰途、悪天候を理由に沖縄嘉手納基地に飛来。**5・24** 佐藤首相、衆議院外務委で中国の唯一正統政府は中華人民共和国政府と発言。**6・11** 田中角栄通産相、「日本列島改造論」構想発表。**6・17** 佐藤首相、正式に退陣表明。**6・25** 沖縄県知事・県議会議員選挙(知事に屋良朝苗当選)。**6・27** 最高裁、日照権を法的保護に値する権利として認める判決。**7・5** 自民党大会、決選投票で田中角栄を総裁に選出。**7・6** 第六九臨時国会召集(七月一二日閉会)・佐藤内閣総辞職・衆参両院、田中角栄を首相に指名。**7・7** 第一次田中角栄内閣成立(外相大平正芳・通産相中曾根康弘)。**7・14** 閣議、新全国総合開発計画を練り直し、「日本列島改造論」との調整決定。**7・25** 竹入義勝公明党委員長ら、中国訪問(八月四日帰国、田中首相に早期中国訪問を進言)。**8・31** 田中首相、米ニクソン大統領とハワイで会談(九月一日、日米安保条約維持・貿易不均衡是正などの共同声明発表)。**9・17** 椎名悦三郎自民党副総裁、日中正常化説明のため台湾へ出発(一八日、国民政府蔣介石(チアン=チエシー)総統に田中首相の親書を手渡す)。**9・25** 田中首相、中国訪問、周恩来(チョウ=エンライ)首相と会談、国交正常化達成に合意(二七日、毛沢東(マオ=ツォートン)首席と会談)。**9・29** 日中共同声明調印、国交正常化(大平正芳外相、日台条約は存在の意義失効と表明)・台湾は対日断交。**10・9** 政府、国防会議と閣議で第四次防衛力整備計画を決定(総額四兆六三〇〇億円)。**10・27** 第七〇臨時国会召集(一一月一三日、衆議院解散)。**10・30** 沖縄県議会、「B五二再飛来阻止に関する要請決議」を採択。**11・1** 古河鉱業㈱、足尾銅山の来春閉山を決定(昭和四八年二月二四日閉山)。**12・10** 第三三回衆議院議員総選挙(自民二七一・社会一一八・共産三八・公明二九・民社一九・無所属一四)。**12・22** 第七一特別国会召集(昭和四八年九月二七日閉会)。第二次田中内閣成立。

西暦	年号・干支	内閣
一九七二 ◀▶	昭和四七 壬子	(第3次佐藤栄作内閣) 7・7 第1次田中角栄内閣

記事

【社会・文化】

1・17 日教組教研集会で宮崎県の小学教員が、土呂久鉱山の公害病を発表。**1・24** グアム島で横井庄一元陸軍軍曹を保護(二月二日帰国)。**2・3** 第一一回冬季オリンピック札幌大会開催(〜一三日。六日、笠谷幸生、七〇メートル級ジャンプで金メダル)。**2・17** 群馬県警、妙義山中で連合赤軍幹部の永田洋子・森恒夫を逮捕。**2・19** 連合赤軍の坂東国男ら五人、軽井沢の浅間山荘に管理人の妻を人質に籠城(二八日、機動隊突入、逮捕、隊員などに死者三名。浅間山荘事件)。**2・23** 水俣病患者自主交渉派、大石武一環境庁長官の斡旋でチッソ会社と交渉。**3・21** 奈良県明日香村の高松塚古墳で極彩色の壁画発見(三月二六日公表)。**4・7** 国会議員・文化人などの呼びかけで「国民の知る権利を守る会」結成。**4・24** 火炎びん使用等処罰法を公布(五月一三日施行)。**5・1** 第四三回メーデー、公明党初参加。**5・13** 大阪南区の千日デパートビルで火災、一一八人が酸欠で死亡。**6・6** 大石武一環境庁長官、ストックホルムで開催の国連人間環境会議で演説。**6・22** 自然環境保全法を公布(昭和四八年四月一日施行)。**7・1** 勤労婦人福祉法を公布(即日施行)。**7・24** 津地裁四日市支部、四日市ぜんそく訴訟で加害企業六社の共同不法行為を認める判決。**8・9** 名古屋高裁金沢支部、イタイイタイ病第一次訴訟の控訴審で三井金属鉱業の控訴棄却。**9・1** 日本書店組合連合、販売手数料引上げを要求し、大手出版社書籍の不売スト(一二日、二パーセント引上げで妥結)。**10・6** 国立大学協会、全国共通第一次試験の基本構想を発表。**11・5** 上野動物園で中国政府寄贈のパンダ(康康・蘭蘭)公開。**11・13** 元俳優岡田嘉子、三四年ぶりにソ連から帰国(ソ連への亡命に同行した杉本良吉はスパイ容疑でソ連当局により処刑)。**11・18** 日本文化研究国際会議、東京・京都で開催(主催日本ペンクラブ)。**12・5** 那覇市、自衛隊基地内に居住する自衛官の住民登録受付を停止(二三日、自治省、中止を要請)。**この年** 日本大辞典刊行会編『日

西暦	
年号・干支	
内閣	
記事	本国語大辞典』刊(〜昭和五一年)。 【死没】 1・31 松内則三(81、アナウンサー)。2・2 高田保馬(88、社会学)。2・17 平林たい子(66、小説家)。2・27 吉住小三郎(四代)(95、長唄唄方)。3・2 鏑木清方(93、日本画家)。3・24 綾部健太郎(81、鉄道建設公団)。4・16 川端康成(72、小説家)。5・4 水野成夫(72、経営者)。5・8 伊東深水(74、日本画家)。5・28 小汀利得(82、日本経済新聞)。6・2 高村豊周(81、鋳金作家)。6・5 田中隆吉(78、陸軍軍人)。6・9 徳岡神泉(76、日本画家)。6・11 鳥海青児(70、洋画家)。6・30 丸山二郎(72、日本史学)。7・1 田中義麿(87、遺伝学)。7・18 入江俊郎(71、最高裁判事)。7・27 瀬越憲作(83、囲碁棋士)。9・24 赤木正雄(85、土木工学)。10・4 東海林太郎(73、歌手)。10・16 田辺五兵衛(一四代)(64、田辺製薬)。10・22 柳家金語楼(71、俳優)。10・23 久布白落実(89、婦人解放運動)。11・22 岡田紅陽(77、写真家)。12・14 内田祥三(87、建築家)。 〔世界〕 1・12 バングラデシュでラーマンを首相とする内閣成立。2・21 米ニクソン大統領、中国訪問・毛沢東(マオ＝ツォートン)と会見、周恩来(チョウ＝エンライ)と会談(二七日、共同声明発表)。3・22 アメリカ上院、男女平等に関する憲法修正案を可決。4・6 アメリカ軍、大規模な限定北爆を再開。4・10 アメリカ・イギリス・日本など七九ヵ国、生物毒素兵器禁止条約調印。4・24 中国、失脚幹部の復活が始まる。5・8 ニクソン、北ベトナム全港湾の機雷封鎖を発表(一一日、機雷作動開始)。5・22 ニクソン、ソ連訪問(二六日、戦略兵器制限条約調印)。5・30 イスラエルのテルアビブ国際空港で日本赤軍派によるテロ事件・巡礼客ら多数死亡(犯人奥平剛士・安田安之は現場で死亡、岡本公三逮捕)。6・5 国連人間環境会議、ストックホルムで開催(一六日、人間環

西暦	年号・干支	内閣	記事
一九七二	昭和四七 壬子	12・22 第2次田中角栄内閣	境宣言を採択)。**6・17** ワシントンのウォーターゲート=ビルの民主党事務所に盗聴器を仕掛けようと侵入した五人を逮捕(ウォーターゲート事件の発端)。**6・23** イギリス、ポンドを変動相場制に移行。**7・9** アメリカ・ソ連、穀物協定に調印。**7・18** エジプト大統領サダト、ソ連の軍事顧問団の追放を決定。**8・14** 米キッシンジャー大統領補佐官・北ベトナムレ=ドク=ト特別顧問、パリで秘密会談。**9・5** アラブ=ゲリラ、ミュンヘン五輪の選手村を襲撃(イスラエル選手一一人死亡)。**9・23** フィリピン大統領マルコス、全国に戒厳令を布告。**10・5** 石油輸出国機構(OPEC)、石油会社の経営参加交渉でイラク・サウジアラビア・クウェートなど五ヵ国と合意。**10・19** フィリピン南部のスルー地方でイスラム教徒の反乱始まる。**10・26** 北ベトナム、アメリカと合意の九項目停戦協定案を発表。**12・18** アメリカ軍、北爆再開、ハノイ・ハイフォンを爆撃。**12・21** 東西両ドイツ、関係正常化基本条約に調印。**この年** ユネスコで世界遺産条約採択。
一九七三	四八 癸丑		【政治・経済】 **2・10** ドル売り急増により東京外国為替市場閉鎖。**2・14** 大蔵省、円の変動相場制移行を実施。**2・20** 鐘淵化学工業、石油蛋白飼料の企業化を断念。**3・7** 竹入義勝公明党委員長・美濃部亮吉都知事、友好協力の覚書交換、都議会公明党は与党となる。**4・4** 最高裁大法廷、刑法の尊属殺人罪は法の下の平等を定めた憲法一四条に違反と判決(初の違憲立法審査権行使)。**5・12** 政府、小選挙区区割案作成のため衆議院選挙区区割委員会を発足。**5・15** 日本政府、ドイツ民主共和国(東ドイツ)と外交関係設定に関する交換公文にモスクワで調印。社会・公明・共産三党など、小選挙区制粉砕統一行動・全国で三二万人参加。**5・16** 政府、衆参両院議長の要請により、臨時閣議で本国会に選挙制度改革法案の提出を断念。**5・19** 東京江東区議会、杉並区のゴミの「新夢

西暦

年号・干支

内閣

記事

の島」搬入拒否（二二日、実力阻止・二三日、都知事、清掃工場候補地を高井戸に決定）。**7・5** 共産党、社会主義国の核保有・核実験にも反対すると核政策を転換。**7・17** 自民党若手タカ派議員、青嵐会を結成（中川一郎・石原慎太郎・加藤六月ら三一名）。**7・20** 日航機、アムステルダム空港離陸直後、パレスチナ＝ゲリラに乗取られる（二四日、乗客ら解放後に機体爆破）。**8・8** 韓国新民党元大統領候補の金大中（キム＝デジュン）、東京のホテルから五人の韓国人により誘拐（一三日、ソウルの自宅に連行・金大中（キム＝デジュン）事件）。**8・13** 東京で反朴（パク）政権組織の韓国民主回復統一促進会議日本支部結成。**8・23** 田中伊三次法相、参議院法務委員会で金大中（キム＝デジュン）事件は某国秘密警察（韓国ＣＩＡ）が関与と示唆。**8・24** 日韓両国政府、九月開催予定の日韓定期閣僚会議延期を発表。**9・7** 札幌地裁、長沼ナイキ基地訴訟で自衛隊に対する初めての違憲判決（一二日、政府控訴）。**9・20** 衆議院本会議、北方領土返還要求を全会一致で決議。**9・25** 通産省、初の「エネルギー白書」を発表。**9・26** 田中首相、仏・英・西独・ソ連訪問に出発。**10・10** 日ソ首脳会談（八日〜）・田中・コスイギン両首相、共同声明調印（未解決の諸問題を解決し平和条約締結交渉の継続を確認）。**10・23** エクソン・シェル両石油会社、原油価格三〇パーセント引上げ通告（二五日、エクソンなど五社、原油供給量一〇パーセント削減通告・第一次石油危機）。**11・1** 韓国政府、金大中（キム＝デジュン）事件で金東雲（キム＝ドンウン）ら数人の在日韓国公館員の解任方針発表。**11・2** 韓国金鍾泌（キム＝ジョンピル）首相、金大中（キム＝デジュン）事件陳謝で来日、田中首相と会談し日韓定期閣僚会議再開などで合意。**11・14** 共産党第一二回大会（〜二〇日、「民主連合政府綱領」を発表）。**11・16** 閣議、石油緊急対策要綱を決定（一五日、内閣に石油対策推進本部を設置）。**11・25** 田中改造内閣発足（蔵相福田赳夫）。**11・27** 公正取引委員会、石油連盟と日本石油など元売り一三社を独禁法違反容疑で強制調査。**12・1** 第七二通常国会召集（昭和四九

西暦	年号・干支	内閣
一九七三 ◀▶	昭和四八 癸丑	(第2次田中角栄内閣)

記事

年六月三日閉会)。**12・10** 副総理三木武夫、石油危機打開のため中東八ヵ国へ出発(~二八日)。**12・14** 愛知県の豊川信用金庫、デマが原因で取付け騒ぎ(~一五日)。**12・22** 国民生活安定緊急措置法・石油需給適正化法を公布・施行。**12・25** OAPEC石油担当相会議、日本を友好国と認め、必要石油量の供給を決定。日韓両国政府、一九七四年度対韓借款を四五四〇万ドルと決定。**この年** 卸売・消費者物価がともに急上昇。

【社会・文化】

1・1 七〇歳以上の老人医療無料化を実施(昭和四七年六月二三日、老人福祉法改正による)。**3・13** 高崎線上尾駅で、順法闘争に怒った乗客六〇〇〇人が電車・駅舎を破壊。**3・15** 国立大学協会会長加藤一郎、筑波大学の方式を他大学へ誘導することを批判する談話発表。**3・20** 熊本地裁、水俣病訴訟でチッソの過失責任を認定、患者側全面勝訴。**4・2** 建設省、地価公示価格を公表、全国平均三〇・九パーセントの急騰。藤原彰・松浦総三ら、米国押収資料の返還・公開を要求する会を結成。**4・12** 国民の祝日法を改正・公布、祝日が日曜日と重なる場合は月曜日を振替休日とする。**4・27** 春闘・六八単産・三一〇万人、初の交通ゼネスト。**6・5** 環境週間始まる。**9・10** 日本平和学会設立(会長に関寛治東大教授)。**9・15** 全国高齢者一万人集会、東京都体育館で開催。**10・19** 閣議、紙使用合理化国民運動の推進を決定。**10・23** 江崎玲於奈、ノーベル物理学賞受賞決定。**11・29** 熊本市の大洋デパートで火災、死者一〇三人。**11・-** 各地でトイレットペーパー買いだめの品不足騒ぎが発生。**12・2** 青森県六ヶ所村村長選挙、むつ小川原開発促進派の古川伊勢松が当選。**この年** 伊藤博文関係文書研究会編『伊藤博文関係文書』刊(~昭和五六年)。小川平吉文書研究会編『小川平吉関係文書』刊。

【死没】

西暦	
年号・干支	
内閣	
記事	1・25 大場政夫(23、プロボクシング)。2・9 団伊能(80、九州朝日放送)。2・13 池島信平(63、文芸春秋)。2・20 棚橋小虎(84、労働運動家)。3・1 吉田一穂(74、詩人)。3・17 石井鶴三(85、彫刻家)。3・28 椎名麟三(61、小説家)。3・29 足立正(90、日本商工会議所)。4・4 菊田一夫(65、劇作家)。4・23 阿部知二(69、小説家)。4・25 石橋湛山(88、政治家)。4・27 吉田富三(70、病理学)。4・30 大佛次郎(75、小説家)。5・1 関鑑子(73、声楽家)。5・11 美土路昌一(86、朝日新聞)。5・29 伊藤忠兵衛(二代)(86、伊藤忠商事)。6・2 近衛秀麿(74、指揮者)。6・19 鈴木三郎助(82、味の素)。7・11 吉屋信子(77、作家)。7・31 東富士謹一(51、横綱)。8・3 時実利彦(63、大脳生理学)。8・7 高瀬清(71、社会運動家)。8・18 益谷秀次(85、政治家)。8・25 緒方知三郎(90、病理学)。8・27 白鳥省吾(83、詩人)。9・15 松方三郎(74、登山家)。9・20 芳村伊十郎(七代)(72、長唄唄方)。9・21 山本嘉次郎(71、映画監督)。古今亭志ん生(五代)(83、落語家)。10・21 我妻栄(76、法学)。11・1 鶴見祐輔(88、政治家)。11・13 サトウハチロー(70、詩人)。11・16 友松圓諦(78、仏教学)。11・17 浜田広介(80、童話作家)。11・18 本庄栄治郎(85、日本経済史学)。11・23 愛知揆一(66、政治家)。早川雪洲(84、映画俳優)。11・24 後宮淳(89、陸軍軍人)。12・4 岡敬純(83、海軍軍人)。12・12 野村直邦(88、海軍軍人)。12・22 浪花千栄子(66、俳優)。 〔世界〕 1・27 ベトナム和平協定・議定書、パリで正式調印(二八日発効)。2・12 パリの五ヵ国会議でドルの一〇パーセント切り下げを決定(一九七一年一二月のスミソニアン合意崩壊)。2・21 ラオスのビエンチャン政府・愛国戦線、和平協定に調印(二二日発効)。3・2 ドル売り再燃により、欧州外国為替市場閉鎖。3・11 EC蔵相会議開催、EC六ヵ国の共同変動相場制移行(一九日実施)など決定。3・29 南ベトナム駐留のアメリカ軍、最終撤兵完了。5・18 ソ連ブレジネフ書記長、

西暦	年号・干支	内閣	記事
一九七三▶	昭和四八 癸丑	（第2次田中角栄内閣）	西ドイツ訪問（一九日、経済・工業・技術協定調印）。**6・16** ブレジネフ書記長、アメリカ訪問（一八日、ニクソン大統領と会談開始・二二日、核戦争防止協定調印）。**7・3** 全欧州安全保障協力外相会議、ヘルシンキで開催（〜七日）。**7・17** アフガニスタンでクーデタ、王制廃止・共和制樹立を宣言。**8・2** 中国『人民日報』、孔子批判論文を掲載（批林批孔運動始まる）。**8・15** アメリカ軍、ラオス・カンボジア爆撃を停止。**8・24** 中国共産党第一〇回全国代表大会開催（林彪（リン＝ピアオ）と陳伯達（チェン＝ポーター）の党籍永久剝奪・〜二八日）。**9・5** 非同盟諸国第四回首脳会議、アルジェで開催（大国支配非難など・〜九日）。**9・11** チリで軍事クーデタ、アジェンデ大統領自殺。**9・18** 国連総会、東西両ドイツの加盟を承認。**10・6** エジプト軍・シリア軍、スエズ運河東岸とゴラン高原でイスラエル軍と交戦（第四次中東戦争）。**10・14** タイの反政府学生ら、軍・警察と衝突・タノム内閣総辞職。**10・17** OPEC加盟のペルシャ湾岸六ヵ国、緊急会議で原油公示価格の二一パーセント引上げを発表。OAPEC一〇ヵ国閣僚会議、イスラエル支持国向けの石油生産削減を決定（石油戦略発動）。**10・18** サウジアラビア、石油の対アメリカ・オランダ禁輸。**11・7** アメリカ両院、大統領の戦争権限を制限する法案可決。**12・21** 中東和平国際会議、ジュネーヴで開催（〜二二日）。
一九七四◀	四九 甲寅		【政治・経済】 **1・7** 田中首相、東南アジア五ヵ国訪問に出発。**1・30** 日・韓両国政府、大陸棚協定に調印（二月四日、中国政府抗議・昭和五三年六月二二日発効）。**1・―** 消費者物価指数、前月比四・四パーセント上昇（前年同月比二三・一パーセント）。**2・5** 公正取引委員会、石油連盟と石油元売り一二社に協定破棄を勧告（一五日、勧告を受諾）。**2・6** パレスチナ＝ゲリラ、在クウェート日本大使館

西暦

年号・干支

内閣

記事

を占拠。**2・25** 衆議院予算委員会、物価集中審議(～二七日)、石油連盟会長らを参考人として追及。**3・10** フィリピンのルバング島で小野田寛郎元陸軍少尉、三〇年ぶりに救出(一二日帰国)。**3・14** 田中首相、参議院予算委員会で日の丸・君が代を国旗・国歌として法制化を示唆。**4・7** 京都府知事選挙で蜷川虎三(共産党など推薦)、全国初の七選。**4・20** 日中航空協定、北京で調印(国民政府、日台空路を停止)。**4・24** 韓国政府、民青学連事件で日本人学生二人を逮捕と日本に通告。**4・25** 外務省、日本人二人の早期釈放を韓国政府に要請(七月一五日、韓国非常軍法会議、懲役二〇年の判決・昭和五〇年二月一五日釈放)。**4・-** 春闘賃上げの平均二万八九八一円・三二・九パーセント。**5・1** 国税庁、昭和四八年度高額所得者を公示(上位一〇〇人中、九七人が土地所得者)。**5・13** 田中首相、徳育の必要を強調し、「五つの大切」・「一〇の反省」を提唱。**5・24** 土光敏夫(東京芝浦電気会長)、経団連会長に就任。**5・25** 自民党、衆議院本会議で靖国神社法案を単独可決(参議院で廃案)。**5・26** 田中首相、遊説先の札幌で参議院選挙後に小選挙区制を提案すると発言。**6・1** 電力料金値上げ実施(家庭用二九パーセント・産業用七四パーセント)。**6・26** 国土庁発足(初代長官西村英一)。**7・2** 中央選管委員長堀米正道、企業ぐるみ選挙を批判する見解発表。**7・7** 第一〇回参議院議員選挙(自民六二・社会二八・公明一四・共産一三・民社五)・投票率七三・二三パーセント。**7・12** 三木武夫副総理、田中首相の政治姿勢を批判し辞任(一六日、福田赳夫蔵相・保利茂行政管理庁長官辞任)。**7・24** 第七三臨時国会召集(七月三一日閉会)。**8・14** 韓国政府、金大中(キム＝デジュン)事件の捜査打切りを表明・木村俊夫外相、遺憾の意を表明。**9・10** アメリカ海軍の退役少将ジーン＝ラロック、議会で日本への核持込み肯定の証言(一〇月六日公表)。**10・22** 社会党寺田熊雄、参議院大蔵委員会で田中首相の所得を追及、首相の出席を提案して紛糾。田中首相、外人記者クラブで金脈問題につき反論。**11・5** 日経連、

西暦	年号・干支	内閣	記事
一九七四 ◀▶	昭和四九 甲寅	（第2次田中角栄内閣）	一九七五年春闘の賃上げ率一五パーセント以下とのガイドラインを提案。**11・12** 衆議院法務・参議院決算委員会などで田中首相の金脈問題追及。**11・17** 社会・共産両党・総評など一九団体、田中退陣要求・フォード来日反対の全国統一行動。**11・18** 米フォード大統領来日（一九日、天皇と会見・田中首相と会談・二〇日、共同声明発表）。**11・26** 田中首相、閣議で辞意を表明。**12・1** 自民党副総裁椎名悦三郎、三木武夫を新総裁とする裁定案を提示（四日、自民党両院議員総会、三木を総裁に選出）。**12・9** 第七四臨時国会召集（一二月二五日閉会）。三木内閣成立（副総理兼経済企画庁長官福田赳夫・蔵相大平正芳・外相宮沢喜一）。**12・27** 第七五通常国会召集（昭和五〇年七月四日閉会）。**この年** 大学卒男子の平均初任給 八万三〇〇〇円。 【社会・文化】 **1・21** 東京の無降水新記録（七一日間）。**2・25** 教育人材確保法を公布。**3・30** 名古屋の新幹線公害訴訟原告団、騒音・振動の差し止めと損害賠償請求の訴訟を名古屋地裁に提起。**4・11** 八一単産・六〇〇万人参加のゼネスト。**4・20** モナ＝リザ展、東京国立博物館で開催（〜六月一〇日）。**5・9** 伊豆半島南部でマグニチュード六・八の大地震、家屋・道路に被害甚大。**6・5** 自然保護憲章、同憲章制定国民会議で採択。**7・2** 第一回日本人口会議開催（四日、「子供は二人迄」の大会宣言採択）。**7・16** 東京地裁、第一次教科書検定訴訟で、検定制度は合憲・検定内容は一部不当と判決。**7・29** 日本ペンクラブ訪韓代表、詩人金芝河（キム＝ジハ）の逮捕は言論弾圧ではないと発言、会員の抗議・脱会多数。**8・22** 食品衛生調査会、合成殺菌剤AF二の使用禁止を具申・厚生省、使用禁止を決定。**8・26** 原子力船むつ、大湊を初出港（九月一日、出力上昇試験中に放射線漏れの事故発生）。**8・30** 東京丸の内の三菱重工業本社前に仕掛けられた時限爆弾が爆発、通行人八人死亡。**9・28** 総理府統計局、日本の人口一億一〇〇〇万人突破を推計。**10・8** 佐藤栄作前首相、

西暦

年号・干支

内閣

記事

ノーベル平和賞受賞決定(日本が核武装しなかった点を評価される)。11・22 兵庫県八鹿高校で、生徒の部落解放研究会設置をめぐり紛争。12・18 岡山県倉敷市の三菱石油㈱水島製油所タンクから重油が大量流出。

【死没】

1・9 高津正道(80、政治家)。1・11 山本有三(86、劇作家)。1・20 天野辰夫(81、右翼運動家)。2・4 尾崎喜八(82、詩人)。2・15 山中謙二(80、西洋史学)。2・19 宇野哲人(98、中国哲学)。2・26 赤井米吉(86、明星学園)。3・1 田中耕太郎(83、法学)。3・22 福田平八郎(82、日本画家)。3・27 松本学(86、内務官僚)。3・30 橘孝三郎(81、右翼農本主義)。3・31 深尾須磨子(85、詩人)。4・4 平塚常次郎(92、北洋漁業)。4・13 中村星湖(90、小説家)。5・19 南原繁(84、政治学)。5・22 広瀬久忠(85、内務官僚)。5・24 佐藤喜一郎(80、三井銀行頭取)。5・25 石田幹之助(82、東洋史学)。5・31 木村伊兵衛(72、写真家)。7・5 務台理作(83、哲学)。7・8 神山茂夫(69、共産主義)。7・25 花菱アチャコ(77、漫才師)。7・29 神田茂(80、天文学)。8・8 いわさきちひろ(55、童画家)。9・12 佐藤達夫(70、人事院総裁)。9・13 高野実(73、労働運動家)。9・15 有島生馬(91、洋画家)。9・23 花田清輝(65、作家、批評家)。10・30 吉田栄三(二代)(71、人形遣い)。11・4 落合英二(76、薬学)。新見吉治(100、日本史学)。11・12 菊池正士(72、物理学)。11・23 原田淑人(89、考古学)。12・23 高木市之助(86、国文学)。

【世界】

1・17 朴烈(パク＝ヨル)没(73、朝鮮の民族主義者)。1・18 エジプト・イスラエル、スエズ戦線の兵力引離し協定に調印、停戦。1・19 中国・南ベトナム両軍、西沙(シーシャー)群島沖で海戦(二〇日、中国軍、西沙(シーシャー)群島の一部を制圧)。2・11 石油消費国会議、ワシントンで開催

西暦	年号・干支	内閣	記事
▶一九七四	昭和四九 甲寅	(第2次田中角栄内閣) 12・9 三木武夫内閣	(一三ヵ国参加・アメリカ・フランス対立・～一三日)。**2・13** ソ連、作家ソルジェニーツィンの市民権剝奪、国外追放。**2・25** エチオピアで軍事クーデタ(二月二四日、エチオピア軍事政権、アマン前議長ら六一人を処刑と発表)。**3・18** OAPEC石油相会議、アメリカに対する原油禁輸解除を決定。**4・9** 国連資源特別総会、ニューヨークで開催、新国際経済秩序樹立宣言を採択(～五月二日)。**4・25** ポルトガルで軍部クーデタ(二六日、スピノラ新政権、民主化政策を発表)。**5・18** インド、ラジャスタン州で初の地下核実験。**5・31** シリア・イスラエル、ゴラン高原の兵力引離し協定に調印。**6・10** アメリカ大統領ニクソン、中東五ヵ国訪問へ出発(～一九日)。**6・27** ニクソン、ソ連訪問(～七月三日)、ブレジネフ書記長と会談。**7・13** 韓国非常軍法会議、詩人金芝河(キム＝ジハ)らに死刑判決。**7・15** キプロスでギリシア人将校によるクーデタ(マカリオス大統領、国外脱出)。**7・20** トルコ軍、キプロスへ上陸・国連安保理、キプロス停戦を決議(二二日停戦)。**7・23** ギリシア軍事政権崩壊(二四日、カラマンリス、文民政権を樹立)。**7・27** アメリカ下院司法委、ウォーターゲート事件でニクソン大統領弾劾訴追状第一条を可決(二九日第二条を、三〇日第三条を可決)。**7・31** EC・アラブ連盟、経済協力一般委員会設置に合意。**7・-** 中国秦始皇帝陵で兵馬俑発掘。**8・6** ポルトガル、ギニア＝ビサウ共和国の独立を認める協定に調印。**8・8** ニクソン、大統領辞任を発表。**8・9** フォード副大統領、アメリカ大統領に就任。**8・14** キプロス和平会議、イギリス・トルコ・ギリシア間の交渉決裂・ギリシア、NATO軍事機構脱退を発表。**8・15** 韓国朴正熙(パク＝チョンヒ)大統領、狙撃され同席の妻死亡・犯人の在日韓国人文世光(ムン＝セグヮン)逮捕(一七日、韓国、文(ムン)の背後に朝鮮総連と発表・一八日、朝鮮総連、無関係と声明)。**10・28** アラブ首脳会議、ラバトで開催(二八日、PLOをパレスチナ唯一の代表とする決議、パレスチナ人の民族自決権の再確認など)。**11・5** 国連世界食糧会議、ローマで開催(一

西暦	一九七五 ◀
年号・干支	五〇 乙卯
内閣	

記事

三〇ヵ国参加・～一一月一六日)。**11・22** 国連総会、パレスチナ人の自決権を認め、PLOにオブザーバーの資格を付与する決議。**11・23** フォード大統領、ソ連訪問、ブレジネフ書記長と会談(二四日、戦略兵器に関する共同声明発表)。

【政治・経済】**2・7** 日銀、一月の卸売物価が前月比〇・四パーセント下落と発表(三年ぶりの下落)。**3・10** 山陽新幹線の岡山―博多間開業(東京―博多間全通)。**3・24** 三木首相、成田知巳社会党委員長と会談・首相、二七日前に昨春闘の処分をしないと言明。**4・13** 都道府県知事・同議会議員選挙、美濃部都知事三選、大阪府知事に黒田了一再選(二七日、市町村長・同議会議員選挙)。**4・17** 日・ソ両国、西カムチャツカ水域のタラバガニ全面禁漁に合意。**5・7** イギリスのエリザベス女王来日(～一二日)。稲葉修法相、参議院決算委員会で現行憲法は欠陥が多いと発言、問題化(二一日、稲葉法相、発言取消し・三木首相、改憲せずと表明)。閣議、南ベトナム臨時革命政府の承認を決定。**5・25** 全国自然保護大会(栃木県日光市で開催)、南アルプス・スーパー林道の建設中止を決議。**6・3** 佐藤栄作元首相没(一六日、日本武道館で国民葬・大日本愛国党員、会場で三木首相に暴行)。**6・24** 衆議院本会議、独占禁止法改正案を可決(参議院で廃案)。**7・4** 参議院本会議、政治資金規正法改正案を可否同数、議長裁決で可決成立・公職選挙法改正案、可決成立(ともに一五日公布)。**7・12** 共産党委員長宮本顕治と創価学会会長池田大作会談、相互不干渉・共存で一致(一六日、公明党委員長、共産党と政権共闘せずと発表)。**7・17** 皇太子夫妻、沖縄「ひめゆりの塔」前で火炎びんを投げられる。**7・27** 共産党・創価学会、相互不干渉・共存の一〇年協定(昭和四九年一二月二八日調印)を公表。**8・2** 三木首相、アメリカ訪問(五日、フォード大統領と会

西暦	年号・干支	内閣	記事
一九七五	昭和五〇 乙卯	（三木武夫内閣）	談・六日、韓国の安全の緊要性を強調した条項を含む共同声明発表）。**8・5** 政府、クアラルンプール事件（八月四日）で日本赤軍の要求に応じ、拘置中の過激派釈放を決定。**8・7** 東京都公害局、日本化学工業㈱が江東・江戸川両区に六価クロム鉱滓を大量投棄と発表（二一日、東京都、住民の健康診断開始）。**8・15** 三木首相、現職首相として戦後初の靖国神社参拝（私人の資格）。**9・2** 佐賀県のフグ漁船松生丸、黄海で出漁中に北朝鮮警備艇により銃撃（二人死亡）。**9・11** 第七六臨時国会召集（一二月二五日閉会）。**9・15** 第八回日韓定期閣僚会議、ソウルで開催（一年九ヵ月ぶり・日韓連携確認の共同声明）。**9・21** 天皇、アメリカ人記者と会見、開戦は閣議決定・終戦は自分の決定と発言。**9・29** 信濃川河川敷問題で地元九団体など、田中前首相らを最高検に告訴。**9・30** 天皇・皇后、初のアメリカ訪問に出発（一〇月二日、フォード大統領と会見）。**10・15** 文部省、小・中・高校教員に部長制度導入の方針を示す（主任制問題おこる）。**10・20** 藤井松太郎国鉄総裁、国労・動労などに条件つきスト権付与の見解を表明。**10・31** 天皇・皇后、初の公式記者会見（天皇、原爆投下は、戦争中のことでもあり、気の毒だったがやむを得ないと発言）。**11・2** 自民党の借金一〇〇億円のうち半額を財界が肩代りすることに、自民・財界両首脳が合意。**11・15** 三木首相、フランスで開催の主要先進国首脳会議に出席。**11・26** 公労協・国労・動労・全逓・全電通など、スト権奪還ストに突入。公企体閣僚協専門委懇談会、スト権付与は経営形態変更が前提との意見書を発表（野党・労組は反発）。**12・12** 東京地裁、田中金脈問題に関連した新星企業に有罪判決。**12・21** 本州四国架橋の大三島橋（尾道―今治ルート）の起工式。**12・24** 参議院本会議、財政特例法案を可決（赤字国債発行のため）。**12・27** 石油備蓄法を公布（昭和五五年三月までに九〇日分備蓄）。第七七通常国会召集（昭和五一年五月二四日閉会）。**この年** 自動車生産台数六九四万台（米は八九九万台）、粗鋼生産高一億二三一万トン（ソ連・米に次いで世界第三位）。給与平均月

西暦	
年号・干支	
内閣	

記事

額（三〇人以上の事業所）一三万円、失業率一・九パーセント。

【社会・文化】

3・19 警視庁、中核・核マル両派の内ゲバに非常事態を宣言。3・27 春闘共闘委、三・二七統一ストを中止。5・16 エベレスト日本女子登山隊の田部井淳子、女性として世界初の登頂成功。6・8 鎌倉市七里ガ浜で、暴走族二グループ六〇〇人が乱闘（一四日、警視庁、暴走族の全国一斉取締り開始）。6・16 小中学校の校長会・PTA全国協議会など、日本教育会を結成（会長森戸辰男）。7・1 文化財保護法を改正・公布（埋蔵文化財保護の強化・町並み保存など規定・一〇月一日施行）。7・10 専修学校制度を新設（修業年限一年以上・授業時数が年間八〇〇時間以上など）。7・19 沖縄国際海洋博覧会、本部半島で開催（テーマ「海―その望ましい未来」・～昭和五一年一月一八日）。8・28 第二五回パグウォッシュ会議、京都で開催（湯川秀樹ら出席・～九月一日）。10・1 国勢調査実施（人口一億一一九三万九六四三人）。12・1 政府、スト権ストにつき声明発表（法秩序の維持・専門懇の意見書尊重など）・公労協、抗議声明（三日、スト中止）。12・20 東京高裁、教科書第二次訴訟控訴審で検定の違法性を認め、控訴棄却（憲法判断を避ける）。12・27 宮崎県土呂久鉱山の砒素中毒症認定患者、住友金属鉱山㈱に対し、損害賠償請求訴訟を宮崎地裁延岡支部に提訴。

【死没】

1・15 坂本清馬（89、大逆事件）。1・16 坂東三津五郎（八代）（68、歌舞伎役者）。2・6 佐藤賢了（79、陸軍軍人）。2・17 森島守人（79、外交官）。2・28 丹羽保次郎（81、電気工学）。3・6 石坂泰三（88、経営者）。3・12 霜山精一（90、大審院長）。3・17 島崎敏樹（62、精神医学）。3・20 中川善之助（77、民法学）。3・22 戒能通孝（66、弁護士）。阪本勝（75、兵庫県知事）。3・28 守田勘弥（一四代）（68、歌舞

西暦	年号・干支	内閣
一九七五 ▶	昭和五〇 乙卯	(三木武夫内閣)

記事

伎役者)。5・6 古畑種基(83、法医学)。5・7 藤浪与兵衛(四代)(48、小道具)。5・25 矢代幸雄(84、美術史家)。6・3 佐藤栄作(74、政治家)。6・6 岩淵辰雄(83、政治評論家)。大島浩(89、陸軍軍人)。6・7 大場磐雄(75、考古学)。6・21 長野朗(87、農本主義者)。6・23 林武(78、洋画家)。6・30 金子光晴(79、詩人)。朝比奈泰彦(94、薬学)。7・25 きだみのる(80、作家)。8・10 佐佐木行忠(82、神道)。9・4 壺井繁治(77、詩人)。9・5 堂本印象(83、日本画家)。9・13 棟方志功(72、版画家)。10・9 林房雄(72、小説家)。10・28 上原専禄(76、西洋史)。11・14 倉石武四郎(78、中国語・文学)。11・19 三島徳七(82、冶金学)。11・24 田中親美(100、模写複製家)。12・3 鹿島守之助(79、鹿島建設)。12・6 正木昊(79、弁護士)。12・15 井上成美(86、海軍軍人)。12・22 堀米庸三(62、西洋史学)。12・25 沢村宗十郎(八代)(67、歌舞伎役者)。12・27 大類伸(91、歴史学)。

〖世界〗

2・12 韓国国民投票、維新憲法支持。2・13 北部キプロスで、トルコ系キプロス人の分離独立国家樹立を宣言。2・28 EC九ヵ国・アフリカなど四六ヵ国、通商援助協定(ロメ協定)に調印。3・17 イラン・イラク、新国境協定調印。3・25 サウジアラビア国王ファイサル暗殺(二六日、ハリド皇太子、国王に即位)。4・5 蔣介石(チアン＝チエシー)没(89、中国政治家)。4・13 レバノンで内戦始まる。4・17 カンボジア解放勢力、プノンペンを占領・政府軍、全面降伏。4・30 南ベトナムで、北ベトナム軍・解放民族戦線軍、サイゴンへ無血入城・ミン政権、無条件降伏。6・5 スエズ運河、八年ぶりに再開。6・19 国連国際婦人年世界会議、メキシコシティで開催。6・25 モザンビーク、ポルトガルから人民共和国として独立。7・29 アメリカ州機構、キューバ封鎖の解除を決議。7・30 欧州安保・協力首脳会議、ヘルシンキで開催(八月一日、新欧州共存体制をうたうヘルシンキ宣言調印)。8・4 日本赤軍、クアラルンプールでアメリカ・スウェーデン両大使

	1976	1975 (continued)
西暦	一九七六 ◀	
年号・干支	五一 丙辰	
内閣		
記事	【政治・経済】 1・27 春日一幸民社党委員長、衆議院本会議で共産党スパイ査問事件(昭和八年一二月)の調査要求。2・4 アメリカ上院外交委多国籍企業小委員会公聴会、ロッキード社の日・蘭・伊・トルコなどへの違法政治献金を公表。2・6 野党各党、ロッキード社が全日空への航空機販売のため、政界に献金を行った事実を衆議院予算委員会で追及開始(二月一六～一七日、国際興業社主小佐野賢治、全日空社長若狭得治・丸紅会長檜山広らを証人喚問)。2・18 江田三郎社会党副委員長・矢野絢也公明党書記長・佐々木良作民社党副委員長ら、「新しい日本を考える会」を結成。2・23 衆参両院本会議、アメリカ政府・上院にロッキード事件の資料提供要請を決議(二四日、三木首相、フォード大統領宛てに親書)。3・4 東京地検、児玉誉士夫を臨床取調べ(一三日、脱	館占拠。8・11 ポルトガル領ティモールでクーデタ発生(二一日、内戦状態となる)。8・15 バングラデシュで軍部クーデタ、ラーマン大統領殺害。ムシュタク=アーメド商務相、大統領就任。8・31『人民日報』、「水滸伝」批判論文を掲載。9・1 国連経済特別総会開催(開発と国際経済協力に関する七項目決議を採択。～一六日)。9・4 イスラエル・エジプト、第二次スエズ兵力分離協定に調印。10・16 モロッコ国王ハッサン、スペイン領サハラの領有を主張、三五万人のサハラ大行進を組織と声明(二一日、行進出発。一一月九日、中止)。10・22 ソ連の金星九号、金星表面に軟着陸。11・11 アンゴラ、ポルトガルから独立(アンゴラ解放人民運動、単独で独立式典。内乱激化)。11・15 主要先進国首脳会議、フランスのランブイエで開催(第一回。米・英・仏・西独・伊・日六カ国。一七日、ランブイエ宣言を採択)。12・1 米フォード大統領、中国訪問(二日、毛沢東(マオ=ツォートン)と会談)。12・7 フォード大統領、ハワイで「新太平洋ドクトリン」を演説。

西暦	年号・干支	内閣	記事
一九七六 ◀▶	昭和五一 丙辰	(三木武夫内閣)	税容疑で起訴)。**4・2** 田中角栄前首相、七日会総会でロッキード事件との関係を全面否定。**4・14** 最高裁、昭和四七年の衆議院総選挙での千葉一区における定数不均衡は違憲と判決。**5・1** 政府、果汁・フィルム製造業の資本自由化(農林水産業など四業種を除き資本自由化完了)。**5・3** 憲法記念日式典、二四年ぶりに政府主催で開催。**5・13** 椎名悦三郎自民党副総裁が三木退陣の協力要請のため、田中前首相・大平蔵相・福田副総理と会談したことが表面化。三木首相、日経連総会でロッキード事件究明を中途で放棄しないことを表明。**5・14** 衆議院ロッキード問題調査特別委員会設置(一九日、参議院設置)。**5・24** 参議院本会議、核兵器の不拡散に関する条約の批准承認を可決。**6・25** 河野洋平・西岡武夫ら元自民党代議士六人、新自由クラブを結成。**7・27** 東京地検、ロッキード事件に関し田中角栄を逮捕(八月一七日保釈)。三木首相、ロッキード事件の真相解明・政治の信頼回復・自民党の再生に全力をあげると表明。**7・30** 共産党大会、綱領・規約を改定・「自由と民主主義の宣言」を採択。**8・6** 福島地検、県知事木村守江を収賄容疑で逮捕。**8・9** 三木首相、長崎の原爆式典に首相として初めて出席。**8・19** 三木首相退陣を要求する自民党反主流派、挙党体制確立協議会を結成。**9・6** ソ連のミグ二五戦闘機が函館空港に強行着陸・ベレンコ中尉、アメリカ亡命を希望。**9・11** 三木・中曽根・船田・保利四者会談、党内抗争収拾で合意。**9・15** 三木改造内閣発足(福田副総理・大平蔵相ら留任)。**9・16** 第七八臨時国会召集(一一月四日閉会)。**10・12** 自民党代議士宇都宮徳馬、ロッキード事件と金大中(キム=デジュン)事件に対する党の取組み方に抗議して離党(二八日、議員辞職)。**10・21** 自民党挙党体制確立協議会総会、三木総裁退陣要求を宣言・後任に福田赳夫を推薦。**10・22** 鬼頭史郎京都地裁判事補が検事総長の名前をかたり三木首相に指揮権の発動を促す電話をかけた事件が表面化。**10・27** 法務省、鬼頭判事補が網走刑務所で宮本顕治の身分帳を写し取ったことを公表。政府、昭和五二年度以降の

西暦	
年号・干支	
内閣	
記事	「防衛計画の大綱」を決定(防衛力の質的向上に重点)。11・2 法務省、衆議院特別委秘密会で田中角栄ら五人の「灰色高官」を公表。11・5 政府、毎年度の防衛費を国民総生産(GNP)の一パーセント以内と決定。11・10 天皇在位五〇年記念式典、日本武道館で開催。11・19 最高裁、鬼頭判事補罷免のため裁判官訴追委員会に訴追請求。12・5 第三四回衆議院総選挙(自民二四九・社会一二三・公明五五・民社二九・共産一七・新自由クラブ一七)。12・17 三木首相、退陣を正式表明。12・23 自民党衆参両院議員総会、新総裁に福田赳夫を選出。12・24 第七九臨時国会召集(一二月二八日閉会)。福田赳夫内閣成立(法相福田一・外相鳩山威一郎・環境庁長官石原慎太郎)。12・30 第八〇通常国会召集(昭和五二年六月九日閉会)。 【社会・文化】 1・31 鹿児島市立病院で日本初の五つ子誕生。3・2 北海道庁ロビーで時限爆弾が爆発、死者二人(東アジア反日武装戦線の声明文発見)。4・9 新潟県の国営福島潟干拓地の農家、生産調整に反対し耕起を強行(二八日、新潟地裁新発田支部、立ち入り禁止の仮処分を決定)。5・1 政府、生活関連物資等の買い占め及び売り惜しみに対する緊急措置法と国民生活安定緊急措置法に基づく物資の指定をすべて解除。5・17 日教組の中央教育課程検討委員会、教育課程改革試案を公表(ゆとりのある授業を目標とする)。5・31 外務省、占領期の外交文書を初公開。6・10 第五福竜丸展示館、東京夢の島に開館。7・2 桂離宮の全面解体修理工事起工式。7・17 第二一回オリンピック・モントリオール大会開催(~八月一日・体操男子団体など九種目に金メダル)。7・21 国立国会図書館、戦後にアメリカ軍が持ち帰った戦時中の発禁本をアメリカ議会図書館より返還収納。8・20 新幹線こだま号に禁煙車が登場。9・29 川崎市議会、全国初のアセスメント(環境影響評価)条例案を可決。10・7 電機労連・鉄鋼労連など一六の民間単産が参加し、政策推進労働

西暦	年号・干支	内閣	記事
一九七六 ◀▶	昭和五一 丙辰	(三木武夫内閣)	組合会議結成。10・13 最高裁、香川県の財田川事件(昭和二五年)の再審を決定(死刑囚に初めて・昭和五九年三月一二日、無罪判決)。10・19 大阪地裁、道頓堀川の所有権をめぐる訴訟で国有との判決。10・29 山形県酒田市の中心部で大火災。12・21 一等一〇〇〇万円のジャンボ宝くじ発売。

【死没】

1・2 檀一雄(63、小説家)。1・13 舟橋聖一(71、小説家)。1・15 百武源吾(93、海軍軍人)。1・19 八木秀次(89、電気工学)。1・30 石垣純二(64、医事評論家)。2・13 大浜信泉(84、法学)。2・22 薩摩治郎八(74、随筆家)。2・23 中村直勝(85、日本史学)。3・2 久松潜一(81、国文学)。3・12 藤岡由夫(73、物理学)。3・13 重宗雄三(82、政治家)。3・22 藤原義江(77、声楽家)。4・9 武者小路実篤(90、小説家)。4・28 岡田弥一郎(83、動物学)。5・20 荻原井泉水(91、俳人)。6・7 嶋田繁太郎(92、海軍軍人)。6・9 久板栄二郎(77、劇作家)。6・18 日高信六郎(83、外交官)。6・25 安川第五郎(90、財界人)。6・28 田中長三郎(90、農学)。7・4 石原謙(93、キリスト教史学)。8・22 信夫韓一郎(76、朝日新聞)。9・4 宮沢俊義(77、憲法学)。9・6 徳川義親(89、大名華族)。9・11 石橋正二郎(87、ブリヂストンタイヤ)。10・5 武田泰淳(64、小説家)。10・11 中山マサ(65、政治家)。10・18 森有正(64、フランス文学)。11・3 瀬川菊之丞(六代)(69、歌舞伎役者)。11・6 浅見与七(82、果樹園芸学)。12・22 水田三喜男(71、政治家)。

【世界】

1・8 周恩来(チョウ=エンライ)没(79、中国政治家)。2・2 七七ヵ国グループ閣僚会議、マニラで開催(七日、マニラ宣言を採択)。2・27 ポリサリオ戦線、サハラ=アラブ民主共和国樹立を宣言。3・1 尹潽善(ユン=ボソン)・金大中(キム=デジュン)ら韓国のキリスト教系知識人、民主救国宣言を発表。3・14 エジプト大統領サダト、ソ連との友好条約破棄を宣言。4・5 中国で、当局

西暦	
年号・干支	
内閣	福田赳夫内閣 12・24
記事	による周恩来(チョウ＝エンライ)追悼花輪撤去から、北京の天安門広場で群衆と軍警が衝突(第一次天安門事件)。**4・7** 華国鋒(ホワ＝クオフォン)、中国首相・副主席に就任。鄧小平(トン＝シアオピン)の全職務解任。**4・13** カンボジアでポル＝ポト政権成立。**5・5** 第四回UNCTAD(国連貿易開発会議)総会、ナイロビで開催。一次産品総合計画作成などを決議(～三一日)。**5・28** アメリカ・ソ連、地下核実験制限条約に調印。**5・31** 国連人間居住会議、バンクーバーで開催(人間居住に関するバンクーバー宣言を採択。～六月一一日)。**6・1** シリア、レバノン内戦に武力介入。**6・4** カナダ、一九七七年一月一日以降漁業専管水域を二〇〇カイリに拡大すると宣言。**6・16** 南アフリカ共和国の黒人居住区ソウェトで、言語政策に抗議した学生一万人が警官と衝突。**6・27** 第二回主要先進国首脳会議、プエルトリコで開催(第一回の参加国米・英・仏・西独・伊・日に新たにカナダが加わった七ヵ国。二八日、国際協調確認の共同宣言)。**6・29** ヨーロッパ共産党・労働者党会議、東ベルリンで開催(三〇日、社会主義路線の多様性承認の最終文書を採択)。**7・2** ベトナム社会主義共和国成立(大統領にトン＝ドゥク＝タン、首相にファン＝ヴァン＝ドンを選出)。**7・4** イスラエル部隊、ハイジャックされたフランス航空機のイスラエル人人質救出のためウガンダのエンテベ空港を奇襲。**7・6** 朱徳(チュー＝トー)没(91、中国の軍人)。**7・17** インドネシア、東ティモールを併合。**7・28** 中国河北(ホーペイ)省東部で大地震、唐山(タンシャン)市中心に大被害(死者二〇万人を超す)。**8・11** オット没(ドイツの軍人・駐日ドイツ大使)。**8・16** 第五回非同盟諸国首脳会議、コロンボで開催(二〇日、政治・経済両宣言、経済協力行動計画などを採択)。**9・9** 毛沢東(マオ＝ツォートン)没(84、中国革命の最高指導者)。**10・6** 中国、文革急進派の江青(チアン＝チン)(毛沢東(マオ＝ツォートン)の妻)・王洪文(ワン＝ホンウェン)・張春橋(チャン＝チュンチアオ)・姚文元(ヤオ＝ウェンユアン)を政権奪取陰謀で逮捕(四人組事件・二二日公表)。タイで軍事

西暦	年号・干支	内閣	記事
一九七六 ▶	昭和五一 丙辰	(福田赳夫内閣)	クーデタ、国家統治改革委員会結成(二二日、タニン政権発足)。**10・7** 中国共産党、華国鋒(ホワ＝クオフォン)を党主席・中央軍事委主席に任命。**11・2** アメリカ大統領選挙、民主党のカーター候補が現職のフォード大統領(共和党)を破って当選。**12・15** スペインで国民投票、政治改革法案が圧倒的支持を得る。第四八回OPEC総会、ドーハで開催(原油価格の二本立て値上げを採択)。
一九七七 ◀	五二 丁巳		【政治・経済】 **1・27** ロッキード事件の丸紅ルート初公判(東京地裁)、田中角栄ら五被告出廷(三一日、全日空ルート初公判)。**1・29** 新しい日本を考える会、中道革新政権構想を発表。**2・1** 裁判官訴追委員会、鬼頭判事補の罷免訴追を決定(三月一八日、東京地検、同判事補を起訴・二三日、罷免判決・法曹資格を剥奪)。**2・10** 日米漁業協定調印(二〇〇カイリ漁業水域の初の協定)。**2・27** 鈴木善幸農相、ソ連訪問(二八日、イシコフ漁業相とソ連の二〇〇カイリ漁業専管水域につき会談・三月三日、交換書簡に署名)。**3・7** 衆議院予算委員会、一兆円減税で集中審議(九日、与野党幹事長・書記長会談、追加減税三〇〇〇億円・総額七一五八億円で一致)。**3・8** 経団連、「減速経済下の日本産業の針路」を発表。**3・19** 福田首相、アメリカ訪問(二一・二二日、カーター大統領と会談)。**3・26** 江田三郎社会党前副委員長、離党届を提出。**4・5** 園田直官房長官、漁業交渉打開のためソ連訪問(七日、コスイギン首相と会談、交渉再開で合意・鈴木農相、ソ連再訪問)。**4・26** 中山千夏ら、革新自由連合を結成。**4・29** ソ連、日ソ漁業条約の廃棄を通告。**5・2** 領海法(一二カイリ)・漁業水域暫定措置法(二〇〇カイリ)を公布(七月一日施行)。**5・3** 鈴木農相、漁業交渉のため第三次ソ連訪問(五日、イシコフ漁業相と交渉再開・二七日、日ソ漁業暫定協定調印)。**5・7** 福田首相、ロンドンでの第三回先進国首脳会議に出席、日本の本年度経

西暦	
年号・干支	
内閣	
記事	済成長率六・七パーセントを約束。**5・15** 参議院で沖縄地籍明確化法案審議中、公用地暫定使用法が期限切れ・地主五人が那覇地裁に土地明渡しの仮処分申請。**5・18** 参議院本会議、沖縄地籍明確化法案を可決、公布。**6・1** 自民党幹事長大平正芳、野党との部分連合が現実的との考えを表明。**6・2** ロッキード事件の児玉ルート初公判(東京地裁)。**6・23** 福田首相、KCIA元部長金炯旭(キム＝ヒョンウク)のアメリカ下院での証言につき、金大中(キム＝デジュン)事件は政治決着ずみと言明。**7・10** 第一一回参議院議員選挙(自民六三・社会二七・公明一四・民社六・共産五・新自ク三・社市連一・革自連一)。**7・21** ロッキード事件の小佐野ルート初公判(東京地裁)。**7・27** 第八一臨時国会召集(八月三日閉会)。**8・6** 福田首相、東南アジア六ヵ国訪問に出発(七日、日本とASEAN五ヵ国との首脳会議)。**9・26** 社会党大会、新執行部人事で難航(二七日、楢崎弥之助・田英夫・秦豊、離党を通告)。**9・29** 第八二臨時国会召集(一一月二五日閉会)。**10・1** 安宅産業・伊藤忠商事合併。**11・1** 建設省、田中元首相の金脈事件にからむ信濃川河川敷の廃川処分を官報で公示。**11・4** 第三次全国総合開発計画を決定。**11・28** 福田改造内閣発足(新設の対外経済担当相に牛場信彦)。**12・2** 北海道警、白鳥事件の容疑者門脇戌を逮捕。**12・7** 第八三臨時国会召集(一〇日閉会)。**12・13** 社会党大会、委員長に飛鳥田一雄を選出。**12・19** 第八四通常国会召集(昭和五三年六月一六日閉会)。**この年** 企業倒産件数一万八四七一件、負債総額二兆九七八〇億円。 【社会・文化】 **1・4** 東京港区で公衆電話などに放置の青酸入りコーラで、二人死亡。**2・9** 東京外国為替市場で円急騰、終値一ドル＝二八五円台。**2・23** 日本初の静止衛星「きく二号」打上げ成功。**3・3** 東京大手町の経済団体連合会事務局を、武装した右翼系の四人組が襲撃。**3・11** 文部省、初の学校外学習実態調査を発表。**3・17** 共産党・総評、原水爆禁止運動の統一につき合意。**4・25** 東

西暦	年号・干支	内閣	記事
一九七七 ◀▶	昭和五二 丁巳	(福田赳夫内閣)	京有楽町の日劇ダンシングチーム、最終公演。**4・29** 全日本柔道選手権大会で山下泰裕(東海大)が史上最年少(一九歳)で初優勝。**5・2** 大学入試センター発足。**5・6** 新東京国際空港公団、反対派が建てた鉄塔二基を強制撤去。**5・20** 国立婦人教育館設置(埼玉県比企郡嵐山町)。**5・24** 慶大商学部で入試問題漏洩事件が発覚。**7・14** 宇宙開発事業団、日本初の静止気象衛星「ひまわり」打上げ。**7・23** 文部省、小・中学校の学習指導要領を改正(「君が代」を国歌と規定)。**8・3** 原水爆禁止統一世界大会国際会議、広島で開催(一四年ぶり原水協・原水禁の統一大会)。**8・7** 北海道の有珠山が噴火を開始(三二年ぶり)。**8・23** 天皇、記者会見で戦後の「人間宣言」は「五箇条の御誓文」の伝達が目的だったと発言。**8・27** 東京の連続降雨が二二日の新記録。**8・31** 中野浩一、世界自転車競技選手権プロ・スクラッチで優勝(以後、昭和六一年まで一〇連覇)。**9・3** プロ野球読売巨人軍の王貞治、通算七五六本塁打を記録、ハンク＝アーロンの米大リーグ記録を上回る(五日、国民栄誉賞第一号受賞)。**9・9** 台風九号、鹿児島県沖永良部島で最大瞬間風速六〇・四メートル・各地に被害。**9・20** 国鉄、グリーン車料金を約三〇パーセント値下げ。計量行政審議会、曲尺・鯨尺の製造・販売を条件付きで許可。**9・27** アメリカ軍機、横浜市緑区の住宅地に墜落(幼児二人が死亡)。**9・28** 日航機、ボンベイで日本赤軍によりハイジャック(二九日、政府、超法規的措置で赤軍派ら九人の釈放と身代金支払いを受諾)。**10・10** 新宿の歌声喫茶「灯」が閉店。**10・11** 原水禁統一実行委、国連軍縮総会に向け三五〇〇万人署名運動を決定。**10・29** 社会市民連合全国組織結成大会開催(〜三〇日)。**11・30** 東京都のアメリカ軍立川基地が全面返還。**12・―** 神道大系編纂会編『神道大系』刊(〜平成六年三月)。**この年** 小松茂美編『日本絵巻大成』刊(〜昭和五四年)。田中正造全集編纂会編『田中正造全集』刊(〜昭和五五年)。 【死没】

西暦	
年号・干支	
内閣	
記事	1・3 久松喜世子（90、新国劇俳優）。 2・10 高橋亀吉（86、経済評論家）。 2・16 末川博（84、法学）。 3・22 宇野弘蔵（79、経済学）。 3・3 竹内好（66、中国文学）。 3・4 木川田一隆（77、経営者）。 3・20 照国万蔵（58、横綱）。 正田健次郎（75、代数学）。 3・21 田中絹代（67、俳優）。 3・22 村山知義（76、劇作家）。 4・6 木戸幸一（87、政治家）。 幸祥光（84、能楽師）。 4・7 和歌森太郎（61、日本史学）。 4・16 山辺健太郎（70、朝鮮史学）。 4・28 賀屋興宣（88、大蔵官僚）。 5・16 岩村三千夫（68、中国史）。 5・22 江田三郎（69、社会党書記長）。 5・26 藤森成吉（84、小説家）。 7・18 小野秀雄（91、新聞学会会長）。 7・20 藪田貞治郎（88、農芸化学）。 7・25 迫水久常（74、政治家）。 8・1 熊谷守一（97、洋画家）。 8・3 吉田健一（65、評論家）。 8・7 村山長挙（83、朝日新聞社主）。 8・10 石田茂作（82、仏教考古学）。 9・19 今東光（79、小説家）。 9・20 小寺健吉（90、画家）。 10・4 亀井高孝（91、西洋史学）。 10・11 小畑忠良（84、実業家）。 10・20 瀬藤象二（86、電気工学）。 10・27 前田青邨（92、日本画家）。 10・29 千代の山雅信（51、横綱）。 11・1 比嘉春潮（94、沖縄史）。 11・7 加茂儀一（78、科学史）。 11・13 山高しげり（78、婦人運動家）。 12・1 海音寺潮五郎（76、小説家）。 12・13 小原国芳（90、玉川学園）。 12・17 森末義彰（73、日本史学）。 12・30 久野寧（95、生理学）。 〔世界〕 1・7 チェコスロヴァキアの反体制自由知識人ら署名による「憲章七七」宣言が西ドイツなどの新聞に掲載。 1・18 エジプトで物価値上げ反対デモ。 1・20 カーター、アメリカ大統領に就任。 3・16 インド総選挙で国民会議派大敗、インディラ＝ガンディー首相落選（二四日、デサイ内閣成立）。 5・7 第三回主要先進国首脳会議、ロンドンで開催（八日、「ロンドン宣言」を採択）。 5・17 イスラエル総選挙、労働党が破れ右派連合リクードが第一党となる（二〇日、ベギン内閣成立）。 5・28 バ＝モー没（85、ビルマの政治家）。 6・16 ソ連最高会議、ブレジネフ共産党書記長を議長に選出。 6・

西暦	年号・干支	内閣	記事
一九七七 ▶	昭和五二 丁巳	（福田赳夫内閣）	22 KCIA元部長金炯旭（キム＝ヒョンウク）、アメリカ下院国際小委員会で金大中（キム＝デジュン）事件は当時のKCIA部長が指揮と証言。**6・30** 東南アジア条約機構（SEATO）、活動を停止、解消。**7・5** パキスタンで軍事クーデタ、ジア＝ウル＝ハク陸軍参謀長を首班とする臨時評議会成立。**7・13** アメリカ上院、中性子爆弾弾頭の生産を承認。**7・16** 中国共産党第一〇期三中全会開催（二一日、北京放送、鄧小平（トン＝シアオピン）の党副主席などへの復帰・江青（チアン＝チン）ら四人組の党除名を発表）。**7・21** リビア・エジプト両軍、国境地帯で衝突（二九日終了）。**7・25** 第一〇回米韓安保協議会開催（二六日、在韓アメリカ地上軍の段階的撤退などの共同声明）。**8・4** 第二回ASEAN首脳会議、クアラルンプールで開催（オーストラリア・ニュージーランド・日本と拡大首脳会議）。**8・12** 中国共産党第一一回全国代表大会開催・第一次文化大革命終結を宣言。**9・7** アメリカ・パナマ、新パナマ運河条約に調印（運河をパナマに一九九九年末返還）。**10・1** アメリカ・ソ連、中東問題に関する共同声明を発表。**10・20** タイで軍部の無血クーデタ・革命委員会発足（議長にサガト国防相）。**11・19** エジプト大統領サダト、イスラエル訪問（二〇日、サダト、イスラエル国会で演説、イスラエル国家の存在を承認）。**12・2** アラブ強硬派六ヵ国首脳会議、トリポリで開催（五日、対エジプト外交凍結の共同宣言・エジプト、五ヵ国と断交）。**12・25** イスラエル首相ベギン、エジプト訪問・第二次ベギン・サダト会談。北京で文革後初の統一大学入試開始。**12・31** カンボジア、ベトナムと断交。

西暦	一九七八 ◀
年号・干支	五三 戊午
内閣	
記事	【政治・経済】 1・4 共産党、袴田里見前副委員長の除名(前年一二月三〇日付)を発表。1・8 園田直外相、ソ連訪問(九日、日ソ外相定期協議開催・一〇日、コスイギン首相と会談・北方領土問題で対立し共同声明断念)。1・11 第一五回公明党大会開催・委員長竹入義勝、自衛隊認知などの柔軟政策を表明。3・1 社会党初の委員長公選で飛鳥田一雄、対立候補なく信任。3・3 日米犯罪人引渡条約全面改正調印。3・26 社会民主連合、結成大会。4・9 京都府知事選挙、自民・新自ク推薦の林田悠紀夫当選(二九年ぶり保守派勝利)。4・12 中国漁船多数、尖閣列島沖日本領海内に入り、日本巡視船が退去勧告。4・16 横浜市長選挙、六党推薦の細郷道一当選。5・20 新東京国際空港(成田空港)開港式。5・23 公明・民社・新自ク・社民連四党首、初会談(七月一一日第二次、九月八日第三次会談)。6・14 元号法制化促進国会議員連盟設立総会。6・20 一九七八年春闘、民間主要企業の平均賃上額九二一八円、五・九パーセントの上昇にとどまる。7・5 農林水産省発足(農林省改組)。7・19 統合幕僚会議議長栗栖弘臣、緊急時には自衛隊の超法規的行動もありうると言明(二八日更迭)。7・27 福田首相、防衛庁に有事立法研究の促進を指示。8・12 日中平和友好条約調印(一〇月二三日発効)。8・31 自民党、総裁選挙をひかえ昭和五三年度党員・党友の募集締切り(一〇月二〇日、確定数一四九万九二六五人)。9・2 電力八社とガス三社、円高差益還元の料金値下げ申請。9・5 福田首相、中東四ヵ国訪問に出発。9・18 第八五臨時国会召集(一〇月二一日閉会)。9・21 防衛庁、有事立法に関し見解を発表。9・28 福田首相、国会代表質問で自衛隊の有事研究は国の義務と答弁。10・17 閣議、元号法制化を決定。10・22 中国鄧小平(トン＝シアオピン)副首相・黄華(ホワン＝ホワ)外相が来日(二三日、日中平和友好条約批准書交換式・鄧(トン)副首相、天皇と会見)。10・26 新日本製鉄㈱、四製鉄所の設備休止を組合に提示。

西暦	年号・干支	内閣	記事
一九七八 ◀▶	昭和五三 戊午	（福田赳夫内閣）	10・31 東京外国為替市場、一ドル＝一七五円五〇銭で、円が最高値。 11・10 日本、国連安保理事会の非常任理事国選挙で落選（バングラデシュ当選）。 11・26 自民党総裁選予備選挙開票、一位大平正芳・二位福田赳夫（二七日、福田、本選挙辞退を表明）。 11・27 第一七回日米安保協議委員会開催、「日米防衛協力のための指針」を決定（二八日、国防会議・閣議了承）。 12・1 自民党臨時大会、大平正芳を総裁に選出（六日、福田内閣総辞職）。 12・4 東京外国為替市場、円急落、一ドル＝二〇一円台。 12・6 第八六臨時国会召集（一二月一二日閉会）・自民党の内部対立から首相指名の衆参両院本会議が流会。 12・7 第一次大平正芳内閣成立。 12・22 第八七回通常国会召集（昭和五四年六月一四日閉会）。 【社会・文化】 1・10 総理府、初の「婦人白書」を発表（平均賃金男子の五八パーセント）。 1・14 伊豆大島近海地震（マグニチュード七）、伊豆半島を中心に被害、二五人死亡。 2・6 三里塚・芝山成田空港反対同盟、工事区内の鉄塔撤去の機動隊と衝突。 2・18 嫌煙権確立をめざす人びとの会結成（東京四谷）。 3・15 東京教育大、閉学記念式を挙行。 3・26 新東京国際空港反対派、管制塔に乱入し端末機器を破壊（二八日、政府、三〇日の開港を延期）。 4・5 大阪府藤井寺市の仲津媛陵古墳の陪塚で、木製そり「修羅」を発掘。 4・6 東京池袋に六〇階・二〇〇メートルの超高層ビルサンシャイン六〇開館。 4・10 中央大学、駿河台から八王子市に移転後初の入学式。 4・27 日本大学北極点遠征隊、北極点到達（日本人初）。 4・30 植村直己、犬ぞり単独行で北極点到達。 5・9 日本安楽死協会理事会、「自然死法」の第一次要綱案決定。 6・1 福岡市、異常渇水のため一日五時間給水を実施（一二月一日より九時間給水）。 6・5 人質強要等処罰法を施行。 6・12 宮城県沖地震（マグニチュード七・五）、仙台市を中心に被害、死者二八人。 7・4 関東・甲信地方、梅雨期間が観測史上最短の二三

西暦	
年号・干支	
内閣	
記事	日で梅雨明け。**7・11** 環境庁、二酸化窒素（NO_2）の大気環境基準を大幅緩和。**7・18** 元号法制化実現国民会議結成（議長に石田和外元最高裁長官）。**7・30** 沖縄県、車両の左側通行制を実施。**8・15** 福田首相、靖国神社参拝（「内閣総理大臣」の肩書記帳・野党、違憲として追及）。**8・25** 南アルプス・スーパー林道の工事再開につき山田久就環境庁長官、条件付きで同意（五年ぶり再開）。**8・30** 文部省、学習指導要領を改正（「現代社会」の新設など）。**9・18** 大型書店八重洲ブックセンター開店。**9・19** 埼玉県教育委員会、稲荷山古墳出土の鉄剣に刻まれた一一五文字を解読と発表。**10・11** 東京都・神奈川県川崎市の住民、二酸化窒素の環境基準緩和（七月一一日）取り消しの行政訴訟を起こす。**10・17** 靖国神社、東京裁判でA級戦犯とされた東条元首相ら一四人を合祀（昭和五四年四月一九日、報道される）。**11・20** 子どもの人権を守る連絡会議結成（総評・日教組など三四団体参加）。**11・21** 読売巨人軍、「空白の一日」を利用して江川卓投手と入団契約（セ・リーグ会長は野球協約違反として不承認・一一月二二日、巨人はドラフト会議をボイコット、阪神が江川を一位指名・昭和五四年一月三一日、コミッショナーの裁定でトレードによる江川の巨人入団決まる・江川事件）。**この年** 細川護貞『細川日記』刊。 【死没】 **1・5** 浜田庄司（83、陶芸家）。**1・12** 吉田奈良丸（三代）（80、浪曲師）。**1・14** 花森安治（66、ジャーナリスト）。**2・6** 小絲源太郎（90、洋画家）。**3・1** 岡潔（76、数学）。**4・3** 平野謙（70、評論家）。**4・15** 五島美代子（79、歌人）。**4・25** 東郷青児（80、洋画家）。**4・28** 岡鹿之助（79、洋画家）。**4・29** 安田靫彦（94、日本画家）。**5・2** 前田一（83、日経連）。**5・6** 野村万蔵（79、能楽師）。**5・15** 網野菊（78、作家）。**5・19** 嘉治隆一（81、朝日新聞）。**5・29** 星野直樹（86、官僚）。**5・30** 新関八洲太郎（81、三井物産）。片山哲（90、政治家）。**6・30** 柴田錬三郎（61、作家）。本多顕彰（79、評論家）。**7・24** 杉野

西暦	年号・干支	内閣	記事
一九七八 ▶	昭和五三 戊午	(福田赳夫内閣) 12・7 第1次大平正芳内閣	芳子(86、ドレスメーカー女学院長)。**7・25** 古賀政男(73、作詞作曲家)。**7・27** 石田礼助(92、経営者)。**8・1** 植村甲午郎(84、財界人)。**8・13** 入江啓四郎(75、国際法学)。**9・15** 波多野勤子(72、児童心理学)。**9・27** 加藤勘十(86、社会主義運動家)。**9・30** 山岡荘八(71、小説家)。**10・5** 小林英夫(75、言語学)。**10・30** 和知鷹二(85、陸軍軍人)。**11・24** 大松博文(57、バレーボール監督)。**12・9** 岩橋小弥太(93、日本史学)。**12・21** 佐野周二(67、映画俳優)。 〔世界〕 **1・7** イランのコムでイスラム教徒の神学生を中心とする反政府デモ。**2・11** ソマリア、オガデン地方でエチオピア軍と交戦(三月九日、ソマリア、エチオピア領からの撤兵表明)。**2・26** 中国、第五期全国人民代表大会第一回会議開催(三月五日、新憲法採択・六日、経済発展一〇ヵ年計画発表)。**3・15** イスラエル軍、レバノン南部のパレスチナ＝ゲリラ支配地域に侵攻。**3・16** イタリアのキリスト教民主党総裁アルド＝モロ(元首相)、武装ゲリラに誘拐される(五月九日、射殺体発見)。**4・27** アフガニスタンで軍部のクーデタ。ダウド大統領死亡・軍事革命評議会、全権掌握(三〇日、国名をアフガニスタン民主共和国とする)。**5・23** 初の国連軍縮特別総会、ニューヨークで開催(七月一日、軍縮宣言・行動計画など四最終文書を採択)。**6・12** 郭沫若(クオ＝モールオ)没(87、中国の文学者・歴史学者・政治家)。**6・13** スターマー没(87、ドイツの外交官)。**7・3** 中国、対ベトナム援助の打ち切り・技術者召還を発表。**7・16** 第四回主要先進国首脳会議、ボンで開催(一七日、「ボン宣言」を採択)。**7・18** アメリカ・ソ連、第三次通常兵器輸出制限交渉。**9・5** アメリカ大統領カーター・エジプト大統領サダト・イスラエル首相ベギンの三国首脳会談、キャンプ＝デーヴィッドで開催。**9・8** イラン、反政府デモが続く中で主要都市に戒厳令布告。**11・1** アメリカ、緊急ドル防衛策を発表。**11・2** アラブ首脳会議、バグダードで開催(五日、バグダード宣

	1978(続き)	1979
西暦		◀一九七九
年号・干支		五四 己未(つちのとひつじ)
内閣		
記事	言採択)。**12・2** ハノイ放送、カンボジアの反政府勢力がカンボジア救国民族統一戦線結成と報道。**12・10** イランのテヘランで反国王派による「一〇〇万人」デモ。	【政治・経済】 **1・1** 大平首相、一般消費税の翌年四月導入を示唆。**1・8** 米国グラマン社チータム前副社長、E二C機の対日売り込みで岸信介・福田赳夫・松野頼三・中曽根康弘が代理店変更に関与と言明。公明・民社両党、都知事選候補に鈴木俊一元副知事を推薦で合意。**1・9** 東京地検、ダグラス・グラマン両社の航空機疑惑で捜査を開始。岸・福田ら四人、無関係を主張。**1・17** 社会党、都知事選候補に太田薫の推薦を決定。**1・25** 日商岩井植田三男社長、ダグラス・グラマン事件で成功報酬の密約を認める。**1・30** 衆参両院のロッキード問題特別委員会、航空機輸入調査特別委員会(航特委)と改称。奈良県知事選挙で奥田良三が初の八選。**2・9** 衆議院予算委員会、ダグラス・グラマン航空機疑惑事件につき集中審議開始(一四日、日商岩井の植田社長らを証人喚問)。**4・8** 都道府県知事・同議会議員選挙(都知事に自民党推薦の鈴木俊一、大阪府知事に同じく岸昌当選・二二日、市町村長・同議会議員選挙)。**4・20** 政府の省エネルギー・省資源対策推進会議幹事会、石油節約策を決定。**4・24** 衆議院本会議、元号法案を可決(六月六日、参議院本会議で可決・一二日、元号法を公布)。**5・2** 大平首相、アメリカでカーター大統領と会談(経済摩擦解消など協議)。**5・9** 大平首相、フィリピン訪問に出発(一〇日、マルコス大統領と会談・日比友好通商航海条約に調印)。**5・15** 伊藤栄樹法務省刑事局長、衆議院航特委秘密理事会で捜査結果を報告、日商岩井から松野頼三元防衛庁長官への成功報酬を示唆。**5・24** 松野頼三、衆議院航特委の証人喚問で政治献金として五億円受領、機種選定には関与せずと答弁(七月二五日、議員辞職)。

西暦	年号・干支	内閣	記事
一九七九 ◀▶	昭和五四 己未	（第1次大平正芳内閣）	6・5 馬渕晴之駐韓公使、ソウルの金大中（キム＝デジュン）を訪問・金（キム）、政治決着に不満を表明。6・22 エネルギー使用合理化法を公布（一〇月一日施行）。6・24 米カーター大統領来日（二五日、天皇・皇后と会見・大平首相と会談・二七日、下田市での市民対話集会に出席）。6・28 第五回主要先進国首脳会議、東京で開催（二九日、石油危機対応策の「東京宣言」を採択）。7・1 北方領土返還要求全国集会、東京で開催・約三〇〇〇人参加。7・16 新自由クラブ幹事長西岡武夫離党。7・17 防衛庁、第五次防衛力整備計画（中期業務見積り）を決定。8・18 アメリカ第七艦隊と在沖縄アメリカ海兵隊、沖縄で合同上陸演習（二七日、陸上自衛隊の尉官一三人の同行が判明）。8・30 第八八臨時国会召集（九月七日衆議院解散）。9・6 会計検査院、日本鉄道建設公団での組織的なカラ出張・ヤミ手当などの不正経理を追及開始。9・7 衆議院本会議で社会・公明・民社三党、内閣不信任案を提出・大平首相、衆議院を解散。10・7 第三五回衆議院議員総選挙（自民二四八・社会一〇七・公明五七・共産三九・新自ク七四・社民連二・自民党、一〇人を追加公認）。10・25 自民党の三木・福田・中曾根派、大平首相退陣を要求。10・30 第八九特別国会召集（一一月一六日閉会）・大平内閣総辞職、首相指名持ち越し。11・2 自民党主流派、両院議員総会で大平正芳を首相指名候補に決定・非主流派、「自民党をよくする会」総会で福田赳夫を候補に決定。11・6 衆参両院本会議、決選投票で大平正芳を首相に指名。11・9 第二次大平内閣成立（法相倉石忠雄・蔵相竹下登・外相大来佐武郎）。11・13 飛鳥田一雄社会党委員長、現職党首として初めてアメリカ訪問。11・26 第九〇臨時国会召集（一二月一一日閉会）。12・5 大平首相、中国訪問・華国鋒（ホワ＝クオフォン）首相と会談（六日、日中文化交流協定に調印・七日、共同声明）。12・6 公明・民社両党、中道連合政権構想で最終的合意。12・15 共産党代表団、ソ連訪問（一七日、宮本顕治共産党委員長、ブレジネフ共産党書記長と会談）。12・21 第九一通常国会召集（昭

西暦	
年号・干支	
内閣	
記事	和五五年五月一九日衆議院解散)・衆参両院本会議、財政再建に関する決議を採択。**この年** 中国への日本の政府開発援助(ODA)はじまる(平成一一年度までに約二兆四五〇〇億円を供与)。 【社会・文化】 **1・13** 初の国公立大学入試の共通一次学力試験実施(受験者数三二万七一六三人)。**1・20** 奈良市此瀬町から、太安万侶の墓誌出土。**1・26** 大阪市の三菱銀行北畠支店で強盗殺人事件(犯人、警官二人・行員二人を射殺し行員を人質に籠城、一月二八日、犯人射殺される)。**3・12** 東京高裁、日産自動車の定年男女差別(男五五・女五〇)に違憲判決。**3・22** 山口地裁、殉職自衛官の妻がおこした合祀違憲訴訟で、国による護国神社合祀申請に違憲判決。**4・24** 創価学会会長池田大作退任。**5・8** 福岡県立高校教師、卒業式で「君が代」をジャズ風に伴奏し免職。**5・11** 無限連鎖講(ネズミ講)防止法を施行。**6・7** 高松地裁、財田川事件の再審請求差し戻し審で再審開始を決定(初の死刑囚再審)。**6・23** 環境庁と静岡・山梨両県共同で富士山クリーン作戦・空缶など一九七・四トン回収。**7・20** 最高裁、大学卒業直前の採用内定取り消しは無効と判決。**7・22** 国鉄、「銀河鉄道九九九」列車運行(同名映画の人気にあやかる)。**7・26** 群馬県嬬恋村で天明三年の浅間山大噴火による埋没地区の発掘調査開始。**9・16** スモンの会全国連絡協議会と田辺製薬㈱・日本チバガイギー㈱・武田薬品工業㈱三社、和解確認書に調印。**10・2** 東京税関成田支署、成田空港で国際電信電話会社(KDD)の社員二人の脱税を摘発(一八日、同社の計画的犯行と断定)。**10・20** 東京都、老人医療無料化条例を改正。**10・25** KDD板野学社長辞任。**10・28** 木曾御岳山、有史以来初めての噴火。**11・18** 第一回東京国際女子マラソン開催(国際陸連初公認の女子マラソン＝レース)。**この年** 国史大辞典編集委員会編『国史大辞典』刊(〜平成九年)。森銑三ら編『随筆百花苑』刊(〜昭和五九年)。

西暦	年号・干支	内閣
一九七九 ◀▶	昭和五四 己未	(第１次大平正芳内閣)

記事

【死没】
1・24 赤松俊秀(71、日本史学)。1・29 萩原雄祐(81、理論天文学)。2・2 谷口吉郎(74、建築家)。2・22 富安風生(93、俳人)。3・4 保利茂(77、政治家)。3・9 成田知巳(66、政治家)。3・25 安芸ノ海節男(64、横綱)。4・12 船田中(83、政治家)。4・16 西尾実(89、国文学)。5・9 石田和外(75、最高裁長官)。5・10 小野竹喬(89、日本画家)。江馬務(94、風俗史家)。5・11 巌本真理(53、バイオリニスト)。5・16 春風亭柳橋(79、落語家)。5・23 大下弘(56、プロ野球)。5・25 影山正治(68、右翼運動家)。6・11 中島健蔵(76、フランス文学)。7・8 朝永振一郎(73、物理学)。7・27 高木惣吉(85、海軍軍人)。8・18 鍋山貞親(77、日本共産党)。8・24 中野重治(77、詩人)。8・25 朝比奈宗源(88、禅僧)。9・3 三遊亭円生(六代)(79、落語家)。9・5 勅使河原蒼風(78、草月流)。9・9 麻生磯次(83、国文学)。9・17 吉田満(56、作家)。9・18 木村毅(85、文芸評論家)。石田退三(90、トヨタ自動車工業)。9・24 辻直四郎(79、インド学)。9・28 榊原仟(68、心臓外科医)。9・30 椎名悦三郎(81、政治家)。10・1 水谷八重子(74、俳優)。10・22 神谷美恵子(65、精神科医)。11・1 堀切善次郎(95、内務官僚)。12・20 有賀喜左衛門(82、社会学)。12・30 平櫛田中(107、彫刻家)。

【世界】
1・1 アメリカ・中国、外交関係を正式樹立。1・7 カンボジア救国民族統一戦線、ベトナム軍の支援でプノンペンに進攻(ポル＝ポト政権崩壊、一一日、新政権、カンボジア人民共和国樹立を宣言)。1・16 イランのパーレヴィー国王、エジプトへ亡命。1・28 中国鄧小平(トン＝シアオピン)副首相、アメリカ訪問(二九日、カーター大統領と会談)。2・1 ホメイニ、亡命先のパリからイランへ帰国(五日、ホメイニ、暫定政府の首相にバザルガンを指名・一一日、パーレヴィー王制崩壊)。2・17 中国軍、国境全域で大規模な対ベトナム作戦を開始(三月五日、ベトナムからの全面

西暦	
年号・干支	
内閣	第２次大平正芳内閣 11・9

記事

撤兵開始を宣言)。**3・12** パキスタン・イラン、中央条約機構(CENTO)脱退を宣言(一五日、トルコが脱退)。**3・26** イスラエル・エジプト、平和条約をワシントンで調印。**3・27** アラブ連盟外相・経済相会議、バグダードで開催・エジプト制裁措置を決議。**3・28** アメリカのペンシルヴェニア州スリーマイル島原子力発電所で、大量の放射能漏れ事故・州知事、非常事態を宣言。**4・4** パキスタン、ブット前大統領に死刑執行(パキスタン・インド各地で抗議デモ)。**5・3** イギリス総選挙、保守党が圧勝(四日、サッチャー、先進国初の女性首相に)。**6・16** 米ソ首脳会談、ウィーンで開催(一八日、SALTⅡ条約など四文書調印)。**7・17** ニカラグアのソモサ大統領辞任(一九日、サンディニスタ民族解放戦線、国家再建政府樹立を宣言)。**7・20** 国連難民会議開催(～七月二一日・一九七五年インドシナ三国の社会主義政権成立以来、大量の難民が発生したため、三五万人のインドシナ難民対策協議される)。**8・15** カンボジア新政権、ポル＝ポト政権のもとで国民三〇〇万人が虐殺されたと発表。**9・3** 第六回非同盟諸国会議、ハバナで開催(九日、ハバナ宣言採択)。**10・4** 韓国国会、金泳三(キム＝ヨンサム)新民党総裁の議員除名決議案を与党単独で可決。**10・16** 韓国釜山(プサン)で学生・市民四〇〇〇人が反政府デモ、暴動化(一八日、非常戒厳令)。**10・26** 韓国朴正熙(パク＝チョンヒ)大統領、金載圭(キム＝ジェギュ)KCIA部長に射殺される(63)(二七日、崔圭夏(チェ＝ギュハ)首相、大統領代行に)。**11・4** イランでイスラム系学生ら、アメリカ大使館を占拠、外交官らを人質に前国王引き渡しを要求。**11・20** サウジアラビアでイスラム教シーア派の武装集団、カーバ神殿を占拠、人質をとり銃撃戦(一二月四日、政府、終息を宣言)。**11・21** パキスタン各地で反米暴動、イスラマバードのアメリカ大使館襲撃。**12・2** イランで国民投票(～三日)、新憲法を圧倒的多数で承認。**12・6** 韓国、崔圭夏(チェ＝ギュハ)を大統領に選出(八日、緊急措置九号解除、政治犯釈放・金大中(キム＝デジュン)の自宅軟禁も解除)。**12・12** 韓国で粛

西暦	年号・干支	内閣	記事
一九七九 ▶	昭和五四 己未	(第2次大平正芳内閣)	軍クーデタ、戒厳司令官鄭昇和(チョン＝スンファ)ら五人を逮捕。**12・27** アフガニスタンでクーデタ、革命評議会議長アミン処刑・ソ連軍アフガニスタンに侵攻。
一九八〇 ◀	五五 庚申		【政治・経済】 **1・5** 大平首相、ソ連のアフガニスタン干渉に憂慮を表明。**1・10** 社会・公明両党、連合政権構想で正式合意・共産党除外を明記。**1・18** 警視庁、ソ連に防衛情報を提供した自衛隊宮永幸久元陸将補・現職尉官二人を逮捕。**1・22** 自民党機関誌『自由新報』、教科書批判を始める。**1・25** 大平首相、施政方針演説でソ連軍のアフガニスタン介入を非難、対ソ連措置を表明。**2・26** 海上自衛隊、環太平洋合同演習(リムパック80)に初参加。宮本顕治共産党委員長、党大会で社会党を右転換と批判。**2・29** 第三回新自由クラブ全国代議員大会、代表田川誠一・幹事長山口敏夫正式決定。**3・13** 衆議院本会議、アフガニスタンからのソ連軍撤退要求・北方領土問題解決促進を可決(一九日、参議院も可決)。**4・1** 衆議院本会議、安全保障特別委員会の設置を議決。**4・30** 大平首相、アメリカ・メキシコ・カナダ訪問に出発(五月一日、米カーター大統領と会談、日米間を「共存共苦」と表明)。**5・16** 衆議院本会議、社会党提出の大平内閣不信任案を可決成立(野党賛成・自民党非主流六九人欠席)。**5・19** 衆議院解散・初の衆参同日選挙決定。**5・31** 大平首相、東京虎の門病院に入院(六月一二日、心筋梗塞で死去・首相臨時代理に官房長官伊東正義)。**6・22** 第三六回衆議院議員選挙・第一二回参議院議員選挙・投票率七四・五七パーセント・自民党、安

西暦	
年号・干支	
内閣	
記事	定多数を獲得。**6・24** 自民党役員会、後継総裁を両院議員総会で選出する方針を決定。**7・15** 自民党両院議員総会、鈴木善幸を後継総裁に選出。**7・17** 第九二特別国会召集（七月二六日閉会）・鈴木善幸を首相に指名。鈴木善幸内閣成立（外相伊東正義・蔵相渡辺美智雄）。**7・18** 衆議院議員運営委員会、航空機輸入調査特別委員会の廃止を決定。**7・19** 金大中（キム＝デジュン）氏救出日本連絡会議、東京で会合・一〇〇〇万署名運動を決定。**8・23** 中国外務省当局者、伊藤律元日本共産党政治局員の北京生存を発表（九月三日、伊藤、北京より帰国）。**8・27** 法相奥野誠亮、衆議院法務委員会で自主憲法制定論議は望ましいと答弁・野党反発。**9・12** 閣議、行政改革大綱を了承。**9・29** 第九三臨時国会召集（一一月二九日閉会）。**10・4** 東北大教授大内秀明ら学者グループ、社会党の社会主義理論センターに報告書「内外の情勢と社会党の運動」を提出。**10・24** 鈴木首相、佐々木良作民社党委員長と会談・防衛力整備で原則合意。**11・27** 第三八回自民党臨時大会、鈴木善幸を総裁に正式選出。**11・29** 国会開設九〇周年記念式典（参議院本会議場）。**12・2** 総合安全保障関係閣僚会議、初会合（テーマ「中東情勢とわが国の安全保障」）。**12・3** 第一回日中閣僚会議、北京で開催（五日、対中国円借款合意）。**12・22** 第九四通常国会召集（昭和五六年六月六日閉会）。**12・25** 西岡武夫元新自ク幹事長、自民党に復党。**この年** 自動車生産台数一一〇四万台、アメリカを抜いて世界第一位・自動車の対米輸出増大し日米貿易摩擦問題化。粗鋼生産量一億一一四〇万トン、アメリカを抜き資本主義国で第一位（世界一位はソ連）。平均給与月額（三〇人以上の事業所）一九万三九〇〇円、失業率二・〇パーセント。 【社会・文化】 **2・1** 政府、日本オリンピック委員会（JOC）にモスクワ大会参加は不適切との見解を伝達。**3・6** 早稲田大学商学部で入試問題の漏洩が判明。**3・29** 市民団体や学者ら約二〇〇人、東京で「情報

西暦	年号・干支	内閣	記事
一九八〇 ◀▶	昭和五五 庚申	(第2次大平正芳内閣)	公開法を求める市民運動」を結成。**4・3** 京都の冷泉家、藤原定家の『明月記』など秘蔵の古文書数千点を初公開。統一戦線促進労組懇談会、春闘で中央総行動。**4・25** 東京銀座でトラック運転手、風呂敷包みの一億円を拾得(一一月九日、拾得者の所有となる)。**5・7** 東京都の環境アセスメント条例制定を求める有志、直接請求署名簿(有効三二万二三二三人)を各地区選管に提出。**6・1** 気象庁、東京地方の降水確率予報を開始。**7・4** 東京の中野区議会、教育委員準公選条例改正案を満場一致で可決(文部省、各都道府県教委に政治的中立性を保つ上で問題と通達)。**7・19** 日本、この日開会のオリンピック・モスクワ大会に不参加。**7・25** 日米社会科教科書交換調査会議、東京で開催(〜二九日・歴史学者・教育家などによる歴史・異文化の相互理解の試み・一〇月、ウイスコンシン州ラシーンで第二回会議)。**8・14** 富士山吉田口の九合目付近で大落石事故(死者一二人、重軽傷二九人)。**8・16** 国鉄静岡駅前地下街で、ガス爆発(死者一四人、重軽傷約二〇〇人)。**8・19** 新宿駅西口でバス放火事件(死者六人、重軽傷一九人)。**8・-** 七月から続く低温・寡照の全国的な異常気象により、東北地方で農作物大被害。**9・11** 埼玉県警、所沢市の富士見産婦人科病院理事長北野早苗を無免許治療で逮捕。**10・1** 国勢調査実施(人口一億一七〇六万三九六人)。出版物の再販売価格維持制度を改正(新刊書の値引販売許可)。**10・15** 東大寺大仏殿、昭和大修理落慶法要。**10・25** 創価学会、元顧問弁護士の山崎正友を恐喝罪で告訴(昭和五六年一月二四日逮捕)。**11・7** 創価学会の社会不正を糾す会、国会周辺デモ、自民党に請願書を提出。**11・29** 川崎市で大学受験予備校生、両親を金属バットで殺害(この年、家庭内暴力・校内暴力事件が深刻化)。**11・-** 読売巨人軍の王貞治引退(本塁打通算八六八本、本塁打王一五回、三冠王二回)。**12・24** この日から年末にかけて、東北・北陸地方に記録的大雪。**この年** ルイス＝フロイス著、松田毅一・川崎桃太訳『フロイス日本史』刊。

西暦	
年号・干支	
内閣	鈴木善幸内閣 7・17
記事	（下記）

【死没】

1・3 星島二郎(92、政治家)。1・28 柴田雄次(98、化学)。1・30 塚本善隆(81、中国仏教史学)。2・8 平野義太郎(82、法学者)。2・11 竹本大隅太夫(五代)(浄瑠璃太夫)。3・6 天野貞祐(95、哲学)。3・9 大屋晋三(85、帝人)。出隆(87、哲学)。3・11 植木庚子郎(80、政治家)。3・21 田所哲太郎(94、生物化学)。3・29 豊田武(70、日本史学)。4・5 渡辺銕蔵(94、東宝)。4・8 吉川幸次郎(76、中国文学)。4・9 中山伊知郎(81、経済学)。田中冬二(87、詩人)。4・15 土岐善麿(94、歌人)。4・17 清水六兵衛(六代)(78、陶家)。4・23 兵頭精(81、女流飛行家)。5・1 大内兵衛(91、経済学・財政学)。5・8 東山千栄子(89、俳優)。5・12 沢田美喜(78、慈善事業家)。5・13 後藤文夫(96、政治家)。5・15 蠟山政道(84、政治学)。5・19 井野碩哉(88、政治家)。5・30 天津乙女(74、宝塚歌劇団)。6・6 蓮沼門三(98、社会教育者)。6・12 大平正芳(70、政治家)。7・9 野沢吉兵衛(九代)(77、浄瑠璃三味線方)。7・14 長沼賢海(97、日本史学)。7・15 九津見房子(89、労働運動家)。7・21 江上トミ(80、料理研究家)。8・23 岩田藤七(87、ガラス工芸家)。9・22 河上徹太郎(78、文芸評論家)。11・2 山川菊栄(89、婦人運動家)。11・7 越路吹雪(56、シャンソン歌手)。11・21 長澤規矩也(78、書誌学)。12・1 沢田茂(93、陸軍軍人)。12・2 麻生太賀吉(69、麻生セメント)。12・14 藤井丙午(74、政治家)。12・27 山田盛太郎(83、マルクス主義経済史学)。12・30 堅山南風(93、画家)。

【世界】

1・4 米カーター大統領、ソ連のアフガニスタン介入報復措置を発表(穀物輸出の大幅削減・高度科学技術の輸出全面停止など)。1・22 ソ連の反体制派指導者サハロフ、ゴーリキー市に流刑。1・23 カーター、中東防衛に関するカーター＝ドクトリンを発表。2・23 中国共産党第一一期中央委員会第五回全体会議開催(二九日、劉少奇(リウ＝シャオチー)の名誉回復・胡耀邦(フー＝ヤ

西暦	年号・干支	内閣	記事
一九八〇 ▶	昭和五五 庚申	(鈴木善幸内閣)	オパン)を総書記に選出)。**3・14** ハッタ没(78、インドネシアの政治家・共和国初代副大統領)。**4・7** カーター、対イラン制裁措置(外交関係断絶・禁輸など四項目)。**4・10** 中ソ友好同盟相互援助条約失効。**4・24** アメリカ、イランで大使館人質救出作戦(二五日失敗)。**5・18** 韓国、非常戒厳令を全土に拡大・金大中(キム＝デジュン)・金鍾泌(キム＝ジョンピル)らを逮捕・光州(クワンジュ)市で反政府デモ(二一日、学生・市民、全市占拠・二七日、軍が制圧)。**5・31** 韓国で国家保衛非常対策委員会発足・全斗煥(チョン＝ドゥファン)、常任委員長に就任(八月二七日、統一主体国民会議、全斗煥(チョン＝ドゥファン)を大統領に選出)。**6・3** アメリカ、コンピューター故障で約三分間、対ソ連核戦争の警戒態勢となる。**6・22** 第六回主要先進国首脳会議、イタリアのヴェネチアで開催(〜二三日)。**7・19** 第二二回オリンピック・モスクワ大会開会式・アメリカ・西ドイツ・中国・日本などソ連のアフガニスタン侵攻に抗議して不参加、参加国八一ヵ国。**7・30** イスラエル国会、首都宣言法を可決、イェルサレムを恒久首都と規定。**8・14** ポーランドのグダニスク造船所で労働者を中心にスト。**8・30** 中国第五期全国人民代表大会第三回会議(九月一〇日、華国鋒(ホワ＝クオフォン)首相・鄧小平(トン＝シアオピン)副首相の辞任承認・後任首相に趙紫陽(チャオ＝ツーヤン))。**9・9** イラン・イラク両軍、西部国境地帯で本格交戦(イラン・イラク戦争)。**9・12** トルコで軍事クーデタ、国家保安評議会が全権掌握。**9・17** 韓国軍法会議、金大中(キム＝デジュン)に死刑判決、他二三人に懲役判決。**9・22** ポーランドで自主管理労働組合「連帯」結成(委員長ワレサ)。**11・4** アメリカ大統領選挙、共和党候補のレーガン、現職のカーターを破って当選。**11・15** 中国外務省、「林彪(リン＝ピアオ)・四人組反革命集団」裁判起訴状の一部公表(二〇日、裁判開始・テレビで放映)。**12・14** 中国共産党胡耀邦(フー＝ヤオパン)総書記、文化大革命を全面的に否定する発言(一二月二二日、『人民日報』毛沢東(マオ＝ツォートン)の文革での過ちを批判)。**12・15** 第五九回OPEC

西暦		一九八一 ◀
年号・干支		五六 辛酉
内閣		
記事	総会、バリ島で開催・原油価格一〇パーセント値上げ決定。	【政治・経済】 1・9 トヨタ自動車工業㈱、アメリカGE社との技術協力契約調印(昭和五五年末)を発表。 1・11 川上紀一千葉県知事、知事選出馬(昭和五〇年)で不動産業者から五〇〇〇万円受領が判明。 1・17 動力炉・核燃料開発事業団の東海村再処理工場、本格操業を開始。 1・23 鈴木首相、韓国政府の金大中(キム＝デジュン)死刑回避を評価し、日韓関係修復の意欲を表明。 第三九回自民党大会、自主憲法制定問題を五年ぶりに検討。 1・29 参議院議院運営委員会、航空機輸入調査特別委員会を廃止。 2・1 自衛隊統幕議長竹田五郎、月刊『宝石』三月号で徴兵制を違憲とする政府見解の論拠に異議を唱える(四日、注意処分・一六日、退任)。 2・7 初の「北方領土の日」、東京で全国集会。 2・12 東京中野区の教育委員準公選の区民投票(三月三日、委員任命)。 2・18 東京地裁、ロッキード事件丸紅ルートの第一二四回公判・田中角栄被告検事調書の朗読(田中被告、五億円受領を全面否認)。 3・1 ビキニデー統一全国集会開催(一九年ぶり原水禁・原水協・市民団体の三者共催)。 3・2 中国残留孤児四七人、厚生省の招待で初の正式来日(身元判明二六人)。 3・16 臨時行政調査会(第二次臨調・会長土光敏夫)、初会合。 4・18 日本原子力発電敦賀発電所で高度の放射能漏れ発見(一月一九日・三月八日にも事故)。 4・24 自民党選挙制度調査会、参議院選全国区の拘束名簿式比例代表制改革案を正式決定。 5・1 乗用車の対アメリカ輸出自主規制で合意(昭和五六年度は年間一六八万台に制限)。 5・4 鈴木首相、アメリカ訪問(七日、レーガン大統領と会談・八日、共同声明発表、初めて「同盟関係」を明記)。 5・12 海上自衛隊とアメリカ海軍第七艦隊、秋田県沖で合同演習(アメリカ艦が漁船のはえなわを切断・二一日、演習中止を

西暦	年号・干支	内閣
一九八一 ◀▶	昭和五六 辛酉	(鈴木善幸内閣)

記事

決定)。**5・17** アメリカ元駐日大使ライシャワー、核積載のアメリカ艦船が日本に寄港していると発言。**5・18** 政府、一九六〇年安保改定当時の「核持込み」に関する口頭了解の存在を否定。**5・25** 新銀行法成立(大口融資規制・経営内容の開示など。六月一日施行)。**6・5** 衆議院外務委員会、核軍縮決議案を全会一致で採択、非核三原則を確認。**7・10** 臨時行政調査会、行財政改革に関する第一次答申を決定(福祉・文教政策の見直しを要求)。**7・20** 陸・海・空三自衛隊、初の総合演習。**8・3** ㈱日立製作所と米GE社、高性能ロボットの製造・販売で提携契約調印を発表。**8・13** 鈴木自動車工業㈱・いすゞ自動車㈱と米GM社、小型車生産協力の資本提携協定に調印。**8・15** 鈴木首相ら一九閣僚、靖国神社に参拝。**8・20** 日韓外相会談・韓国盧信永(ノ＝シニョン)外相、政府借款五年間六〇億ドルを要請(九月一〇日、日本側、日韓定期閣僚会議で拒否)。**9・7** 竹入義勝公明党委員長、自衛隊合憲の意向を示唆(一二月一日、第一九回党大会、自衛隊合憲を決定)。**9・10** 鈴木首相、現職首相として初めて空から北方領土視察。**9・12** 京都市、空き缶回収条例案を発表(昭和五七年四月一日施行)。**9・14** 鈴木首相、現職首相として初めて復帰後の沖縄を公式訪問(一五日、鈴木首相来沖糾弾総決起大会、那覇市で開催)。**9・24** 第九五臨時国会召集(一一月二八日閉会)。**10・28** 東京地裁、ロッキード事件丸紅ルート公判・榎本敏夫被告の前妻榎本三恵子、五億円受領を裏付ける証言をする。**10・29** 衆議院本会議、行政改革関連特例法案を可決(一一月二七日、参議院可決・一二月四日公布・施行)。**11・5** 東京地裁、ロッキード事件児玉・小佐野ルート公判・小佐野賢治被告に懲役一年の判決。**11・30** 鈴木改造内閣発足(行管庁長官中曽根康弘・経企庁長官河本敏夫留任・通産相安倍晋太郎)。**12・10** 臨時行政調査会会長土光敏夫、鈴木首相との会談で増税に反発。**12・21** 第九六通常国会召集(昭和五七年八月二一日閉会)。社会党委員長選挙(二〇日〜)、飛鳥田一雄が当選。

西暦	
年号・干支	
内閣	
記事	【社会・文化】 **1・22** 警視庁、校内暴力対策会議を開催。 **2・23** ローマ法王ヨハネ＝パウロ二世来日（二四日、天皇と会見・二五日長崎、二六日広島訪問）。 **3・3** 日中渡り鳥保護協定に調印。 **3・20** 神戸ポートアイランド博覧会（ポートピア'81・神戸市主催）開会（〜九月一五日）。 **3・28** 早稲田大学商学部で成績原簿の偽造が発覚。 **4・1** 奈良薬師寺西塔の落慶法要（〜五日）。 **4・9** 鹿児島県沖でアメリカ海軍の原子力潜水艦が貨物船日昇丸に衝突、日昇丸沈没（同艦の救助活動放棄が問題化）。 **4・14** 国立歴史民俗博物館設置（昭和五八年三月一六日、開館式）。宮大工の西岡常一に大工で初の日本建築学会賞。 **4・22** インドの修道女マザー＝テレサが来日。 **5・10** ポーランド自主労働組合「連帯」議長ワレサが来日。 **5・14** 自民党教科書問題小委員会、教科書法の制定方針で合意。 **5・25** 障害に関する用語整理の法律を公布（障害者に対する差別的な不快用語を改める）。 **6・11** 放送大学学園設置（昭和五八年四月一日開学）。 **7・9** 高校新教科書「現代社会」の文部省検定で自衛隊の合法性明記などの要求が明らかとなる。 **8・11** 宇宙開発事業団、気象静止衛星「ひまわり二号」の打ち上げに成功。 **8・14** 中央薬事審議会、丸山ワクチンの承認は不適当と答申。 **8・31** アメリカ海軍原子力潜水艦衝突事故（四月九日）で、アメリカ政府が過失を全面承認。 **10・1** 内閣、常用漢字表（一九四五字）を決定。 **10・16** 北海道の北炭夕張新鉱でガス突出事故（九三人死亡）。 **10・19** 福井謙一京都大学教授、ノーベル化学賞の受賞決定。 **11・13** 山階鳥類研究所、沖縄本島北部山地で新種の鳥を発見・ヤンバルクイナと命名。 **11・21** 自由民権一〇〇年全国集会、横浜で開催（〜二二日）。 **この年** 阿部善雄・古川常深・本田親虎編『近世入来文書』刊。 【死没】 **1・3** 北原泰作（75、部落解放運動家）。 **1・4** 河野密（83、政治家）。 **1・23** 谷内六郎（59、童画家）。 **1・**

西暦	年号・干支	内閣
一九八一 ▶	昭和五六 辛酉	(鈴木善幸内閣)

記事

30 宮本常一(73、民俗学)。 2・11 市川房枝(87、政治家)。 2・18 藤本定義(76、プロ野球監督)。 2・27 蜷川虎三(84、京都府知事)。 3・1 影山光洋(73、写真家)。 3・3 山県昌夫(83、船舶工学)。 3・6 荒畑寒村(93、社会主義運動家)。 3・7 出光佐三(94、実業家)。 3・8 松本信広(83、東洋史)。 3・15 堀口大学(89、詩人)。 4・8 森嘉兵衛(77、日本史学)。 4・9 犬丸徹三(93、帝国ホテル)。 4・12 朝香鳩彦(93、陸軍軍人)。 4・26 森克己(77、日本史学)。 5・1 五所平之助(79、映画監督)。 5・6 山口喜久一郎(83、政治家)。 5・23 吉野源三郎(82、『世界』編集長)。 5・24 川喜多長政(78、東宝東和)。 6・22 清水行之助(86、右翼指導者)。 7・7 泉山三六(85、政治家)。 7・16 四家文子(75、声楽家)。 7・17 水原秋桜子(88、俳人)。 7・23 前尾繁三郎(75、政治家)。 8・1 神近市子(93、婦人解放運動家)。 8・13 桑田義備(78、植物細胞学)。 8・22 向田邦子(51、作家)。 8・23 杵屋六左衛門(一四代)(80、長唄唄方)。 9・8 湯川秀樹(74、理論物理学)。 9・20 石井光次郎(92、政治家)。 9・22 河原崎長十郎(二代)(78、歌舞伎役者)。 10・3 西尾末広(90、政治家)。 十河信二(97、国鉄総裁)。 10・4 保田與重郎(71、文芸評論家)。 10・24 上原敬二(92、造園学)。 10・26 伴淳三郎(73、喜劇俳優)。 10・28 小林中(82、実業家)。 12・17 平野力三(83、政治家)。 12・28 横溝正史(79、推理小説家)。

〔世界〕

1・10 エルサルバドルでゲリラが政府軍に大攻勢、内戦激化。 1・20 アメリカ大統領にレーガン就任。イランのアメリカ大使館人質解放。 1・23 韓国大法院、金大中(キム＝デジュン)らの上告を棄却・直後の閣議決定で全員減刑(金大中(キム＝デジュン)は無期懲役)。 1・25 中国最高人民法院、江青(チアン＝チン)・張春橋(チャン＝チュンチアオ)に死刑判決(執行猶予二年)。 2・10 ポーランド、ヤルゼルスキ、首相就任。 2・19 アメリカ下院、日本製乗用車の輸入制限法案提出。 2・23 スペインの治安警備隊一個中隊、国会を占拠(二四日投降)。 3・23 EC首脳会議、ポーラン

西暦	
年号・干支	
内閣	
記事	ド問題・対日貿易摩擦など協議（〜二四日）。**3・27** ポーランドの「連帯」、初の全国スト。**5・10** フランス大統領選挙、社会党候補のミッテラン当選（二一日、大統領就任）。**5・13** ローマ法王ヨハネ＝パウロ二世、狙撃され重傷。**5・25** ペルシャ湾産油国六ヵ国、第一回湾岸アラブ協力理事会首脳会議開催（二六日、湾岸協力会議設立憲章調印）。**5・29** 宋慶齢（ソン＝チンリン）没（89、中国の革命家・政治家）。**5・30** バングラデシュ大統領ラーマン、反乱軍に暗殺される（三一日、政府軍、反乱軍を鎮圧）。**6・7** イスラエル空軍機、イラクのフランス製原子炉を爆撃。**6・27** 中国共産党第一一期中央委員会第六回全体会議開催（二九日、華国鋒（ホワ＝クオフォン）、党主席辞任・後任に胡耀邦（フー＝ヤオパン））。**6・28** イランのイスラム共和党本部爆破、国会議員ら多数死亡。**7・17** イスラエル空軍、ベイルートを爆撃（二〇日、イスラエル軍、ゲリラ基地を地上攻撃・二四日、停戦合意）。**7・20** 第七回主要先進国首脳会議、カナダのオタワで開催（〜二一日）。**8・3** ボリビアで軍事クーデター（四日、ガルシア大統領辞任）。**8・8** サウジアラビア、中東和平八項目提案公表（アラブ占領地からの完全撤退を条件とするイスラエルの生存権承認など）。**8・25** 南アフリカ軍、アンゴラに侵入（九月一四日撤退）。**8・30** イラン首相府で爆弾が爆発、ラジャイ大統領・バホナール首相ら死亡。**9・5** エジプト、八項目の大統領令布告（全宗教団体の政治活動禁止・一五日、ソ連の外交官・技術者に国外退去命令）。**10・6** エジプト大統領サダト、カイロで軍事パレード閲兵中に銃撃され死亡。**10・18** ギリシア総選挙、全ギリシア社会主義運動が圧勝。**10・29** ＯＰＥＣ臨時総会、原油価格の値下げ決定。**11・2** 金素雲（キム＝ソウン）没（74、韓国の文人）。**12・13** ポーランドで戒厳令布告・ワレサ軟禁、「連帯」幹部逮捕。**12・14** イスラエル、ゴラン高原の併合決定。**12・15** 韓国国会、夜間外出禁止令を解除。

西暦	年号・干支	内閣
一九八二 ◀	昭和五七 壬戌	(鈴木善幸内閣)

記事

【政治・経済】

1・25 トヨタ自動車工業(株)とトヨタ自動車販売(株)、合併覚書調印(七月一日、トヨタ自動車(株)発足)。 1・26 東京地裁、ロッキード事件全日空ルート判決公判・若狭得治ら六被告に有罪判決。 2・4 第四六回社会党全国大会、「日本における社会主義への道」の見直し執行部原案を承認。 2・10 臨時行政調査会、第二次答申を提出(許認可等の整理合理化)。 2・11 トヨタ自動車工業(株)、アメリカでの乗用車工場建設の計画を発表。 3・9 イタリア大統領ペルチーニ来日(一一日、参議院本会議場で全面核軍縮を演説)。 4・1 五〇〇円硬貨発行。 4・13 閣議、八月一五日を「戦没者を追悼し平和を祈念する日」と決定。 5・20 総合安全保障関係閣僚会議開催、一〇〇〇カイリのシーレーン(航路帯)防衛整備で意見一致。 5・31 中国趙紫陽(チャオ=ツーヤン)首相初来日、鈴木首相と会談。 6・3 衆議院本会議、生物兵器禁止・特定通常兵器禁止・環境変更技術禁止の軍縮三条約批准を承認(四日、参議院でも)。 6・4 鈴木首相、フランスで開催の第八回主要先進国首脳会議に出席。 6・8 東京地裁、ロッキード事件全日空ルート政治家被告に初の判決公判、橋本登美三郎元運輸相らに有罪判決。 6・23 東北新幹線、大宮—盛岡間開業。 6・24 長崎の被爆者、第二回国連軍縮特別総会で核兵器廃絶を訴え演説。 7・23 政府、昭和五八～六二年度防衛力整備計画(五六中期業務見積り)を決定(防衛費のGNP一パーセント超過が確定的)。 7・26 中国政府、文部省検定による中・高校社会科教科書の歴史的記述に抗議、修正申入れ。 7・30 臨時行政調査会、基本答申を決定・国鉄・電電・専売三公社の分割・民営化などを示し、増税なき財政再建を建議。 8・3 韓国李範錫(イ=ボムソク)外相、前田利一駐韓国大使に教科書問題で記述訂正要求の覚書を手交。 8・8 政府、外務省情報文化局長と文部省学術国際局長を中国に派遣・中国側、記述訂正を要求。 8・24 公職選挙法を改正・公布(参議院全国区に拘束名簿式比

西暦	年号・干支	内閣	記事

例代表制を導入）。**8・26** 宮沢喜一官房長官、「歴史教科書についての政府見解」を発表（政府の責任で是正することなどを表明）。**9・9** 中国外務次官呉学謙（ウー＝シュエチエン）、日本政府の教科書問題に関する措置を一歩前進と評価。**9・17** イギリス首相サッチャー来日（〜二二日）。**9・26** 鈴木首相、中国訪問・趙紫陽（チャオ＝ツーヤン）首相と会談、教科書問題で「政府責任による記述是正」を言明。**10・12** 鈴木首相、退陣を表明・自民党四役が後継党総裁選出協議。**10・16** 自民党総裁選挙告示・中曾根康弘・中川一郎・河本敏夫・安倍晋太郎が立候補。**11・15** 上越新幹線、大宮―新潟間開業。**11・24** 自民党総裁候補決定選挙、中曾根康弘が五七パーセント獲得し圧勝（二五日臨時党大会、中曾根康弘を総裁に決定）。**11・26** 鈴木内閣総辞職。第九七臨時国会召集（一二月二五日閉会）・衆参両院本会議、中曾根康弘を首相に指名。**11・27** 第一次中曾根康弘内閣成立（官房長官後藤田正晴・法相秦野章）。**12・3** 中曾根首相、衆・参両院本会議で所信表明演説、「たくましい文化・福祉」を強調。**12・14** 全日本民間労働組合協議会（全民労協）結成・議長竪山利文。**12・28** 第九八通常国会召集（昭和五八年五月二六日閉会）。**12・30** 臨時閣議、昭和五八年度政府予算案決定・防衛費六・五パーセント増。

【社会・文化】

1・11 環境庁調査で照葉樹林が激減と判明。**1・20** 中野孝次・安岡章太郎ら、「核戦争の危機を訴える文学者の声明」を発表。**2・8** 東京千代田区のホテル・ニュージャパンで火災、三三人死亡（一二月九日、東京地検、同ホテル社長横井英樹らを起訴）。**2・9** 日航機、羽田空港着陸前に海面に墜落（二四人死亡）。**3・27** 桂離宮、初の全面解体修理落成式。**4・8** 最高裁、第二次教科書裁判で二審判決を破棄、東京高裁へ差戻し判決。**6・18** 東京地裁、連合赤軍事件統一公判で永田洋子・坂口弘に死刑判決。**6・26** 諸新聞、昭和五八年度用社会科教科書に対する文部省の検定

西暦	年号・干支	内閣	記事
一九八二 ◀ ▶	昭和五七 壬戌	(鈴木善幸内閣)	で「侵略」を「進出」に改めさせたと報道(のち『サンケイ新聞』のみ、その事実はなかったとして誤報を取消し陳謝、他紙はそのまま・教科書検定をめぐって論争活発化)。**7・23** 九州西北部を中心に集中豪雨、長崎県内の死者・行方不明二九九人。**7・24** 富山県利賀村で、利賀フェスティバル'82・第一回演劇祭開催。**8・10** 衆議院本会議、老人保健法案を可決成立(老人医療の有料化)。**8・24** 古代ペルシャ秘宝展(日本橋三越・二八日、展示品贋作問題が表面化)。**9・4** 沖縄県議会、検定で高校日本史教科書から削除された旧日本軍の県民虐殺の記述復活を要求する意見書を採択。**9・25** 日本におけるナショナル=トラストを考えるシンポジウム、北海道斜里町で開催。**11・1** 大阪府警、ゲーム機とばく摘発の情報を流した曾根崎署の巡査長を収賄容疑で逮捕(一二日、杉原正警察大学校長が自殺)。**11・16** 教科用図書検定審議会、検定基準にアジア諸国との理解と協調を加えるよう文相に答申(二四日文部省、教科書検定基準を改正)。 【死没】 **1・9** 安井英二(91、内務官僚)。**1・11** 松本幸四郎(八代)(71、歌舞伎役者)。**1・16** 田中二郎(75、最高裁判事)。**1・18** 三益愛子(71、俳優)。**1・20** 杉原荒太(82、政治家)。**2・9** 高橋誠一郎(97、経済学)。**2・12** 森暁(74、経営者)。**2・26** 衣笠貞之助(86、映画監督)。**3・18** 岡田章雄(73、日欧交渉史)。**3・26** 水原茂(73、プロ野球監督)。**3・31** 鹿島卯女(78、鹿島建設)。**4・8** 上代たの(95、女子教育家)。**5・23** 三宅正一(81、農民運動家)。**5・26** 植村環(91、キリスト教婦人運動家)。**6・5** 西脇順三郎(88、詩人)。**6・12** 今井武夫(82、陸軍軍人)。**6・25** 青木一男(92、政治家)。**7・2** 高橋幸八郎(70、経済史学)。**7・3** 酒井田柿衛門(一三代)(75、陶芸家)。**7・7** 坪田譲治(92、小説家)。**7・10** 太田正孝(95、政治家)。**8・8** 木村篤太郎(96、政治家)。**8・15** 鳩山薫(93、共立女子学園)。**9・21** 中村翫右衛門(三代)(81、前進座)。**10・10** 芝祐泰(84、雅楽)。**12・8** 諸橋轍次(99、漢学)。**12・19**

西暦	
年号・干支	
内閣	第1次中曾根康弘内閣 11・27

記事

向井忠晴(97、実業家)。

〔世界〕

3・19 アメリカ、ワシントン州のセントヘレンズ山が大噴火。3・24 バングラデシュでクーデタ・陸軍参謀長エルシャドが政権掌握。3・28 メキシコのエルチチョン山が噴火。4・2 アルゼンチン陸海空軍、イギリス植民地フォークランド諸島の領有権を主張し上陸、占領。イギリス、断交を宣言。4・9 西ドイツ各地で、反核・平和を訴える「復活祭大行進」。四八万人参加。4・25 イスラエル、シナイ半島をエジプトに返還完了。5・1 イギリス軍、フォークランド諸島のポートスタンリー空港を爆撃(二〇日、上陸作戦開始、六月一四日、アルゼンチン軍降伏)。5・12 韓国で巨額手形詐欺事件が表面化。5・24 イラン、同国南西部のホラムシャハル奪回を発表。6・4 イスラエル軍、ベイルートのPLO軍事拠点を爆撃(六日、南レバノンに侵攻)。第八回主要先進国首脳会議、フランスのヴェルサイユで開催(六日、共同宣言を採択)。6・6 国連軍縮特別総会へ向け、ロンドン・ニューヨークなど欧米各都市で反核デモ。6・7 第二回国連軍縮特別総会(~七月一〇日)。6・16 イスラエル軍、ベイルート包囲(二七日、PLOとパレスチナ住民に退去要求)。6・17 チャドで、アブレ元国防相の反政府軍が首都ヌジャメナを制圧。7・13 イラン軍、イラク南部地域へ侵攻開始。8・18 レバノン政府、PLOの西ベイルート退去で合意成立と発表。9・1 米レーガン大統領、包括的中東和平提案を発表(二日、イスラエルが拒否)。9・6 第一二回アラブ首脳会議、モロッコで開催(~九日・「フェス憲章」採択)。9・14 レバノン次期大統領バシール＝ジェマイエル暗殺(二三日、兄のアミン＝ジェマイエル、大統領就任)。9・15 イスラエル軍、西ベイルート侵攻。9・16 西ベイルートのパレスチナ難民キャンプで、親イスラエルのキリスト教右派民兵が住民を虐殺。11・10 ソ連共産党書記長ブレジネフ死去(一一月一二日、後任にアンドロ

西暦	年号・干支	内閣	記事
一九八二 ▶	昭和五七 壬戌	(第1次中曾根康弘内閣)	ポフ)。11・12 ポーランド政府、「連帯」委員長ワレサを釈放。12・16 韓国、金大中(キム＝デジュン)を清州(チョンジュ)刑務所から病院に移送(二三日、家族と共にアメリカへ出国)。
一九八三 ◀	五八 癸亥		【政治・経済】 1・11 中曾根首相、韓国訪問・全斗煥(チョン＝ドゥファン)大統領と会談・韓国への経済協力四〇億ドルで合意(一二日、共同声明)。1・14 政府、アメリカの要請により武器技術の供与を決定。1・17 中曾根首相、アメリカ訪問(一八日、レーガン大統領と会談、相互信頼強化・同盟関係の再確認などで一致)。1・19『ワシントン＝ポスト』紙、中曾根首相の「日本列島を不沈空母とする」との発言を報道。1・24 中曾根首相、国会で施政方針演説・日本が「戦後史の大きな転換点」に立っていると強調。1・26 東京地裁、ロッキード事件丸紅ルートの論告・求刑公判・検察側、田中角栄被告に懲役五年を求刑。3・12 第九回日米防衛協力小委員会開催・シーレーン防衛の共同研究着手に合意。3・14 臨時行政調査会、「行政改革に関する第五次答申」(最終答申)を提出(一五日、同調査会解散)。4・10 第一〇回統一地方選挙、東京都知事に鈴木俊一(自民党推薦)が再選、福岡県知事に奥田八二(社共推薦)、北海道知事に横路孝弘(社会党推薦)が当選。4・30 中曾根首相、東南アジア諸国連合(ASEAN)五ヵ国など訪問に出発(～五月一〇日)。5・8 サラリーマン新党結成式(代表青木茂)。5・13 貸金業規制法・金利取締法を公布(サラリーマン金融規制二法・一一月一日施行)。5・26 中曾根首相、アメリカ訪問(二七日、レーガン大統領と会談・

西暦	
年号・干支	
内閣	
記事	二八日、第九回主要先進国首脳会議に出席)。6・6 国債の発行残高が初めて一〇〇兆円台を突破。6・26 第一三回参議院議員選挙・全国区初の比例代表制(自民六八・社会二二・公明一四・共産七・民社六・新自ク二など)。7・12 ミニ政党の議員が「参議院の会」結成(代表美濃部亮吉)。7・18 第九九臨時国会召集(七月二三日閉会)。8・5 平和問題研究会発足(総合安全保障政策に関する首相の私的諮問機関・座長高坂正尭)。9・7 第四八社会党定期大会、委員長に石橋政嗣を選出。衆議院院内会派の「新自由クラブ・民主連合」解散。9・8 第一〇〇臨時国会召集(一一月二八日衆議院解散)。10・1 アメリカ原子力空母カールビンソン、佐世保港に初入港、反対派がデモ。10・12 東京地裁、ロッキード事件丸紅ルート判決公判・田中角栄元首相に懲役四年・追徴金五億円の実刑判決。10・22 北海道の白糠線、最終運転(国鉄ローカル線廃止第一号)。10・28 中曾根首相、田中角栄と会談・田中、「自重自戒」を表明。11・9 米レーガン大統領来日・中曾根首相と会談、日本の防衛努力の強化などを再確認。12・18 第三七回衆議院総選挙(自民二五〇・社会一一二・公明五八・民社三八・共産二六・新自ク八・社民連三・自民党、大幅議席減)。12・26 第一〇一特別国会召集(昭和五九年八月八日閉会)。自民党と新自由クラブ、統一会派「自民党・新自由国民連合」を結成・同会派、二六七議席となる。12・27 第二次中曾根内閣発足(新自由クラブと連立・自治相に新自ク代表田川誠一)。 【社会・文化】 1・7 千葉大医学部研究生が市内の路上で絞殺体で発見(二月二二日、同大学病院研修医の夫を逮捕)。2・12 神奈川県警、横浜市中区の公園などで浮浪者を襲い死傷させた中学生ら一〇人を逮捕。3・12 高松高裁、徳島ラジオ商殺し事件の故富士茂子の再審開始を支持(一六日、初の「死後再審」決定)。3・13 東北大医学部産婦人科、日本初の体外受精・着床に成功(一〇月一四日、女児

西暦	年号・干支	内閣
一九八三 ◀▶	昭和五八 癸亥	(第1次中曾根康弘内閣)

記事

が誕生)。**4・15** 東京ディズニーランド、千葉県浦安市に開園。**4・19** 航空自衛隊のC一輸送機二機が三重県菅島に墜落(一四人死亡)。**4・26** 海上自衛隊の対潜飛行艇PS一が岩国基地に墜落(一〇人死亡)。**5・26** 日本海中部地震(マグニチュード七・七)・日本海沿岸で津波発生、死者一〇四人。**6・13** 愛知県警、戸塚ヨットスクール校長戸塚宏を傷害致死容疑で逮捕。**6・14** 文化と教育に関する懇談会(首相の私的諮問機関)、初会合・戦後教育の見直しを検討。**7・15** 熊本地裁八代支部、免田事件の再審裁判で死刑囚に初の無罪判決。**10・3** 三宅島の雄山が大噴火・阿古地区約四一〇戸が焼失。**11・7** 奈良県明日香村キトラ古墳、ファイバースコープにより石槨内の彩色壁画を確認。**12・8** 警視庁、愛人バンク第一号「夕ぐれ族」を売春防止法違反の容疑で摘発。

【死没】

1・9 中川一郎(57、政治家)。**1・17** 原田敏明(89、古代宗教学)。**1・21** 富本豊前太夫(一一代)(53、富本節家元)。里見弴(94、小説家)。**2・3** 田村秋子(77、俳優)。**2・7** 守随憲治(83、歌舞伎研究)。**2・12** 手塚富雄(79、独文学)。**2・19** 宇佐見洵(82、日銀総裁)。梅原末治(89、考古学)。**2・27** 井上光貞(65、日本史学)。**3・1** 小林秀雄(80、評論家)。**3・12** 上原正吉(85、大正製薬)。**3・18** 渋谷天外(二代)(76、喜劇俳優)。近藤真柄(80、社会運動家)。**3・22** 矢次一夫(83、政界の黒幕)。**3・31** 片岡千恵蔵(79、映画俳優)。尾崎一雄(83、小説家)。**4・13** 中村鴈治郎(二代)(81、歌舞伎役者)。**4・19** 田中一松(87、美術史)。**4・22** 安田徳太郎(85、無産運動家)。**4・26** 藤原道子(82、政治家)。**4・29** 朝田善之助(80、部落解放運動家)。**5・4** 寺山修司(47、劇作家)。**5・6** 東畑精一(84、農業経済学)。**5・26** 東竜太郎(90、東京都知事)。**6・3** 前嶋信次(79、東洋史学)。**6・8** 羽仁五郎(82、日本史学)。**7・15** 辻村太郎(93、地理学)。**7・31** 西川鯉三郎(二代)(73、日本舞踊家)。**8・5** 中村草田男(82、俳人)。**8・7** 鈴木安蔵(79、憲法学)。**8・10** 山崎種二(89、山種証券)。**8・11** 山本薩夫(73、

西暦	
年号・干支	
内閣	
記事	映画監督)。9・1 杉原荘介(69、考古学)。9・29 井口基成(75、ピアニスト)。10・3 花登筐(55、劇作家)。10・16 河野謙三(82、政治家)。11・1 北島正元(71、日本史学)。11・2 田村泰次郎(71、小説家)。11・13 金栗四三(92、マラソン)。11・16 福本和夫(89、社会評論)。12・1 木村俊夫(74、政治家)。12・8 原田伴彦(66、日本史学)。12・13 安岡正篤(85、漢学)。12・17 橋川文三(61、評論家)。前田義徳(77、NHK会長)。12・20 武見太郎(79、日本医師会長)。12・30 弥永貞三(68、日本史学)。 〔世界〕 1・4 蔡培火(ツァイ=ペイフォ)没(95、台湾の民族運動家・中華民国政府の要人)。1・25 中国で江青(チアン=チン)・張春橋(チャン=チュンチアオ)を無期懲役に減刑(のち江青(チアン=チン)は獄中で自殺)。2・24 アメリカ議会の日系市民の戦時強制収容問題委員会、収容を不当と最終報告。3・2 イタリア共産党大会開催(六日、「民主左翼連合」路線を採択)。3・10 インドネシアの国民協議会、スハルト大統領の四選を決定。3・24 EC・ASEAN外相会議、バンコクで開催。4・4 アメリカ、中国女子テニス選手胡娜(フー=ヌオ)の亡命を承認(七日、中国、一九八三年度のスポーツ交流を停止と発表)。4・10 中国・ソ連、国境貿易協定に調印。4・18 レバノンのアメリカ大使館爆破、死者・行方不明九〇人。5・2 プリディ没(82、タイの政治家)。5・28 第九回主要先進国首脳会議、アメリカのウィリアムズバーグで開催(三〇日、「経済回復に関するウィリアムズバーグ宣言」)。6・9 イギリス下院議員選挙、保守党が圧勝。6・10 廖承志(リアオ=チョンチー)没(75、中国革命の指導者)。7・10 非核・独立太平洋会議、バヌアツで開催。8・21 フィリピン、野党指導者のベニグノ=アキノ元上院議員、亡命先のアメリカからマニラ空港到着後に暗殺される。9・1 ソ連空軍機、領空内に侵入したニューヨーク発ソウル行の大韓航空機を撃墜・乗客乗員二六九人(日本人二八人)全員死亡。9・9 南アフリカ共和国、国会でアパルトヘイト体制変革の

西暦	年号・干支	内閣	記事
▶ 一九八三	昭和五八 癸亥	12・27 第2次中曾根康弘内閣	憲法改正案を可決。**10・9** ビルマのアウン＝サン廟で爆弾が爆発、訪問中の韓国徐錫俊(ソ＝ソクチュン)副首相ら死亡(全斗煥(チョン＝ドゥファン)大統領は難を免れる・一一月四日、ビルマ政府、北朝鮮によるテロと断定し国交断絶)。**10・25** アメリカ軍・カリブ六ヵ国軍、グレナダに侵攻。**10・30** アルゼンチン大統領選、急進市民連盟のアルフォンシン当選(一二月一〇日就任)。**11・6** トルコ総選挙、祖国党が圧勝。**11・15** キプロスのトルコ系住民議会、同国北部を「キプロス＝トルコ共和国」として独立宣言。
◀ 一九八四	五九 甲子		【政治・経済】**1・5** 中曾根首相、現職首相として戦後初の靖国神社新春参拝。**1・9** 東証一部ダウ平均株価、初の一万円台。**1・24** 中曾根内閣全閣僚、資産を公表(家族名義は除く)。**1・26** 中曾根首相、自民党大会で「戦後政治の総決算」を声明。**2・27** 社会党第四八回大会(続開大会・～二八日)、自衛隊の違憲・合法問題をめぐり紛糾、石橋政嗣委員長の「適法性なし」との見解により決着。**2・29** (株)大沢商会、会社更生法適用を申請(負債一二五〇億円・戦後三番目の大型倒産)。**3・23** 中曾根首相、訪中し趙紫陽(チャオ＝ツーヤン)首相らと会談(～二六日)、朝鮮半島問題・経済協力拡大などにつき協議。**3・26** 民社党、防衛費GNP一パーセント枠突破を容認する見解、自民党に対し代替の歯止め案提示を要求。**4・1** 三陸鉄道(久慈―宮古、釜石―盛岡間)、日本初の第三セクター方式により開業。**4・23** 民社党委員長佐々木良作、党大会で自民党との連合を示唆。**5・15** 自民党、防衛費GNP一パーセント枠の再検討を開始。環太平洋合同演習(リムパック84)、ハワイ沖で開始、日・米・加・豪・ニュージーランドの五ヵ国・兵員五万人・艦艇米原子力空母二隻を含む八〇隻・航空機二五〇機参加。**5・17** 最高裁、昭和五六年東京都議選での定数不均衡訴訟で、都定数条例

西暦	
年号・干支	
内閣	
記事	の定数配分規定を公職選挙法違反とする東京高裁判決を支持。**6・7** 第一〇回主要先進国首脳会議、ロンドンで開催。中曾根首相、レーガン米大統領・サッチャー英首相らと個別会談。**7・1** 総理府と行政管理庁との統合により総務庁発足（戦後初の中央官庁統合。初代長官後藤田正晴）。**7・4** 安倍晋太郎外相、中国・韓国人の名前の現地読み採用を外務省に指示。**8・3** 日本専売公社民営化関連五法成立（八月一〇日公布・昭和六〇年四月一日施行）。**8・10** 国鉄再建監理委員会、初めて国鉄の公社制度廃止・分割民営化を提示した第二次緊急提言を中曾根首相に提出。**9・6** 韓国全斗煥（チョン＝ドゥファン）大統領、韓国国家元首として初来日（～八日）。天皇、「不幸な過去に遺憾」と表明。**9・19** 自民党本部、無人の車両搭載の火炎放射器により放火され一部焼失。警視庁、中核派の犯行と断定。**9・24** 栗原佑幸防衛庁長官、ワシントンの日米防衛首脳定期協議で防衛予算七パーセント増額を約束。**10・27** 自民党反中曾根グループ（鈴木善幸・福田赳夫ら）・公明党・民社党、二階堂進副総裁擁立および連合政権を構想（二八日、二階堂、自民党総裁選出馬を辞退・三一日、中曾根、総裁に再選）。**10・30** 自民党幹事長に金丸信、総務会長宮沢喜一、政調会長に藤尾正行が決定。**11・1** 第二次中曾根内閣（改造）成立。一万円札（福沢諭吉）・五〇〇〇円札（新渡戸稲造）・一〇〇〇円札（夏目漱石）の新札発行。**11・12** 神奈川県逗子市長選、池子弾薬庫跡地への米軍住宅建設反対派の富野暉一郎、現職を破り当選。**11・21** 中曾根首相、防衛庁報告の日本有事の際の日米共同作戦計画案を了承。**12・1** 第一〇二通常国会召集（昭和六〇年六月二五日閉会）。**12・18** 平和問題研究会、防衛費のGNP一パーセント枠撤廃の提言を中曾根首相に報告。**12・20** 電電公社民営化三法（日本電信電話株式会社法・電気通信事業法・関係法律整備法）成立。電気通信事業の国営・独占終わる（一二月二五日公布・昭和六〇年四月一日施行）。**12・29** 閣議、昭和六〇年度予算案（前年比三・七パーセント増の五二兆四九九六億円、防衛費は六・九パーセント増の三兆一三七一

西暦	年号・干支	内閣	記事
一九八四 ◀▶	昭和五九 甲子	(第2次中曾根康弘内閣)	億円)を決定。 【社会・文化】 1・7 島根県松江市の岡田山古墳出土の鉄製太刀から、『出雲国風土記』中の豪族名「額田部臣」解読される。 1・18 三池石炭鉱業三池鉱業所有明鉱の海底坑道で火災、死者八三人・一酸化炭素中毒患者一六人。 1・19 家永三郎、高校日本史教科書においての昭和五七年度検定意見を不服とし、東京地裁に第三次教科書訴訟を提訴。 2・1 中曾根首相、六・三・三・四制見直しを中心とする教育改革を目的とした首相直属の臨時教育制度調査会(教育臨調)設置を指示。 2・12 植村直己、北米最高峰マッキンリー(六一九四メートル)への世界初の冬期単独登頂に成功(帰途消息不明)。 3・12 高松地裁、財田川事件の再審公判で死刑囚谷口繁義被告に無罪判決(一三日、高松地検の控訴断念により無罪確定)。 3・16 福岡高裁、カネミ油症事件全国統一民事第一陣訴訟の控訴審で、国の過失責任を確定する判決(食品公害では初・二九日、国・鐘淵化学工業、最高裁に上告)。 3・18 江崎グリコ社長江崎勝久、兵庫県西宮市の自宅から誘拐(一九日、犯人、身代金一〇億円・金塊一〇〇キロを要求・二一日、江崎社長、監禁先から自力で脱出・五月一〇日、犯人グループ、「かい人二一面相」を名乗り同社製品への毒物混入を予告、結局迷宮入り)。 4・10 俳優故長谷川一夫・冒険家故植村直己への国民栄誉賞決定。 5・25 国籍法・戸籍法改正公布(昭和六〇年一月一日施行・父母両系血統主義を採用)。 6・14 横浜地裁、指紋押捺拒否のアメリカ人女性に外国人登録法違反により罰金一万円の有罪判決。 7・11 仙台地裁、松山事件の再審公判で自白調書の信用不充分から、死刑囚斎藤幸夫被告に無罪判決(二五日、仙台地検、控訴断念)。 7・28 第二三回オリンピック・ロサンゼルス大会開催(~八月一二日・日本選手三〇八人参加、柔道無差別級山下泰裕ら金メダル一〇個獲得)。 8・8 臨時教育審議会(臨教審)設置法公布(二一日、同会発足)。 8・24 警

西暦

年号・干支

内閣

記事

視庁、「投資ジャーナル」グループ(中江滋樹主宰)を証券取引法違反容疑により家宅捜査(約八〇〇〇人から五八〇億円を集め、無免許で株式を売買・仲介)。8・26 総理府、国民生活意識調査の結果を発表、九割の国民が自らの生活程度を「中流」と回答。8・27 世界湖沼環境会議、滋賀県大津市で開催(~三一日・二七ヵ国・二国際機関参加・「琵琶湖宣言」を発表)。8・28 第一回東アジア歴史教育シンポジウム、東京で開催(~二九日・日・中・韓の歴史家・歴史教育家参加、以後五年おきに東京で開く)。9・14 長野県西部地震(マグニチュード六・九)・大規模の土砂崩れ、粉体流が木曾郡王滝村を襲い、死者一四人・行方不明一五人。11・16 東京都世田谷区で地下通信ケーブル火災、約八万九〇〇〇回線および三菱・大和両銀行のオンラインシステムが不通。

【死没】

1・4 中村栄孝(81、日朝関係史学)。1・16 仁田勇(84、結晶化学)。1・18 児玉誉士夫(72、国家主義者)。1・22 一万田尚登(90、日銀総裁)。1・28 田崎広助(85、洋画家)。1・30 北山茂夫(74、日本史学)。2・6 三原脩(72、プロ野球監督)。2・15 森恭三(76、朝日新聞)。渋沢秀雄(91、随筆家)。2・18 平泉澄(89、日本史学)。3・5 田辺尚雄(100、音楽評論)。3・16 山口華楊(84、日本画家)。3・20 田宮博(81、植物生理学)。4・6 長谷川一夫(76、俳優)。4・8 岡部金治郎(88、電子工学)。4・10 神田喜一郎(86、東洋史学)。4・25 林達夫(87、評論家)。4・28 高木八尺(94、政治学)。5・4 永野重雄(83、経営者)。5・28 森戸辰男(95、経済学)。6・1 柳兼子(92、声楽家)。6・9 吉田精一(75、国文学)。6・15 竹山道雄(80、評論家)。7・1 横田正俊(85、最高裁長官)。7・30 今日出海(80、漫画家)。8・9 大河内一男(79、経済学)。8・14 稲田正次(81、憲法史)。8・21 後藤隆之助(95、政治家)。8・30 有吉佐和子(53、作家)。10・11 遠藤三郎(91、陸軍軍人)。10・17 富田砕花(93、詩人)。10・29 伊東多三郎(75、日本史学)。11・21 滝井孝作(90、俳人)。11・26 村野藤吾(93、建築家)。

西暦	年号・干支	内閣	記事
一九八四 ▶	昭和五九 甲子	(第2次中曾根康弘内閣)	12・18 楠部弥弌(87、陶芸家)。12・24 美濃部亮吉(80、東京都知事)。12・31 牛場信彦(75、外交官)。 この年 植村直己(43、冒険家)。 〖世界〗 1・11 中南米カリブ海諸国経済会議、エクアドルのキトで開催(〜一三日)、新規融資および累積債務につき先進国に協力を求めたキト宣言を採択。1・18 ウルグアイで、軍政下で初めて賃上げ・即時民主化を要求するゼネスト起こる。2・9 ソ連、共産党書記長兼最高幹部会議議長アンドロポフ死去(一三日、コンスタンチン＝チェルネンコ、後任書記長に選出)。2・16 南アフリカ・SWAPO、ザンビアのルサカで開かれた停戦会談(南ア・アンゴラ・アメリカ参加)により実質的停戦が成立。3・21 カナダ、ヨーロッパ九ヵ国と酸性雨協定に調印。4・- ソ連軍、アフガニスタンのカブール北方に大規模攻勢。5・23 前西ベルリン市長ヴァイツゼッカー、第六代西独大統領に選出。6・5 インド政府軍、シーク教総本山ゴールデン＝テンプルにたて籠もる同教徒急進派を包囲・攻撃し制圧(同教指導者ビンドランワレ死亡、死傷者五〇〇人以上)。6・7 第一〇回主要先進国首脳会議、ロンドンで開催(〜九日)。7・28 第二三回オリンピック・ロサンゼルス大会開催(〜八月一二日・参加国一四〇、ソ連など一五ヵ国が不参加)。10・2 スイス、初の女性閣僚誕生。10・31 インド、インディラ＝ガンディー首相、シーク教徒の首相警護兵により暗殺・後任首相に故首相の長男ラジブ＝ガンディー就任。11・4 ニカラグア大統領選、サンディニスタ民族解放戦線のオルテガ候補が当選。11・25 ウルグアイ、一一年間の軍政が終り、民政移管に伴う大統領選・中道コロラド党フリオ＝サンギオッティが当選。11・26 アメリカ・イラク、一七年ぶりに国交回復。12・2 インド中部ボパールで、アメリカ＝ユニオン＝カーバイド社殺虫剤工場が有毒ガス流出事故、住民二五〇〇人以上が死亡、約五万人がガス中毒。12・10 国連総会本会議、拷問禁

西暦	年号・干支	内閣	記事
			止国際条約を採択(一九八七年六月二六日発効)。12・18 サッチャー英首相訪中(～二〇日)。12・19 サッチャー・趙紫陽(チャオ＝ツーヤン)両首相、北京で一九九七年の香港返還に関する中英共同宣言および三付属文書に正式調印(一九九七年七月一日、香港、中国に返還)。**この年** リヒテンシュタインで女子の参政権実現。
◀一九八五	六〇 乙丑		【政治・経済】 **1・1** 中曾根首相訪米(～五日)。 **1・2** 中曾根首相、ロサンゼルスでレーガン大統領と会談、戦略防衛構想(SDI)研究に対し理解を表明。 **2・7** 自民党田中派の竹下登蔵相を中心に「創政会」発足し初会合(田中派の内部亀裂明らかとなる)。 **2・11** 中曾根首相、「建国記念の日を祝う会」(会長 五島昇)に出席(首相在任者の建国記念の日式典出席は初めて)。 **2・26** 経団連理事会、市場開放積極的推進のため「自由貿易体制の再建・強化」を提言。 **2・27** 田中角栄元首相、脳梗塞により東京逓信病院に入院(四月二八日帰宅するも政治活動困難となる)。 **3・10** 青函トンネル(五三・八五キロ)本坑貫通(昭和三九年の着工から二一年め)。 **4・1** 日本電信電話株式会社(NTT・資本金七八〇〇億円)・日本たばこ産業株式会社(JT・資本金一〇〇〇億円)発足(両社とも全株式を政府保有)。 **4・9** 対外経済問題関係閣僚会議・経済対策閣僚会議、日米貿易摩擦の深刻化に対する通信機器など四分野における市場開放の対外経済政策を決定(関税引下げ、輸入促進を三年以内に実現)。 **4・25** 民社党大会(四月二三日～二五日)、党内人事をめぐり紛糾・委員長塚本三郎、副委員長永末英一、書記長大内啓伍を選出。 **6・6** 自民党、国家秘密法案(スパイ防止法案)を衆議院に提出(二五日、三六年ぶりの記名投票により継続審議・一二月一〇日、野党の反対により廃案)。 **6・8** 大鳴門橋(本州四国連絡橋神戸—鳴門ルート・全長一六二九メートル)開通。 **7・7**

西暦	年号・干支	内閣	記事
一九八五 ◀▶	昭和六〇 乙丑	(第２次中曾根康弘内閣)	東京都議会議員選挙、自民党五六議席(五増)を獲得、社会党一一議席(四減)(投票率は過去最低の五三・五パーセント)。**7・17** 最高裁、昭和五八年一二月総選挙の無効訴訟で、衆議院の現行定数配分の格差を違憲と初判断(選挙無効請求は棄却)。**7・22** 臨時行政改革推進審議会、内閣機能強化・民間活力重視・地方自治推進などを求めた「行政改革の推進方策に関する答申」を中曾根首相に提出。**7・26** 国鉄再建監理委員会、最終答申「国鉄改革に関する意見」(六分割民営化・貨物分離など)を中曾根首相に提出。**7・27** 首相、自民党の軽井沢セミナーで「戦後政治の総決算」を表明、防衛費GNP一パーセント枠撤廃問題などに関し見解を表明。**8・7** 首相、国防会議で防衛庁の「五九中期防衛業務見積案」の政府計画(防衛力整備五ヵ年計画)としての再作成および防衛費GNP比一パーセント枠撤廃の検討作業を指示。**8・12** 特命相兼沖縄開発庁長官河本敏夫(三光汽船㈱オーナー)、三光汽船倒産に伴い引責辞任。**8・13** 三光汽船㈱、神戸地裁尼崎支部に会社更生法適用を申請(負債総額約五二〇〇億円、実質債務一兆円で戦後最大の倒産)。**8・15** 中曾根首相、戦後の首相として初の靖国神社公式参拝・全閣僚(海外出張者を除く)も公式参拝。**8・25** 安倍外相、中曾根首相の自民党総裁三選に反対表明(九月一三日竹下登蔵相、九月一四日宮沢喜一総務会長も反対表明)。**9・18** 政府、国防会議および閣議において新防衛計画(中期防衛力整備計画・昭和六一～六五年度、総額一八兆四〇〇〇億円)を正式決定、平均GNP比一・〇三八パーセントとなり、一パーセント枠を越えることとなる。**9・22** 日本・アメリカ・イギリス・フランス・西ドイツ、ニューヨークで蔵相・中央銀行総裁会議(G5)を開催、ドル高是正の為替相場協調介入に合意(プラザ合意)、円高時代の到来。**9・24** 政府、行革大綱を閣議決定。**9・30** 東京都議会、都庁新宿移転条例案を可決・成立(平成三年三月九日、新宿庁舎、西新宿に完成、落成式挙行)。**10・10** 中国呉学謙(ウー＝シュエチエン)外相、安倍外相に対し中曾根首相の靖国神社公式参拝について懸念

西暦

年号・干支

内閣

記事

を表明し以後、鄧小平（トン＝シアオピン）ら、相つぎ懸念表明（一八日、首相、靖国神社秋の例大祭参拝見送りを表明）。**10・11** 閣議、国鉄六分割・民営化の昭和六二年四月一日実施および次期国会での関連法案提出を決定。**10・14** 第一〇三臨時国会召集（一二月二一日閉会）。**12・18** 社会党第五〇回定期大会（一二月一六～一八日）、保革連立問題をめぐり紛糾、「新宣言」採択を延期。**12・22** 内閣制度創始一〇〇周年式典開催。**12・24** 第一〇四通常国会召集（昭和六一年五月二二日閉会）。**12・28** 第二次中曾根第二回改造内閣発足（安倍外相・竹下蔵相は留任）。**この年** 自動車生産台数一二二七万台（米は一一六五万台）、粗鋼生産高一億五二八万トン（ソ連は一億五四五万トン）。平均給与月額二三万七〇〇〇円、失業率二・六パーセント。

【社会・文化】

1・16 長野県立高校全八七校中八四校で「学校平和宣言」。**2・13** 改正風俗営業法施行。福岡地裁小倉支部、カネミ油症事件全国統一民事第三陣訴訟で、国・企業の過失責任を認定、総額三億七〇〇〇万円の損害賠償支払いを命じる判決。**3・16** 国際科学技術博覧会（科学万博―つくば'85）、筑波研究学園都市で開催、開会式を挙行（～九月一六日・総入場者数二〇三三万四七二七人）。**3・21** 厚生省エイズ調査研究委員会、エイズ（後天性免疫不全症候群）の日本第一号患者を確認と発表（年内に一一人確認）。**4・1** 放送大学開講。**5・17** 男女雇用機会均等法成立（六月一日公布、昭和六一年四月一日施行）。**6・15** 兵庫県警、外為法違反容疑により豊田商事大阪本社および親会社の銀河計画を捜索（一八日、豊田商事会長永野一男、報道陣のつめかける自宅において刺殺される）。**6・26** 臨教審、個性重視の原則などを掲げた第一次答申を中曾根首相に提出。**7・9** 徳島地裁、徳島ラジオ商事件の死後再審（刑事裁判史上初）で故富士茂子に無罪判決（一九日、徳島地検、控訴断念し無罪確定）。**7・10** 京都市、古都保存協力税を実施・清水寺・金閣寺などの反対寺院、無料

西暦	年号・干支	内閣
一九八五 ◀▶	昭和六〇 乙丑	（第2次中曾根康弘内閣）

記事

拝観ついで拝観停止（八月八日和解・一二月五日再び拝観停止）。**7・24** 厚生省、有毒のジエチレングリコール混入が発覚した西ドイツ・オーストリア産ワインの回収を業者に指示。**8・7** 日本人初のスペースシャトル搭乗者、毛利衛・向井千秋・土井隆雄の三人に決定。**8・9** 閣僚の靖国神社参拝問題に関する懇談会、憲法の政教分離原則に抵触しない上での公式参拝を容認する答申（違憲論の存在も付記）を提出。**8・12** 日本航空羽田発大阪行一二三便（ボーイング七四七SR型機）、相模湾上空で操縦不能となり群馬県御巣鷹山山中に墜落、生存者四人・死者五二〇人（世界最大の航空事故・ボーイング社の後部隔壁修理ミスが原因）。**8・24** ユニバーシアード神戸大会開催（九月四日・一〇八ヵ国・三九四九人参加）。**9・5** 文部省、学校行事での日の丸掲揚・君が代斉唱の徹底を各教育委員会に通達。**9・25** 奈良県斑鳩町の藤ノ木古墳から、朱塗り家形石棺発見される。**10・1** 国勢調査実施（総人口一億二一〇四万七一九六人）。**10・23** 文部省、「児童生徒の問題行動実態調査」を発表（いじめ・登校拒否激増）。**10・29** 奈良県明日香村の伝飛鳥板蓋宮跡付近から、大津皇子など壬申の乱関係の人名・地名が記された木簡一〇八二点発見される（同遺跡を飛鳥浄御原宮と確定）。**11・14** 国立大学協会、受験機会複数化の昭和六二年度実施を決定。日本プロ野球選手会（巨人中畑清会長）、東京都地方労働委員会から労働組合資格証明書の交付を受け、労働組合として発足。**11・29** 首都圏・近畿の八都府県で、中核派・過激派による同時多発ゲリラ・国鉄の通信・信号ケーブル三四ヵ所の切断・放火、総武線浅草橋駅駅舎への放火などにより、首都圏の国電麻痺。

【死没】

1・22 向坂逸郎（87、経済学）。**1・31** 石川達三（79、小説家）。**2・20** 中野好夫（81、評論家）。**2・21** 田村幸策（97、吉田内閣ブレーン）。**2・22** 藤山愛一郎（87、政治家）。**2・27** 一志茂樹（91、地方史）。**3・7** 森銑三（89、書誌学）。**3・19** 山下春江（83、政治家）。**3・30** 笠置シヅ子（70、歌手）。野上弥生子

西暦	
年号・干支	
内閣	
記事	（99、小説家）。**4・1** 林竹二（78、教育学）。**4・2** 高橋信次（73、愛知県がんセンター所長）。**4・14** 藤岡謙二郎（70、歴史地理学）。**4・16** 吉村茂樹（87、日本史学）。**4・29** 桜田武（81、経営者）。**4・30** 庄司吉之助（80、日本史学）。**5・27** 原田大六（68、考古学）。**6・9** 川口松太郎（85、作家）。**6・17** 谷口雅春（91、宗教家）。**8・6** 高橋磌一（72、日本史学）。**8・11** 荒川豊蔵（91、陶芸家）。**8・12** 坂本九（43、歌手）。**9・11** 夏目雅子（27、俳優）。**9・12** 源氏鶏太（73、作家）。**9・29** 入江相政（80、侍従長）。**10・24** 永田雅一（79、映画プロデューサー）。**10・26** 東流斎馬琴（五代）（81、講釈師）。**11・2** 直良信夫（83、古人類学）。**11・28** 白洲次郎（83、東北電力会長）。**12・3** 各務鉱三（89、ガラス工芸家）。**12・18** 田中美知太郎（83、哲学）。**12・21** 増田甲子七（87、政治家）。**12・24** 佐々木更三（85、政治家）。**12・26** 久保田きぬ子（72、憲法学）。 〔世界〕 **1・8** 米ソ外相会談、ジュネーヴで開催、戦略核・中距離核兵器などの包括的軍縮交渉の開始に合意（三月一二日、同交渉、ジュネーヴで開始）。**2・1** ニュージーランド首相ロンギ、核積載可能艦の寄港拒否をアメリカに通告（五日、アメリカ、三月実施予定のANZUS合同演習中止を決定）。**3・11** ミハイル＝ゴルバチョフ、チェルネンコ死去（三月一〇日）に伴い、後任としてソ連共産党書記長に選出。**4・11** アルバニア労働党第一書記ホジャ死去。**4・14** ペルー大統領選、野党親米派のガルシア当選（七月二八日就任）。**4・21** ブラジル副大統領サルネイ、ネベス次期大統領の死去に伴い、大統領に就任。**5・2** 第一一回主要先進国首脳会議、ボンで開催（〜四日）・「第二次大戦四〇周年に対しての政治宣言」および新ラウンド早期開始の経済宣言を採択。**5・16** アフガニスタンのゲリラ七組織、「ムジャヒディーン＝イスラム同盟」を結成。**6・10** ベトナム共産党総会（〜一七日）、国家助成金制度廃止など決議。**6・17** ナミビア、南アフリカ主導による中道・右

西暦	年号・干支	内閣
一九八五 ▶	昭和六〇 乙丑	(第2次中曾根康弘内閣)

記事

派連合の暫定政権発足(外交・防衛・一部の行政権は南アフリカが保持)。**6・1** 中国、人民公社解体および郷・鎮政府設置を完了。**7・2** ソ連グロムイコ外相、最高会議幹部会議長(国家元首)に選出、後任外相にシュワルナゼ就任。**7・15** 国連「婦人の一〇年」の世界婦人会議、ナイロビで開催(〜二七日)。**8・2** ビルマ社会主義計画党大会(〜七日)、集団指導体制を確立。**8・6** 第一六回南太平洋フォーラム、クック諸島ラロトンガで開催(八月四日〜六日、一三ヵ国・自治領が参加)、南太平洋非核地帯条約を採択。**8・15** イラク、イランのカーグ島石油関係施設への空爆開始。**9・19** メキシコ西南部で大地震(マグニチュード八・一)、死者八〇〇〇人。**9・22** 五ヵ国蔵相・中央銀行総裁会議(G5)、ニューヨークで開催、ドル高是正の協調介入強化につき合意(プラザ合意)。**10・25** フランス、南太平洋ムルロア環礁で地下核実験。**10・27** タンザニア大統領選挙、現職のニエレレ大統領引退し、ムウィニ副大統領が新大統領に選出。**11・6** ポーランド首相ヤルゼルスキ、国家評議会議長(国家元首)に就任、後任首相にメスネル副首相昇格。**11・13** コロンビアの休火山ネバドデルルイス噴火、死者約二万五〇〇〇人(今世紀最大規模の噴火被害)。**11・15** 英首相サッチャー・アイルランド首相フィッツジェラルド、ベルファストで会談、北アイルランド問題合意書に調印。**11・19** 米ソ首脳会談、ジュネーヴで開催(〜二〇日・六年半ぶり)・レーガン・ゴルバチョフの相互訪問、戦略核五〇パーセント削減、「核不戦」の確認などの一三項目の共同声明を発表・文化交流協定調印・戦略防衛構想(SDI)に関しては対立。

西暦	一九八六 ◀
年号・干支	六一 丙寅
内閣	

記事

【政治・経済】

1・15 ソ連シュワルナゼ外相来日、中曾根首相・安倍外相と会談(～一九日)、領土問題の継続協議に合意し、日ソ共同声明を発表。1・22 社会党、第五〇回大会の旗開大会において、マルクス・レーニン主義から西欧型社会民主主義路線への転換を新綱領とする新宣言を満場一致で採択。2・11 中曾根首相・一六閣僚・坂田衆議院議長ら、「建国記念の日を祝う式典」に出席。3・19 東京高裁、第一次教科書訴訟控訴審判決で、教科書検定を合憲とし原告家永三郎の請求を全面棄却する判決。3・24 神奈川県逗子市の池子弾薬庫跡地米軍住宅建設をめぐるリコールで、現職で緑派の富野暉一郎市長が勝利。4・7 国際協調のための経済構造調整研究会(座長前川春雄前日銀総裁)、日米貿易摩擦解消のための内需主導・国際協調型への経済構造転換を求めた報告書(前川リポート)を中曾根首相に提出(五月一日経済対策閣僚会議、経済構造転換を目的とする推進要綱を決定)。4・29 天皇在位六〇年記念式典、政府主催により両国国技館で挙行。5・4 第一二回主要先進国首脳会議(東京サミット)開催(～六日)、リビアの国際テロ批判・チェルノブイリ原発事故などに関する政治三文書を採択。5・6 先進七ヵ国蔵相会議(G7)新設(G5にイタリア・カナダが新加入)、政策協調などを骨子とした「経済宣言」を新設。5・8 イギリスのチャールズ皇太子夫妻来日(～一三日)。5・21 衆議院本会議、八増七減の議員定数是正の公職選挙法改正案を可決(二二日、参議院でも可決・二三日、同法改正公布、六月二一日施行)。5・27 安全保障会議設置法公布(七月一日施行され国防会議廃止となる)。6・2 第一〇五臨時国会召集・政府・自民党、衆議院本会議開会前に異例の冒頭解散・臨時閣議、選挙公示を参議院六月一八日・衆議院六月二一日、投票を衆参同日の七月六日と決定。6・10 臨時行政改革推進審議会、中曾根首相に増税なき財政再建などを骨子とする最終答申を提出(二七日、同審議会解散)。7・6 第三八回衆議院総

西暦	年号・干支	内閣	記事
一九八六 ◀▶	昭和六一 丙寅	(第2次中曾根康弘内閣)	選挙・第一四回参議院選挙(衆参同日選挙)・衆議院(自民三〇四・社会八六・公明五七・共産二七・民社二六・新自ク六・その他六)、参議院(自民七二・社会二〇・公明一〇・共産九・民社五・その他一〇)。**7・15** アメリカ政府、日本の農産物一二品目輸入制限を協定違反としてGATTに提訴。**7・17** 自民党、衆参同日選挙の圧勝により、中曾根首相続投論上昇・同党幹部、中曾根の自民党総裁としての任期延長で合意。**7・22** 第一〇六特別国会召集(七月二五日閉会)。第三次中曾根内閣成立。**7・30** 東北自動車道路、浦和—青森間(六七四・七キロ)全通。**8・14** 東京地裁、参議院定数格差五・五六倍に合憲判決。**8・15** 新自由クラブ、正式解党し田川誠一前代表を除く六議員自民党復帰。**9・5** 藤尾正行文相、『文芸春秋』のインタビュー記事で日韓併合につき「韓国側にも責任」と発言(八日、首相、韓国の猛抗議により同文相を罷免)。**9・6** 社会党委員長選挙で土井たか子が当選(日本の大政党で初の女性党首・新書記長に山口鶴男)。**9・9** 閣議、アメリカの戦略防衛構想(SDI)への研究参加を決定。**9・11** 第一〇七臨時国会召集(一二月二〇日閉会)。自民党両院議員総会、総裁任期に関する党則を改正、中曾根総裁の任期一年延長を満場一致で議決。**9・22** 中曾根首相、自民党全国研修会で「米国には黒人などが相当いるため平均的には知的水準が非常に低い」と発言し問題化(一〇月三日、首相、衆議院予算委員会で公式に陳謝表明)。**10・27** 北海道で初の日米共同統合実働演習実施(〜三一日)。**10・28** 衆議院本会議、国鉄分割・民営化関連八法案を可決(一一月二八日、参議院本会議も可決し成立。一二月四日、同法公布)。**10・31** 日本銀行、公定歩合を〇・五パーセント引下げ、年三・〇パーセントに変更(一一月一日実施・低金利時代へ突入)。**12・5** 自民党税制調査会、売上税(大型間接税)導入・マル優廃止などの税制改正案を決定(二三日、税制の抜本的改革と六二年度税制改正大綱を決定)。公明党大会、委員長矢野絢也・書記長大久保直彦を選出。**12・29** 第一〇八通常国会召集(昭和六二年五月二七日閉会)。**12・30** 政府、昭和六二年

西暦	
年号・干支	
内閣	第3次中曾根康弘内閣　7・22
記事	度予算案を決定(防衛費、前年度比五・二パーセント増・GNP比一・〇〇四パーセント、整備新幹線凍結解除)。**この年** 円高続き輸出産業の中小企業に痛手。 【社会・文化】 **1・9** 日本プロ野球選手会、労働組合として発足(昨年)、この日、第一回大会を開催。 **2・1** 中野区立富士見中二年生、いじめを苦に盛岡市で自殺(教員関与の「葬式ごっこ」が判明し問題化)。 **2・13** 東京地検、日本撚糸工業組合連合会理事長小田清孝ら五人を、中小企業事業団からの四億二〇〇〇万円詐取容疑により逮捕(撚糸工連事件)。 **4・1** 男女雇用機会均等法施行。 **4・8** アイドル歌手岡田有希子飛び降り自殺(少年少女の後追い自殺続出)。 **5・7** 国立大学協会、昭和六二年春の国立大二次試験複数受験制実施要領を発表。 **5・27** 文部省、日本を守る国民会議編集の高校日本史教科書を異例の再審議により検定合格とする(中国・韓国などの批判で、超法規的措置により修正、のち同教科書を採択した高校に対し革新勢力から採択を取消すよう圧力がかかり問題化)。 **11・1** 新興宗教「真理の友教会」女性信者七人、和歌山市の海岸で、病死の教祖の後を追い集団焼身自殺。 **11・15** 三井物産マニラ支店長若王子信行、マニラ郊外で武装五人組に誘拐される(昭和六二年三月三一日、無事解放)。 **11・21** 伊豆大島三原山大噴火(二〇九年ぶり)、全島民約一万人および観光客二〇〇〇人島外へ避難(一二月二二日、全島民帰島完了)。 **11・27** 共産党国際部長緒方靖夫宅に対する神奈川県警の電話盗聴疑惑発覚(昭和六二年八月四日、東京地検、盗聴未遂により起訴猶予処分)。 **12・28** 兵庫県城崎郡香住町の国鉄山陰本線余部鉄橋(長さ三一〇メートル・高さ四一メートル)から回送列車が突風のため転落、工場・民家に直撃し、工場従業員五人と車掌の計六人死亡。 **この頃** 東京など都市圏の地価暴騰。

西暦	年号・干支	内閣	記事
一九八六 ▶	昭和六一 丙寅	(第3次中曾根康弘内閣)	【死没】 1・10 猪谷六合雄(95、日本スキー界草分け)。 1・16 梅原竜三郎(97、洋画家)。 1・18 石母田正(73、日本史学)。 2・10 山本丘人(85、日本画家)。 2・21 松木謙治郎(77、プロ野球)。 泉重千代(120、長寿世界一)。 3・9 小野清一郎(95、刑法学)。 3・10 安井謙(74、政治家)。 3・16 内藤誉三郎(74、政治家)。 4・2 高倉輝(94、社会運動家)。 4・14 森赫子(71、俳優)。 6・15 松田権六(90、漆芸家)。 6・23 桜田一郎(82、高分子化学)。 6・27 石川七郎(76、国立がんセンター総長)。 平岩米吉(88、動物文学)。 7・13 杉原千畝(86、リトアニア共和国領事代行)。 7・19 茂山千作(89、能楽師)。 7・27 木原均(92、遺伝学)。 8・28 真野毅(98、最高裁判事)。 9・20 西春彦(93、外交官)。 9・30 横山美智子(92、作家)。 10・14 荻須高徳(84、洋画家)。 10・21 黒田寿男(87、社会主義運動家)。 10・27 小佐野賢治(69、ロッキード事件被告)。 11・4 野村芳兵衛(90、教育家)。 11・12 島尾敏雄(69、小説家)。 11・14 円地文子(81、作家)。 11・17 木村義雄(81、将棋名人)。 11・23 仁木悦子(58、推理作家)。 12・10 中村吉治(81、日本史学)。 12・24 松下正寿(85、立教大総長)。 12・25 梅沢浜夫(72、微生物学)。 桃裕行(76、日本史学)。 〔世界〕 1・1 スペイン・ポルトガル、ECに加盟。 1・14 セレソ、グアテマラ大統領に就任(三一年間の軍政に終止符をうち民政に移管)。 1・16 アルジェリア、国民投票により国会憲章を改正、社会主義路線を放棄。 1・28 アメリカのスペースシャトル・チャレンジャー、打上げ七二秒後に爆発、乗員七人全員死亡。 2・9 イラン、イラク最南端ファオ港を攻略。 2・25 コラソン＝アキノ、フィリピン大統領に就任(二六日、マルコス前大統領ら、ハワイへ亡命)。 2・28 スウェーデン、反核・平和運動擁護のオロフ＝パルメ首相、ストックホルムで暗殺。 3・20 パリ市長ジャック＝シラク、首相に就任、保革共存内閣(コアビタシオン)発足。 4・5 ローマ法王ヨハネ＝パウロ二世、

西暦	
年号・干支	
内閣	
記事	中南米聖職者の「解放の神学」を容認。**4・15** 米軍機、リビアのトリポリ・ベンガジを空爆。イギリス以外の西欧諸国、遺憾声明。**4・26** ソ連ウクライナ共和国のチェルノブイリ原子力発電所、人為的ミスによる大規模事故発生（四月二八日発表）。放射能汚染、近隣諸国に拡大し深刻化。**5・4** アフガニスタン人民民主党書記長カルマル、健康上の理由により辞任。後任書記長にナジブラ政治局員就任。**6・12** 南アフリカ大統領ボタ、ソエト蜂起一〇周年を前に、全土に非常事態宣言を発令、反アパルトヘイト黒人活動家を一斉検挙。**8・11** アメリカ、ANZUS条約に基づくニュージーランドに対しての安全保障義務の打切りを通告（一二日、ニュージーランド首相ロンギ、反核政策の継続を表明）。**10・11** 米大統領レーガン・ソ連共産党書記長ゴルバチョフ、アイスランドのレイキャビクで会談（～一二日）、中距離核戦力（INF）・戦略核削減で進展するが、戦略防衛構想（SDI）をめぐる対立で決裂。**12・5** 中国安徽（アンホイ）省合肥（ホーフェイ）市の科学技術大学の学生ら、民主化要求デモ、上海・北京・天津（ティエンチン）などへ民主化運動波及（二九日、党中央、『人民日報』紙上で反体制的言動は憲法違反と警告）。**12・6** 台湾、立法院議員・国民大会代表選挙を実施・初の党外勢力新党の民主進歩党が躍進。**12・17** ベトナム共産党第六回大会、ハノイで開催（～一八日）、チュオン＝チン書記長・ファン＝バン＝ドン首相・レ＝ドク＝ト政治局員の三長老引退を承認、新書記長にグエン＝バン＝リンを選出、ドイモイ（刷新運動）路線を採用。**12・19** ソ連、反体制物理学者サハロフ夫妻の国内流刑処分を解除（二三日、七年ぶりにモスクワに戻る）。**この年** ソ連ゴルバチョフ書記長、ペレストロイカ（改革・再編）とグラスノスチ（情報公開）の政策を推進。

西暦	年号・干支	内閣	記事
一九八七 ◀	昭和六二 丁卯	(第3次中曾根康弘内閣)	【政治・経済】 1・16 社会・公明・民社・社民連四党、売上税等粉砕闘争協議会を結成。1・22 進歩党結成大会・代表に元新自由クラブ代表田川誠一を選出。1・24 政府、防衛費のGNP一パーセント枠を外して総額明示の新基準を決定。1・26 中曾根首相、施政方針演説で売上税に言及せず(二月二日、異例の補足発言)。社会党など四党書記長ら、大型間接税反対中央連絡会議(日本百貨店協会など流通二一団体)と初の懇談。2・9 NTT株が上場(一〇日、初値一六〇万円)。2・13 竹下登自民党幹事長、売上税に反対した二代議士に厳重注意。2・26 大阪高裁、京都市内の中国人留学生寮「光華寮」を台湾所有と判決。4・1 国鉄、分割・民営化・JRグループ各社が開業。4・12 統一地方選挙・知事選・道府県議選で自民党敗北。4・23 衆議院議長原健三郎の調停により、売上税法案が事実上廃案・予算案可決。4・29 中曾根首相、アメリカ訪問(三〇日、レーガン大統領と第一回会談・ドル安防止の政策協調で一致・五月一日、共同声明)。5・15 通産省、ココム規制品をソ連に輸出していた東芝機械㈱に対し、共産圏輸出の一年間禁止処分。6・12 全国農協中央会、生産者米価引下げを容認(七月三日、米価審議会、諮問承認答申)。6・30 閣議、第四次全国総合開発計画を決定(多極分散型の国土形成を目指す)。7・4 自民党竹下派結成(「経世会」・一一三議員が参加)。7・6 第一〇九臨時国会召集(九月一九日閉会)。7・15 防衛施設庁、三宅島のアメリカ軍空母艦載機夜間発着訓練用の気象観測施設建設に着工。7・29 東京高裁、ロッキード裁判丸紅ルート控訴審で田中角栄被告の控訴を棄却。7・31 政府、所得税減税・マル優廃止などの税制改革案を国会に提出。9・19 参議院本会議、所得税法改正などの税制改革法案を可決。9・22 天皇、宮内庁病院に入院・手術(二八日、沖縄訪問中止・二九日、慢性すい炎と発表・一〇月七日、退院)。9・30 防衛施設庁、神奈川県逗子市のアメリカ軍住宅建設に着工(一〇月一二

西暦	年号・干支	内閣	記事
			日、逗子市長選で建設反対派の富野暉一郎が再選)。**10・2** 安倍晋太郎自民党総務会長、総裁選立候補を表明(三日宮沢喜一蔵相、五日竹下登自民党幹事長も表明)。**10・20** 東京株式市場、前日のニューヨーク市場大暴落の影響を受けて三八三六円四八銭安の暴落(下落率一四・九パーセント)。自民党の中曾根総裁、次期総裁に竹下登を指名(三一日、自民党大会、竹下登を総裁に選出)。**11・6** 第一一〇臨時国会召集(一一月一一日閉会)。竹下内閣成立(副総理・蔵相宮沢喜一、外相宇野宗佑、官房長官小渕恵三)。**11・27** 第一一一臨時国会召集(一二月一二日閉会)。竹下登首相、所信表明演説・「ふるさと創生」を提唱、新型間接税導入に意欲。**12・28** 第一一二通常国会召集(昭和六三年五月二五日閉会)。**この年** 円高さらに進み、一ドル＝一二四円(年末)。国際経常収支、八七〇億ドルの黒字、対米貿易黒字五六八億ドルとなり日米貿易摩擦いっそう深刻化。東京など都市圏の地価高騰続きピークに達す。 【社会・文化】 **3・30** 安田火災、ゴッホ「ひまわり」を五三億円で落札(ロンドン)。**4・1** 国土庁の「八七年地価公示」、東京都の平均上昇率五三・九パーセント、全国平均七・七パーセント。**4・3** 荒川河川敷などで、偽造一万円札四億円を発見(一三日、主犯の武井遵を逮捕)。**4・16** 警察庁調べ、昭和六一年中の自殺者二万五五二四人は戦後最悪。**5・3** 兵庫県西宮市の朝日新聞阪神支局に覆面男が侵入、散弾銃を発砲・記者一人死亡、一人重傷。**5・―** 日中社会科教科書交換調査会議、東京で開催(国際教育情報センター・中国人民教育出版社共催、歴史学者・地理学者ら出席、昭和六三年一一月に第二回会議、以後天安門事件による中断をはさんで、平成一〇年五月まで東京・北京で交互開催)。**6・9** 総合保養地域整備法(リゾート法)を公布・施行。**6・13** プロ野球広島カープの衣笠祥雄、二一三一試合連続出場、ルウ＝ゲーリッグの米大リーグ記録を越える(六月二二日、

西暦	年号・干支	内閣	記事
一九八七 ◀▶	昭和六二 丁卯	(第3次中曽根康弘内閣)	国民栄誉賞、引退まで二二一五試合連続出場)。**7・16** 大阪高裁、箕面市の忠魂碑移設・慰霊祭訴訟でその宗教的性格を否定する合憲判決。**8・7** 臨時教育審議会、教育改革に関する第四次答申(最終答申)を提出。**8・31** 東京高裁、多摩川水害訴訟で国の管理ミス否定の判決。**9・2** 最高裁、有責配偶者の離婚請求訴訟で「原因者」も離婚請求できるとの新判断を示す。**9・7** 劇団新国劇、解散を決定。**10・12** 利根川進マサチューセッツ工科大学教授、ノーベル医学生理学賞受賞決定。**10・25** 沖縄国体開会式、日の丸掲揚と君が代斉唱で混乱(二六日、ソフトボール会場で日の丸が引き降ろされる)。**11・8** 岡本綾子、米女子プロゴルフツアー最終戦に二位となり年間の米賞金女王となる(外国人初の女王)。**11・13** 文部省の教育課程審議会高校分科会、昭和六九年(平成六)度から高校社会科を「地歴科」と「公民科」に分割することを決定。**11・20** 全日本民間労働組合連合会(「連合」)結成大会。**12・7** 最高裁、一二月一五日から法廷内のカメラ取材を条件付きで解禁することを決定。**この年** 日本エイズ研究会(のち日本エイズ学会)発足。 【死没】 **1・21** 岸俊男(66、日本史学)。**2・3** 高松宮宣仁親王(82、昭和天皇の弟)。**2・7** 小山敬三(89、洋画家)。**2・9** 貝塚茂樹(82、東洋史学)。**2・16** 坂本太郎(85、日本史学)。**2・19** 阪本清一郎(95、部落解放運動家)。**2・20** 太田晶二郎(73、日本史学)。**2・27** 亀井文夫(78、記録映画監督)。**3・4** 北村西望(102、彫刻家)。**3・28** 藤間勘右衛門(五代)(40、日本舞踊藤間流宗家)。**4・7** 亀井貫一郎(94、政治家)。**4・21** 中島治康(77、プロ野球監督)。**5・2** 森山欽司(70、政治家)。**5・5** 桑田忠親(84、日本史学)。**5・10** 鵜飼信成(81、憲法)。平沢貞通(95、帝銀事件死刑囚)。**5・12** 望月太左衛門(一〇代)(63、歌舞伎囃子方)。**5・22** 山岸徳平(93、国文学)。**5・28** 鈴木雅次(98、土木工学)。**5・30** 武蔵川喜偉(78、相撲博物館館長)。**6・6** 三上次男(80、東洋史学)。**6・16** 鶴田浩二(62、俳優)。**7・10** 羽

西暦	
年号・干支	
内閣	
記事	仁説子(84、社会運動家)。7・12 臼井吉見(82、文芸評論家)。7・17 石原裕次郎(52、俳優)。7・20 有島一郎(71、俳優)。8・7 岸信介(90、政治家)。8・12 増本量(92、金属物理学)。8・16 深沢七郎(73、小説家)。栗島すみ子(85、俳優)。9・13 宝月圭吾(81、日本史学)。10・4 住谷悦治(91、経済学)。10・9 稲山嘉寛(83、経営者)。11・22 前田陽一(76、フランス文学)。海後宗臣(86、教育学)。12・27 椋鳩十(82、児童文学)。12・29 石川淳(88、作家)。 〔世界〕 1・1 アフガニスタンの人民民主党書記長ナジブラ、反政府ゲリラに一五日からの一方的停戦を提案(一五日、政府軍、一方的停戦)。北京の天安門広場で学生の民主化要求デモ、警官隊により規制。『人民日報』、民主化運動を「ブルジョア自由化」として反対表明。1・16 胡耀邦(フー＝ヤオパン)総書記、学生デモの混乱の責任で辞任。2・21 主要五ヵ国蔵相・中央銀行総裁会議(G5)、パリで開催。2・22 七ヵ国蔵相会議(G7)、パリで開催。黒字国の内需拡大と為替水準の維持を確認(ルーブル合意)。4・13 中国・ポルトガル、マカオ返還の共同声明。4・20 パレスチナ民族評議会、アルジェで開催(四年ぶりに統一)。5・1 韓国で統一民主党結成(総裁金泳三(キム＝ヨンサム))。6・8 第一三回主要先進国首脳会議、イタリアのヴェネチアで開催(一〇日、ドル安定を求めた経済宣言を発表)。6・20 愛新覚羅浩没(73、満州国皇帝弟の溥傑(プーチエ)妃)。7・14 台湾国民政府、三八年二ヵ月に及んだ戒厳令を解除(一五日、国家安全法発効)。7・20 国連安保理、イラン・イラク戦争の即時停戦を要求する決議(二一日、イラン、拒否・二二日、イラク、条件付き受諾)。8・23 ソ連のバルト三国で独立要求のデモ。9・7 東ドイツ国家評議会議長ホーネッカー、元首として初めて西ドイツを訪問(〜一一日)。9・14 フロンガス規制を討議する国連環境計画(UNEP)の国際会議、モントリオールで開催(一六日、オゾン層保護条約議定書を採択)。10・19 ニューヨーク

西暦	年号・干支	内閣	記事
一九八七	昭和六二 丁卯	11・6 竹下登内閣	株式市場で大暴落（いわゆるブラック＝マンデー、各国の株式市場に波及）。**10・25** 中国共産党第一三回全国代表大会開催・中国社会主義の現状を「初級段階」と規定（一一月二日、中央委、趙紫陽（チャオ＝ツーヤン）首相を総書記に選出）。**10・30** 韓国で新民主共和党結成（総裁金鍾泌（キム＝ジョンピル））。**11・7** チュニジアのベンアリ首相、ブルギバ大統領を追放、大統領に就任。**11・12** 韓国で平和民主党結成（総裁金大中（キム＝デジュン））。**11・29** 大韓航空機、ビルマ上空で行方不明（一二月二日、爆弾テロの容疑者を逮捕・一九八八年一月一五日、韓国政府、北朝鮮のテロ事件と断定、容疑者金賢姫（キム＝ヒョンヒ）犯行を認める記者会見）。**11・30** アフガニスタン、革命評議会議長ナジブラ、大統領に選出。**11・-** ルーマニア、ブラショフの労働者が大規模デモ、食糧事情と労働条件の改善を要求。**12・7** ソ連共産党書記長ゴルバチョフ、アメリカ訪問（八日、レーガン大統領と会談・中距離核戦力（INF）全廃条約に調印・一〇日、共同声明、一九八八年六月一日、批准書交換）。**12・16** 韓国大統領選挙・民主正義党の盧泰愚（ノ＝テウ）候補が当選。**12・19** ガザ地区のパレスチナ住民による反イスラエル行動が拡大。**12・20** フィリピン、ルソン島沖でフェリーとタンカー衝突・沈没、三〇〇〇人以上が死亡と推定（世界最大の海難事故）。
一九八八	六三 戊辰		【政治・経済】 **1・12** 竹下首相、アメリカ訪問・一三日、レーガン大統領と会談、日米協力関係を確認・ドル下落防止で共同声明。**1・26** 政府、大韓航空機事件で北朝鮮に対して人的交流抑制などの制裁措置を決定。**2・6** 浜田幸一衆議院予算委員長、共産党委員の質問中に発言を妨害、同党議長を「殺人者」と発言（一二日辞任）。**3・13** 青函トンネル開業（JR津軽海峡線、中小国―木古内間開業）。**4・1** 少額貯蓄非課税制度（マル優）、高齢者などを除き原則廃止。**4・10** 瀬戸大橋開通（世界最長

西暦	
年号・干支	
内閣	
記事	の道路・鉄道併用橋・JR本四備讃線、茶屋町—宇多津間開業)。**4・28** 自民党税制調査会、新型間接税導入案を決定。政府税制調査会、中間答申を提出。**5・10** 公明党代議士大橋敏夫、『文芸春秋』で創価学会名誉会長池田大作を批判(六月六日、同党除名)。**5・11** 奥野誠亮国土庁長官、国会で「盧溝橋事件は偶発的」と答弁(一三日辞任)。**6・14** 自民党税制調査会、一般消費税三パーセント導入を柱とする税制抜本改革大綱を決定(二八日、政府、税制改革要綱を決定)。**6・18** 川崎市助役小松秀熙がリクルート関連株を公開前に取得し、一億円の売却益を得ていたことが判明(二〇日解職)。**6・20** 佐藤隆農水相・米ヤイター通商代表、牛肉・オレンジ輸入自由化問題で合意。**7・5** リクルートコスモス社の未公開株譲渡問題で、中曾根康弘前首相・安倍晋太郎自民党幹事長・宮沢喜一蔵相の各秘書が関与と判明(リクルート事件)。**7・19** 第一一三臨時国会召集(一二月二八日閉会)。**8・25** 竹下首相、中国訪問・李鵬(リー＝ポン)首相と会談。**9・5** 社民連代議士楢崎弥之助、国会質問でリクルートコスモスの社長室長松原弘の贈賄工作を公表。**9・9** 衆議院本会議、税制問題等調査特別委員会設置を可決(二二日、前リクルート会長江副浩正の参考人招致を決定)。**9・19** 天皇が大量の吐血・下血、容体急変(以後自粛ムード続く)。**9・22** 政府、天皇の国事行為を皇太子へ全面委任することを決定・一般記帳を開始。**10・19** 東京地検、リクルート本社などを一斉捜査(二〇日、同社前社長室長松原弘を逮捕)。**10・21** 最高裁、昭和六一年総選挙での一票の最大格差二・九二倍に合憲判決。**10・31** 神奈川県逗子市の市長選で、アメリカ軍住宅建設反対派の富野暉一郎が三選。**11・10** 自民党、衆議院税制特別委員会で税制改革関連六法案を単独強行採決。**11・15** 衆議院本会議、リクルート問題特別調査委員会の設置を決議(社会・共産両党欠席)。**11・16** 衆議院本会議、税制改革六法案を修正可決(公明・民社、原案に反対、修正部分賛成・社会・共産欠席)。**11・29** 竹下首相、「ふるさと創生」策として全市町村に一

西暦	年号・干支	内閣	記事
一九八八 ◀▶	昭和六三 戊辰	（竹下登内閣）	律一億円の交付金配分を決定。**12・9** 宮沢喜一蔵相、秘書のリクルートコスモス株譲渡に関し、国会答弁が再三変わり責任をとり辞任。**12・14** NTT会長真藤恒、リクルート疑惑で辞任。**12・24** 参議院本会議、税制改革関連六法案を可決（社会・共産両党、牛歩で抵抗）。**12・27** 竹下改造内閣成立（主要閣僚留任）。**12・30** 長谷川峻法相、リクルート疑惑で辞任（後任に元内閣法制局長官高辻正己）。第一一四通常国会召集（平成元年六月二二日閉会）。**この年** 外資準備高大幅に増加し、九七七億ドル（年末）に達し西ドイツを抜いて世界一位となる。 【社会・文化】 **1・5** 東京・六本木のディスコで照明具が落下、三人死亡。**2・19** 静岡県浜松市の住民による暴力団追放運動、山口組系暴力団一力一家事務所撤収で和解。**3・17** 東京ドーム落成式（東京後楽園球場のあと。日本初の屋根つき球場）。**3・24** 中国上海市郊外で、修学旅行中の私立高知学芸高校生徒乗車の列車が衝突事故・二八人死亡。**4・11** 坂本龍一、映画「ラストエンペラー」で日本人で初めてアカデミー賞オリジナル作曲賞受賞。**6・2** 奈良県藤ノ木古墳で石棺内をファイバースコープにより検査・大量の副葬品の存在が判明（一〇月一日、開棺調査開始）。**7・23** 神奈川県横須賀沖で、海上自衛隊潜水艦なだしおと釣船第一富士丸が衝突・三〇人死亡（なだしお事件）。**8・24** 海上保安本部、潜水艦なだしおと第一富士丸の衝突事故で、なだしお側の操船ミスと断定（二五日、瓦力防衛庁長官が辞任）。**9・17** 第二四回オリンピック・ソウル大会、日本選手三三七人参加（男子一〇〇メートル背泳ぎで鈴木大地が金メダルなど金四・銀三・銅七）。**12・7** 本島等長崎市長、市議会で天皇に戦争責任があると答弁。**12・30** 神戸市の太陽神戸銀行須磨支店前で、現金輸送車が奪われ現金約三億円などが盗まれる。 【死没】

西暦	
年号・干支	
内閣	
記事	1・9 宇野重吉(73、俳優)。2・21 黒川利雄(91、内科学)。3・7 鈴木成高(80、西欧文化史学)。有沢広巳(92、経済学)。3・21 岩生成一(87、日本史学)。3・30 田谷力三(89、浅草オペラ)。4・5 神川彦松(98、国際政治学)。4・9 田宮虎彦(76、作家)。4・10 桑原武夫(83、フランス文学)。4・16 中村勘三郎(一七代)(78、歌舞伎役者)。5・1 沢田政広(93、彫刻家)。5・7 山本健吉(81、文芸評論家)。5・18 田中路子(79、ソプラノ歌手)。6・1 岩村忍(82、東洋史学)。6・11 木村京太郎(85、部落解放運動家)。7・2 荻昌弘(62、映画評論家)。7・14 末広恭雄(84、魚類学)。7・26 武智鉄二(75、演出家)。8・4 土光敏夫(91、経営者)。8・10 清水幾太郎(81、社会学)。木村荘十二(84、映画監督)。8・14 瀬沼茂樹(83、文芸評論家)。8・19 土屋喬雄(91、経済学)。9・20 中村汀女(88、俳人)。9・26 池田遙邨(92、日本画家)。10・23 朝潮太郎(58、横綱)。11・9 茅誠司(89、物理学)。11・12 草野心平(85、詩人)。11・14 三木武夫(81、政治家)。11・23 古畑正秋(76、東京天文台長)。12・15 山口青邨(96、詩人)。12・16 小磯良平(85、洋画家)。12・17 楠本憲吉(65、俳人)。12・24 山田無文(88、禅僧)。12・25 大岡昇平(79、小説家)。 〔世界〕 2・23 ソ連邦アゼルバイジャン共和国で、アルメニア人住民がアルメニア共和国への帰属換えを求めてデモ。3・17 イラン国営通信、イラク軍がイラク北東部のクルド人の町で毒ガスを使用し四〇〇〇人死亡と報道。4・4 エチオピア・ソマリア、国交再開で合意。4・14 アフガニスタン・パキスタン・アメリカ・ソ連、アフガニスタン和平合意四文書に調印(五月一五日、ソ連軍、撤退開始)。5・2 ポーランド、グダニスクのレーニン造船所でスト(一〇日解除)。5・20 ハンガリーで社会主義労働者党、全国会議を開催・ガダル書記長辞任(二二日、グロース首相を書記長に選出)。6・19 第一四回主要先進国首脳会議、カナダのトロントで開催(～二一日)・ソ連の改革路線を評価し

西暦	年号・干支	内閣	記事
一九八八 ▶	昭和六三 戊辰	(竹下登内閣)	た政治宣言を採択。**8・20** イラン・イラク戦争、七年一ヵ月ぶりに停戦(二五日、両国、直接交渉を開始)。**9・17** 第二四回オリンピック・ソウル大会開催(〜一〇月二日・一六〇の国・地域が参加)。**9・27** ビルマでアウン＝サン＝スー＝チーら、国民民主連盟(NLD)の政党登録を行う。**9・29** 国連平和維持軍(PKF)のノーベル平和賞受賞決定。**10・1** ソ連共産党書記長ゴルバチョフ、最高会議幹部会議長を兼任。**10・9** ロベルト＝シンチンゲル没(90、独文学)。**11・3** 国連総会、カンボジア和平でポル＝ポト派の復権阻止をめざす決議を採択。**11・8** アメリカ大統領選挙、共和党のジョージ＝ブッシュ候補が当選。**11・15** パレスチナ民族評議会、パレスチナ独立国家樹立をアルジェで宣言・イスラエル、強く反発。**11・16** パキスタンで総選挙、人民党が圧勝(一二月一日、人民党総裁ブットを首相に指名・イスラム圏で初の女性首相)。**12・7** ソ連のアルメニアで大地震、数万人死亡。**12・16** アメリカ・PLOの初の公式会談、チェニスで開催。**12・30** ノグチイサム没(84、日系アメリカ人の彫刻家)。
◀ 一九八九	昭和六四 己巳 平成元 1・8		【政治・経済】 **1・7** 天皇没(一月三一日、昭和天皇と追号)・皇太子明仁親王即位・政府、新元号を「平成」と決定(一月八日、改元)。**1・9** 天皇、朝見の儀で日本国憲法を守り責務を果たすと述べる。**1・31** 竹下首相、アメリカ訪問(二月二日、ブッシュ大統領と初会談、日米関係の世界的規模での責任分担を確認)。**2・7** 民社党委員長塚本三郎、リクルート疑惑の責任問題で退陣を表明(二三日、第三四回党大会、永末英一を委員長に選出)。**2・12** 参議院福岡補欠選挙・社会党候補の渕上貞雄が大勝。**2・19** 鹿児島県知事選・徳島市長選・大分市議選で野党が善戦(二二日、宮城県知事選の自民党候補愛知和男、リクルート問題で出馬辞退)。**2・24** 昭和天皇の大喪の礼・一六四ヵ国の代表が参列。

西暦	
年号・干支	
内閣	
記事	3・8 衆議院予算委員会、与野党がリクルート疑惑に関して中曽根前首相の証人喚問問題で対立。 3・25 新日本製鉄釜石製鉄所の溶鉱炉が閉鎖。 3・30 竹下首相が自民党幹事長時代の昭和六二年にパーティー券二〇〇〇万円をリクルート社が購入していたことが判明。 4・1 消費税(三パーセント)実施。 4・12 中国李鵬(リー＝ポン)首相、来日(一三日、天皇と会談・天皇、「不幸な歴史のあったことは遺憾」と発言)。 4・19 社会・公明・民社・社民連の四党首、第一回連合政権協議会。 4・25 竹下首相、政治不信の責任をとり予算案成立後の辞任を表明。 4・28 自民党、衆議院本会議で平成元年度予算案を単独可決(憲政史上初)。 4・29 朝日新聞社の調査、竹下内閣の支持率七パーセント。 5・17 矢野絢也公明党委員長、明電工疑惑で辞任(二一日、臨時党大会、委員長に石田幸四郎を選出)。 5・22 東京地検、リクルート事件で藤波孝生元官房長官・池田克也元公明党代議士を起訴。 5・25 アメリカ通商代表、新通商法のスーパー三〇一条に基づき日本を不正貿易国と特定することを発表。 衆議院予算委員会、中曽根前首相を証人喚問・中曽根、リクルート疑惑などを全面否定(三一日、自民党を離党)。 6・2 自民党両院議員総会、総裁に宇野宗佑を選出・幹事長に橋本龍太郎。 6・3 宇野宗佑内閣成立(初入閣一一人)。 6・15 円相場が急落、一ドル＝一五一円三〇銭。 7・23 第一五回参議院議員選挙・与野党逆転(社会四六・自民三六・連合一一・公明一〇・共産五・民社三)。 7・24 宇野首相、参院選敗北などの責任をとり辞意を表明。 8・7 第一一五臨時国会召集(八月一二日閉会)。 8・8 自民党両院議員総会、総裁に海部俊樹を選出。 8・9 衆議院本会議、海部俊樹を首相に指名(参議院、社会党委員長土井たか子を指名)。 8・10 海部内閣成立(蔵相橋本龍太郎・女性二人が初入閣)。 8・18 外務省、北京を除き中国への渡航自粛勧告を解除。 9・12 皇室会議、礼宮文仁・川嶋紀子の婚約決定。 9・28 第一一六臨時国会召集(一二月一六日閉会)。 社会・公明・民社など四党、消費税廃止法案を参議院に提出。 12・11 参議院

西暦	年号・干支	内閣	記事
一九八九 ◀▶	昭和六四 己巳（つちのとみ） 1・8 平成元	（竹下登内閣） 6・3 宇野宗佑内閣	本会議、消費税廃止関連九法案を可決（一六日、衆議院で審議未了、廃案）。**12・21** 政府の「即位の礼準備委員会」、大嘗祭の公的性格を認める。**12・25** 第一一七通常国会召集（平成二年一月二四日衆議院解散）。**この年** 年末の外貨準備高、八四八億九五〇〇万ドル（過去最大の減少）。年間の新車登録台数五五六万台（前年比一一・九パーセント増）。年間の貿易黒字六四四億三三〇〇ドル（前年比一六・九パーセント減）。年間の全国消費者物価、前年比二・三パーセント上昇。平成元年の実質成長率四・九パーセント（昭和六三年五・七パーセント）。年間の日本の政府開発援助（ODA）供与は八九億五八〇〇万ドルでアメリカを抜き世界最大の援助国となる。 【社会・文化】 **1・14** 国の行政機関、第二・第四土曜の閉庁開始（二月四日、金融機関、土曜全休開始）。**1・31** 静岡地裁、島田事件（昭和二九年三月）の再審で死刑囚赤堀政夫に無期判決。**2・13** 東京地検、リクルート社前会長江副浩正ら四人を逮捕。**2・15** 「天皇誕生日」（一二月二三日）・「みどりの日」（四月二九日）を祝日にする法律が成立。**3・2** 佐賀県吉野ヶ里遺跡の墳丘墓から有柄銅剣など発見。**3・15** 新しい小学校・中学校・高等学校の学習指導要領を告示（小学校低学年に生活科設置、高等学校社会科は地歴科・公民科に分割、小学校は平成四年四月、中学校は同五年四月、高校は同六年四月実施）。**3・17** 松山地裁、愛媛玉ぐし料訴訟で公費支出に違憲判決。**4・11** 神奈川県川崎市高津区の竹やぶで一億円余発見（五月八日、東京の会社社長を持ち主と認める）。**4・17** 神奈川県藤沢市で、暴走族に抗議した毎日新聞記者が暴行受け死亡（二〇日、運輸省、消音装置義務化の方針を決定）。**5・7** 沖縄近海での水爆搭載アメリカ海軍機水没事故（昭和四〇年）が、『ニューズウィーク』の報道により表面化。**5・29** 長崎県五島列島にベトナム難民ら一〇七人乗船の漁船漂着、以後相つぐ（出稼ぎ目的の中国系偽装難民が問題化）。**6・27** 東京高裁、第二次家永教科書訴訟

図2 ↓ 96年

西暦	
年号・干支	
内閣	第１次海部俊樹内閣 8・10

記事

差し戻し審で「訴えの利益なし」として却下。6・- 天安門事件に抗議して在日中国人留学生らのデモ頻発。7・4 故美空ひばりに国民栄誉賞。8・10 八王子警察署が逮捕（七月二三日）の宮崎勤、昭和六三年来の連続幼女殺害を自供。9・- 杉山博・下山治久編『戦国遺文』刊（～平成七年）。11・13 島根医科大、初の生体部分肝臓移植手術（父親から一歳四ヵ月の長男へ）。11・15 神奈川県警、横浜の弁護士坂本堤一家の失踪で公開捜査開始。11・21 日本労働組合総連合（新「連合」）・全国労働組合総連合（全労連）が結成大会・総評解散。12・8 最高裁、石油危機の際の石油闇カルテルを告発した「鶴岡灯油訴訟」で消費者敗訴の逆転判決。12・14 土地基本法成立（「公共の福祉優先」などを柱とする）。

【死没】

1・7 昭和天皇（87）。1・10 松本重治（89、ジャーナリスト）。1・28 山階芳麿（88、鳥類学）。1・31 芥川也寸志（63、作曲家）。2・2 小林行雄（77、考古学）。2・9 手塚治虫（60、漫画家）。3・6 志賀義雄（88、社会運動家）。3・12 武藤清（86、建築家）。3・15 江口朴郎（77、西洋史学）。3・31 緒方富雄（87、医史学）。4・13 西堀栄三郎（86、第一次南極観測隊越冬隊長）。4・27 松下幸之助（94、経営者）。5・1 徳川宗敬（91、神社本庁統理）。5・2 春日一幸（79、政治家）。槇有恒（95、日本山岳会会長）。5・11 高村象平（83、経済史学）。5・16 西川寧（87、書家）。5・22 相沢忠洋（62、考古学）。6・5 兼重寛九郎（90、機械工学）。6・12 藤沢桓夫（84、作家）。6・24 美空ひばり（52、歌手）。6・25 尾上松緑（二代）（76、歌舞伎役者）。6・29 下村治（78、経済評論家）。6・30 所三男（88、日本史学）。7・8 荒垣秀雄（85、新聞記者）。7・17 鈴木貞一（101、陸軍軍人）。7・24 牧健二（97、日本法制史学）。7・27 内村直也（79、劇作家）。7・29 辰巳柳太郎（84、俳優）。8・7 伊藤律（76、日本共産党）。9・9 井上幸治（79、西洋史学）。津久井竜雄（88、国家社会主義者）。9・22 前川春雄（78、日銀総裁）。岡

西暦	年号・干支	内閣	記事
▶一九八九	昭和六四 己巳 平成 元 1・8	(第1次海部俊樹内閣)	崎嘉平太(92、経営者)。**9・27** 谷川徹三(94、哲学)。**10・6** 安倍源基(92、内務官僚)。**10・16** 二出川延明(88、プロ野球審判)。相良守峯(94、独文学)。**10・26** 浦辺粂子(87、映画俳優)。**11・5** 榎一雄(75、東洋史学)。**11・25** 杉勇(85、オリエント史学)。**12・9** 開高健(58、小説家)。**12・12** 田河水泡(90、漫画家)。**12・14** 勝間田清一(81、政治家)。福島正夫(83、法学)。**12・26** 石川光陽(85、写真家)。**12・29** 小夜福子(80、俳優)。 【世界】**1・11** ハンガリー国会、結社法・集会法を採択(二月一一日、社会主義労働者党、複数政党制導入を決定)。**1・20** アメリカ大統領にジョージ＝ブッシュが就任。**2・15** アフガニスタン駐留のソ連軍が撤退完了。**3・8** アフガニスタンで反政府ゲリラ、東部のジャララバード奪取のため攻撃を開始。**4・5** ポーランドの円卓会議終了・政府と「連帯」、政治改革の合意文書(「連帯」の合法化など)に調印。**4・17** 中国共産党前総書記胡耀邦(フー＝ヤオバン)の追悼(一五日死去)で北京の学生がデモ行進(一九日、上海でもデモ・民主化要求運動に発展、五月一三日、学生ら天安門広場でハンストに入る)。**4・30** 李方子没(87、朝鮮王朝最後の皇太子妃)。**5・2** ハンガリー政府、オーストリア国境に設置していた越境防止フェンスの撤去を開始。**5・15** ソ連ゴルバチョフ書記長、中国を訪問(ソ連最高指導者として三〇年ぶり、五月一八日、中ソ共同声明、関係正常化へ)。**5・20** 北京に戒厳令(市民反発し、五月二三日、北京で李鵬(リー＝ポン)首相退陣を要求する一〇〇万人のデモ行進)。**5・23** アラブ連盟、エジプトの復帰(一〇年ぶり)を承認。**6・3** 中国政府、民主化運動を「反革命暴乱」とみなし武力鎮圧のため人民解放軍を出動させる(三日深夜～四日未明、戒厳部隊、装甲車・戦車で天安門広場を武力制圧、坐り込んでいた学生・市民に発砲、北京市内で死傷者多数・天安門事件)。**6・23** 中国共産党第一三期中央委員会第四回全体会議・天安門事件の

西暦	
年号・干支	
内閣	
記事	責任を追及し趙紫陽（チャオ＝ツーヤン）を全職務から解任・総書記に江沢民（チアン＝ツォーミン）を選出。**6・24** ハンガリー社会主義労働者党、委員長に改革積極派のニエルシュを選出。**6・–** 世界各国・諸地域で中国における民主化運動の武力弾圧に抗議の声おこる。**7・14** 第一五回主要先進国首脳会議、フランスのパリ、アルシュで開催（〜一六日）・東欧支援など政治宣言四文書を採択。**7・17** ローマ法王庁、ポーランドとの外交関係再開を発表。**7・19** ポーランド国民議会、統一労働者党第一書記ヤルゼルスキを大統領に選出。**7・28** イラン大統領選挙、現実路線のラフサンジャニ国会議長が圧勝。**9・1** ハンガリー政府、同国滞在の西側出国を希望する東ドイツ市民約一万人の出国を容認（一一日、出国開始）。**9・14** 南アフリカ大統領に国民党首デクラーク就任。**10・17** サンフランシスコで大地震、死者六五人。**10・18** 東ドイツ各地で民主化要求のデモおこり、東ドイツ社会主義統一党、ホーネッカーの退陣を決定。**11・9** 東ドイツ政府、海外旅行・海外移住手続きを自由化（「ベルリンの壁」事実上崩壊・一〇日、壁の解体が始まる、一一月一三日、東ドイツで改革派政権成立）。**11・22** インド総選挙、国民会議派敗北。**12・1** フィリピンで国軍反乱、一二月七日、鎮圧。**12・14** チリ大統領選挙・中道・左派統一のエイルウィン候補が当選、民政に復帰。**12・17** ルーマニア西部で反政府デモ（二二日、チャウシェスク独裁政権崩壊・二五日、チャウシェスク夫妻処刑）。**12・21** スジャトモコ没（六七、国連大学学長）。**12・29** チェコスロヴァキア議会、大統領に市民フォーラム代表ハヴェルを選出。**この年** 東欧で民主化運動活発化し、ほとんどの国で社会主義独裁体制が崩壊、複数政党制と市場経済実現へ。インドに亡命中のダライ＝ラマ（チベット）にノーベル平和賞（中国政府は激しく反発）。

西暦	年号・干支	内閣
一九九〇 ◀	平成 二 庚午	(第1次海部俊樹内閣) 2・28 第2次海部俊樹内閣

記事

【政治・経済】

1・8 海部首相、ヨーロッパ八ヵ国歴訪に出発(～一八日)。 1・18 本島等長崎市長、市役所玄関前で銃撃され重傷・長崎県警、右翼団体員を逮捕。 1・24 衆議院解散(施政方針演説なし)。 2・18 第三九回衆議院議員総選挙(自民二七五・社会一三六・公明四五・共産一六・民社一四・社民連四・進歩一など)。 2・27 第一一八特別国会召集(六月二六日閉会)・首相に海部俊樹を指名。 2・28 第二次海部内閣成立・中山外相・橋本蔵相など留任。 3・3 海部首相、アメリカ訪問(三日、ブッシュ大統領と会談・大統領、日米構造問題協議の進展のため首相に政治決断を要請)。 3・15 国会審議中断のため(八日～)平成元年度補正予算成立が遅れ、国家公務員の三月分給与・期末手当を各半額のみ支給。 秋田県、ブナ原生林の破壊に対する反対運動が続いていた青秋林道建設の断念を表明。 3・23 国土庁、平成二年地価公示価格を公表・地価高騰が全国に波及(住宅地の平均上昇率一七・〇パーセント・大阪圏五六・一パーセント上昇)。 3・26 参議院本会議、平成元年度補正予算案を否決・両院協議会で成案得られず、衆議院議決で補正予算成立。 3・27 大蔵省、金融機関へ土地融資の総量規制を通達。 北海道夕張市の三菱南大夕張炭鉱(夕張で最後の炭鉱)が閉山。 3・28 「臨時脳死及び臓器移植調査会(脳死臨調)」が初会合・会長に永井道雄元文相。 4・1 太陽神戸三井銀行発足(二日、営業開始、のち、さくら銀行と改称)。 4・5 第五五回社会党大会(三日～)、「社会民主主義の選択」を明記した規約前文改正案などを採択。 4・11 国民生活審議会、学校五日制導入などをまとめた専門委員会の最終報告書を承認。 4・17 最高裁、連続射殺事件(昭和四三年)の永山則夫被告の上告を棄却、死刑確定。 4・18 臨時行政改革推進審議会(新行革審)、公的規制半減を求めた最終答申を提出。 5・10 平成二年度予算案、衆議院を通過。 5・15 厚生省調査、広島・長崎の原爆での被爆者のうち新たな死亡者一万一九二九人を確認・総数約二九

西暦	
年号・干支	
内閣	
記事	万六〇〇〇人となる。５・24 通産省、大規模小売店舗法(大店法)の運用方法を明確にして規制を緩和する通達(三〇日実施)。韓国盧泰愚(ノ＝テウ)大統領来日・天皇、「痛惜の念」を表明(二五日、大統領、国会で演説)。６・４ カンボジア和平東京会議開催(〜五日)。６・18 久保亘社会党副委員長、自衛隊違憲論の見直しを提唱。６・19 大蔵省、平成元年度税収入減のため赤字国債二〇八五億円分の発行を決定。６・23 海部首相、沖縄全戦没者追悼式に参列(首相の参列は初)。６・26 経済企画庁、月例経済報告・好景気が四三ヵ月目に入り戦後二番目の長さを記録と発表。６・29 礼宮、川嶋紀子と結婚・秋篠宮家創設。７・１ ペルー次期大統領アルベルト＝フジモリ来日(二日、天皇・海部首相と会談・経済支援を要請)。７・５ 産業構造審議会、生活重視型の産業政策への転換の必要性を強調した答申。７・15 戦後復興期に日本が世界銀行から借り入れた資金の返済完了(アメリカに次ぐ二位の出資国となる)。７・26 東京国税局の調査で、証券会社一四社と旧三井銀行が昭和六二年株価暴落の際に大口投資家へ損失補塡をしていた事実判明。７・29 日・米・加・豪・ECの第二回農相会議開催(日本のコメ市場開放要求強まる・〜三一日)。８・７ 政府、韓国要請の戦前・戦中の朝鮮人徴用者(強制連行者)名簿調査について概要を発表。９・24 自民・社会両党の北朝鮮訪問代表団(団長金丸信・田辺誠)、植民地支配を謝罪(二八日、共同声明)。10・12 第一一九臨時国会召集(一一月一〇日閉会)。自民党幹事長小沢一郎ら党四役、集団的自衛権に関する憲法解釈見直しを海部首相に要請。10・15 海部首相、国連軍への自衛隊参加の可能性を示唆。10・22 熊本県警、オウム真理教の総本部(静岡県富士宮市)など一都四県の一二ヵ所を捜索。11・３ 日本・北朝鮮国交正常化交渉の第一回予備会談、北京で開催(〜四日)。11・８ 自民・社会・公明・民社四党の幹事長・書記長会談・国連平和協力法案の廃案が確定。11・12 天皇即位の礼・一五八ヵ国の代表などが出席。11・13 協和銀行と埼玉銀行、平成三年四月一日の対等合

西暦	年号・干支	内閣	記事
一九九〇 ◀▶	平成二 庚午	(第2次海部俊樹内閣)	併を発表。**11・18** 沖縄県知事選挙・革新系の大田昌秀琉球大学名誉教授が当選。**11・22** 皇居で大嘗祭(日本国憲法下で初めて)。**12・10** 第一二〇通常国会召集(平成三年五月八日閉会)。**12・19** 緒方貞子上智大学教授、国連難民高等弁務官に指名される。**12・20** 政府、平成三～七年度の防衛力整備計画を決定・総額二二兆七五〇〇億円。**12・27** 公正取引委員会、ヤミカルテルでセメント一二社に排除勧告。**12・29** 第二次海部改造内閣成立(蔵相・外相・官房長官など留任)。**この年** 自動車輸出台数五八三万一五五五台(五年連続減少)。国際収支の経常黒字三五七億九二〇〇ドル(前年比三七・四パーセント減)、貿易黒字五二四億ドル(前年比一八・五パーセント減)。アメリカの年間貿易赤字一〇〇九億九七一〇万ドル(前年比七・七パーセント減)、対日赤字約四一〇億ドル(前年比一六・三パーセント減)。平均給与月額二七万一五〇〇円、失業率二・一パーセント。 【社会・文化】 **1・13** 初の大学入試センター試験実施(私大の一部も参加・～一四日)。**2・20** 長崎地裁、長崎忠魂碑訴訟で一四基の碑のうち一基について宗教施設と認め、補助金支出に違憲判断・他一三基は記念碑と認定。**3・3** 日本を含む国際犬ぞり隊、初の南極大陸横断に成功。マリア=カラス国際声楽コンクールで、中丸三千絵(ソプラノ)が日本人で初の優勝。**3・9** 国鉄清算事業団、国労など五組合に解雇約八〇〇人の見込みを通告(三一日、一〇五一人に四月一日付解雇を通知)。**3・17** 大相撲春場所七日目で横綱千代の富士、史上初の通算一〇〇〇勝達成。**4・1** 国際花と緑の博覧会開会(大阪鶴見緑地・テーマ「人間と自然の共生」・～九月三〇日)。**4・22** 大嘗祭反対の声明を発表したフェリス女学院大学学長弓削達宅を右翼が銃撃(一〇月二七日、大嘗祭支持派の評論家村松喬宅に左翼過激派が放火、全焼・大嘗祭をめぐり左右の暴力が激化)。**5・1** 連合系と全労連系が分裂してメーデー開催。**7・5** 鹿島建設、「花岡事件」の中国人生存者・遺族代表と初の補

西暦	年号・干支	内閣	記事

償交渉、責任を認め謝罪（平成一二年一一月、和解成立）。第九回チャイコフスキー国際コンクールのバイオリン部門で諏訪内晶子が優勝（日本人初）。**7・6** 川崎市議会、オンブズマン制度条例案を可決（一一月一日、全国で初めて導入）。**7・10** 原子力船「むつ」、洋上試験のため青森県関根浜港を出港。**7・30** 大学審議会、大学教育の自由化を打ち出した二回目の中間報告・一般教育と専門教育の区別廃止などを提言。**8・11** 大阪大学医学部、脳死者からの心臓・肝臓・腎臓移植を条件つき承認。**9・2** 子供の権利を保障する「国連児童条約」発効。**9・19** ＩＯＣ総会（一六日〜・東京）、参加資格規定から「プロ選手参加禁止」を削除。**9・28** 最高裁、七〇年安保時の中核派幹部三人が破壊活動防止法の「政治目的の扇動罪」などに問われていた事件で合憲判断、上告棄却。**10・1** 国勢調査実施（一二月二一日、総務庁の国勢調査速報、総人口一億二三六一万一五四一人）。**10・3** 大阪府警、暴力団からの金銭授受で西成署の巡査長を逮捕（二日からあいりん地区の群集が西成署に抗議して投石・放火）。**11・17** 長崎県の雲仙普賢岳、約二〇〇年ぶりに噴火活動。**12・2** ＴＢＳ記者秋山豊寛、ソ連のソユーズＴＭ一一号で日本人初の宇宙飛行（一〇日帰還）。**この年** 年間の交通事故死者一万一二二七人（昭和五〇年以降で最悪）。

【死没】

1・10 栃錦清隆（64、横綱）。**1・19** 橋本登美三郎（88、政治家）。**1・20** 東久邇稔彦（102、戦後初の首相）。**1・26** 関敬吾（90、民俗学）。**2・6** 赤尾敏（91、右翼活動家）。**3・6** 古在由重（88、哲学）。**3・14** 池田潔（86、英文学、随筆家）。**3・19** グスタフ＝フォス（77、栄光学園園長）。**3・31** 帯刀貞代（85、婦人運動家）。**4・12** 北川冬彦（89、詩人）。**4・22** アイヤパンピライ＝マーダバン＝ナイル（85、在日インド人会会長）。**5・3** 池波正太郎（67、作家）。**5・10** 袴田里見（85、政治家）。岸輝子（95、俳優）。**5・15** 神風正一（68、相撲解説者）。**5・18** 大藤時彦（87、民俗学）。**5・21** 藤山寛美（60、俳優）。**5・**

西暦	年号・干支	内閣	記事
一九九〇 ▶	平成二 庚午	（第2次海部俊樹内閣）	25 丸岡秀子(87、評論家)。5・27 高峰三枝子(71、映画俳優)。6・7 高倉新一郎(87、北海道史)。6・11 岡崎敬(66、考古学)。6・13 木暮実千代(72、俳優)。7・4 田尻宗昭(62、公害Gメン)。7・23 高柳健次郎(91、テレビ工学)。8・29 千葉雄次郎(91、朝日新聞社)。9・15 土門拳(80、写真家)。9・25 高橋展子(74、日本初の女性大使)。奥村土牛(101、日本画家)。10・5 岡義武(87、政治史学)。10・11 飛鳥田一雄(75、政治家)。10・12 永井龍男(86、作家)。10・31 幸田文(86、作家)。11・27 中井信彦(74、日本史学)。12・2 浜口庫之助(73、作曲家)。12・5 藤間勘十郎(七代)(90、日本舞踊宗家)。12・10 杉捷夫(86、フランス文学)。12・11 土屋文明(100、歌人)。 【世界】 1・11 中国、北京の戒厳令を解除(約八ヵ月ぶり)。2・11 南アフリカ、終身刑で服役中の黒人指導者ネルソン=マンデラを二八年ぶりに釈放。3・11 ソ連のリトアニア共和国最高会議、独立宣言を採択(三月三〇日エストニア、五月四日ラトヴィア、それぞれ独立宣言)。3・13 ソ連臨時人民代議員大会、大統領制導入・個人所有制導入などの憲法改正を決定(一五日、ゴルバチョフ、初代大統領に就任)。3・18 東ドイツ人民議会選挙、早期統一を主張するドイツ連合が圧勝。3・20 中国第七期全国人民代表大会第三回会議開催(四月三日、国家中央軍事委員会主席に江沢民(チアン=ツォーミン)を選出)。3・21 ナミビア、南アフリカ共和国から独立。3・31 ソ連で自由民主党発足(はじめての野党出現)。4・12 リトアニア・エストニア・ラトヴィア三共和国首相会談、バルト共同市場の創設を確認。4・15 マツナガ=スパーク没(73、ハワイ州選出上院議員)。5・18 東西両ドイツ、通貨・経済・社会保障同盟創設に関する条約に調印(七月一日発効、東西両ドイツが経済統合)。5・20 台湾李登輝(リー=トンホイ)総統、総統就任式で中国との敵対関係の事実上終息を表明。5・29 ロシア共和国最高会議議長にエリツィンが当選。5・31 ソ連ゴルバチ

1990（平成２）

西暦	
年号・干支	
内閣	
記事	ヨフ大統領、アメリカ訪問・ブッシュ大統領と会談(六月一日、戦略兵器削減で合意)。**6・10** ペルー大統領選挙、アルベルト＝フジモリ、決選投票で当選(日系人初の大統領、七月二八日就任)。**6・12** ソ連のロシア共和国人民代議員大会、主権宣言を採択。**7・9** 第一六回主要先進国首脳会議、アメリカのヒューストンで開催(〜一一日)。**7・16** ソ連のウクライナ共和国最高会議、主権宣言を採択。**7・29** モンゴル、初の複数政党制での総選挙。人民革命党が勝利。**8・2** イラク軍、クウェートに侵攻(八日、イラク革命評議会、クウェート併合を決定、湾岸戦争の発端)。**8・6** 国連安保理、イラクに現状回復を要求し経済制裁を決議。**8・13** ゴルバチョフ大統領、スターリン時代に抑圧された人々の権利回復の大統領令を告示。**8・23** ソ連のアルメニア共和国最高会議、主権宣言を採択。**9・1** ライシャワー没(79、駐日アメリカ大使)。**9・9** ブッシュ大統領・ゴルバチョフ大統領、ヘルシンキで湾岸危機について会談。**9・30** 韓国崔浩中(チェ＝ホジュン)外相・ソ連シュワルナゼ外相、ニューヨークで会談、国交樹立の共同コミュニケを発表。**10・3** 西ドイツが東ドイツを吸収してドイツの統一実現。中国・シンガポール、国交樹立。**10・15** ノーベル平和賞、ソ連大統領ゴルバチョフの受賞が決定。**11・7** ソ連で革命七三周年記念式典開催・各地で革命反対デモ。**11・14** ドイツ・ポーランド、国境条約に調印(オーデル＝ナイセ線)。**11・19** 北大西洋条約機構・ワルシャワ条約機構加盟国、不戦宣言と欧州通常戦力(ＣＦＥ)条約に調印。**11・29** 国連安保理、一九九一年一月一五日までにイラクがクウェートから撤退しない場合の軍事力行使を容認。**12・9** ポーランド大統領選挙、決選投票で「連帯」委員長ワレサが当選。

西暦	年号・干支	内閣
一九九一 ◀	平成三 辛未	(第2次海部俊樹内閣)

記事

【政治・経済】

1・9 海部首相、韓国訪問(一〇日、盧泰愚(ノ＝テウ)大統領と会談、在日韓国人の指紋押捺の二年以内廃止で合意)。 **1・11** 公正取引委員会、大企業への課徴金を最大四倍とする独禁法改正案を発表。 **1・17** 海部首相、多国籍軍の武力行使開始に対して「確固たる支持」を表明・政府、湾岸危機対策本部を設置。 **1・21** 主要七ヵ国蔵相・中央銀行総裁会議(G7)、ニューヨークで開催(ソ連の国際通貨基金参加承認見送り)。 **1・24** 政府、多国籍軍の九〇億ドル追加支出・被災民輸送のための自衛隊機使用などを決定。 **1・30** 日朝国交正常化交渉第一回本会議、平壌(ピョンヤン)で開催(〜三一日)。 **2・9** 関西電力美浜原発二号機が冷却水もれ事故(国内最大規模の原発事故)。 **3・6** 参議院本会議、多国籍軍への追加支援九〇億ドルを盛り込んだ平成二年度第二次補正予算・財源関連法成立。 **3・7** 政府、南アフリカに政府開発援助(ODA)を初供与。 **3・14** 衆議院本会議、平成三年度予算案が自民党賛成多数で可決。 広島市で新交通システム工事中に、六〇トンの橋桁が落下、一四人死亡。 **4・1** 第二回日中原子力協議開催・日本、中国に核不拡散条約加盟を要請・中国、留意の回答。 牛肉とオレンジの輸入自由化実施。 **4・4** 海部首相、アメリカ訪問・ブッシュ大統領と会談、世界新秩序構築への協調確認・アメリカ、日本のコメ市場開放を要求。 **4・7** 第一二回統一地方選挙、一三都道府県知事選挙・四四道府県議会選挙の投票・自民党が圧勝。 **4・16** ソ連ゴルバチョフ大統領来日(一八日、四島対象に平和条約交渉で合意、共同声明に調印)。 **4・24** 政府、ペルシャ湾岸への海上自衛隊の掃海艇派遣を決定(二六日、派遣部隊が出港)。 地価税法が成立(平成四年一月施行)。 **4・27** 海部首相、ASEANのうち五ヵ国歴訪(五月三日、シンガポールで日本のアジア政策について演説)。 **5・8** 第一二〇通常国会閉会・消費税法改正・育児休業法など成立。 **5・24** 経団連、コメ市場の早期開放を促す決議を採択。 **5・31** 第四三回

西暦	
年号・干支	
内閣	
記事	国際捕鯨委員会(IWC)総会、商業捕鯨の早期再開を求めた日本など三ヵ国共同決議案を否決。6・3 半導体協定更新の日米交渉・アメリカ、対日制裁解除(四日、新協定に仮調印)。6・5 海上自衛隊のペルシャ湾派遣部隊、クウェート沖での機雷除去作業開始(任務を終え一〇月三〇日帰港)。6・20 東北・上越新幹線、上野—東京間開業。7・12 ペルーの反政府ゲリラが日本政府援助の野菜生産技術センターを襲撃、日本人技術者三人を殺害。7・17 海部首相、ソ連ゴルバチョフ大統領とロンドンで会談・対ソ支援六項目で合意。7・23 社会党委員長選挙開票、副委員長田辺誠が当選。8・5 第一二一臨時国会召集(一〇月四日閉会)。8・10 海部首相、中国訪問・李鵬(リー＝ポン)首相と会談・海部首相、天安門事件後の日中関係の全面修復・借款一二九六億円供与を表明。8・20 政府、ソ連保守派のクーデタに関して対ソ支援停止の方針を決定(二二日、クーデタ失敗により解除)。8・27 越智通雄経企庁長官、「日本の景気は拡大局面にある」との八月の月例経済報告を提出・大型景気が「いざなぎ景気」と並ぶ。8・29 政府、国際平和維持活動参加の五条件(生命等防護のための必要最小限の武器使用など)の法制化を決定。9・19 政府、国連平和維持活動(PKO)協力法案と国際緊急援助隊派遣法改正案を国会に提出。国土庁発表、七月一日現在の基準地価の年間上昇率三・一パーセント(平成二年一三・七パーセント)・東京・大阪の都市圏住宅地、初のマイナスに)。9・27 参議院本会議、老人保健法改正案を可決(負担金六〇〇円に値上げ)。9・30 借地借家法改正(五〇年ぶり・貸し主を優遇)。10・3 参議院本会議、証券不祥事再発防止のための改正証券取引法が成立。10・16 国連総会、安保理非常任理事国の改選・日本、七回目の当選。10・27 自民党総裁選、宮沢喜一が当選。11・5 第一二二臨時国会召集(一二月二一日閉会)・海部内閣総辞職・宮沢喜一を首相に指名。宮沢喜一内閣成立(副総理兼外相渡辺美智雄・蔵相羽田孜)。11・6 宮沢首相、初の記者会見でコメ市場の開放譲歩を表明。公正

西暦	年号・干支	内閣	記事
一九九一 ◀▶	平成三 辛未	(第2次海部俊樹内閣)	取引委員会、食品包装用ラップ材の大手メーカー八社などを価格カルテルの独占禁止法違反で刑事告発。**11・12** 韓国人のBC級戦犯に問われた七人、政府に謝罪と一億三六〇〇万円の国家賠償を求めて東京地裁に提訴。**11・21** 成田空港問題シンポジウム、成田市で開催・政府・反対派の初の直接対話。**12・3** 衆議院本会議、国連平和維持活動(PKO)協力法案と国際緊急援助隊派遣法改正案を可決(四日、参議院で審議入り)。**12・6** 元従軍慰安婦らの「太平洋戦争犠牲者遺族会」三五人、日本政府に一人二〇〇〇万円の補償を求めて東京地裁に提訴。**12・7** 米ブッシュ大統領、ホノルルで開催の真珠湾五〇周年式典で演説・日米の協力強化を訴える。**12・20** 第一二二臨時国会、事実上閉会・PKO協力法案の継続審議決定。**12・27** 政府、国家公務員の完全週休二日制の平成四年度導入を決定。**この年** 一二月末の外貨準備高六八九億八〇〇〇万ドル(大蔵省発表)。年末の日本の対外純資産三八三〇億ドル(前年末比一六・八パーセント増・世界一位に)。経済以外の分野での日本の国際貢献のあり方をめぐって論議活発。 【社会・文化】 **1・8** 中国雲南(ユンナン)省の梅里雪(メイリーシュエ)山で日中登山隊が消息不明と連絡(二五日、捜索打ち切り)。**1・10** 仙台高裁、岩手靖国訴訟の控訴審で公式参拝・玉ぐし料公金支出に初の違憲判決(九月二五日、最高裁、同訴訟の特別抗告を却下)。**1・19** 登山家の田部井淳子、南極大陸の最高峰に登頂成功(女性初の六大陸最高峰登頂)。**2・4** 東京高裁、過労による持病悪化での死亡を労災死と認定。**2・14** 文部省、平成三年度から公開の教科書検定実施要領を発表(検定前の申請本公開)。**3・2** 日本高校野球連盟、神奈川朝鮮中高級学校の加盟申請認可の方針を決定。**4・24** 第四一回世界卓球選手権、千葉幕張メッセで開幕・韓国・北朝鮮、初めて統一チームで出場。**4・26** 平成二年の年間海外渡航者が一〇〇〇万人を超えたと発表(観光白書)。**5・14** 第五八

西暦	
年号・干支	
内閣	

記事

代横綱千代の富士、引退を表明(優勝三一回、通算一〇四五勝、五四連勝)。**5・18** 高速増殖炉「もんじゅ」、福井県敦賀市に完成。**6・3** 長崎県雲仙普賢岳で大規模な火砕流が発生(四三人死亡)。**6・4** 広島大学医学部で国内初の成人間の生体肝移植手術(五九歳の母親から三八歳の娘へ)。**6・14** 臨時脳死及び臓器移植調査会(脳死臨調)、脳死・臓器移植容認の中間報告。**6・19** 朝日新聞社の世論調査、自衛隊の海外派遣容認七四パーセント。**6・20** 野村証券の大口投資家への巨額損失補塡が発覚(二一日、日興証券も発覚・二四日、野村証券社長田淵義久・日興証券社長岩崎琢弥辞任)。**6・30** 文部省、小学校教科書の検定結果を公表・「日の丸が国旗、君が代が国歌」を明記。**7・24** 文部省調査、平成三年の小・中・高校卒業・入学式での日の丸掲揚は九割、君が代斉唱は七~八割。**10・28** 文部省発表、平成三年春の大卒女子の就職率八一・八パーセント(男子八一・一パーセント)。**11・7** 日蓮正宗総本山の大石寺、創価学会に対して解散勧告(二八日、破門通告)。**この年** 大学卒平均初任給、一八万円を超える。

【死没】

1・2 野間宏(75、小説家)。**1・25** 蔵原惟人(88、文芸評論家)。**1・29** 井上靖(83、小説家)。**2・5** 桂ゆき(77、洋画家)。中川一政(97、洋画家)。**3・5** 貝谷八百子(69、バレリーナ)。**3・12** 宮本又次(84、経済学)。**3・25** 橋本明治(86、日本画家)。**4・5** 升田幸三(73、将棋名人)。**4・21** 梅若万三郎(三代)(83、能楽師)。**5・7** 末永雅雄(93、考古学)。**5・15** 安倍晋太郎(67、政治家)。**6・3** 永田武(77、地球磁気学)。**7・5** 中村伸郎(82、俳優)。**7・30** 吉田光邦(70、科学技術史)。辻清明(78、行政学・政治学)。**8・5** 本田宗一郎(84、経営者)。**8・12** 原百代(78、作家・翻訳家)。**8・23** 生島遼一(86、文芸評論家)。**8・25** 松前重義(89、政治家)。**8・29** 戸田芳実(62、日本史学)。**10・28** 宇野信夫(87、劇作家)。**11・6** 岡田春夫(77、政治家)。**11・12** 林敬三(84、日本赤十字社総裁)。**11・22** 今井

西暦	年号・干支	内閣
一九九一 ◀▶	平成三 辛未	(第2次海部俊樹内閣)

記事

正(79、映画監督)。**11・23** 上原謙(82、映画俳優)。**12・10** 山本七平(69、評論家)。**12・23** 村川堅太郎(84、西洋史学)。**12・24** 保科善四郎(100、政治家)。

【世界】

1・11 ソ連のリトアニア共和国首都ヴィリニュスでソ連軍が防衛本部を占拠(一三日、放送局を武力占拠・二〇日、ラトヴィアで実力行使)。**1・17** 多国籍軍、イラクへの空爆を開始・湾岸戦争始まる。**2・23** タイで国軍のクーデタ・チャチャイ首相逮捕。**2・24** 多国籍軍、イラク・クウェートに進攻、地上戦を開始(二六日、イラク大統領フセイン、クウェート撤退を声明)。**2・27** 多国籍軍、クウェートを解放・イラク、国連安保理全決議の受諾を表明(二八日午前零時、全地域で戦闘停止)。**3・2** 国連安保理、湾岸戦争の停戦条件を決議(三日、イラク受諾)。**3・25** ソ連の炭鉱スト、全土の四分の一までに拡大。**3・31** ワルシャワ条約機構の軍事機構、正式に解体。**4・8** 台湾で国民大会臨時大会開催(〜二四日・三〇日、李登輝(リー=トンホイ)総統、内戦終結を宣言)。**4・9** ソ連のグルジア共和国、独立を宣言。**4・18** モーリス=パンゲ没(61、東京日仏学院院長)。**5・3** クロアティア共和国でセルビア人住民とクロアティア警官が衝突(六日、ユーゴスラヴィア連邦国防相、内戦突入と発表)。**5・6** ソ連のアルメニア共和国にアゼルバイジャン共和国内務省軍が越境攻撃。**5・14** 韓国、デモで死亡した学生の追悼集会がソウルで開催・八万人参加、警官隊と衝突。**5・21** インド元首相ラジブ=ガンディー、遊説先で爆弾テロにより暗殺。**5・29** クロアティア共和国、独立国家を宣言。**6・12** ソ連ロシア共和国、国民投票による初の大統領選挙・同共和国最高会議議長エリツィンが当選(七月一〇日就任)。**6・17** 南アフリカ共和国の人種別三院制議会、人口登録法廃止案を可決・デクラーク大統領、アパルトヘイト体制終結を宣言。**6・24** ベトナム共産党大会、ハノイで開催・市場経済導入の強化などを確認。**6・25** ユーゴス

西暦	
年号・干支	
内閣	宮沢喜一内閣　11・5
記事	ラヴィアのクロアティア・スロヴェニア両共和国、独立を宣言（二八日、連邦人民軍、国境制圧・三〇日、同軍撤収開始）。**7・1** ワルシャワ条約機構、正式に解体。スウェーデン、EC加盟申請・欧州自由貿易連合（ＥＦＴＡ）解体。**7・15** 第一七回主要先進国首脳会議、ロンドンで開催（一七日、ソ連の改革支持、ウルグアイ＝ラウンド年内合意努力などの経済宣言）。**7・26** ソ連共産党中央委員会総会、社会民主主義を打ち出した新党綱領草案を基本承認。**7・30** ブッシュ大統領・ゴルバチョフ大統領、モスクワで会談（三一日、戦略兵器削減条約に調印）。**8・10** 中国・ベトナム、関係正常化に原則合意。**8・19** ソ連で保守派（共産党強硬派）のクーデタ・ゴルバチョフ大統領を軟禁し、ヤナーエフ副大統領、大統領代行就任・非常事態国家委員会、全権掌握と発表。ロシア共和国エリツィン大統領ら、保守派クーデタに対して民衆に抵抗を訴える。**8・20** ソ連のエストニア共和国、独立を宣言（二一日、ラトヴィア共和国も宣言）。**8・21** ソ連クーデタ派の軍部隊、市民に武力行使、一時間半で停止・クーデタ失敗、非常事態国家委員会も解散。**8・24** ゴルバチョフ大統領、共産党書記長辞任、党中央委員会の解散を勧告。**8・28** ソ連臨時最高会議、新連邦条約の早期締結・共産党活動の全面停止などを基本承認。**9・16** ソ連ロシア共和国憲法委員会、新憲法草案を作成（国名を「ロシア共和国」と規定、社会主義体制を廃止し財産の私的所有容認など）。**9・17** 第四六回国連総会開催・北朝鮮・韓国など七ヵ国の加盟を承認（加盟国一六六ヵ国）。 **9・21** ソ連のアルメニア共和国で国民投票、九九・三パーセントが独立支持（二三日、独立宣言）。 **10・14** ノーベル平和賞、ミャンマーの民主化運動指導者アウン＝サン＝スー＝チーの受賞が決定。 **10・21** カンボジア問題パリ国際会議開催（二三日、一八ヵ国が和平の最終合意文書に調印）。**11・5** ベトナム共産党書記長ド＝ムオイら、中国訪問・中国共産党総書記江沢民（チアン＝ツォーミン）と会談、両国の関係正常化を宣言。**11・13** ソ連モスクワ市、一九九一年末までに市内全ての国営・

西暦	年号・干支	内閣	記事
▶一九九一	平成 三 辛未	（宮沢喜一内閣）	公営商店を民営化すると発表。**12・8** ソ連のスラブ系三共和国、ソ連邦消滅を宣言し、独立国家共同体（ＣＩＳ）創設の協定に調印。**12・22** グルジア共和国の首都トビリシで反大統領派、共和国最高会議庁舎などを攻撃。死傷者多数。**12・25** ゴルバチョフ大統領辞任。**12・26** ソ連最高会議共和国会議、ソ連邦消滅を宣言、一九九二年一月一日より、ロシアを中心とした主権国家群のゆるやかな連合（独立国家共同体ＣＩＳ）に移行。**12・30** 独立国家共同体首脳会議、ミンスクで開催。戦略軍の合同管理などで合意。
◀一九九二	四 壬申		【政治・経済】 **1・7** 米ブッシュ大統領来日（八日、宮沢首相と第一回会談・同日、大統領、首相官邸での夕食会で倒れて退席）。**1・9** 第二回日米首脳会談後、「グローバル＝パートナーシップに関する東京宣言」・「行動計画（アクション＝プラン）」を発表。**1・13** 加藤紘一官房長官、従軍慰安婦問題で旧日本軍の関与を認めて公式に謝罪。**1・16** 宮沢首相、韓国訪問（一七日、韓国国会で演説、従軍慰安婦問題で公式謝罪）。**1・24** 第一二三通常国会召集（六月二一日閉会）。**1・31** 大店立地法（大規模小売店立地法）施行。**2・10** 第一回日本・ロシア平和条約作業部会、モスクワで開催。**2・13** 社会党系の反安保全国実行委員会が解散。東京地検・警察庁、東京佐川急便疑惑で強制捜査に着手（一四日、前社長渡辺広康ら四人を特別背任容疑で逮捕・佐川急便事件）。**2・19** 経済企画庁、景気拡大が平成三年一〜三月に頂点に達し、下降局面に入ったと発表。**2・20** 文部省、学校五日制実施を正式決定（九月一二日より月一回の土曜休日を実施）。**3・1** 暴力団対策法施行。**3・27** 公務員に完全週休二日制導入のための一般職給与日法改正が成立。国土庁発表、平成三年地価公示価格が一七年ぶり下落（以後毎年下落続く）。青森県六ヶ所村で国内初の民間ウラン濃縮工

西暦	
年号・干支	
内閣	
記事	場が操業開始。3・31 政府、景気減速に対して七項目の緊急経済対策を決定(公共事業の前倒し発注・公定歩合引き下げ)。4・9 平成四年度予算案、参議院本会議で否決・衆参両院協議会を経て成立。4・15 ガリ国連事務総長、日本のPKO参加への期待を表明。4・26 先進七ヵ国蔵相・中央銀行総裁会議(G7)、ワシントンで開催・日本への内需拡大要請とCISへの支援で共同声明。4・28 最高裁、台湾出身の元日本兵への補償で原告の上告を棄却。5・7 前熊本県知事細川護熙、新党結成を発表(五月二二日、日本新党と命名)。5・11 国連カンボジア暫定統治機構(UNTAC)代表明石康、渡辺外相と会談(一二日、明石代表、停戦監視団への自衛隊派遣に期待を表明)。6・15 参議院本会議、PKO協力法と国際緊急援助隊派遣法改正を可決成立(社会党・社民連、これに反対し本会議欠席)。社会党一三七人・社民連四人、PKO協力法反対で議員辞職願を衆議院議長に提出(のち撤回)。6・19 参議院で金融制度改革関連改正法・労働時間短縮措置法など成立。7・1 日米首脳会談、ワシントンで開催・ブッシュ大統領、北方領土問題で全面支援を約束・宮沢首相、日本の内需拡大策を説明。東京—山形間のミニ新幹線「つばさ」開業。7・6 政府、従軍慰安婦問題について調査結果を発表・旧日本軍の直接関与を認める・強制連行の資料はなし。7・20 証券取引等監視委員会発足。7・21 政府、ベトナムへ一八年ぶりの途上国開発援助(ODA)供与を決定。7・26 第一六回参議院議員通常選挙・初の即日開票(自民六九・社会二二・公明一四・共産六・民社四・日本新党四など・投票率五〇・七二パーセント)。8・6 国連カンボジア暫定統治機構(UNTAC)、自衛隊の派遣を要請。8・7 第一二四臨時国会召集(八月一一日閉会)。8・10 国際協力本部発足(首相を本部長とする)。8・20 三井石炭鉱業、北海道芦別鉱業所の閉山と従業員全員の解雇を提案。8・27 自民党副総裁金丸信、東京佐川急便からの五億円授受を認め、辞意を表明。9・9 大蔵省公表、平成四年度末の都市銀行など二一行の不

西暦	年号・干支	内閣	記事
一九九二 ◀▶	平成 四 壬申	(宮沢喜一内閣)	良債権額七兆九九二〇億円。**9・17** 自衛隊のカンボジアPKO派遣部隊の第一陣、呉港を出発(平成五年九月帰国)。**9・20** 共産党、戦前の同志告発により名誉議長野坂参三を解任(一二月二七日除名)。**9・21** 協和埼玉銀行、あさひ銀行と改称。**9・22** 東京地検、東京佐川急便事件の初公判で昭和六二年竹下内閣発足時の暴力団関与の冒頭陳述。**9・25** 金丸信、政治資金規制法違反を認め、略式起訴に応じる上申書を東京地検に提出(三〇日、罰金二〇万円を納付)。**10・13** 自衛隊のカンボジア派遣PKO本隊三七六人、愛知県小牧基地を出発。**10・14** 金丸信、議員辞職の意向を表明(竹下派会長も辞任)。**10・23** 天皇・皇后、初の中国訪問、「中国国民に多大の苦難」と歓迎晩餐会でお言葉(～二八日)。**10・25** 新潟県知事選挙、無所属で自社公民四党推薦の平山征夫が当選(投票率、過去最低の五〇・六六パーセント)。**10・30** 第一二五臨時国会召集(一二月一〇日閉会)・宮沢首相、所信表明演説で政治不信につき「深くおわび」と表明。**11・7** プルトニウム輸送船あかつき丸、航路極秘のままフランスのシェルブール港を日本に向け出港。**11・26** 衆議院予算委員会、東京佐川急便事件で竹下登元首相を証人喚問・渡辺広康元東京佐川急便社長は東京拘置所で出張尋問。**12・3** 衆議院定数の「九増一〇減案」が衆議院を通過(一〇日、参議院本会議で可決・成立)。**12・10** 自民党竹下派が分裂(一一日、小沢グループが「改革フォーラム21」結成)。**12・12** 宮沢改造内閣発足(法相後藤田正晴・文相森山真弓など)。宮沢首相、コメ関税化受け入れの方向を表明。**12・25** 大蔵省、平成五年六月から郵便貯金を市場金利と連動させることで郵政省と合意。 **この年** 年間貿易黒字一〇七〇億ドル(前年比三七・六パーセント増)。国際収支の黒字額一一七六億ドル(前年比三一・三パーセント増)。年間GNPの実質成長率は前年比一・五パーセント(昭和四九年のマイナス〇・八パーセントに次ぐ低成長)。政府の途上国援助(ODA)実績額一一一億四九〇〇万ドル(前年比一・八パーセント増・三度目の世界一)。

西暦	
年号・干支	
内閣	
記事	【社会・文化】 1・13 東京地検、自民党代議士阿部文男を受託収賄容疑で逮捕。 1・22 脳死臨調、脳死を「人の死」とし、脳死者からの臓器移植を認める最終答申を提出。 2・18 第一六回冬季オリンピック・アルベールビル大会、スキー・ノルディック複合団体で日本チーム優勝。 3・18 日本医師会、尊厳死を容認。 4・22 北方四島からのビザなし渡航第一陣が来日。 5・11 北方領土へのビザなし渡航第一陣、花咲を出港。 5・13 佐賀県吉野ヶ里遺跡で二つ目の環濠集落跡発見(内堀を二つ持つ集落は全国で初めて)。 5・20 外国人登録法改正が成立・在日韓国・朝鮮人ら永住者の指紋押捺制度廃止。 6・12 大阪府箕面市教育委員会、全国で初めて指導要録全面開示を決定。 6・28 登山家の田部井淳子、ニューギニアのカルストン＝ピラミッド山の登頂に成功、七大陸最高峰すべてに登頂。 7・13 漫画家の故長谷川町子に国民栄誉賞決定。 7・15 今給黎教子、ヨットで約五万四〇〇〇キロの航海を終え鹿児島湾に帰港・日本女性初の単独無寄港世界一周を達成。 7・25 第二五回夏季オリンピック・バルセロナ大会開会・水泳女子二〇〇メートル平泳ぎで中学二年の岩崎恭子が史上最年少で優勝(二七日)など金三・銀八・銅一一。 8・5 文部省発表、平成四年春の公立校卒業・入学式での日の丸掲揚は九割。 9・4 政府、世界遺産リストに自然遺産で白神山地と屋久島、文化遺産で姫路城と法隆寺地域の仏教建造物群を推薦。 9・12 日本人宇宙飛行士の毛利衛ら搭乗のNASAのスペースシャトル「エンデバー」アメリカで打ち上げ。 10・17 アメリカ留学中の愛知県立旭丘高校二年生服部剛丈が射殺される(翌年五月二三日、現地の陪審員、被告に無罪の評決)。 10・21 宮城県の多賀城跡から平成三年発掘の漆紙文書(九世紀中ごろ)が日本最古の仮名文書とわかる。 10・22 警視庁、イトーヨーカ堂の監査役ら三人を、総会屋に多額の謝礼金を渡した商法違反容疑で、総会屋三人とともに逮捕。 10・30 日中合同登山隊、チベットのナムチャバルワ(七七八二メートル)

西暦	年号・干支	内閣	記事
一九九二 ◀▶	平成四 壬申	（宮沢喜一内閣）	に初登頂。**11・13** 経企庁、平成四年度国民生活白書を発表・平成三年の出生率が一・五三人、「少子社会」に警鐘。**12・20** ノルディックスキーW杯複合第三戦、荻原健司が三連勝（日本勢、W杯初の上位独占）。**この年** エイズ患者・エイズウィルス（HIV）感染者四九三人（平成三年の二倍増）。日本人平均寿命、男七六・〇九歳・女八二・二二歳。 【死没】 **1・3** 海老沢有道（81、日本史学）。**1・16** 寿岳文章（91、英文学・書誌学）。**1・29** 滝川政次郎（94、法制史学）。**2・10** 岡田嘉子（89、映画俳優）。**2・14** 有末精三（96、陸軍軍人）。**4・2** 若山富三郎（62、俳優）。**4・10** 筧素彦（85、「玉音放送」の準備）。末松保和（87、朝鮮史学）。**4・12** 山村新治郎（58、政治家）。**4・20** 沖中重雄（89、医学）。**5・21** 川島武宜（82、民法）。**5・27** 長谷川町子（72、漫画家）。**5・28** 藤村富美男（75、プロ野球）。**5・30** 井上光晴（66、小説家）。**6・10** 中村八大（61、作曲家）。**6・15** 今西錦司（90、人類学）。**7・26** 大山康晴（69、将棋名人）。**7・28** 鈴木敬三（78、有識故実・日本風俗史）。**8・4** 松本清張（82、小説家）。**8・9** 大槻文平（88、経営者）。**8・12** 中上健次（46、小説家）。荻野三七彦（88、古文書学）。**8・15** 稲葉修（82、政治家）。**8・30** 五社英雄（63、映画監督）。**10・10** 信夫清三郎（83、日本史学）。**10・16** 福沢一郎（94、画家）。**10・31** 新村猛（87、フランス文学）。**11・3** 赤堀四郎（92、生化学）。**11・12** 比嘉正子（87、関西主婦連合会会長）。**11・15** 津田秀夫（74、日本史学）。**12・11** 中村武志（83、作家）。**12・14** 町村金五（92、政治家）。**12・20** 小田切進（68、文芸評論家）。 〖世界〗 **1・13** モンゴル人民大会議、議会制民主主義と市場経済などを盛り込んだ新憲法を採択。**1・15** EC、ユーゴスラヴィアのスロヴェニアとクロアティア両共和国の独立を承認。**1・17** 北アイルランドでテロが激化（八人死亡）。**2・7** EC加盟一二ヵ国の外相・蔵相、欧州連合条約（マースト

西暦	
年号・干支	
内閣	
記事	リヒト条約)に調印。2・8 第一六回冬季オリンピック・アルベールビル大会開会(〜二月二三日)。3・15 国連カンボジア暫定統治機構(UNTAC)が正式発足。4・6 ユーゴスラヴィアのボスニア＝ヘルツェゴビナ共和国が非常事態を宣言(七日、内戦状態となる。六月二〇日、全土に戦争状態宣言)。4・29 アメリカ・ロサンゼルス市で、白人警官による黒人暴行事件に対する無罪の評決をきっかけに黒人など市民多数が暴動。5・20 ボスニア内戦で死者二二二五人・行方不明二二五五人・負傷者七六六〇人・難民九三万人と発表。5・22 国連がクロアティア、スロヴェニア、ボスニア＝ヘルツェゴビナの三共和国の加盟を承認。5・23 アメリカ・独立国家共同体(CIS)四ヵ国、戦略兵器削減条約(START)の新議定書に調印。6・5 国連難民高等弁務官事務所(UNHCR)発表、旧ユーゴスラヴィアの紛争による難民は一七〇万人(全世界の難民の一〇分の一)。6・16 米ロ首脳会談、ワシントンで開催・戦略核弾頭数を三分の一削減などで合意(複数弾頭大陸間弾道ミサイル全廃)。6・19 フランス国民議会、核不拡散条約(NPT)加入を可決。6・20 インド首相ラオ、核不拡散条約は不平等条約であるとして加入しないことを強調。7・6 第一八回主要先進国首脳会議、ドイツのミュンヘンで開催(〜八日)。7・25 第二五回夏季オリンピック・バルセロナ大会開会(〜八月九日)。8・24 中国・韓国、国交を樹立。8・26 ジュネーヴの国連軍縮会議、化学兵器禁止条約案を採択。チェコ・スロヴァキア両共和国首相、連邦解体で合意。9・1 第一〇回非同盟諸国首脳会議、ジャカルタで開催(〜六日)。9・19 先進七ヵ国蔵相・中央銀行総裁会議(G7)、ワシントンで開催・欧州の通貨危機打開協調で共同声明。9・27 韓国盧泰愚(ノ＝テウ)大統領、中国訪問(二八日、楊尚昆(ヤン＝シャンクン)国家首席と初会談・三〇日、貿易・投資保証など四協定に調印)。10・5 緒方貞子国連難民高等弁務官、人道援助に軍事力の貢献を期待との見解を発表。10・7 アメリカ・カナダ・メキシコ、北米自由貿易協定(NAFTA)に調印。10・

西暦	年号・干支	内閣	記事
一九九二 ▶	平成四 壬申	(宮沢喜一内閣)	30 国連安保理、内戦激化のアンゴラに即時停戦を求める決議を採択。10・31 ローマ法王ヨハネ＝パウロ二世、地動説のガリレオ＝ガリレイの破門を三五九年ぶりに解く。11・3 アメリカ大統領選挙、民主党のビル＝クリントンが圧勝。11・6 ドイツ政府と補償請求ユダヤ人会議、旧東欧圏居住の五万人に六億三〇〇〇万ドル支払いで合意。12・3 国連安保理、人道援助のためソマリアへ多国籍軍派遣を決定。12・18 韓国大統領選挙・民自党の金泳三(キム＝ヨンサム)候補が当選。12・19 台湾立法院選挙・野党の民主進歩党が躍進。12・29 アメリカ・ロシアの外相会談、第二次戦略兵器削減条約(STARTⅡ)に合意。12・31 ヨーロッパ一二ヵ国の歴史学者が共同して共通の教科書『欧州の歴史』を発行。
一九九三 ◀	五 癸酉		【政治・経済】1・22 第一二六回通常国会召集(六月一八日衆議院解散)。2・12 政府、カンボジアへのPKO派遣の自衛隊の業務拡大のため実施要領と計画の変更を決定。2・15 国連ガリ事務総長来日・宮沢首相と会談、モザンビークへのPKO派遣を日本に要請。2・26 ドイツ首相コール来日・宮沢首相と会談、ロシア支援・「日独対話フォーラム」発足などで合意。3・6 東京地検、金丸信元自民党副総裁を所得税法違反の容疑で逮捕(一三日起訴)。3・26 政府、モザンビークPKOへの自衛隊派遣の方針を決定。国土庁発表、平成五年一月一日現在の公示地価は住宅地(マイナス八・七パーセント)・商業地(マイナス一一・四パーセント)と二年連続の大幅な下落。3・29 カンボジアPKOの二次隊の陸上自衛隊施設大隊先遣五五人が出発(四月七日・九日に順次出発)。4・1 金融制度改革法施行・銀行法・証取法改正(銀行・証券・信託の三業界で子会社による相互参入が可能に)。4・8 カンボジアで国連ボランティアの選挙監視員として活動中の中田厚仁が殺害される。

西暦

年号・干支

内閣

記事

4・14 対露支援の先進七ヵ国蔵相・外相会議、東京で開催・宮沢首相、一八億二〇〇〇万ドル追加支援を表明。 **4・16** 日米首脳会談、ワシントンで開催・貿易不均衡是正のため協議機関設置などで合意。 **4・25** 日本新党推薦の候補が地方選(福岡県小郡市長選・東京都田無市長選・神奈川県鎌倉市議選)で連勝。 **5・4** カンボジアで日本人文民警官が銃撃され、高田晴行警部補が死亡、四人が重軽傷。 **5・12** 選挙監視員四一人、カンボジアへ出発(民間人二三人・地方公務員一三人・国家公務員五人・六月四日帰国)。宮沢首相、国連カンボジア暫定統治機構(UNTAC)へ一〇〇万ドルの緊急支出を表明。 **6・9** 皇太子徳仁親王、小和田雅子と結婚。 **6・10** 東京外国為替市場、一時一ドル＝一〇五円九五銭(一〇五円台は戦後初・一五日、一〇四円台に)。 **6・11** 米クリントン大統領、駐日アメリカ大使にウォルター＝モンデール元副大統領を指名。 **6・14** 国会議員の資産初公開・衆・参両院七四九人の平均約八八六〇万円。 **6・17** 社会・公明・民社三党が衆議院に内閣不信任案、民主改革連合・二院ク・日本新党が参議院に首相の問責決議案をそれぞれ提出。 **6・18** 衆議院本会議、宮沢内閣不信任案を可決(自民党内にも不信任案同調者)・衆議院解散。 衆議院解散により政府提出の六一法案(環境基本法案・子どもの権利条約批准承認など)が廃案。 **6・21** 自民党離党の一〇人、「新党さきがけ」を結成(代表武村正義)。 金融機関・郵便局の定期預貯金の金利、完全自由化。 **6・23** 自民党離党(二二日)の衆・参両院議員四三人など、「新生党」を結成(党首羽田孜・代表幹事小沢一郎)。 自民党の「政治改革推進議員連盟」が再発足(会長海部俊樹)。 **7・7** 第一九回主要先進国首脳会議、東京で開催(八日、北朝鮮のNPT脱退撤回要求の政治宣言、九日、対露支援を含む経済宣言を採択)。 **7・18** 第四〇回衆議院議員総選挙(自民二二三・社会七〇・新生五五・公明五一・日本新三五・共産一五・民社一五・さきがけ一三など)。 **7・26** 従軍慰安婦に関する政府調査団、韓国で聞き取り調査。 **7・29** 非自民・非共産の七党と一会派が党首会談・日本新

西暦	年号・干支	内閣
一九九三 ◀▶	平成五 癸酉	(宮沢喜一内閣) 8・9 細川護熙内閣

記事

党代表細川護熙を首相候補に推すことで合意。**7・30** 自民党両院議員総会、河野洋平を総裁に選出。**8・4** 与野党が会派届け・非自民勢力、過半の二六〇。**8・5** 宮沢内閣総辞職。第一二七特別国会召集(八月二八日閉会)。**8・6** 衆・参両院本会議、細川護熙日本新党代表を首相に指名(三八年続いた自民党政権中断)・衆議院議長選、土井たか子元社会党委員長を選出(憲政史上初の女性議長)。**8・9** 細川内閣成立(副総理兼外相羽田孜・法相三ヶ月章・蔵相藤井裕久・通産相熊谷弘など、非自民七党一派連立)。**8・12** マスコミ各社の調査、細川内閣の支持七〇パーセントを超す。**8・19** 細川首相の「侵略戦争」発言(一〇日)に関し、武村正義官房長官、従来方針踏襲の了解を閣内に求め、了承。**9・16** 政府、九四項目の規制緩和・円高差益還元などを柱とする緊急経済対策を発表。**9・17** 第一二八臨時国会召集(平成六年一月二九日閉会)。**9・21** 公定歩合〇・七五パーセント下げ、一・七五パーセントに(初の一パーセント台)。**9・30** 政府、コメ冷害対策として加工用米二〇万トンの緊急輸入を決定。**10・1** 改正商法施行(企業経営へのチェック機能を強化)。 証券の銀行業参入始まる。**10・11** ロシア大統領エリツィン来日(一二日、シベリア抑留を謝罪)。**10・17** ロシア、日本海で放射性液体廃棄物の大量投棄(一六日、ロシア原子力相、日本海で投棄を行わないことを言明)。**10・19** 平成五年度海上保安白書、密航者摘発が急増(一〜八月に四九七人の難民を摘発)。**10・21** ゼネコン汚職に関連し、鹿島建設の本社・東北支店などを家宅捜索。**10・25** 衆議院特別委員会、テレビ朝日前報道局長を証人喚問。**10・26** 中国残留孤児の訪日補充調査団三二人が来日(〜一一月九日・身元判明四人)。**10・27** 第三次行革審、地方分権・規制緩和などを柱とする最終答申。**11・5** 細川首相、金泳三(キム＝ヨンサム)韓国大統領と慶州(キョンジュ)で会談・「加害者として反省、陳謝」を表明。**11・12** 環境基本法が成立。**11・18** 衆議院本会議、小選挙区比例代表並立制導入を柱とする政治改革法案を可決、参議院へ送

西暦	
年号・干支	
内閣	
記事	付。**11・25** 都市銀行一一行発表、平成五年九月中間決算での不良債権総額九兆二七二二億円。**12・2** 中西啓介防衛庁長官、改憲主張の発言（一日）で辞任（後任に同じ新生党の愛知和男）。**12・7** 細川首相、コメ部分開放につき各党に協力要請（一四日、臨時閣議で正式決定）。**12・15** 衆議院本会議、国会会期四五日延長を議決。**12・21** 国連ガリ事務総長、細川首相と会談・日本の常任理事国入りを望む。**12・29** 自治省、九月二日現在の有権者数発表・一票格差、衆議院二・八三倍、参議院六・七〇倍に。**この年** 日本の自動車販売台数約四八八万台（前年比八・四パーセント減・五年ぶりに五〇〇万台割る）。日本の四輪車生産台数約一一二二万台（三年連続の減少）。冷害で米不作（米作況指数八〇、「著しい不良」）。従業員三〇人以上の事業所一人当たりの実質給与額は前年比〇・四パーセント減。アメリカの対日貿易赤字額五九三億ドル（前年比約二〇パーセント増）。 【社会・文化】 **1・5** プルトニウム輸送船あかつき丸、茨城県東海港に入港。**1・8** 外国人登録法改正が発効、永住外国人の指紋押捺廃止。**1・13** 山形県新庄市の明倫中学校体育館で、一年生男子が体育用マットの中で死亡（一八日、山形県警、二年生男子三人を逮捕）。**1・15** 釧路沖地震・マグニチュード七・八・二人死亡。**1・27** 日本相撲協会、曙の横綱昇進決定（初の外国人横綱）。**2・4** 奈良県の橿原神宮で火災、神楽殿焼失。**2・6** 川崎市教育委員会、指導要録の全面開示を決定。**3・16** 最高裁、第一次教科書訴訟で検定を合憲とし、上告を棄却。**3・28** 江戸東京博物館開館。**4・27** 厚生省、MMR三種混合ワクチン接種を中止。**5・15** サッカーJリーグが開幕。**6・9** ラムサール条約締約国会議、北海道釧路市で開催（九五ヵ国と一〇四のNGOが参加・～一六日）。**6・29** 東京地検、仙台市長石井亨を収賄容疑で逮捕・ゼネコン汚職解明へ（七月三日、石井、市長を辞職）。**7・1** 映画会社にっかつ、事実上倒産。**7・14** 警視庁、キリンビール前総務部長ら四人と

西暦	年号・干支	内閣	記事
一九九三 ▶	平成 五 癸酉	(細川護熙内閣)	総会屋八人を商法違反容疑で逮捕。**7・19** 東京地検、茨城県三和町町長大山真弘を受託収賄容疑で逮捕(二三日、茨城県知事竹内藤男を逮捕)。**9・13** 青森市の三内丸山遺跡で大量の木の実を発見。**9・21** プロ野球、フリーエージェント(FA)制を平成五年オフから導入決定。**9・27** 東京地検、宮城県知事本間俊太郎を収賄容疑で逮捕。**10・20** 東京高裁、第三次教科書訴訟で三カ所の検定意見を違法と認定。**12・9** 世界遺産条約第一七回委員会、屋久島と白神山地を世界自然遺産に決定(一〇日、法隆寺地域仏教建造物と姫路城を文化遺産に決定)。**12・26**『万葉集』定家卿本全二〇巻の写本(広瀬本)、公表。 【死没】 **1・4** 藤田たき(94、女性運動家)。**1・7** 井筒俊彦(78、言語学)。**1・12** 石井良助(85、法制史学)。**1・17** 高良とみ(96、女性運動)。**1・22** 安部公房(68、小説家)。**1・23** 戸板康二(77、演劇評論家)。**1・24** 土田直鎮(69、日本史学)。**1・26** 黒田俊雄(67、日本史学)。**1・27** 奥田良三(89、声楽家)。**1・30** 服部良一(85、作曲家)。**2・9** 大来佐武郎(78、エコノミスト)。**2・13** 青山杉雨(80、書家)。**2・16** 日向方斉(86、関西経済連合会会長)。**2・17** 横田喜三郎(97、国際法学)。**3・23** 芹沢光治良(95、小説家)。**4・12** 安良城盛昭(65、日本経済史学)。**4・18** 木村政彦(75、柔道家)。**4・20** 島田謹二(92、比較文学)。**4・22** 西園寺公一(86、政治家)。**4・28** 和田カツ(86、ヤオハンジャパン)。**5・17** 猪熊弦一郎(90、洋画家)。**6・6** 小谷正雄(87、生物物理学)。**7・5** 高山岩男(88、哲学者)。**7・6** 森瑶子(52、作家)。**7・10** 高橋竜太郎(92、経営者)。井伏鱒二(95、小説家)。**7・27** 川喜多かしこ(85、川喜多記念映画文化財団理事長)。**8・21** 藤山一郎(82、歌手)。猪俣浩三(99、弁護士)。**8・25** 平川唯一(91、ラジオ英会話講座講師)。**8・27** 富田正文(95、福沢諭吉協会理事長)。**8・31** 小川環樹(82、中国文学)。**9・11** 尾高邦雄(84、社会学)。**10・14** 石田博英(78、政治家)。**10・20** 野村秋介(58、右翼運

西暦	
年号・干支	
内閣	
記事	（下記）

動家）。杉山寧（84、日本画家）。山本安英（90、俳優）。**10・29** マキノ雅広（85、映画監督）。**11・11** 赤城宗徳（88、政治家）。**11・14** 野坂参三（101、政治家）。**11・22** 野口冨士男（82、作家）。**12・10** 田中清玄（87、政・財界人）。**12・11** 五来重（85、日本史学）。**12・16** 田中角栄（76、政治家）。**12・19** 鳩山威一郎（75、政治家）。

〔世界〕

1・1 ＥＣ統合市場発足・世界最大の単一市場に。チェコスロヴァキア連邦が分離独立・チェコ・スロヴァキア両共和国が発足。**1・3** アメリカ・ロシア、第二次戦略兵器削減交渉（ＳＴＡＲＴⅡ）に調印。**1・20** アメリカ大統領にビル＝クリントンが就任。一二年ぶりの民主党政権。**2・25** 韓国大統領に金泳三（キム＝ヨンサム）が就任。**3・12** 北朝鮮の中央人民委員会、核不拡散条約（ＮＰＴ）脱退を表明。**5・23** 国連暫定統治のもとでカンボジア総選挙（～二八日・投票率八九パーセント）。**6・14** 国連の世界人権会議、ウィーンで開催（二五日、「ウィーン宣言」採択）。**7・1** カンボジア暫定国民政府発足・カンボジア制憲議会、政策綱領を承認。**7・26** リッジウェー没（98、連合国軍最高司令官）。**9・13** イスラエル・ＰＬＯ、パレスチナ暫定自治の原則に関する協定に調印。**9・23** 二〇〇〇年夏季五輪の開催地、シドニーに決定（北京僅差で次点）。**10・3** ロシアの反大統領派のデモ隊、最高会議ビルを占拠・エリツィン大統領、非常事態を宣言（四日、ロシア軍が武力制圧）。**10・5** 中国一年ぶりに地下核実験を実施。**10・8** 国連総会、南アフリカ共和国への経済制裁撤廃決議を採択。**11・17** 旧ユーゴの戦争犯罪などを裁く国際戦争犯罪法廷、オランダのハーグで開始。**12・22** 南アフリカ共和国の臨時国会、暫定憲法案を可決・黒人に参政権を認める。**この年** 韓国、海外からの造船受注高日本を抜き世界一位となる。

西暦	年号・干支	内閣
一九九四 ◀	平成六 甲戌	(細川護熙内閣)

記事

【政治・経済】

1・13 細川首相、高橋久子元労働省婦人少年局長を最高裁判事に任命することを決める(二月九日任命)。1・20 参議院特別委員会、政治改革法案を可決(二一日、参議院本会議、一二票差で否決)。1・29 衆・参両院本会議、政治改革四法を可決(三月四日、改正政治改革法が成立)。1・31 第一二九通常国会召集(六月二九日閉会)。2・3 細川首相、国民福祉税の創設を発表(四日、白紙撤回)。3・11 東京地検、中村喜四郎前建設相を逮捕(逮捕許諾に基づく国会議員の逮捕は二七年ぶり)。3・24 国土庁発表、平成六年一月一日現在の公示地価は全国平均で前年比、住宅地四・七パーセント・商業地一一・三パーセント下落。4・1 平成六年度暫定予算案成立(一般会計総額約一一兆五〇〇〇億円)。4・8 細川首相、政治資金調達問題で追及され退陣を表明。日本新党、新会派「改革」を結成。日本、国連総会作業部会で旧敵国条項削除を提案。4・25 細川内閣総辞職。国会の首相指名投票、新生党党首の羽田孜が首相に。新生党・日本新党・民社党・自由党など五党派、新統一会派「改新」を結成・与党内最大会派となる。4・26 社会党、連立を離脱。4・28 羽田内閣成立(閣僚は新生党八・公明党六、両党で三分の二占める)。5・22 社民連、日本新党への合流を決定し解党。6・21 ニューヨーク市場で一ドル=九九円八五銭を記録・戦後初の一〇〇円割れ。6・22 参議院本会議、製造物責任法(PL法)を可決。6・23 参議院、平成六年度予算案を可決・一般会計総額約七三兆八〇〇〇億円。6・25 羽田内閣総辞職。6・29 首相指名投票で社会党委員長村山富市が首相に(社会党員の首相は四六年ぶり)。6・30 村山内閣成立(自民・社会・さきがけ三党による連立内閣、自民一三・社会五・さきがけ二の閣僚配分)。7・14 外務省公表、日本の国連分担金一五パーセント(分担率一位のアメリカと二位の日本で全体の四〇パーセント)。日本人の平均寿命、女八二・五一歳・男七六・二五歳でともに世界最長寿。7・18 第一三〇臨時国会召集(七

西暦	
年号・干支	
内閣	羽田孜内閣 4・28
記事	月二二日閉会)。**7・20** 村山首相、自衛隊は合憲と衆議院で答弁。**7・28** 社会党中央執行委員会、「自衛隊は憲法の枠内」「日の丸・君が代を国旗・国歌と認める」など基本政策の大幅な転換を決定。**8・9** 食糧庁が初実施(八月一日)の輸入米入札で、タイ産米の取引不成立。**8・12** 農政審議会、食管法廃止などを村山首相に提言。**9・9** 文部省調査、平成六年春の公立小・中・高での卒業・入学式での日の丸掲揚率九五パーセントを超える。**9・13** 政府、PKO協力法に基づきルワンダ難民支援のため周辺国への自衛隊派遣を決定(一七日、先遣隊二三人出発・機関銃一丁携行)。**9・28** 新生・公明など野党九党・会派、統一会派「改革」を結成。**9・30** 第一三一臨時国会召集(一二月九日閉会)。**10・3** 韓国韓昇州(ハン＝スンジュ)外相、国連演説で日本の拒否権付き安保常任理事国入りへの反対姿勢を表明。**10・4** 北海道東方沖地震・マグニチュード八・一・北方四島で大被害。**10・30** 日本新党、解党を決定。**11・3** ザイールのゴマで活動中のNGO日本人医師らが難民に襲われ、自衛隊が初の緊急出動。**11・5** 公明党の分党決定(一二月五日臨時党大会、「公明新党」と「公明」とに分党することを正式決定)。文部省調査、平成六年三月卒業の四年制大学生の就職率七〇・五パーセント(過去最低)。**11・11** 改正自衛隊法成立・自衛隊機での在外邦人救出が可能となる。**11・16** 新生党、全国代表者会議で解党を正式決定。**11・22** 各国の法律家によるNGOの国際法律家委員会、最終報告書を公表・慰安婦問題で日本の賠償義務を勧告。**11・24** 新党準備会総会の議員投票で、新・新党名を「新進党」と決定。**11・25** 税制改革関連四法案成立・消費税、平成九年四月から五パーセントに引き上げ。**12・8** 新進党の初代党首選挙、海部俊樹が当選(幹事長小沢一郎)。**12・9** 日銀、東京協和・安全両信用組合救済のため、民間銀行と共同出資による新銀行設立を発表。**12・10** 新進党結党大会・衆・参両院議員二一四人が参加。**12・15** 第一八回世界遺産委員会、清水寺・平等院など一七社寺・城を世界遺産に決定。**12・19** 行政改革委員会発足(委員長

西暦	年号・干支	内閣
一九九四 ◀▶	平成六 甲戌	6・30 村山富市内閣

記事

に三菱重工業会長の飯田庸太郎）。**12・21** 旧自由党党首柿沢弘治ら八人、新党「自由連合」を結成。**12・22** 国連総会で日本の国連予算分担率、平成九年に一五・六五パーセントと決定。**この年** 日本の国内新車販売台数四九一万二一七九台（前年比〇・五パーセント増）。日本の貿易黒字額約一二一二億ドル（前年比〇・八パーセント増）、経常収支黒字額一二九三億ドル（前年比一・六パーセント減）。総務庁発表、平成六年平均の全国消費者物価指数一〇七・一（平成二年＝一〇〇）。アメリカの対日貿易赤字六五六億六九〇〇万ドル（前年比一〇・六パーセント増）。総務庁の家計調査報告、平成六年全国・全世帯の消費支出は一世帯一ヵ月平均三三万三八四〇円（前年比〇・四パーセント減）。対外純資産年末残高六八九〇億ドル（前年末比一二・八パーセント増・四年連続で世界一）。政府の途上国援助（ＯＤＡ）実績額約一三三億五〇〇〇万ドル（前年比一六・三パーセント増）。

【社会・文化】

2・12 第一七回冬季オリンピック・リレハンメル大会（ノルディックスキー複合団体で日本が優勝）。**3・13** スキーW杯札幌大会の複合第一戦、荻原健司が史上初の総合優勝。**3・29** 参議院本会議、「子どもの権利に関する条約」承認を採択（四月二二日批准・五月二二日発効）。**4・26** 台北（タイペイ）発名古屋行きの中華航空機、名古屋空港で着陸に失敗、炎上・二六四人死亡。**5・30** 東京地裁、阿部文男元北海道開発庁・沖縄開発庁長官に懲役三年・追徴金九〇〇〇万円の実刑判決。**6・27** 長野県松本市の住宅街で有毒ガス発生、七人死亡・五二人が入院（七月三日、捜査本部、原因物質はサリンと推定されると発表・松本サリン事件）。**7・8** 日本人女性初の宇宙飛行士向井千秋搭乗のアメリカNASAのスペースシャトル、コロンビア打ち上げ（二三日帰還）。**8・3** 東京で観測史上最高の気温三九・一度を記録。**9・7** 台湾総統府、李登輝（リー＝トンホイ）総統の広島アジア競技大会開会式出席を通告（八日、中国外務省、「断固反対」を表明）。**9・12** アジア＝オリ

西暦	
年号・干支	
内閣	
記事	ンピック評議会（ＯＣＡ）、李登輝（リー＝トンホイ）総統の広島アジア競技大会招待取り消しを表明。**10・2** 第一二回アジア競技大会広島大会開会（〜一六日）。**10・6** 文部省、公立の小・中・高校の土曜休日を次年度から月二回にする方針を発表。**10・10** プロ野球オリックスのイチロー（鈴木一朗）、年間二一〇安打の日本新記録でパ・リーグの首位打者確定（全試合出場・打率三割八分五厘、以後七年連続首位打者となり平成一二年一二月米大リーグ入り）。**10・11** 運輸省と三里塚・芝山連合空港反対同盟熱田派の成田空港問題円卓会議、学識経験者の調停案を受諾。**10・13** 大江健三郎、本年度ノーベル文学賞受賞決定。**10・25** 新潟地裁、東京佐川急便事件新潟ルートで金子清前知事に禁錮一年・執行猶予三年の判決。**12・3** 広島アジア競技大会での中国一一選手、禁止薬物使用でメダル剝奪。**12・21** 東京地裁、池田克哉元公明党代議士に懲役三年・執行猶予四年、追徴金一八三五万円の有罪判決。**12・28** 三陸はるか沖地震・マグニチュード七・五。八戸市で二人死亡、岩手県・北海道などで二八五人が重軽傷。 【死没】 **1・22** 灘尾弘吉（94、政治家）。**1・30** 豊田穣（73、作家）。**2・23** 藤田小女姫（56、占い師）。**3・6** 勝木保次（88、生理学）。**3・14** 田畑忍（92、憲法学）。**3・26** 山口誓子（92、俳人）。**5・17** 村松剛（65、評論家）。**5・20** 伊東正義（80、政治家）。**6・17** 村山リウ（91、文芸評論家）。**6・29** 沼田次郎（81、対外交渉史）。**7・10** 永末英一（76、政治家）。**7・24** 橋本宇太郎（87、囲碁棋士）。**7・26** 吉行淳之介（70、作家）。**9・8** 東野英治郎（86、俳優）。**9・23** 京塚昌子（64、俳優）。**10・7** 三木鶏郎（80、作曲家）。**10・9** 飯沢匡（85、劇作家）。**10・10** 春山行夫（92、詩人）。**11・13** 木村資生（70、集団遺伝学）。**11・20** 福田恒存（82、評論家）。**11・27** 福田信之（74、理論物理学）。**12・4** 荻村伊智朗（62、国際卓球連盟会長）。**12・9** 坂口謹一郎（97、発酵微生物学）。**12・12** 中河与一（97、作家）。**12・16** 鶴見良行（68、評

西暦	年号・干支	内閣	記事
▶一九九四	平成六 甲戌	(村山富市内閣)	論家)。12・19 細川隆元(94、政治評論家)。12・21 千田是也(90、俳優)。12・22 乙羽信子(70、俳優)。12・27 駒田信二(80、中国文学)。 【世界】 1・1 欧州経済領域(ＥＥＡ)発足。1・10 北大西洋条約機構(ＮＡＴＯ)の首脳会議、旧東側諸国と「平和のための協力協定」(ＰＦＰ)を結ぶことを決定。1・17 ロサンゼルスで大地震・マグニチュード六・八・死者六〇人以上・負傷者七八〇〇人・都市機能マヒ(一部で掠奪おこる)。2・12 第一七回冬季オリンピック・リレハンメル大会開会(~二七日)。2・28 中国の二酸化硫黄排出量、二〇〇〇年に一位のアメリカを超えるとの内部報告が明らかとなる。溥傑(プーチエ)没(88、満洲国皇帝溥儀(プーイー)の弟)。3・3 国際原子力機関(ＩＡＥＡ)、北朝鮮の核関連施設の査察を開始。3・21 地球温暖化防止条約発効(批准国は日本を含めて六〇ヵ国)。4・30 中国・モンゴル、新友好条約に調印。5・6 イギリス-フランス間の海峡トンネル、ユーロトンネル開通(一一月一四日、ロンドン・パリ直通列車ユーロスター運転開始)。5・25 国連、南アフリカ共和国への制裁を全面解除。5・28 キューバで亡命希望者、ハバナ市内のベルギー大使公邸に殺到。6・10 ＩＡＥＡ、北朝鮮への制裁(技術協力停止など)決議を採択・中国は棄権。6・13 北朝鮮、ＩＡＥＡ脱退を表明(核不拡散条約脱退は保留)。7・7 カンボジア国会、ポル=ポト派の非合法化案を可決。7・8 第二〇回主要先進国首脳会議、イタリアのナポリで開催(九日、経済宣言を採択)。金日成(キム=イルソン)没(83、北朝鮮主席)。7・12 ドイツ連邦裁判所、ドイツ連邦軍のＮＡＴＯ域外への派遣に合憲判決。7・28 国連総会、国連海洋法条約の実施協定を決議(一一月一六日発効)。8・29 ロシア軍、旧東ドイツとバルトから撤退。8・31 イギリスのカトリック系過激派組織アイルランド共和軍(ＩＲＡ)、無条件・無期限の停戦を宣言。9・8 ベルリン駐留の米・英・仏軍撤退式。

西暦	一九九五 ◀
年号・干支	七 乙亥
内閣	

9・19 香港の区議会選挙(初の全面直接選挙)、民主派が過半数を獲得。9・28 米露首脳会談、ワシントンで開催・戦略兵器削減条約の発効・批准実現と削減達成などにつき合意。バルト海で大型フェリーエストニア号が沈没、死者・不明九〇〇人以上。10・1 パラオ共和国独立。10・13 北アイルランドの停戦宣言でプロテスタント系組織も声明発表。10・18 北朝鮮の核開発疑惑をめぐる米朝高官協議、ジュネーヴで開催・核問題で合意(二一日調印)。11・29 アメリカ大統領クリントン、一二月七日(日本時間同八日)に「真珠湾追憶の日」制定を布告。12・8 ウルグアイ＝ラウンド参加の約一一〇ヵ国と地域、世界貿易機関(WTO)の一九九五年一月一日発足を決定。アメリカ郵政公社、戦勝五〇年記念切手の原爆キノコ雲の図柄使用中止を発表。12・9 国連総会、「旧敵国条項」削除を採択。12・15 国連総会、核軍縮決議(日本提案)を採択・核保有国のうち中国・ロシアは賛成、米・英・仏は棄権。12・22 メキシコで通貨ペソが暴落・金融当局、完全変動相場制へ移行決定。

記事

【政治・経済】1・9 新党「自由連合」、衆議院に新会派届けを提出。1・13 東京共同銀行発足(経営破綻の東京協和・安全両信用組合救済で日銀などが出資)。1・18 防衛施設庁、沖縄県の在日アメリカ軍基地の整理・統合に向けて、整理統合等特別推進本部を設置。1・20 第一三二通常国会召集(六月一八日閉会)。2・19 西元徹也統合幕僚会議議長、中国・韓国を訪問。2・22 最高裁、ロッキード裁判丸紅ルートで被告二人の上告を棄却、「田中角栄首相の五億円収賄」確定。2・27 平成七年度予算案、衆議院通過。2・28 参議院本会議、阪神大震災の緊急復旧費を盛り込んだ平成六年度第二次補正予算案を可決・赤字国債八一〇六億円発行。3・1 大蔵省発表、平成七年二月末での

西暦	年号・干支	内閣
一九九五 ◀▶	平成七 乙亥	(村山富市内閣)

記事

外貨準備高一二五九億四一〇〇万ドル(世界最高記録)。**3・7** ニューヨーク外国為替市場、一ドル＝八九円まで円が急騰(八日、東京市場、八九円一五銭を記録)。**3・8** 中国銭其琛(チエン＝チーチェン)外相、対日戦争賠償問題で「個人の補償は請求放棄せず」との見解を示す。**3・22** 参議院本会議、平成七年度予算案(一般会計総額七〇兆九〇〇〇億円)を可決・成立。**3・28** 三菱銀行と東京銀行、合併合意を発表(預金量五二兆円の世界最大の金融機関となる)。**4・1** ウルグアイ＝ラウンドの農業合意に基づき、コメの部分開放(平成七年度最低輸入量三七万九〇〇〇トン)。**4・7** 五十嵐広三官房長官、従軍慰安婦基金新設を発表。**4・9** 統一地方選の前半戦、東京都知事選では青島幸男候補が、大阪府知事選では横山ノック候補が当選。**4・19** 東京外国為替市場、一時一ドル＝七九円七五銭に(円戦後最高値を更新)。**4・20** トヨタ・日産両社発表の平成六年度海外生産実績、初の一〇〇万台突破。**4・26** 青島幸男東京都知事、平成八年三月開会予定の世界都市博覧会中止を決断(五月一八日、都議会は開催決議、五月三一日、知事正式に中止決定)。**5・4** 韓国金泳三(キム＝ヨンサム)大統領、日本人記者団との会見で「日本の政治家は正しい歴史認識を」と発言。**5・16** アメリカ通商代表カンター、対日制裁リストを発表(一七日、日本、アメリカをWTOに提訴)。**5・19** 参議院本会議、阪神大震災の復旧・復興費など盛り込んだ平成七年度補正予算(総額二兆七二六一億円)を可決。**5・22** 政府、中国の地下核実験抗議のため無償資金援助の減額を通達。**5・26** 北朝鮮、与党訪朝団座長の渡辺美智雄らにコメ支援を要請。経企庁発表の内外価格差調査、東京の物価はニューヨークの一・五二倍。**5・29** 国会会派「民主の会」が届け出。**6・1**「ひらがな」刑法施行(表記の平易化目的)。**6・5** 参議院、貴族院秘密会議事録を初めて公開。渡辺美智雄元副総理の日韓併合に関する発言に対し韓国側が批判・渡辺は謝罪。**6・6** 与党三党、戦後五〇年国会決議の文案を決定(九日、衆議院本会議、決議案を採択・新進党欠席)。**6・12** 新進党、

西暦	
年号・干支	
内閣	
記事	内閣不信任案を衆議院に提出（一三日、否決・一四日、参議院本会議、村山首相の問責決議案を否決）。**6・22** 政府、北朝鮮へのコメ支援を決定。**6・28** 橋本龍太郎通産相とアメリカ通商代表カンターによる日米自動車協議が合意・アメリカの制裁発動回避。**7・1** 製造物責任法（PL法）施行。**7・11** 日銀、阪神大震災の被害地域の金融機関に総額五〇〇〇億円の特別融資。**7・18** 与党、参議院選後の臨時国会でフランス核実験中止を求める決議を提案することで合意。**7・19** 元従軍慰安婦を対象とした「女性のためのアジア平和国民基金」発足。**7・23** 第一七回参議院通常選挙（自民四九・社会一六で不振、新進党四〇・投票率四四・五二パーセント）。**7・29** 韓国で「日本嫌い」が六九パーセント（過去最高）。**7・31** 東京都、コスモ信用組合に業務停止命令（八月一日、日銀、特別融資実施）。**8・4** 第一三三臨時国会召集（八月八日閉会）。衆・参両院本会議、「中国の核実験に抗議し、フランスの核実験に反対する決議」を採択。**8・8** 村山改造内閣発足・河野副総理兼外相・武村蔵相・橋本通産相が留任。**8・15** 村山首相、戦後五〇年の談話発表。**8・29** 政府、中国への無償援助凍結を決定。**8・30** 兵庫銀行・木津信用組合が破綻。**9・3** 第八〇回日教組定期大会、協調路線を決定。中国江沢民（チアン＝ツォーミン）国家主席、抗日戦争勝利五〇周年記念式典で日本の歴史認識を批判。**9・6** 河野外相、駐日フランス臨時大使ゴエールに核実験再開を抗議。**9・19** 政府、北朝鮮の洪水被害に五〇万ドル支援を決定。**9・20** 政府、日米地位協定の見直し問題を検討。**9・22** 自民党総裁選、橋本龍太郎が三〇四票を獲得し、総裁に。**9・28** 大田昌秀沖縄県知事、県議会でアメリカ軍用地更新手続き拒否を表明。**9・29** 第一三四臨時国会召集（一二月一五日閉会）。**10・3** 河野外相、モンデール駐日アメリカ大使と会談、沖縄基地縮小検討で基本的合意。日朝コメ協議、北朝鮮へのコメ追加支援で二〇万トンの輸出などで合意（計五〇万トン支援となる）。**10・18** 政府の安全保障会議、「防衛計画の大綱」策定の方針了承・自衛

西暦	年号・干支	内閣	記事
一九九五 ◀▶	平成七 乙亥	（村山富市内閣）	隊の一部師団を縮小。**10・21** アメリカ兵による女子小学生暴行事件に抗議し、沖縄県民総決起大会開催・八万五〇〇〇人参加。**11・1** 新食糧法施行・食糧管理法廃止（米の生産・流通・販売自由化）。**11・4** 村山首相、沖縄のアメリカ軍基地問題の署名代行を表明。**11・8** 江藤隆美総務庁長官の「植民地時代には日本が韓国によいこともした」との発言が問題化（一三日、江藤、辞表提出）。**11・14** 中国江沢民（チアン＝ツォーミン）国家主席と韓国金泳三（キム＝ヨンサム）大統領、共同会見で日本に対して「正しい歴史認識」を要求。**11・15** APEC大阪会議開催（～一九日）。**11・27** 都銀一一行・長期信用銀行三行・信託銀行七行の九月中間決算、不良債権二三兆八二六〇億円。**12・1** 参議院本会議、人種差別撤廃条約の批准を承認。政府、インドネシアへの平成七年度分円借款一七〇〇億円を決定・そのうち二〇九億円を中学校整備に。**12・8** 高速増殖炉「もんじゅ」でナトリウム漏れ、原子炉停止。**12・13** 参議院本会議、政党助成法改正案・公職選挙法改正案可決成立。**12・15** 政府、新中期防衛力整備計画（次期防）を決定・平成八年度から五年間で総額二五兆一五〇〇億円。最高裁、指紋押捺制度は合憲とする初の判断。政府、中東、ゴランの国連兵力引き離し監視軍（UNDOF）への自衛隊派遣実施計画を決定。**12・22** 政府、パレスチナ選挙監視団に官民五八人の派遣を決定。**12・25** 新党「自由連合」結成。**12・26** 平成七年一一月の完全失業率三・四パーセント・完全失業者数二一八万人（前年同月比三三万人増）。総務庁発表、平成七年東京都区部の消費者物価指数一〇七・〇（前年比〇・三ポイント下落）。**12・27** 新進党党首選挙、小沢一郎が当選。**この年** 粗鋼生産量一億一六五万トン（前年比三・四パーセント増）。貿易黒字額一〇七一億ドル（前年比一一・四パーセント減・五年ぶりの減少）。全国消費者物価指数一〇七・〇（前年比〇・一パーセント下落）。アメリカの対日貿易赤字五九二億八〇〇〇万ドル（前年比九・七パーセント減）。政府の途上国援助（ODA）総額一四七億二二〇〇万ドル（前年比九・三パーセント増・五年連続世界一）。

西暦	
年号・干支	
内閣	
記事	【社会・文化】 **1・17** 阪神・淡路大震災発生・マグニチュード七・二・神戸と洲本で震度六（後に七に変更）・死者六四二五人（一月二四日、閣議、激甚災害指定）。 **1・30** 文芸春秋、ユダヤ人団体より強い抗議を受けホロコースト否定の記事を掲載した月刊誌『マルコポーロ』の廃刊決定。 **2・3** 政府、阪神大震災に「罹災都市借地借家臨時処理法」の適用を決定。 **2・11** 東京地検特捜部、東京協和・安全両信用組合を内偵捜査（六月二七日、両信組元理事らを逮捕）。 **2・24** 日本新聞協会・日本書籍出版協会・日本雑誌協会、再販維持努力で合意。 **2・28** 国民祝日法改正が成立、七月二〇日を「海の日」として祝日とする。 **3・11** スピードスケートＷ杯一〇〇〇メートルで宮部行範が日本男子初の種目別総合優勝。 **3・18** 純国産大型ロケットＨ２、打ち上げ成功。 **3・20** 東京都内の営団地下鉄内で、猛毒のサリンがまかれる・一二人死亡、五〇〇〇人以上被害（地下鉄サリン事件）。 **3・22** 警視庁、サリン事件で山梨県などオウム真理教施設を一斉捜査。 **3・24** 震災特例法改正法成立。 **3・30** 国松孝次警察庁長官、東京荒川の自宅前で銃撃され重傷。 **4・19** 衆・参両院本会議、「サリン等による人身被害防止法」が可決・成立。 **5・1** 村山首相、第六六回メーデーの連合系の中央大会に出席（歴代首相として初）。 **5・16** 警視庁、東京・地下鉄サリン事件でオウム真理教代表麻原彰晃（松本智津夫）を殺人容疑などで逮捕。 **5・19** 文化財保護審議会、原爆ドームの史跡指定を文相に答申（六月二七日、史跡指定）。 **5・20** 公安調査庁、オウム真理教を破防法の「調査対象団体」に指定。 **6・9** ＴＢＳがサブリミナル的手法を用いた報道番組を放映したことが判明（一五日、同局謝罪）。 **7・2** 日本人平均寿命、女八二・九八歳（一〇年連続世界一）、男七六・五七歳（九年連続世界一）。 **7・30** 東京八王子市のスーパー事務所でアルバイトの女子高生ら三人が射殺。 **8・7** 自治労・全電通など社会党支持の二一単産の委員長級が協議、「民主リベラル新党結成推進労組会議」

西暦	年号・干支	内閣
一九九五 ◀ ▶	平成七 乙亥	(村山富市内閣)

記事

を結成。**8・23** 東京で真夏日(最高気温三〇度以上)日数が連続三二日で新記録。**8・29** 高速増殖炉「もんじゅ」の発送電開始。**9・4** 沖縄本島北部のアメリカ軍基地近くの住宅街で、アメリカ兵三人が女子小学生を暴行。**9・6** オウム教団に殺害された坂本堤弁護士一家の遺体発見(新潟県・富山県・長野県で)。**9・19** 東京六大学野球で女性投手初登板(明大ジョディ＝ハーラー投手、対東大戦)。**9・21** 文化庁、原爆ドームの世界遺産推薦を決定・厳島神社も同時に。**10・1** 国勢調査実施(平成八年一一月確定、総人口一億二五五七万〇二四六人)。**10・3** 東京・大阪HIV訴訟で、患者一人あたり一時金四千数百万円を支払う和解案が判明。**10・27** 東京地裁、ゼネコン汚職宮城ルートで斉藤了英被告に懲役三年・執行猶予五年の有罪判決。**10・28** 水俣病被害者・弁護団全国連絡会議、政府解決案受け入れ決定。**10・31** 青森三内丸山遺跡で、縄文中期の東西二一〇メートルの墓を確認。**11・4** 文部省発表、平成七年大卒者の就職率六七・一パーセント(二年連続調査開始以来の最低記録)。**11・9** 米大リーグ、ドジャースの野茂英雄投手(一三勝六敗、奪三振王)、ナ・リーグ新人王に選出(日本人初)。**11・10** 衆議院宗教法人特別委、宗教法人法改正案を可決(一三日、衆議院本会議で可決)。エベレストで雪崩発生、明大山岳部OBを中心としたグループ一三人が遭難。**12・7** 第一九回世界遺産委員会、富山・岐阜両県の白川郷・五箇山の合掌造り集落の世界遺産登録を決定。**12・19** オウム真理教の解散命令が確定。

【死没】

1・12 入江たか子(83、俳優)。**1・5** 和達清夫(92、地震学)。**1・7** 亀井孝(82、言語学)。**1・20** 金子信雄(71、俳優)。**1・22** 下田武三(87、最高裁判事)。**1・29** 服部四郎(86、言語学)。**2・2** 谷川雁(71、詩人)。**2・24** 前畑秀子(80、水泳)。**2・26** 澤瀉久敬(90、哲学者)。**3・15** 田中寿美子(85、政治家)。**3・24** 尾上梅幸(七代)(79、歌舞伎役者)。**3・31** 久保亮五(75、物理学)。**4・24** 小野周(76、

西暦	
年号・干支	
内閣	
記事	統計力学)。5・8 テレサ＝テン(42、歌手)。5・20 福山敏男(90、建築史学)。5・24 宮崎市定(93、東洋史)。5・29 山際淳司(46、スポーツ＝ノンフィクション作家)。6・17 増井経夫(88、東洋史)。7・5 福田赳夫(90、政治家)。7・21 高橋義孝(82、独文学)。7・31 山野愛子(86、山野美容専門学校)。8・8 淡谷悠蔵(98、政治家)。8・25 秩父宮妃勢津子(85、雍仁親王妃)。8・29 古島敏雄(83、日本農業史)。8・30 山口瞳(68、作家)。9・9 朝海浩一郎(89、外交官)。9・10 高橋正雄(93、経済学)。10・24 森野米三(87、物理化学)。10・26 平山雄(72、医学)。10・30 河北倫明(80、美術評論家)。11・13 町春草(73、書家)。11・14 向井潤吉(93、画家)。11・29 田中千禾夫(90、劇作家)。12・9 鈴木竹雄(90、商法学)。12・17 安井琢磨(86、経済学)。12・21 寺田透(80、文芸評論家)。12・31 大久保利謙(95、日本史学)。 〔世界〕 1・1 スウェーデン・フィンランド・オーストリアの三国、EUに加盟(EUは一五ヵ国に)。1・3 世界保健機関(WHO)まとめ、一九九四年末世界のエイズ発症者数一〇〇万人突破。1・30 アメリカ国立スミソニアン航空宇宙博物館、原爆展の中止を決定。2・4 主要七ヵ国蔵相・中央銀行総裁会議(G7)、通貨危機即応で合意。2・11 中国のチベット自治区ラサで税務署や飲食店など襲撃、民族独立運動が活発化。2・14 ウー＝ヌ没(87、ビルマ初代首相)。4・19 アメリカのオクラホマで連邦政府ビル爆破テロ、一六七人死亡。5・15 中国が地下核実験。5・28 ロシア、サハリン北部で大地震・死傷二六〇〇人。6・13 フランス大統領シラク、南太平洋で計八回の核実験を行なうと発表(一四日、南太平洋諸国会議、非難声明を発表)。6・15 第二一回主要先進国首脳会議、カナダのハリファクスで開会(〜一七日)。6・29 韓国ソウルの三豊(サムプン)百貨店崩壊事故、死者五〇〇人以上。8・11 アメリカ大統領クリントン、核実験の全面中止を表明。8・17 中国、

西暦	年号・干支	内閣	記事
一九九五 ▶	平成七 乙亥	（村山富市内閣）	五月に続いて地下核実験を強行。**9・5** フランス政府、南太平洋ムルロア環礁で地下核実験を行なったと発表（一九九六年一月二七日までに六回の核実験を行なう）。**9・18** 香港の議会選挙、民主派が大勝（イギリス植民地下で最後の立法評議会選挙）。**10・11** セルビア、停戦発効（一二日午前零時から）で合意。**10・26** 韓国の国会議員一〇六人、日韓基本条約破棄を求める決議案を国会に提出。**11・14** 国連環境計画発表の「地球生物多様性評価報告書」、生物約一万種が絶滅の危機と判明。**11・16** 国連総会の第一委員会、核実験停止決議案を採択。前韓国大統領盧泰愚（ノ＝テウ）、収賄容疑で逮捕。**11・21** 旧ユーゴの紛争当事三ヵ国、包括和平協定文書などに仮調印。**12・3** 元韓国大統領全斗煥（チョン＝ドゥファン）、一九七九年一二月の粛軍クーデタの反乱首謀容疑で逮捕。**12・14** ボスニア和平協定の調印式、パリで行なわれる。**12・19** 韓国国会、光州（クヮンジュ）事件（一九八〇年五月）の特別法可決成立。
一九九六 ◀	八 丙子	1・11 第1次橋本龍太郎内閣	【政治・経済】 **1・1** 新社会党・平和連合発足・社会党を離脱した矢田部理ら衆・参両院議員五人で結成（三月三日、新社会党と党名変更）。**1・4** 村山首相ら九閣僚、伊勢神宮参拝（社会党員の首相として初）。**1・5** 村山首相、退陣を表明。**1・11** 第一三五臨時国会召集（一月一三日閉会）。衆・参両院本会議、橋本龍太郎自民党総裁を首相に選出。第一次橋本内閣成立（副総理兼蔵相久保亘・法相長尾立子・官房長官梶山静六など）。**1・16** 社会党委員長に村山富市が再選。**1・19** 第六四回社会党定期大会、新党名を「社会民主党」に決定。**1・22** 第一三六通常国会召集（六月一九日閉会）。**3・9** 第一回社民党大会（一〇日、運動方針を原案通り承認）。**3・25** 福岡高裁那覇支部、沖縄県大田昌秀知事に代理署名を命じる判決（二七日、大田知事、署名拒否・二九日、橋本首相、代理署名手

西暦	
年号・干支	
内閣	
記事	続き)。**4・1** 新食糧法により自由化されたコメの小売・卸業の登録申請始まる。石油製品の輸入自由化(特定石油製品輸入暫定措置法廃止)。**4・12** 橋本首相とモンデール駐日アメリカ大使、普天間飛行場の五年ないし七年以内全面返還を発表。マツダが実質的にフォードの子会社となる。**4・15** 帝国データバンク発表、平成七年度の企業倒産は負債総額で八兆四一七〇億四三〇〇万円に達す(史上最悪の水準)。**4・17** 日米首脳会談・「日米安全保障宣言」(「日米防衛協力のための指針」の見直しなどを盛り込む)に署名。**5・10** 参議院本会議、平成八年度予算可決成立・一般会計総額七五兆一〇四九億円。**5・28** 日米安全保障事務レベル協議の会合、日米防衛協力指針の見直しが始まる。**6・21** 沖縄県議会、沖縄県民投票条例可決成立(アメリカ軍基地に対する県民の意志を問う)。政府税制調査会・与党税制改革プロジェクトチーム、消費税率五パーセントに引き上げを正式決定(二五日、政府、閣議決定)。**7・7** 東京都狛江市長選挙、前市議の矢野裕候補が当選(全国唯一の共産党員市長)。**7・29** 池田外相、中国の核実験(二九日実施)につき徐敦信(シュー＝トゥンシン)駐日大使に遺憾の意を表明。**8・8** 政府、俳優故渥美清に国民栄誉賞贈呈を決定。**8・12** アジア女性基金、償い金をフィリピンで先行支給することを決定。**8・27** 教育課程審議会(会長三浦朱門)、授業時間の大幅減をめざす。**9・8** 沖縄県でアメリカ軍基地の整理・縮小と日米地位協定見直しを問う県民投票・賛成票八九・〇九パーセント(投票率五九・五三パーセント)。**9・10** 沖縄県大田知事、橋本首相と会談、県民投票結果を報告(一三日、大田知事、「公告・縦覧」手続きの代行を応諾)。**9・11** 最高裁、平成四年七月の参議院選挙区選挙での議員一人あたりの有権者数格差最大六・五九倍を違憲状態と判断(配分規定は合憲)。**9・17** 民主党、設立委員会が発足・衆議院三五人・参議院四人・代表に菅直人・鳩山由紀夫。**9・19** 与党三党首会談、総選挙後も「自社さ」維持で合意。**9・21** 自民党、総選挙公約に中央省庁再編の行政改革案。**9・27** 第

西暦	年号・干支	内閣
一九九六 ◀ ▶	平成 八 丙子	(第１次橋本龍太郎内閣)

記事

一三七臨時国会召集・衆議院解散。**9・28** 民主党、結党大会(代表に菅直人・鳩山由紀夫の二人代表制で発足、衆議院四六、参議院四議席)。社民党、土井たか子が党首に復帰(旧社会党委員長以来五年ぶり)。**10・7** 台湾・香港などの活動家ら約三〇〇人、漁船などで尖閣諸島海域に入り、一部が同諸島に上陸。**10・20** 第四一回衆議院議員総選挙(小選挙区・比例代表並立制・自民二三九・新進一五六・民主五二・共産二六・社民一五・さきがけ二・無所属九)。**10・21** 国連安保理の非常任理事国選挙、日本が八回目の当選(任期一九九七年一月～九八年一二月)。**10・25** 国松警察庁長官銃撃事件(平成七年三月)で、元オウム信徒の警察官関与が判明。**11・7** 第一三八特別国会召集(一一月一二日閉会)。第二次橋本内閣成立・三年三ヵ月ぶりの自民党単独政権(社民・さきがけは閣外協力)。**11・29** 第一三九臨時国会召集(一二月一八日閉会)。**12・4** 根本二郎日経連会長、就職協定の平成九年度からの廃止を表明。**12・6** 衆議院、帝国議会衆議院秘密会の議事速記録の公開決定(一二月九日実施)。**12・14** 文部省調査、平成七年度に公立小・中・高校などで発生のいじめ件数六万〇〇九六件(前年度比三〇〇〇件増)。**12・17** ペルーの日本大使公邸をゲリラ「トゥパク＝アマル革命運動」が襲撃、青木盛久大使や天皇誕生日祝宴の賓客ら約三八〇人を監禁。**12・26** 羽田孜ら衆・参両院議員一三人、新進党を離党、太陽党を結成。**この年** 年平均の完全失業率、四パーセントになり最悪記録を更新する。国際収支の経常黒字額、七兆一八〇六億円で三年連続の減少。

【社会・文化】

1・10 長崎市のシーボルト記念館、シーボルトの自筆メモを発見。**1・12** 高速増殖炉「もんじゅ」のナトリウム漏れ事故で、動燃本社のビデオ隠し関与が判明。**1・30** 奥田幹生文相、いじめ防止緊急アピール。**1・31** 最高裁、オウム真理教解散は合憲と判断。**2・14** 将棋の羽生善治名人、第四五

西暦	
年号・干支	
内閣	
記事	期王将戦でタイトル奪取・史上初の七冠独占。**2・23** 新潟水俣病二次訴訟で第一陣原告九一人と昭和電工との間で和解成立(第二〜八陣原告一四〇人も和解成立)。**3・7** 那覇地裁、女子小学生暴行事件(平成七年一〇月)でアメリカ兵三人に懲役六年六ヵ月から七年の判決。**3・17** 防衛大、初の女子卒業生(二七人)。**3・22** 東京地裁、東京佐川急便事件で元社長の渡辺広康に懲役七年の判決。**3・27** 参議院本会議、らい予防法廃止法を可決。**3・29** 東京ＨＩＶ訴訟、国と製薬会社が「おわび」、和解・一時金は原告被害者一人あたり四五〇〇万円。**4・1**「中核市」制度始まる・人口三〇万以上などの条件を満たした都市に都道府県の権限の一部を移譲・宇都宮・新潟など一二市を指定。**4・18** 韓国・フィリピンなどの従軍慰安婦被害者五団体、国連人権委員会でアジア女性基金の受け取り拒否を宣言。**4・30** 川崎市、職員採用試験で国籍条項を撤廃。**5・27** 経企庁の平成七年内外価格差調査、東京の生活費はニューヨークの一・五九倍。**5・31** 国際サッカー連盟、二〇〇二年ワールドカップの日韓共同開催を決定。**6・1** 岡山県邑久町で小一女児が病原性大腸菌Ｏ一五七による集団食中毒で死亡。**6・11** 観光白書、平成七年の海外渡航者延べ約一五三〇万人(前年比一七二万人増)。**7・19** 中央教育審議会、第一次答申で小・中・高校の完全週五日制を二一世紀初頭を目途に完全実施する方針を発表。第二六回オリンピック・アトランタ大会(〜八月四日・日本ふるわず、金メダル柔道のみ)。**7・31** 厚生省の公衆衛生審議会伝染病予防部会、Ｏ一五七を伝染病予防法に適用する方針を決定。**8・4** 新潟県巻町で原発建設の賛否を問う全国初の住民投票、賛成七九〇四票・反対一万二四七八票(投票率八八・二九パーセント)。**8・11** 厚生省の「九五年簡易生命表」、平均寿命男七六・三六歳・女八二・八四歳(男女とも下がる)。**8・17** 大型ロケットＨ２の四号機、種子島宇宙センターから打ち上げ成功。**8・29** 東京地検、薬害エイズ事件で前帝京大副学長の安部英を業務上過失致死容疑で逮捕。**9・9** 東京地裁、ゼネコン

西暦	年号・干支	内閣	記事
一九九六 ◀ ▶	平成 八 丙子	(第1次橋本龍太郎内閣)	汚職で元ハザマ会長本田茂に懲役三年・執行猶予五年の判決。**9・19** 大阪地検、薬害エイズ事件で製薬会社ミドリ十字元社長松下廉蔵ら三人を業務上過失致死容疑で逮捕。民放連とNHK、共同で「放送倫理基本綱領」を制定。**10・1** 通信衛星による国内初のデジタル多チャンネル放送の「パーフェクTV」が本放送開始。**10・4** 東京地検、薬害エイズ事件で元厚生省薬務局生物製剤課長松村明仁を業務上過失致死容疑で逮捕。**10・8** イタリアのヴェネチアで開催の第六回ビエンナーレ建築展で磯崎新が企画した日本館、パビリオン賞を受賞。**10・14** 島根県加茂町岩倉で弥生時代中期の銅鐸が三〇個以上出土(一五日、「加茂岩倉遺跡」と命名)。**10・29** 大学審議会、大学教員に選択任期制の導入を答申。**10・31** 文部省の学校基本調査速報、平成八年春卒業の四年制大卒者の就職率六五・九パーセント(前年度より一・二パーセント低下)。**11・12** 警視庁と広島県警・北海道警の共同捜査本部、参議院議員友部達夫の政治団体が運営するオレンジ共済組合を捜索。**11・19** 「韓国・日本相互理解増進に向けた社会科教科書改善研究討論会」、ソウルの韓国教育開発院で開催(日韓の歴史・地理・教育の専門家参加)。**11・25** 大阪の古書店主所蔵の『奥の細道』、松尾芭蕉自筆本と確認と発表(一二月二日、大阪市立博物館に寄託)。**11・29** 平成七年一〇月実施の国勢調査確定値、総人口一億二五五七万〇二四六人(人口増加率、戦後最低)。**12・4** 警視庁、厚生省前事務次官の岡光序治を収賄容疑で逮捕。**12・5** ユネスコ世界遺産委員会で原爆ドームを世界遺産に登録決定(アメリカ・中国から異論、厳島神社も同時決定)。**12・11** 東京高裁、撚糸工連事件で元代議士の横手文雄に懲役二年・執行猶予三年、追徴金二〇〇万円とした一審判決を支持。生命倫理研究議員連盟、臓器移植法案を国会に再提出。**12・17** 婦人少年問題審議会、採用での男女差別禁止・女子保護規定などの最終報告。**この年** 交通事故死、九九四二人で九年ぶりに一万人を下回る。個人破産、初の五万件突破。海外旅行者数一六六九万人(前年比一四〇万人増)・行き先最多は

西暦	
年号・干支	
内閣	

記事

アメリカ。

【死没】

1・7 岡本太郎(84、芸術家)。 1・8 三橋三智也(65、歌手)。 1・21 横山やすし(51、上方漫才師)。 1・23 安田元久(77、日本史学)。 2・2 徳川義寛(89、侍従長)。 2・5 小西四郎(83、日本史学)。 2・12 司馬遼太郎(72、作家)。 2・20 武満徹(65、作曲家)。 3・28 金丸信(81、政治家)。 4・14 綱淵謙錠(71、作家)。 4・17 稲葉秀三(89、産経新聞)。 4・20 関晃(77、日本史学)。 5・11 上原真佐喜(92、山田流箏曲家)。 5・15 高坂正尭(62、政治学)。 5・18 団勝磨(91、発生学)。 5・19 北条秀司(93、劇作家)。 6・10 フランキー堺(67、俳優)。 7・9 大塚久雄(89、経済史家)。 7・11 久慈あさみ(74、俳優)。 7・12 安川加寿子(74、ピアニスト)。 7・27 若泉敬(66、国際政治学)。 8・4 渥美清(68、俳優)。 8・7 宮城千賀子(73、俳優)。 8・8 星野道夫(43、動物写真家)。 8・10 河野健二(79、フランス社会思想)。 8・15 丸山真男(82、政治学)。 8・16 村山喜一(75、政治家)。 沢村貞子(87、俳優)。 9・5 山村美沙(62、推理小説家)。 9・23 藤子・F・不二雄(62、漫画家)。 9・29 遠藤周作(73、作家)。 11・8 朝田静夫(85、運輸官僚)。 11・12 石垣綾子(93、評論家)。 11・19 松島詩子(91、歌手)。 12・17 鴨武彦(54、国際政治学)。 12・20 実松譲(94、戦史研究家)。 12・23 護雅夫(75、東洋史学)。

〔世界〕

1・27 フランス、再開後六回目の核実験を実施(二九日、シラク大統領、核実験終了を表明)。 1・31 スリランカ、コロンボでタミル人過激派による爆弾テロ・死者五五人、行方不明・重軽傷合わせて一五〇〇人以上。 2・3 中国雲南(ユンナン)省でマグニチュード七・〇の地震・二四二人死亡。 3・23 台湾で初の総統直接選挙、李登輝(リー＝トンホイ)が当選。 3・25 米・英・仏、南太平洋非核地帯条約(ラロトンガ条約)の議定書に調印(中国・ロシア含めて核保有五ヵ国が同条約に調

西暦	年号・干支	内閣
一九九六 ▶	平成 八 丙子	(第1次橋本龍太郎内閣) 11・7 第2次橋本龍太郎内閣

記事

印)。**6・5** 国連、北朝鮮への食糧供給などの第二次緊急援助を加盟国に要請(アメリカ六二〇万ドル・日本六〇〇万ドルなど)。**6・8** 中国、新疆(シンチアン)ウイグル自治区ロプノル実験場で地下核実験を実施。**6・16** ロシア大統領選、決選投票となる。**6・24** 国際捕鯨委員会(IWC)総会、イギリスで開催。日本の調査捕鯨自粛を求める決議案を採択。**6・27** 第二二回主要先進国首脳会議、フランスのリヨンで開催。経済宣言で経済のグローバリゼーションを「将来への希望の源泉」と位置づけ。**7・4** ロシア大統領選決選投票、エリツィンが五三・八二パーセントの得票で再選。**7・8** 国際司法裁判所、核兵器の使用・威嚇は国際法・人道法の原則に反すると判断。**7・11** 北アイルランドで暴動。**7・19** 第二六回夏季オリンピック・アトランタ大会開会(〜八月四日)。**7・29** 中国政府、通算四五回目の核実験実施を発表・三〇日以降の核実験停止を宣言。インド、ジュネーヴ軍縮会議で包括的核実験禁止条約(CTBT)批准で反発・中国も再交渉の必要を強調。**8・23** 新ユーゴスラヴィア連邦とクロアティアの両共和国、国交正常化で合意。**8・26** 韓国ソウル地裁、光州(クヮンジュ)事件で全斗煥(チョン=ドゥファン)元大統領に死刑、盧泰愚(ノ=テウ)前大統領に懲役二二年六ヵ月の判決(三一日、両被告控訴)。**9・10** 国連総会、CTBT採択の決議案を可決・インド、署名拒否を表明。**9・14** ボスニア=ヘルツェゴビナで統一選挙実施。**9・18** 韓国江陵(カンヌン)市付近の海岸で北朝鮮潜水艦が座礁・同艦乗員が韓国内に上陸・韓国軍・警察と銃撃戦、一一遺体発見、一人逮捕。**9・24** 核保有五ヵ国と日本など一一ヵ国、CTBTに署名。**10・3** 新ユーゴとボスニア=ヘルツェゴビナ、国交樹立に合意。**10・9** ロシア大統領エリツィン、いかなる領土要求も認めないとする国境政策基本法承認・ロシア外務省、東京宣言と矛盾せずと表明。インドのラオ元首相、文書偽造容疑で逮捕。**10・11** OECD(経済協力開発機構)理事会、韓国の加盟を承認(アジアでは日本に次ぎ二番目)。**10・15** フランク=ベルナール没(69、

西暦	
年号・干支	
内閣	
記事	フランスの日本学権威）。**10・30** スイス、ＰＫＯ参加の方向を示す。**11・5** アメリカ大統領選挙、民主党のクリントン大統領が再選・連邦議会選挙、上・下院ともに共和党が過半数を維持。**12・5** アメリカ大統領クリントン、国務長官にマドレーン＝オルブライト国連大使を起用と発表（女性初）。**12・10** 南アフリカ共和国、新憲法を公布・アパルトヘイト体制に終止符。**12・16** ソウル高裁、光州（クワンジュ）事件の控訴審で全斗煥（チョン＝ドゥファン）元大統領を無期懲役に、盧泰愚（ノ＝テウ）前大統領を懲役一七年にそれぞれ減刑。**この年** 世界のＨＩＶ全感染者、一九九六年末で三六二〇万人・二年連続でアジアが最大のエイズ蔓延地帯に（欧米では前年比で減少）。

図２（→1989年）
吉野ヶ里遺跡

西暦	年号・干支	内閣	記事
◀一九九七	平成九 丁丑	(第2次橋本龍太郎内閣)	【政治・経済】 1・7 橋本首相、ASEAN五ヵ国歴訪(〜一四日)。1・11 アジア女性基金、韓国人元慰安婦七人に「償い金」の支給を発表(一五日、金泳三(キム＝ヨンサム)韓国大統領ら中止を求める)。1・18 自由民主党、第六二回定期党大会で社民・新党さきがけとの連携を採択(自社さ連合)。1・19 京樽、会社更生法の適用を申請・にっかつ以来約三年半ぶりの東証一部上場企業の倒産。1・20 第一四〇通常国会召集(六月一八日閉会)。1・25 橋本首相、金泳三(キム＝ヨンサム)大統領と大分県別府市で会談・対北朝鮮問題に対し緊密に協力することで一致。2・7 会計検査院調べ、政府金融機関を含めた特殊法人の不良債権一兆四六〇〇億円に。2・10 外務省、米軍機が平成七年から同八年にかけて沖縄の鳥島で劣化ウラン弾を発射していたことを公表。2・17 テルアビブ国際空港事件の岡本公三容疑者ら日本赤軍幹部五人がレバノンで拘束されていることが明らかに。三井三池炭鉱、閉山を決定(三月三〇日閉山)。3・22 秋田新幹線「こまち」開業。3・24 国土庁、平成九年一月一日現在の地価公示価格を発表、六年連続の下落。4・1 消費税の税率、三パーセントから五パーセントに引き上げられる。4・10 大田昌秀沖縄県知事、普天間代替海上ヘリポート建設問題で、現地調査を容認。4・14 帝国データバンク調査、平成八年度企業倒産の負債総額、九兆一八九六億円に達し、二年連続で最悪記録を更新。4・17 改正駐留軍用地特別措置法、参院で可決、成立。4・22 ペルー政府、ペルー日本大使公邸占拠事件でトゥパク＝アマル革命運動の一四人全員を射殺、日本人を含む七一人の人質を救出。4・25 大蔵省、日産生命保険に業務停止を命令・生保の経営破綻は初めて。5・16 外為法改正案成立、外貨両替業務への参入自由化、外国市場への投資に関する規制撤廃へ。5・21 日本電子機械工業会発表の電子機械の生産額、自動車などの輸送機械を上回り平成八年生産額で初めて首位に。5・23 憲法調査委員会設置推進議員連盟発

西暦	
年号・干支	
内閣	
記事	足、憲法改正を視野に。**５・26** 都市銀行・長期信用銀行・信託銀行計二〇行の平成九年三月期決算出そろう、不良債権約一六兆四四〇〇億円（前年比で約五兆四〇〇〇億円減少）。**６・７** 日米両政府、日米防衛協力のための指針（ガイドライン）の中間とりまとめを公表。**６・11** 改正独占禁止法成立、持ち株会社解禁へ。改正日本銀行法成立、日本銀行の独立性の向上へ。**６・13** 大蔵省三審議会最終報告、日本版ビッグバンの全容固まる。**６・16** 金融監督庁設置関連法成立、金融機関への検査・監督機能が大蔵省から分離・独立へ。**６・30** 自民党行政改革推進本部・三塚博蔵相、日本開発銀行を平成一一年をめどに廃止することで合意。**７・12** 自衛隊輸送機三機、カンボジアの邦人救出に備えタイに出発・初の同機海外派遣（一七日、那覇基地に帰着）。**７・20** 沖縄県知事の諮問機関、平成一三年に全県を自由貿易地域に指定することを柱とする最終報告。**７・21** 外務省審議官クラスの日朝交渉予備会談、国交正常化交渉再開に向け北京で開催（二二日まで）。**７・31** 大蔵省、証券総合口座の一〇月一日解禁、銀行店舗内での投資信託販売の一二月一日解禁を発表。**８・21** 日本と北朝鮮の国交正常化交渉再開に向けた予備会談、北京で始まる。**８・25** 新進・民主・太陽各党を中心とする超党派の勉強会「改革会議」発足。**９・２** 社民党土井たか子党首・村山富市前首相・自民党鯨岡兵輔前衆院副議長ら、「核をなくす会」を発足。**９・５** 自民党の衆院議席、北村直人代議士の復党により四年二ヵ月ぶりに過半数に。**９・８** 橋本龍太郎首相、無投票で自民党総裁に再選（一一日、第二次橋本改造内閣発足）。**９・11** 経企庁、四〜六月期のＧＤＰ実質成長率が一〜三月期比二・九パーセント減と発表。**９・18** ヤオハンジャパン倒産。**９・20** 香港でのＧ７、日本の内需拡大求める。**９・23** 日米両国政府、新しい日米防衛協力のための指針（ガイドライン）に合意。**９・25** 共産党の宮本顕治中央委議長引退、名誉議長に。**９・27** 住友信託銀行とシティバンク、新型貯蓄商品の開発・販売で業務提携（一二月から個人投資家向けに販売）。**９・29** 第

西暦	年号・干支	内閣
一九九七 ◀▶	平成九 丁丑	(第2次橋本龍太郎内閣)

記事

一四一臨時国会召集(一二月一二日閉会)。**10・1** 長野新幹線「あさま」開業。**10・2** 秩父小野田と日本セメント、平成一〇年一〇月一日合併を発表。**10・8** 政府、国連や国際赤十字の要請に応じる形で、北朝鮮に食糧など総額三四億円の援助を表明。JR東海株上場。**10・9** 福徳銀行となにわ銀行、平成一〇年一〇月一日をめどに合併すると発表。**10・14** 郵政省、平成一〇年夏にも電話料金を原則自由化する方針を発表。**11・1** 橋本首相とエリツィン露大統領、クラスノヤルスクで会談(二日、平和条約締結に向け合意)。**11・3** 三洋証券、会社更生法の適用申請。**11・11** 日朝国交正常化交渉、早期再開で合意(一四日まで)。李鵬(リー＝ポン)中国首相来日・橋本首相と会談し日露関係発展を歓迎(一六日まで)。**11・17** 北海道拓殖銀行、北洋銀行への営業権譲渡を発表(都銀初の経営破綻)。**11・22** 山一証券経営破綻(二四日、営業不振に陥り自主廃業を決める)。**11・26** 徳陽シティ銀行破綻。**11・28** 財政構造改革法成立。**12・3** 政府の行政改革会議、現行の二二省庁を内閣府と一二省庁に再編する最終報告を決定。財政構造改革会議、旧国鉄・国有林野の債務処理でたばこ税増税の方向を固める。大蔵省、日本の韓国金融支援が一〇〇億ドルと発表。**12・8** 橋本首相、国債一〇兆円を発行し金融・景気策に充てることを検討する方針を決定。**12・12** リニアモーターカー、有人走行で時速五三一キロを記録し世界最速に(二四日、無人走行で五五〇キロを達成)。**12・18** 東食、会社更生法の適用申請。新進党党首選、小沢一郎が再選(二七日、両院議員総会で解党を決定・三〇日、六党に分裂)。**12・21** 沖縄県名護市で普天間代替海上ヘリポート建設の是非を問う住民投票、反対票過半数に(二四日、比嘉市長、受け入れと辞職を表明)。**12・25** メリルリンチ、日本に新証券会社設立。**12・30** 日韓漁業交渉決裂。**この年** 企業倒産の負債、一四兆二〇九億円。新車販売台数前年より減少。

【社会・文化】

西暦	
年号・干支	
内閣	
記事	1・2 ロシアのタンカーナホトカ、島根県隠岐沖で沈没、流出した重油が日本海沿岸に漂着。 1・22 東京地検、収賄罪で石井亨前仙台市長に懲役三年、追徴金一億四〇〇〇万円の実刑判決。 1・29 警視庁、友部達夫参議院議員を詐欺容疑で逮捕。 1・31 公安審査委員会、公安調査庁請求のオウム真理教への破防法適用を棄却。 2・12 文部省宇宙科学研究所、「はるか」の打ち上げに成功。 3・6 野村証券、顧客の総会屋親族企業への利益提供を認める（一四日、酒巻英雄社長が辞任）。 3・11 動力炉・核燃料開発事業団東海事業所の再処理工場内のアスファルト固化処理施設で火災・爆発事故、作業員三七人被曝。 3・21 東京地裁、前宮城県知事本間俊太郎被告に懲役二年六ヵ月、追徴金一億二〇〇〇万円の実刑判決。 3・24 東京高裁、リクルート事件藤波孝生元官房長官に一審の無罪を破棄し懲役三年・執行猶予四年、追徴金四二七〇万円の判決。 4・2 最高裁、愛媛玉ぐし料訴訟で違憲の判決。 4・11 厚生省、排煙に含まれるダイオキシン濃度が高い七二ヵ所のごみ焼却場名を公表（一二月一日、ダイオキシン排出規制を実施）。 4・14 東京地裁、幼女連続誘拐殺人の宮崎勤被告に死刑判決。 4・18 文化庁、正倉院など八群の文化財を世界遺産に推薦することを決定。 5・2 河野兵市、日本人では初めて単独徒歩で北極点に到達。 5・8 アイヌ文化振興法成立。 5・18 今村昌平監督の「うなぎ」、カンヌ国際映画祭でパルムドールを受賞。 5・20 東京地検、総会屋への利益供与で第一勧銀本店を捜索（五月二三日、奥田正司会長ら引責辞任・七月四日、奥田元会長逮捕）。環境庁、平成八年度の大気中ダイオキシン類の濃度測定結果を地名とともに公表、都市部は欧米の約一〇倍。 5・27 神戸市で小六男子の切断遺体見つかる（六月二八日、中三男子逮捕・一〇月一七日、医療少年院送致）。 6・3 群馬県高崎市剣崎長瀞西遺跡で、馬具が馬の歯に装着された状態で出土。 6・11 労働関係法成立、男女雇用機会均等法の強化、労働基準法の女子保護規定撤廃が骨子に。 6・12 平成一七年の愛知県瀬戸市で

西暦	年号・干支	内閣	記事
一九九七 ◀▶	平成九 丁丑	(第2次橋本龍太郎内閣)	の万博開催、博覧会国際事務局総会で決定。**6・16** 医療保険改正法成立。**6・17** 臓器移植法、参・衆両院で可決、成立(一〇月一六日、施行)。**6・23** 大場満郎、スキーと徒歩による世界初の北極単独横断に成功。**6・26** 中央教育審議会二次答申、公立の中高一貫教育、数学と物理での「飛び級大学」の導入などを提言。平成九年六月一日現在の総務庁人口推計、六五歳以上が一九五四万人(総人口の一五・五パーセント)。**6・27** 労働省の「六五歳現役社会研究会」、厚生年金の支給年齢引き上げに対応し六五歳定年を提言。**7・11** 都市銀行と長期信用銀行計一三行、総会屋と絶縁宣言。**7・30** 東京地検、総会屋への利益供与で山一証券を捜索(八月一一日、三木淳夫社長ら退任・九月二四日、三木前社長逮捕)。**8・6** 平成九年三月末現在の自治省「人口動態調査」結果、日本の総人口一億二五二五万七〇六一人。**8・9** 鈴木博美、アテネの世界陸上選手権女子マラソンで優勝。**8・22** 神戸市職員採用試験、外国籍の二人が初の合格。**8・29** 最高裁、家永教科書裁判第三次訴訟上告審で、七三一部隊関係記述の全文削除を求めた意見について違法と認定。**9・2** アニメ映画「もののけ姫」、配給収入で一四年ぶりに邦画新記録を樹立。**9・4** 国籍条項を撤廃した神奈川県川崎市の大卒採用試験で外国籍三人が事務職に合格・政令指定都市以上の自治体では初めて。**9・6** 北野武監督の「HANA-BI」、ヴェネチア国際映画祭で金獅子賞を受賞。**9・18** 東京地検、総会屋への利益供与で大和証券を捜索(一一月六日、十亀博光前副社長ら四人逮捕)。**9・25** 東京地検、総会屋への利益供与で日興証券を捜索(一〇月三〇日、前副社長ら三人を逮捕)。**9・26** 町村信孝文相、全国の小中高校などからダイオキシン発生の恐れのあるごみ焼却炉を原則全廃する方針を表明。**10・1** 東京地検、中村喜四郎元建設相に懲役一年六ヵ月、追徴金一〇〇〇万円の実刑判決。**10・24** アイヌ文化振興・研究推進機構、アイヌ文化賞、奨励賞の初受賞者四人を発表。気候変動枠組条約事務局、平成二～七年の先進国での二酸化炭素排出量増加分七七

西暦	
年号・干支	
内閣	
記事	パーセントを日米が占めると報告。**11・8** 北朝鮮に渡っていた日本人妻のうち第一陣一五人、一時帰国(一四日まで)。**11・25** 日本人宇宙飛行士土井隆雄、NASAのスペースシャトル「コロンビア」で日本人初の宇宙遊泳。**12・1** 地球温暖化防止京都会議開会(一一日、議定書採択)。通信衛星を利用した多チャンネルのデジタル放送ディレクTV開業。**12・5** 平成九年度教育白書、論文数は米国に次ぎ二位、質を示す引用回数も欧州諸国と肩を並べたと評価。**12・9** 介護保険法、可決、成立。**12・10** 東京地裁、花岡事件の生存者と遺族が鹿島建設に損害賠償を求めた訴訟で、請求権消滅として請求棄却の判決。**12・18** 東京湾アクアライン開通。**12・22** 文部省の平成八年度「生活指導上の諸問題の現状」調査、いじめは約五万二〇〇〇件、校内暴力は約一万一〇〇〇件。 【死没】 **1・20** 杉森久英(84、作家)。**1・26** 藤沢周平(69、作家)。**2・14** 屋良朝苗(94、沖縄本土復帰貢献者)。**2・19** 埴谷雄高(87、作家)。**2・21** 樋口清之(88、考古学)。**3・2** 竹内理三(89、日本史学)。**3・8** 池田満寿夫(63、版画家)。**3・10** 萬屋錦之介(64、映画俳優)。**3・13** 葦原邦子(84、宝塚スター)。**4・2** 香川綾(98、栄養学)。**4・3** 嶋中鵬二(74、中央公論社)。**4・4** 杉村春子(91、俳優)。**4・5** 磯村英一(94、都市社会学)。**4・10** 黛敏郎(68、作曲家)。**4・15** 西村晃(74、俳優)。**4・17** 脇村義太郎(96、経済学)。**5・11** 亀倉雄策(82、グラフィックデザイナー)。**5・18** 松田毅一(76、歴史家)。**6・16** 住井すゑ(95、作家)。**6・21** 勝新太郎(65、俳優)。**6・22** 増田四郎(88、西洋経済史学)。**7・7** 奥むめお(101、婦人運動家)。**7・26** 小平邦彦(82、数学)。**9・16** 牛島憲之(97、洋画家)。**9・17** 会田雄次(81、西洋史学)。**9・22** 横井庄一(82、グアム潜伏元日本兵)。**11・13** 江戸英雄(94、経営者)。**11・26** 奥野健男(71、文芸評論家)。**11・28** 三津田健(95、新劇俳優)。**12・2** 藤島宇内(73、詩人)。**12・19** 井深大(89、ソニー)。**12・20** 伊丹十三(64、映画監督)。**12・24** 三船敏郎(77、俳優)。**12・25** 中村真一

西暦	年号・干支	内閣
一九九七 ◀▶	平成 九 丁丑	(第2次橋本龍太郎内閣)

記事

郎(79、作家)。

【世界】

1・3 ボスニア＝ヘルツェゴビナ下院、和平協定から一年余を経て、統一政府の共同首相を選出。 1・5 ロシア軍のチェチェン共和国駐留部隊、二年ぶりで撤退。 1・7 アルジェリアでテロ続く。 1・20 米クリントン大統領就任(二期目)。 1・21 アメリカ、ジュネーヴ軍縮会議本会議で、対人地雷全面禁止条約の締結交渉を始めるよう提案。 2・5 中国の新疆(シンチアン)ウイグル自治区でウイグル族が独立求めデモ。 2・8 先進七ヵ国蔵相・中央銀行総裁会議(G7)、ベルリンで開催、ドル高阻止で合意。 2・12 北朝鮮の黄長燁(ファン＝ジャンヨプ)労働党中央委書記、日本からの帰国途中、北京の韓国大使館に亡命。フィリピンを経て、四月二〇日、ソウルに入る。 2・15 世界貿易機関の基本電気通信交渉妥結。 2・19 中国の最高実力者鄧小平(トン＝シアオピン)、北京で死去(92)。 2・23 中国の全人代常務委員会、香港返還後、香港人権条例の一部を不採用とすることを最終的に決定。 2・24 英国ロスリン研究所、一九九六年七月にクローン羊づくりに成功したことを明らかにする。 3・1 アルバニア、無政府状態に。 3・4 レバノンの日本大使館、日本赤軍幹部岡本公三ら五人の身元を確認。 3・20 ラザリ国連総会議長、包括的安保理改革決議案を作業部会に提示(一一月二四日、改革先送りへ)。 3・21 米露首脳会談、ロシアのSTARTⅡ早期批准、両国はSTARTⅢ交渉で核弾頭を消滅することで一致。 3・22 ダライ＝ラマ一四世、初めて台湾へ(二七日、李登輝(リー＝トンホイ)総統と会談)。中国は強く非難。 3・28 国連安保理、アルバニアでの人道援助活動支援のため、多国籍防護軍派遣を承認する決議を採択。 4・4 アルジェリアの首都アルジェ周辺の複数の村でテロ激化、死者多数。 4・7 国連、北朝鮮への第三次緊急人道支援として過去最大の一億二六二二万ドルを要請。 4・15 サウジアラビアのメッカ郊外の

西暦	
年号・干支	
内閣	
記事	巡礼者宿営地で火災発生、三四三人死亡。**4・17** 韓国大法院、光州(クヮンジュ)事件の上告審で上告を棄却・全斗煥(チョン＝ドゥファン)元大統領の無期懲役、盧泰愚(ノ＝テウ)前大統領の懲役一七年が確定。**4・22** 中国江沢民(チアン＝ツォーミン)国家主席、ロシアを訪問(二三日、エリツィン大統領と会談)。**4・23** クリントン大統領、ダライ＝ラマと会談。**4・24** 中国の新疆(シンチアン)ウイグル自治区で二月に起きた暴動に関連し、ウイグル族三人の死刑が執行される。**5・1** イギリス総選挙、労働党が圧勝(二日、首相にトニー＝ブレア党首)。**5・12** エリツィン大統領とチェチェン共和国のマスハドフ大統領、平和的手段による問題解決などをうたった条約に調印。**5・16** 国際原子力機関特別理事会、核査察強化策の議定書を採択。**5・25** ポーランドの新憲法、国民投票で承認。**5・28** 国連人口基金、一九九七年版「世界人口白書」で世界人口は五八億五〇〇〇万人と発表。**5・29** インドネシア総選挙、スハルト政権与党ゴルカル圧勝(選挙運動がらみの死者、全国で二四〇人以上)。**6・1** フランス選挙、左翼陣営勝利(四日、ジョスパンを首相とする社共中心の内閣発足)。**6・6** 世界銀行、新たに約六〇億ドルの対露融資を表明。**6・14** 世界銀行、熱帯雨林の減少とそこに生息する鳥類・植物の絶滅の恐れを警告。**6・20** 第二三回主要先進国首脳会議、ロシアが初めて正式参加して米国デンバーで開催(〜二二日)。**6・21** カンボジアのラナリット第一首相、ポル＝ポト元首相が帰順派の部隊に身柄を拘束されたと発表。**6・25** ドイツ連邦議会、「脳死は人の死」とする法案(臓器移植法)可決。**6・27** 米連邦最高裁、「フレディ法」の根幹である短銃購入時の犯歴照会制度に違憲判決。**7・1** 香港、英国から中国に返還される。**7・2** アメリカ、ネバダ核実験場で未臨界核実験。タイ、通貨バーツを切り下げ(アジア通貨の下落が相つぎ、動揺広がる)。**7・3** 台湾、一国二制度を拒否。ロッキードとグラマン、年内の合併をめざすことになる。**7・4** 米火星探査機マーズ＝パスファインダー、火星に到着。**7・5** カン

西暦	年号・干支	内閣	記事
▶一九九七	平成九 丁丑	(第2次橋本龍太郎内閣)	ボジアのプノンペンで、フン＝セン第二首相派部隊、ラナリット第一首相派を攻撃、大規模な戦闘に。**7・8** インド北部パンジャブ州で列車内で爆弾が爆発、乗客三三人が死亡。**7・9** スリランカ内戦激化。**7・14** アメリカ、世界食糧計画の要請にこたえ、北朝鮮に一〇万トンの人道食糧援助実施を発表。**7・23** ミャンマーとラオス、ASEANに加盟(九ヵ国体制に)。**7・28** カンボジアの反政府武装勢力旧ポル＝ポト派、公開裁判を行いポル＝ポトに終身刑の判決。**7・30** イスラエルの首都イェルサレムの市場で自爆テロ(九月三日、繁華街で再び自爆テロ・イスラム過激派ハマスが犯行声明)。**8・5** タイ、通貨急落でIMFなどに支援要請(一一日、支援国会合、一六〇億ドルの融資枠の提供で合意)。**8・14** アジアの各国通貨、大幅下落(アジアの通貨危機)。**8・15** インドのグジュラル首相、独立五〇周年記念式典でCTBTへの署名拒否の発言。**8・22** コンゴから逃れたツチ族難民一〇七人、ルワンダ西部の難民キャンプで虐殺される。**8・31** ダイアナ元英皇太子妃、パリで交通事故死(36)(九月六日、国民葬)。**9・4** イスラム過激派とみられる武装集団、アルジェ周辺で住民一一〇人以上を殺害。**9・5** マザー＝テレサ没(87)(一三日、インド国葬)。**9・16** 第五二国連総会開催。**9・18** 対人地雷全面禁止条約、オスロの政府間会合で採択(一二月四日までに日本を含む一二一ヵ国が署名)。**9・26** 米国とロシア、STARTⅡの実施期限を二〇〇七年まで延期する修正議定書に調印。**10・8** 金正日(キム＝ジョンイル)朝鮮労働党書記、党総書記に就任。**10・10** NGOの「地雷禁止国際キャンペーン」とその世話人ジョディ＝ウィリアムズ、ノーベル平和賞受賞決定。**10・23** 香港株価暴落、アジア・英・米・日の株式市場も全面安に(二七日、再び世界同時株安)。**10・25** 中国江沢民(チアン＝ツォーミン)国家主席、国連人権規約のA規約への調印を指示したと表明(二七日、調印)。**10・31** 米政府、対人地雷除去作業促進のため、醵出額を増額するなどの新提案を発表。**11・10** 北京で中露首脳会談、エリツィン大統領・江沢民(チアン＝

西暦	年号・干支	内閣	記事
			ツォーミン)国家主席、「戦略的パートナーシップ」の発展をうたった共同声明に調印。**11・12** 国連安保理、イラク制裁決議を採択。**11・13** ロシア、過去に未臨界核実験を実施していたことが明らかに。**11・17** イスラム過激派、エジプトのルクソールで銃を無差別発砲し、日本人一〇人を含む外国人観光客約六〇人を殺害。**11・21** 韓国、IMFへ支援要請決定(一二月四日、IMF理事会、韓国への総額二一〇億ドル融資を正式承認)。**11・29** 台湾の二三県市の統一首長選、独立派最大野党民主進歩党が歴史的勝利。**12・3** 韓国、IMFと再建策で合意し、IMFや各国から総額五五〇億ドルの融資をうける。**12・4** スリランカ北部で政府軍と反政府ゲリラLTTEが衝突。**12・9** 朝鮮半島和平の枠組みづくりをめざす韓国・北朝鮮・米国・中国による第一回本会談、ジュネーヴで開催(~一〇日)。**12・14** ロシアのモスクワ市議選、中道改革派が圧勝、共産党候補者は全員落選。**12・18** 韓国大統領選挙、野党国民会議の金大中(キム=デジュン)候補が当選(韓国史上初の与野党政権交代)。**12・20** 韓国政府、服役中の全斗煥(チョン=ドゥファン)・盧泰愚(ノ=テウ)両大統領経験者の特赦を発表。**12・23** 韓国ウォン急落。**12・30** 中国と南アフリカ、一九九八年一月一日に国交樹立へ(三一日、台湾と南アフリカ断交)。アルジェリア北西部の四つの村、武装集団に襲撃され四一二人が殺される。**この年** アジア通貨・株価下落続く。
一九九八 ◀	一〇 戊寅		【政治・経済】 **1・1** 政府、北方領土協議の方針を国境線画定に転換。**1・4** 旧新進党の六分割が確定。**1・9** トニー=ブレア英首相来日(一二日、橋本首相と会談)。**1・12** 第一四二通常国会召集(六月一八日閉会)。大蔵省、銀行の総貸出額六二四兆八〇〇〇億円のうち不良債権は七六兆七〇〇〇億円と公表。**1・14** 大田昌秀沖縄県知事、普天間代替海上ヘリポート建設問題で「反対」を明言(二月六

西暦	年号・干支	内閣
一九九八 ◀▶	平成一〇 戊寅	(第2次橋本龍太郎内閣)

記事

日、建設反対を正式表明)。**1・23** 国民の声・太陽党・フロムファイブの野党三党、民政党を結成(代表羽田孜)。政府、日韓漁業協定の破棄を韓国側に通告。**1・30** 日米航空交渉合意。**2・8** 沖縄県名護市市長選、基地建設推進派の推す岸本建男前市助役が当選。**2・16** 改正預金保険法と金融機能安定化緊急措置法、参議院で可決、成立。**2・17** 経企庁、景況評価が全調査対象地域で昨年一二月より悪化と発表。**2・21** 日・露、漁業協定に署名、北方領土周辺海域で操業可能に。**3・4** 運輸政策審議会航空部会答申、国内航空運賃自由化に。**3・11** ミャンマーへの円借款再開。**3・25** 国土庁、公示地価七年連続下落と発表。**4・3** ダライ＝ラマ一四世、来日。**4・8** 日銀発表の卸売物価、六年連続の下落。**4・14** 全国企業倒産集計、平成九年度の企業倒産一万七四三九件、負債総額は一五兆一二〇三億円で戦後最悪。**4・18** 日露首脳会談(～一九日)、エリツィン大統領が平和友好協力条約を提案。**4・24** 改正公職選挙法、参院で可決、成立。**4・25** シラク仏大統領来日。**4・27** 民主・民政・新党友愛・民主改革連合、民主党を結成(代表菅直人、幹事長羽田孜)。大蔵省、接待に関する内部調査の結果を公表、一一二人を処分。山口地裁下関支部、日本政府に対し、元従軍慰安婦三人に三〇万円の支払を命じる判決。**4・28** 政府、ガイドライン(日米防衛協力のための指針)関連法案を閣議決定。政府、地球温暖化防止「京都議定書」に署名。**4・30** 細川護熙元首相、衆議院議員を辞職。**5・13** 政府、インドの核実験に対し経済制裁(一四日、追加制裁)。**5・15** 阪神銀行、みどり銀行を救済合併。**5・18** 政府、インドネシアの暴動で、邦人出国に備え自衛隊機をシンガポールに派遣。**5・22** 人事院集計、平成九年に懲戒処分を受けた国家公務員は一四五五人に。**5・25** 大手一八銀行の不良債権、総額二一兆円に。**5・29** 政府、パキスタンの地下核実験に対し新規の円借款など凍結。外務省、ミャンマーに二五億円無償資金援助を発表。**5・30** 社民党両院議員総会、閣外協力の解消を決定、さきがけも離脱(六月一日、自社さ

西暦	
年号・干支	
内閣	
記事	体制に幕）。**6・5**「日本版ビッグバン」を具体化する金融システム改革法、参議院本会議で可決、成立。北朝鮮、行方不明日本人の存在否定。**6・9** 中央省庁等改革基本法成立、平成一三年から現在の二二省庁を一府一二省庁に再編へ。**6・11** 日中両共産党、三一年ぶりに関係正常化（七月二一日、不破哲三委員長と江沢民（チアン＝ツォーミン）総書記が北京で会談）。**6・12** 内閣不信任案否決。経済企画庁発表、平成九年度のGDP、前年度比で〇・七パーセント減、マイナス成長は二三年ぶりで戦後最悪。**6・22** 金融監督庁発足、初代長官は日野正晴前名古屋高検検事長。**6・30** 住宅金融債権管理機構、住友銀行に損害賠償を求め提訴。**7・1** 損害保険料率、完全自由化。**7・2** 政府・自民党、ブリッジバンクの設立を柱とする不良債権処理策をまとめる。**7・6** 大蔵省発表、国の一般会計、四年ぶり歳入欠陥。**7・12** 第一八回参院選、自民四五で惨敗、民主二七、共産一五で躍進（一三日、橋本首相退陣を表明）。**7・17** 民間人を含む三二人、カンボジア総選挙の監視要員としてプノンペン入り。金融監督庁、全金融機関の自己査定によると三月末の不良債権は八七兆五二七〇億円と発表。**7・21** 国連タジキスタン監視団の秋野豊前筑波大助教授ら四人、射殺遺体で発見。**7・24** 自民党総裁選、小渕恵三外相が当選。**7・30** 第一四三臨時国会召集（一〇月一六日閉会）、小渕恵三を首相に指名・小渕内閣発足。**8・15** 小渕首相、全国戦没者追悼式でアジア近隣諸国の犠牲者に対し「深い反省」と「哀悼の意」を表明。**8・31** 防衛庁、北朝鮮のミサイルが太平洋に着弾した可能性を発表（九月四日、北朝鮮は人工衛星の打ち上げと発表）。**9・4** 一般公募も含む三〇人、ボスニアの選挙の監視要員に決定。**9・8** 平成九年の政府の発展途上国援助（ODA）九四億ドル余（七年連続世界一）。**9・27** 日本リース、会社更生法の適用申請（負債総額二兆一八〇〇億円、最大の企業倒産）。**9・30** 対人地雷禁止条約を批准（四五番目の批准国に）。**10・1** 与野党三会派、金融再生法案の修正案提出にあたり六項目で合意。宮沢蔵相のアジア支援枠

西暦	年号・干支	内閣	記事
一九九八 ◀▶	平成一〇 戊寅	（第2次橋本龍太郎内閣）	の一環として韓国へ三〇億ドル融資。**10・7** 韓国金大中（キム＝デジュン）大統領来日（八日、共同宣言に署名、小渕首相は過去の植民地支配への反省とおわびを表明）。**10・8** 法務省、指紋押捺制度を全廃へ。**10・12** 金融再生関連法成立。**10・15** 旧国鉄債務処理法、参院で可決、成立。**10・16** 平成一〇年度第二次補正予算、参院で可決、成立、公的資金枠は六〇兆円に。金融再生関連法、金融機能早期健全化緊急措置法成立。**10・17** 初の「全国女性議員サミット」、青森県弘前市で開催。**10・20** 新党さきがけ解党、武村代表ら新たに「さきがけ」を設立。**10・23** 政府、日本長期信用銀行の特別公的管理を決定、初の民間銀行国有化（一二月一三日、日本債権信用銀行も）。**11・7** 新「公明党」発足（代表神崎武法）。**11・10** 自公、平成一一年春の「商品券」（地域振興券）支給で合意。**11・12** ロシアでの日露首脳会談（一三日、「モスクワ宣言」に署名）。**11・13** 北海道拓殖銀行営業終了。**11・15** 沖縄県知事選、代替基地の県内移設を公約とする稲嶺恵一が当選。**11・16** アメリカの格付け会社ムーディーズ、日本国債を格下げ。**11・19** 小渕首相と小沢一郎自由党首、連立政権発足で合意（自自連合）。**11・25** 中国江沢民（チアン＝ツォーミン）国家主席、初めて日本を公式訪問。**11・27** 第一四四臨時国会召集（一二月一四日閉会）。**12・4** 日本提案の核軍縮決議、国連で採択。**12・11** 財政構造改革法凍結法成立。**12・15** 金融再生委員会発足。**12・18** 政府、コメ輸入関税化を閣議決定（平成一一年四月から適用）。経済企画庁発表、平成九年度国民所得が初の〇・二パーセント減。**12・25** 安全保障会議、戦域ミサイル防衛（TMD）の日米共同技術研究を決定（平成一一年度から）。金融監督庁、三月末時点での不良債権額を発表、銀行の過少査定が浮き彫りに。**12・28** 新党「参議院クラブ」結成（代表椎名素夫）。**この年** 自動車生産台数一〇〇五万台（米国についで世界第二位、前年比九二万五〇〇〇台減）、粗鋼生産高九三五五万トン（中・米についで世界第三位、前年比一一〇〇万トン減）。

西暦	
年号・干支	
内閣	
記事	【社会・文化】 1・9 奈良県天理市の黒塚古墳で三角縁神獣鏡三三枚、画文帯神獣鏡一枚が出土。 1・13 日経連臨時総会、六年連続でベアゼロ方針を決定。 1・26 東京地検、大蔵省金融検査部管理課の宮川宏一金融証券検査官室長と谷内敏美課長補佐を収賄で逮捕。 1・28 栃木県黒磯市立北中学校の一年男子生徒、英語科女性教師をナイフで刺殺。 2・6 福島市岡島の宮畑遺跡で縄文時代の巨大柱穴発見。 2・7 第一八回冬季オリンピック長野大会開会（～二二日）。日本は男子スピードスケート・スキージャンプなど金メダル五個を獲得。 2・19 日興証券からの不正利益で逮捕許諾請求されていた新井将敬自民党代議士自殺。 2・24 文部省、平成一四年度からの完全学校週五日制を決定。 3・4 東京地検、経営破綻した山一証券の行平次雄前会長・三木淳夫前社長・白井隆二前副社長を証券取引法違反で逮捕。 3・5 長野冬季パラリンピック開会、長野五輪のスケート会場エムウェーブで開会式（～一四日）。 3・6 奈良県明日香村のキトラ古墳で「星宿図」「白虎の図」などを新たに発見。 3・11 東京地検、日銀の吉沢安幸証券課長を収賄容疑で逮捕（松下康雄日銀総裁辞意、二〇日後、後任に速水優日商岩井相談役）。 3・19 特定非営利活動促進法案（NPO法案）、衆院本会議で可決、成立。 3・24 神戸地裁、兵庫県西宮市の「甲山事件」の差し戻し審で元保母の被告に無罪判決。 4・1 改正外国為替法施行。 5・1 労働省毎月勤労統計調査、平成九年度の平均月額給与四年ぶりに減少。「スカイパーフェクTV!」発足。 5・12 スポーツ振興投票（サッカーくじ）法、衆院本会議で可決、成立。 5・26 東京地裁、地下鉄サリン事件のオウム真理教元幹部林郁夫に無期懲役の判決。 5・27 若乃花の横綱昇進が決定、弟の貴乃花とともに史上初の兄弟横綱誕生。 5・29 家電リサイクル法成立。 6・10 サッカーW杯フランス大会開会、初出場の日本は一次リーグで三戦全敗、優勝はフランス。 6・15 映画「タイタニック」、「もののけ姫」を上

西暦	年号・干支	内閣
一九九八	平成一〇 戊寅	(第2次橋本龍太郎内閣) 7・30 小渕恵三内閣

記事

回る国内観客動員数と配給元の20世紀フォックスが発表(一三二九万五〇〇〇人)。**6・19** 政府の地球温暖化対策推進本部、地球温暖化対策推進大綱を決定。情報公開条例、愛知県議会でも可決され、全都道府県で制定される。**7・1** 米メリルリンチ一号店(長野市)、開業。**7・4** 文部省宇宙科学研、日本初の火星探査機「のぞみ」を打ち上げ。**7・5** 石川県畜産総合センター、近畿大との共同研究で世界初のクローン牛をつくることに成功したと発表。**7・7** 郵政省調査、携帯電話とPHS計四〇〇〇万台を越える。**7・25** 和歌山市で毒物カレー事件、四人死亡(一〇月四日、元保険外交員林真須美を殺人未遂容疑で逮捕・一二月九日、再逮捕)。**8・6** 文部省学校基本調査(速報)、平成一〇年春の大卒就職率六五・六パーセントで戦後最低。**9・3** 東京地検、防衛庁調達実施本部の上野憲一元副本部長と東洋通信機の伊藤伸一会長ら四人を背任で逮捕。**9・14** 総務庁推計、六五歳以上の人口が初めて二〇〇〇万人を越える(総人口の一六・二パーセント)。**9・16** 東急日本橋店(旧白木屋百貨店)、来年一月をめどに閉店と発表。**9・22** 厚生省調査、結核感染者数三八年ぶりに前年を上回る。**9・30** プロ野球日本ハムの落合博満引退表明(三冠王三度の日本最高記録)。**10・14** 改正祝日法成立、平成一二年から成人の日と体育の日が一月・一〇月の第二月曜日に。**10・23** 東京地裁、坂本堤弁護士一家殺害事件の岡崎一明オウム真理教元幹部に死刑判決。**10・29** 東京地検、中島洋次郎自民党代議士を政党助成法違反で逮捕(一二月一五日、受託収賄で三度目の逮捕)。向井千秋、NASAのスペースシャトル「ディスカバリー」で二回目の宇宙飛行。**11・2** 中央公論社、読売新聞傘下となることを発表(平成一一年二月から)。**12・2** 世界遺産委員会京都会議、東大寺など奈良の文化財八ヵ所の登録を決定。**12・6** 高橋尚子、アジア大会女子マラソンで二時間二一分四七秒の日本最高記録。**12・8** 日本電子工業振興会、コンピュータ一九九九年一月一日以降の誤作動問題を警告。**12・10** 岩波映画、自己破産申請。**12・18** 文部省、「問題行動

西暦	
年号・干支	
内閣	
記事	調査」で子供の暴力が調査開始以来最多の二万九〇〇〇件に及ぶと発表。**12・25** 総務庁労働力調査、一一月の完全失業率四・四パーセントで昭和二八年以来最悪に(平成一〇年平均四・一パーセント)。**この年** 少年の殺人など凶悪犯罪問題化。自殺者三万人を超え過去最多(五〇歳代男性は前年の一・五倍)。 【死没】 **1・6** 安江良介(62、岩波書店)。**1・9** 福井謙一(79、基礎化学研究所長)。**1・11** 矢代静一(70、劇作家)。**1・28** 石ノ森章太郎(60、漫画家)。**1・29** 吉村雄輝(74、上方舞家元)。**2・5** 高橋竹山(87、津軽三味線奏者)。武原はん(95、地唄舞)。**2・7** 武藤富男(93、キリスト新聞)。**2・11** 林屋辰三郎(83、日本史)。**2・12** 朴慶植(パク=キョンシク)(75、歴史研究)。**2・19** 新井将敬(50、政治家)。**3・2** 高橋健二(95、独文学)。**3・13** 加太こうじ(80、紙芝居作者)。**3・18** 島秀雄(96、旧国鉄技師長)。**3・27** 山本茂実(81、記録文学作家)。**3・30** 田中龍夫(87、政治家)。**4・2** 小堀杏奴(88、作家)。**4・5** 神島二郎(79、政治学)。**4・9** 浅蔵五十吉(85、陶芸家)。**4・15** 郡司正勝(84、歌舞伎研究家)。**4・23** 吾妻徳穂(89、日本舞踊家)。**5・9** 八十島義之助(78、鉄道総合技術研究所会長)。**5・19** 宇野宗佑(75、政治家)。**6・1** 松田道雄(89、小児科医、評論家)。**6・10** 塚本幸一(77、ワコール)。吉田正(77、作曲家)。**6・22** 高田好胤(74、薬師寺管主)。**6・25** 高木俊朗(89、作家)。**7・16** 奥田敬和(70、政治家)。**7・20** 秋野豊(48、国連タジキスタン監視団政務官)。**7・25** 西嶋定生(79、東アジア史)。**8・22** 村山実(61、プロ野球選手)。**9・5** 堀田善衛(80、作家)。**9・6** 黒澤明(88、映画監督)。**9・24** 太田薫(86、総評議長)。**10・3** 犬養孝(91、国文学)。**10・12** 佐多稲子(94、作家)。**10・14** 藤間藤子(90、日本舞踊家)。**11・11** 淀川長治(89、映画評論家)。**11・30** 横井英樹(85、ホテル・ニュージャパン社長)。**12・2** 織田幹雄(93、陸上競技選手)。**12・23** 中村俊男(88、三菱銀行会長・相談役)。**12・26** 白

西暦	年号・干支	内閣
一九九八 ◀ ▶	平成一〇 戊寅	(小渕恵三内閣)

記事

洲正子(88、随筆家)。 **12・30** 木下恵介(86、映画監督)。

〔世界〕

1・1 中国と南アフリカ共和国国交樹立。 ロシア、デノミ実施(旧一〇〇〇ルーブルを新一ルーブル)。 **1・7** アジア通貨・株の急落続く。 **1・13** イラク、国連大量破壊兵器廃棄特別委員会(UNSCOM)の一部査察チームの査察活動を拒否。 **1・15** IMF、インドネシアと経済改革で合意。 **1・16** 米国とバルト三国、「パートナーシップ憲章」に調印。 **1・22** クリントン米大統領とホワイトハウスの元女性実習生との性的関係をめぐる疑惑が表面化。 **1・30** ロシア政府、ロシア皇帝ニコライ二世一家のものとされる遺骨を本物と鑑定。 **2・4** アフガニスタンのタカール州で地震発生、住民約四〇〇〇人が死亡。 **2・15** イラクに派遣の国連チーム、大統領関連施設八ヵ所を調査開始。 **2・27** カンボジアのフン＝セン第二首相派とラナリット第一首相派、戦闘を停止。 **2・28** セルビア共和国のコソボ自治州で武力衝突(三月一八日、なお紛争続く)。 **3・2** 国連安保理、イラクへの警告を全会一致で採択。 **3・6** ドイツで盗聴法成立。 **3・12** ロンドンで初の欧州協議会首脳会議、拡大EUをめざす。 **3・19** インド、ヒンドゥー至上主義の人民党が主軸の連立政権発足・首相にバジパイ。 **3・23** エリツィン露大統領、全閣僚を解任(四月二四日、キリエンコ首相代行が首相に)。 **4・3** 国連、国際刑事裁判所設立条約草案を採択。 **4・6** 英仏、包括的核実験禁止条約(CTBT)批准。 **4・10** 英領北アイルランド和平交渉、英とアイルランド、プロテスタントとカトリック系各政党が地方議会の設置で合意(五月二二日、住民投票)。 **5・2** EU首脳会議、一九九九年一月から始まる欧州通貨統合に参加する一一ヵ国を決定・単一通貨ユーロを使用へ。 **5・5** インドネシアでスハルト政権への抗議暴動(二一日、スハルト大統領辞任、後任にハビビ副大統領)。 **5・7** ドイツのダイムラー＝ベンツと米のクライスラーが合併、世界第三位の自動車メーカ

西暦	
年号・干支	
内閣	
記事	ーに(一一月一七日、合併新会社発足)。英ビッカース社、ロールスロイス社をフォルクスワーゲン社に売却すると発表(七月二八日、BMWがロールスロイスの商標を獲得)。**5・11** インド、二四年ぶり二度目の地下核実験。フィリピン大統領選(二九日、エストラーダ副大統領の当選が確定)。**5・13** 米司法省など、マイクロソフトを再提訴。**5・15** 第二四回主要国首脳会議、英国バーミンガムで開催・インドの核実験を非難する特別声明を採択。**5・28** 北朝鮮支援で初の国際会議、日米など二六ヵ国と国連諸機関、NGOが参加。パキスタン、インドの核実験に対抗して初の核実験(地下)を実施。**6・3** ドイツ北部で超高速列車の脱線事故、死者九六人。エチオピアとエリトリア、国境付近地域の帰属をめぐり衝突。**6・4** 国連安保理常任理事国緊急外相会議、印・パを核保有国と認めず、CTBTへの署名を要求。**6・6** 国連安保理、印・パ非難決議を採択。**6・22** 北朝鮮の小型潜水艇、韓国江原(カンウォン)道の沖合で魚網にかかる(二六日、艇内から乗員の遺体)。**6・23** WHOなど、エイズ感染者の増加を発表。**6・27** 米クリントン大統領、中国訪問(米大統領の訪中は一九八九年の天安門事件以来はじめて)。**8・1** コソボ、KLAとセルビア治安部隊が衝突し住民三万人以上が避難。**8・2** アフガニスタンのタリバン、北部同盟の拠点シバルガンを占領(四日、マザリシャリフ市を制圧)。**8・3** イラクと国連の協議、決裂。**8・5** コンゴで内戦、政権分裂へ。**8・7** ケニアのナイロビ米大使館付近で爆発、死者二四八人・同時刻にタンザニアのダルエスサラームの米大使館付近でも、死者一〇人(二〇日、米、イスラム原理主義過激派グループの犯行とみて報復としてアフガニスタンなどを攻撃)。**8・15** 北アイルランドで爆弾テロ(一八日、RIRAが犯行認める)。**8・17** ロシア、通貨切り下げ。クリントン大統領、不倫疑惑をめぐり連邦大陪審で証言、性的関係認める。シャールシュミット没(72、日本文学翻訳家)。**8・23** ロシアのエリツィン大統領、キリエンコ首相を解任。**8・25** 中国政府、六月の大洪水での死者が

西暦	年号・干支	内閣	記事
▶一九九八	平成一〇 戊寅	(小渕恵三内閣)	四〇〇〇人近くに達したと発表。**8・26** ロシア中央銀行、ルーブル急落のため取引停止(通貨危機)。**8・27** 世界同時株安(二八日、東京でもバブル崩壊後の最安値を更新)。**9・5** 北朝鮮最高人民会議、金正日(キム＝ジョンイル)労働党総書記を国防委員長に再任。**9・7** 北朝鮮、ニューヨークでの米朝高官協議で政府連絡事務所の相互開設に同意。**9・8** 米大リーグのマグワイア、年間六二本の本塁打新記録(最終的にマグワイア七〇本、ソーサ六六本)。**9・9** 米大統領不倫報告書、連邦下院に提出される(一一日、一般公開)。**9・23** ハル＝ライシャワー没(83、駐日米国大使の妻)。**9・28** ドイツ総選挙、社会民主党(SPD)が勝利し、一六年間続いたコール政権に幕。**9・29** ソロビヨフ没(66、ロシア駐日大使)。**10・7** ロシア全土でゼネスト、エリツィン大統領の辞任を要求。**10・15** クリントン大統領・ネタニヤフ首相・アラファト議長、中東和平に向けワシントンで会談。**10・17** チリのピノチェト元大統領、ロンドンで逮捕される。**10・18** ナイジェリアで油送管火災、多数の死者。**10・20** 韓国、日本の大衆文化開放案を発表。**10・21** イタリアで新内閣発足(マッシモ＝ダレーマ首相)。**10・27** ドイツ新首相に社会民主党(SPD)党首シュレーダー就任。**11・3** ブエノスアイレスで地球温暖化防止国際会議開催、温室効果ガスの削減をめざす(一四日閉会)。**11・13** アメリカ、「京都議定書」に署名。**12・7** カンボジア、国連に復帰。**12・8** ロシア、未臨界核実験(二四日、すでに五回行われたことが明らかに)。**12・9** イラク、UNSCOMの査察を拒否。**12・15** UNSCOM、イラクが査察に非協力と国連に報告。**12・17** 米・英、イラクの軍事施設を巡航ミサイルなどで攻撃(〜二〇日)。**12・19** 米下院本会議、クリントン大統領への弾劾訴追を決定(米国史上二回目)。**12・28** イラク、米機と交戦。**12・29** ギラン没(90、ジャーナリスト)。**12・31** EU蔵相理事会、ユーロと参加国通貨の交換比率を決定。

西暦	◀ 一九九九
年号・干支	一一 己卯
内閣	

記事

【政治・経済】

1・4 中村正三郎法相、賀詞交換会で憲法批判(三月八日、辞任)。郵便貯金残高、二五〇兆円を越える(郵政省の郵便貯金速報)。**1・14** 自民・自由連立内閣発足。**1・18** 民主党代表に菅直人再選。**1・19** 第一四五通常国会召集(八月一三日閉会)。三井信託と中央信託、平成一二年四月に合併することで基本合意。**1・26** 中央省庁等改革推進本部、現行の省庁を縮小する「改革大綱」を決定。**1・28** 富士銀行、安田信託銀行の子会社化を発表。**1・29** 地域振興券の配布始まる(島根県浜田市)。**2・16** 衆院、ガイドライン(新しい日米防衛協力のための指針)特別委設置。**2・18** 共産党、国旗・国歌法制化論議に積極参加の意向。**2・26** 経済戦略会議最終報告案、財政再建は「二〇〇三年度から」。**3・2** 野中広務官房長官、日の丸・君が代の法制化を検討すると述べる。**3・3** 日銀、景気テコ入れのため短期金融市場の金利を実質ゼロに(ゼロ金利政策)。**3・9** 外国人登録法の改正案、閣議決定(指紋押捺制度全廃へ)。**3・17** 平成一一年度予算成立(戦後最速)。**3・23** 日本領海内に二隻の不審船、政府は初の海上警備行動を発令(三月三〇日、北朝鮮の工作船と断定)。**3・25** 国土庁発表、公示地価八年連続下落。**3・27** 日産自動車、仏ルノーとの提携に合意・調印を発表。**3・31** コメ関税化法成立。**4・6** 韓国人労働者とNKKとの戦後補償訴訟、和解成立(外国人の戦後補償で被害者存命中の和解は初)。**4・11** 東京都知事選、石原慎太郎が自民党推薦候補などを破って当選。**4・14** 帝国データバンク集計の平成一〇年度企業倒産の負債総額、約一五兆一八〇〇億円となり、四年連続で最悪を更新。**4・26** 主要七ヵ国蔵相・中央銀行総裁会議(G7)、日本に景気刺激を促す。日本自動車工業会発表の平成一〇年度国内自動車生産台数、二〇年ぶりに一〇〇〇万台を下回る。**4・27** コソボ難民支援二億ドルを閣議決定。**4・29** 政府、平成一二年のサミット会場を沖縄県名護市に決定。**5・1** 瀬戸内しまなみ海道完成。**5・17** 大蔵省発表の平

西暦	年号・干支	内閣
一九九九 ◀▶	平成一一 己卯	（小渕恵三内閣）

記事

成一〇年度国際収支、一五兆二二七一億円で過去最高の経常黒字。**5・22** 幸福銀行経営破綻。**5・24** ガイドライン関連法、参院本会議で可決、成立。**6・2** 山一証券破産、負債総額五一〇〇億円。**6・3** 政府、一般公募も含む計二〇人をインドネシア総選挙の監視団として派遣。**6・4** 東邦生命保険経営破綻（生保の破綻は戦後二件目）。**6・10** 経企庁国民所得統計速報、ＧＤＰ二年連続マイナス成長。**6・12** 東京相和銀行経営破綻、約一〇二二億円の債務超過。**6・14** 政府、イラン向け円借款再開。**7・6** 憲法調査会設置法案、衆院通過（二九日、参院で可決、成立）。**7・8** 中央省庁改革関連法と地方分権一括法、参院本会議で可決、成立。**7・12** 新農業基本法成立。**7・22** 国旗・国歌法案、衆院通過。**7・27** 朝日建物、事実上倒産。**7・29** 改正国会法、衆院本会議で可決、成立。**7・30** 大蔵省、平成一〇年度一般会計決算を確定、税収が一一年ぶり五〇兆円を下回る。中国、日本軍が遺棄した化学兵器の国内破棄に同意。**8・7** なみはや銀行破綻。**8・9** 国旗・国歌法、参院本会議で可決、成立（一三日、公布・施行）。国家公務員倫理法成立（平成一二年四月施行）。**8・12** 組織的犯罪対策三法と改正住民基本台帳法、参院本会議で可決、成立。**8・20** 第一勧銀・富士銀行・日本興業銀行の三行、平成一二年に持株会社を設立、一四年にも事業統合することを発表・新行名「みずほフィナンシャルグループ」。**9・1** 政府、対露融資一一億ドル凍結を解除。**9・2** 小渕首相、金鍾泌（キム＝ジョンピル）韓国首相と会談、北朝鮮をめぐり一致。鳩山由紀夫民主党幹事長代理、「憲法改正」発言。**9・9** 神奈川県警、不祥事相次ぎ発覚（一〇月一日、元警官二人逮捕・七日、深山健男本部長辞職）・その後、各県警で不祥事続発。**9・16** 政府、東ティモールへの多国籍軍派遣の国連安保理決議をうけ、避難民救済に二〇〇万ドルの醵出を発表。**9・21** 自民党総裁選、小渕首相再選。**9・25** 民主党代表選、鳩山由紀夫幹事長代理が菅直人代表らを破り当選。**10・1** 国際協力銀行・日本政策投資銀行・国民生活金融公庫発足。**10・4** 小渕首相・小沢一郎

西暦	
年号・干支	
内閣	
記事	自由党党首・神崎武法公明党代表、自自公連立政権樹立で合意（五日、小渕第二次改造内閣発足）。10・14 住友銀行とさくら銀行、平成一二年四月までに合併すると発表（預金量世界二位へ）。10・16 三井海上火災保険・日本火災海上保険・興亜火災海上保険、事業統合することが明らかに。10・18 日産自動車、「日産リバイバルプラン」を発表、工場閉鎖と人員削減へ。日朝両国、シンガポールで非公式接触。10・20 江田五月参院議員ら呼びかけの菅支持グループ「国のかたち研究会」、初会合。10・29 第一四六臨時国会召集（一二月一五日閉会）。11・2 政府、北朝鮮行きチャーター便を解禁。11・13 石原慎太郎都知事、台湾訪問（一四日、李登輝（リー＝トンホイ）総統と会見・台湾を「国家」と呼び、中国が反発）。11・15 インドネシアのワヒド大統領、初来日。11・19 自自公、定数削減法案提出。11・22 政府、国連難民高等弁務官事務所の要請で自衛隊を西ティモールへ派遣。沖縄県、米軍普天間基地の返還問題で名護市辺野古地先を移設候補地と決め、市に協力要請（一二月二七日、市長受諾表明）。11・30 アジア歴史資料センター開設（平成一三年国立公文書館内に）、閣議決定。12・1 超党派国会議員団（村山富市団長）、北朝鮮訪問（三日、朝鮮労働党と共同発表に署名）。12・19 日本と北朝鮮の赤十字会談、北京で開かれる。12・29 与党、ペイオフ解禁一年延期で合意、政府も受け入れへ。**この年** 日本の自動車販売台数約三九九万（前年比八パーセント減・一五年ぶりに四〇〇万台を下回る）。 【社会・文化】 1・4 キャッシュカードで商品の代金を決済するデビットカード開始。1・13 横浜市立大付属病院での二人の患者を取り違える医療ミスが明るみに。ジャズピアニスト秋吉敏子、日本人で初めてジャズの殿堂入り。1・19 日亜化学の中村修二、青色半導体レーザーを実用化。奈良国立文化財研究所、富本銭が日本最古の貨幣である可能性が高いと発表。1・25 厚生省、バイアグラを承

西暦	年号・干支	内閣	記事
一九九九 ◀▶	平成一一 己卯	(小渕恵三内閣)	認。**1・28** ハワイ島に完成した日本の「すばる」望遠鏡、初受光。**2・1** 所沢産野菜、テレビ朝日ニュースステーションの報道により価格暴落(メディアの社会的責任が問題に・一八日、埼玉県安全宣言)。**2・23** 広島・長崎への原爆投下が米国ジャーナリストらが選んだ二〇世紀の一〇〇大ニュースの第一位に。**2・28** 臓器移植法施行後、初の脳死移植。**3・21** 米在住の映画監督伊比恵子、短編ドキュメンタリー部門でアカデミー賞を受賞。**4・1** 改正男女雇用機会均等法・改正労働基準法施行。**5・2** 田村亮子、全日本女子柔道選抜体重別選手権で九連覇、国内一〇七連勝。**5・7** 情報公開法、衆院本会議で可決、成立。**5・11** 仙台市、人口一〇〇万人を越える(広島市につぎ一一番目)。**5・12** 臓器移植法施行後二例目の脳死判定で心臓移植。**5・13** 川崎公害訴訟、東京高裁の和解勧告により和解で合意。**5・17** 総務庁二月の労働力特別調査、長期失業者は前年同月比一九万人増で七年連続の増加、完全失業者は六七万人増加。**5・―** 偽造五〇〇円硬貨、東京都内に出回る。**5・21** 佐渡トキ保護センターでトキのひな一羽が誕生(人工繁殖では国内初)。**5・22** 民主・リベラル労組会議、正式解散(一〇月二一日、活動を引き継ぐ政治センター発足)。**6・1** 総務庁労働力調査、四月の男性の完全失業率五・〇パーセントで、記録更新。**6・14** 事故による患者を脳死判定、臓器移植法施行後はじめて。**6・21** サンクトペテルブルクで日露歴史教育会議(〜二二日・欧州評議会主催、日露歴史相互理解の試み、二〇〇〇年一〇月東京で第二回会議)。**6・28** 愛知万博会場、会場予定地でのオオタカ営巣発見をうけ縮小へ(神田真秋愛知県知事)。**7・9** 京大医学部付属病院で世界初のドミノ・分割肝移植。**7・14** 東京地裁、中島洋次郎前代議士に懲役二年六ヵ月、追徴金一〇〇〇万円の実刑判決。**7・23** 全日空ジャンボ機ハイジャックされ、機長が刺され死亡。**8・6** 郵政省発表、携帯電話とPHSの加入台数、五〇〇〇万台を越える。**8・12** 文部省調査、平成一〇年度に不登校で三〇日以上学校を休んだ小中学生約一二万八〇〇〇

西暦

年号・干支

内閣

記事

人と過去最高。8・14 神奈川県山北町でのキャンプ客ら、増水した川で流され一三人が死亡・同県藤野町の川でも二人死亡。8・24 文部省、平成一二年春から社会人向けの専門大学院新設の方針を発表。9・7 全国高齢者名簿、一〇〇歳以上の長寿者が九月末までに過去最高の一万一三四六人となると予測。9・8 米大リーグ野茂英雄、大リーグ史上三番目の速さで一〇〇〇奪三振。9・20 文部省、大学の自主性を尊重した特例措置を条件に、国立大学の独立行政法人化を表明。9・28 東京都品川区、平成一二年春から小学校選びを自由化。9・29 大阪高裁、甲山事件の第二次控訴審で神戸地裁の無罪判決を支持し控訴を棄却。オウム真理教、対外的な宗教活動の休止、教団名称の一時停止を発表。9・30 東京地裁、地下鉄サリン事件実行犯の横山真人被告に死刑判決。茨城県東海村のJCO東海事業所で国内初の臨界事故(のち死者二名、日本原子力開発史上初めての死亡事故)。10・10 田村亮子、世界女子柔道選手権四八キロ級で四連覇。10・12 東京地裁、防衛庁調達実施本部(調本)事件で元調本本部長やNECの元幹部らに執行猶予付きの有罪判決。10・19 東京地検特捜部、防衛庁調本からの発注の入札をめぐり、石油元売り七社の九担当者を独禁法違反で逮捕。10・21 最高裁、リクルート事件での藤波孝生元官房長官の上告を棄却し、懲役三年・執行猶予四年、追徴金四二七〇万円が確定。最高裁、大阪箕面市の遺族会補助金訴訟で、合憲とした二審を支持し原告側の上告を棄却。10・22 日経連と連合、「雇用安定宣言」を発表。10・29 自自公、介護保険制度見直しで合意(一一月五日、政府、六五歳以上の保険料徴収は半年見合せ、その後一年間は半額と決定)。宮城県の上高森遺跡で約六三万年前と推定される石器が出土と東北旧石器文化研究所などが発表(平成一二年一一月発掘調査団長による捏造と判明、考古学界に前期旧石器時代遺跡の全面的な再調査の動き)。11・2 団体規制法案とオウム被害者救済法案(オウム二法案)、国会提出(一二月三日、オウム二法、参院本会議で可決、成

西暦	年号・干支	内閣
一九九九 ◀▶	平成一一 己卯	（小渕恵三内閣）

記事

立）。11・4 東京六大学野球初の日本人女性投手竹本恵（東大）、対立大戦に登板。12・1 警視庁と静岡県警、宗教法人「法の華三法行」の教団本部や教団施設などを詐欺容疑で家宅捜索。12・13 大阪地裁、わいせつ行為をめぐる訴訟で大阪府知事横山ノックに一一〇〇万円の支払いを命じる判決（二一日、横山が辞表提出）。12・15「わだつみのこえ」訴訟、出版差し止め請求を取り下げ。12・25 清水宏保、全日本スプリント選手権五〇〇メートルで三五秒二四の屋外世界最高記録、男子史上初の総合三連覇。

【死没】

1・9 芦田伸介（81、俳優）。1・16 大屋政子（78、大屋晋三の妻）。1・24 夏川静枝（89、俳優）。1・25 三木のり平（74、喜劇俳優）。1・31 ジャイアント馬場（61、プロレスラー）。2・9 松下宗之（65、朝日新聞）。久野収（88、哲学者）。2・15 山岡久乃（72、俳優）。2・18 川本輝夫（67、チッソ水俣病患者連盟委員長）。2・21 糸川英夫（86、宇宙工学）。3・6 浜谷浩（83、写真家）。4・13 清川正二（86、競泳選手）。4・16 別当薫（78、プロ野球選手）。4・18 三岸節子（94、洋画家）。4・19 桂枝雀（59、落語家）。4・28 奥田東（93、京都大学学長）。4・30 根本陸夫（72、プロ野球監督）。5・4 長洲一二（79、神奈川県知事）。5・6 東山魁夷（90、日本画家）。5・24 阿部秋生（88、国文学）。6・12 芦部信喜（75、憲法学）。6・24 別所毅彦（76、プロ野球監督）。6・28 田中千代（92、ファッションデザイナー）。7・4 土田国保（77、警視総監）。7・14 山花貞夫（63、政治家）。7・21 江藤淳（66、文芸評論家）。7・29 辻邦生（73、小説家）。9・7 原文兵衛（86、参院議長）。9・16 市川右太衛門（92、俳優）。9・21 尾崎秀樹（70、文芸評論家）。9・22 淡谷のり子（92、歌手）。9・26 高橋正衛（76、現代史研究家）。10・3 盛田昭夫（78、ソニー）。10・4 庭野日敬（92、立正佼成会）。10・10 中村元（86、インド哲学）。10・12 三浦綾子（77、作家）。11・1 千秋実（82、俳優）。11・3 佐治敬三（80、サントリー）。11・14 萩原尊禮

西暦	
年号・干支	
内閣	
記事	（91、地震予知総合研究振興会）。**11・28** 佐藤誠三郎（67、政治学）。**12・10** 井手文子（79、女性史）。**12・25** 東敦子（63、声楽家）。**12・28** 坪内寿夫（85、佐世保重工業）。**12・31** 渡辺はま子（89、歌手）。 〔世界〕 **1・1** ＥＵの単一通貨ユーロ、仏・独など一一ヵ国に導入。**1・5** 米、キューバ制裁を緩和。**1・7** 米クリントン大統領の弾劾裁判始まる（二月一二日、無罪が確定）。**1・8** 米ソルトレークシティー五輪組織委員会会長・副会長、五輪招致買収問題で辞任。**1・10** 中国、公営ノンバンクの破綻処理で、対外債務を優先返済しないと言明。**1・19** インドネシアのアンボン島でイスラム教徒とキリスト教徒が衝突（～二一日）。**1・24** 国際オリンピック委員会、買収疑惑の六委員追放を決定。**1・25** コロンビア中西部で地震、死者約一二〇〇人。**1・28** フォード、ボルボの乗用車部門を買収。**2・26** 米国務省一九九八年「世界人権報告」、中国の人権状況を批判。**3・1** 対人地雷全面禁止条約発効。**3・12** ハンガリー・チェコ・ポーランド、ＮＡＴＯに加盟（加盟国一九）。**3・16** 米国と北朝鮮、核疑惑地下施設への調査で合意。**3・17** ＩＯＣ臨時総会、サマランチ会長を信任。北朝鮮とロシア、新しい友好協力条約に仮調印。**3・23** 米とユーゴ、会談決裂（二四日、ＮＡＴＯ、ユーゴに空爆開始、五月一〇日、ユーゴ軍のコソボ撤退合意をうけ空爆停止）。**3・29** 第四次米朝ミサイル協議、平壌（ピョンヤン）で（～三〇日）。**4・1** 石油大手のＢＰアモコ、米石油大手ＡＲＣＯの買収を発表。**4・20** 米コロラド州の高校で生徒二人が銃を乱射、校内乱射事件としては最悪の死傷者。**4・23** 国連人権委、キューバ非難決議案を採択。**4・28** 国連人権委、ＥＵ提出の死刑廃止決議案を可決（日米は反対）。**5・6** Ｇ８緊急外相会議、コソボ解決へ合意。**5・7** 国連安保理、インドネシアとポルトガルの東ティモール合意を支持。ＮＡＴＯ軍、ユーゴの中国大使館を誤爆（一二日、訪中したドイツのシュレーダー首相、「無条件の謝罪」）。**5・12** オラン

西暦	年号・干支	内閣	記事
一九九九 ◀▶	平成一一 己卯	(小渕恵三内閣)	ダでハーグ平和市民会議開催、核兵器廃絶を訴える。**5・16** クウェート政府、二〇〇三年国民議会選挙での女性の選挙・被選挙権を承認、湾岸諸国で初。**5・18** イスラエル首相選挙、労働党バラク党首当選。**5・26** パキスタンとインド、帰属権が争われているカシミール地方で衝突。**6・4** 国連難民高等弁務官事務所、コソボ難民は一〇〇万人と推計。**6・6** インド空軍、カシミールのパキスタン民兵への攻撃を再開(三〇日までに死者六六人)。**6・7** インドネシア総選挙(一〇日、野党闘争民主党メガワティ党首勝利宣言)。**6・14** 国連、コソボ暫定行政支援団を設置。**6・15** 北朝鮮と韓国両国の警備艇、黄海で銃撃戦。**6・16** 南アフリカ、大統領にアフリカ民族会議議長ターボ＝ムベキ副大統領が就任。**6・18** 第二五回主要国首脳会議、ドイツのケルンで開催(〜二〇日)。米下院、上院で可決された銃規制強化法案を否決。**6・19** IOC総会、二〇〇六年冬季オリンピック開催地をイタリアのトリノに決定。**6・30** コソボ復興へ支援国会合。**7・9** 台湾の李登輝(リー＝トンホイ)総統、中台関係を「国家と国家の関係」と発言(一五日、中国反発)。**7・13** オーストリア議会、原発禁止など非核化を憲法に明記することを全会一致で承認。**7・15** 米、台湾問題で中国が軍事力による威嚇に訴えないよう警告。**7・18** 米、イラクを空爆。**7・22** 中国政府、気功集団「法輪功」の運営母体法輪大法研究会を非合法組織とし、活動を禁止。**7・26** ASEAN地域フォーラム、北朝鮮のミサイル開発に懸念(二七日、日米韓、北朝鮮に発射中止を求める)。**7・28** IMF、対露融資再開を決定。**8・1** ロシアと主要債権国会議、旧ソ連債務の最大二〇年の返済繰り延べに合意。**8・2** インド西ベンガル州で夜行の急行列車が正面衝突、二八〇人余死亡。**8・8** ロシア、イスラム武装勢力の掃討作戦を開始。**8・10** インドネシアのアンボン島でイスラム教徒とキリスト教徒の抗争再発、一九九九年に入ってからの死者四〇〇人以上に。**8・17** トルコ西部で地震、死者一万七〇〇〇人以上、負傷者四万三〇〇〇人以上。**8・30** 東ティモールで独立か

西暦	
年号・干支	
内閣	
記事	インドネシア残留かを問う住民投票（九月四日、独立派圧勝・一〇月二〇日、インドネシア統治から正式分離）。**9・1** ドイツ政府と連邦議会、ベルリンで正式に業務開始。**9・5** インドで下院総選挙始まる（一〇月七日、与党連合過半数を確保・一三日、第三次バジパイ政権発足）。**9・7** 東ティモールで混乱続き無政府状態に。**9・10** 韓国、日本の演歌やポップスなどの公演を条件つきで認める。**9・11** 米中首脳会議、両国の関係修復で一致。**9・12** 米朝高官協議で共同発表、北朝鮮のミサイル発射は当面回避。**9・13** モスクワで八階建てアパートが爆発、死者一〇〇人以上。**9・17** クリントン大統領、北朝鮮への経済制裁緩和を発表（二四日、北朝鮮、ミサイル発射凍結を発表）。**9・21** 台湾中部で地震、死者二〇〇〇人以上、負傷者約一万人。**9・23** インドネシアの学生や市民、国会の国家治安法の可決に抗議。**9・24** 北朝鮮外務省、米朝高官協議中のミサイル発射の凍結を発表。**10・1** ロシア軍、チェチェン共和国へ進攻。**10・5** ロンドンで列車衝突、死者七〇人以上。**10・8** インド総選挙、インド人民党を中心とする与党連合が過半数獲得。**10・12** パキスタンで軍事クーデタ（一五日、ムシャラフ参謀総長が国家最高責任者に・二五日、国家安全保障会議発足）。**10・13** 米上院本会議、包括的核実験禁止条約の批准承認案を否決。**10・15** 「国境なき医師団」、ノーベル平和賞受賞決定。**10・20** インドネシア国民協議会、ハビビ大統領の国政演説を否決しワヒド議長を大統領に選出。**10・24** アルゼンチン大統領選、野党候補デラルアが初当選。**10・25** 国連安保理、「国連東ティモール暫定行政機構」設置決議案を全会一致で採択。**10・28** インドに超大型サイクロン上陸、死者約一万人。**11・1** 米、パナマへ基地を返還。**11・5** 米ワシントン連邦地裁、反トラスト法違反の裁判でマイクロソフト社の「独占状態」を認定。**11・6** オーストラリアで共和制移行を問う国民投票、立憲君主制の維持が多数を占める。**11・23** ＷＨＯ調査、ＨＩＶ感染者累計五〇〇〇万人に、死者は過去最高の二六〇万人。**11・27** バイニング没（97、天

西暦	年号・干支	内閣	記事
▶一九九九	平成一一 己卯	(小渕恵三内閣)	皇が皇太子当時の英語家庭教師)。**12・2** 英国の北アイルランド、プロテスタントとカトリック両勢力参加の自治政府発足。**12・15** イスラエルのバラク首相とシリアのシャラ外相、米クリントン大統領の仲介で和平交渉再開。**12・16** ベネズエラで大洪水、死者一万五〇〇〇人以上。**12・18** スリランカ大統領選挙、選挙期間中の死者約六五人に(二一日、クマラトゥンガ大統領再選)。**12・21** ロシア下院選挙、共産党が第一党を堅持、「統一」が第二党に躍進。**12・23** ニューヨーク株式市場のダウ工業株平均、終値で一万一四〇五・七六ドルと最高値を更新。**12・26** インドネシアのマルク地方でイスラム教徒とキリスト教徒の抗争激化、三一日までの死者約四七〇人。**12・31** エリツィン大統領辞任(プーチン首相が大統領代行に)。パナマ運河、米国からパナマに返還される。 **この年** 二〇〇〇年コンピュータ誤作動対策が世界的に問題化・とくに大きな混乱はなし。
◀二〇〇〇	一二 庚辰		【政治・経済】 **1・1** 小渕首相、コンピュータ二〇〇〇年問題(Y二K)について「重大問題は発生していない模様」と発表。**1・10** 小渕首相、東南アジア三ヵ国歴訪(〜一三日)。**1・20** 第一四七通常国会召集(六月二日閉会)。衆参両院本会議、憲法調査会の設置を決定。**1・27** 衆議院本会議、公職選挙法改正案を可決(衆院比例定数二〇削減、二月二日成立)。小渕首相の施政方針演説(二八日)、衆参両院で野党欠席。**2・1** 平成一一年の平均完全失業率、四・七パーセントと最悪記録を更新(初めてアメリカを上回る)。**2・6** 大阪府知事選挙、太田房江が当選(全国初の女性知事)。**2・16** 参院憲法調査会が初会合(現行憲法施行後、国会に設置された初の憲法調査機関)。**2・17** アメリカの格付け会社ムーディーズ、日本国債を格下げの方向で見直すと発表。**2・24** 越智通雄金融担当相、金融関係者との会合における発言問題化(二五日、更迭)。**3・7** 政府、北朝鮮に対しコメ一〇万ト

西暦	
年号・干支	
内閣	
記事	ン支援及び国交正常化交渉再開を発表。3・8 小渕首相の私的諮問機関「教育改革国民会議」発足・座長に江崎玲於奈元筑波大学長（山下泰裕・曾野綾子ら委員二六名）。3・28 衆議院本会議、年金改革関連法を可決成立（公的年金の給付水準抑制）。4・1 自民・自由・公明の三党が党首会談・小渕首相、自由党との連立解消を表明・連立政権残留を目指す野田毅前自治相ら、自由党を離党し「保守党」を結成（党首扇千景）。4・2 小渕首相、脳梗塞で入院。4・4 小渕内閣総辞職。4・5 自民党両院議員総会、森喜朗を総裁に選出。衆参両院本会議、森自民党総裁を首相に指名。森内閣成立（自民・公明・保守三党による連立内閣、小渕前内閣の閣僚全員再任）。日朝国交正常化交渉再開（七年ぶり）。4・15 主要七ヵ国蔵相・中央銀行総裁会議（G7）、ワシントンで開催・日本に内需刺激策とゼロ金利政策の継続を要請。4・16 熊本県知事選挙、前副知事の潮谷義子が当選（史上二人目の女性知事）。4・19 東京三菱銀行と三菱信託銀行、平成一三年に事業統合することを発表・新行名「三菱東京フィナンシャルグループ」。4・21 住友銀行とさくら銀行、合併後の新行名「三井住友銀行」発表。4・22 南太平洋島嶼国の代表と森首相が話し合う「太平洋・島サミット」、宮崎で開催。4・28 森首相、沖縄サミット（主要国首脳会議）参加七ヵ国歴訪（～五月六日）。5・3 読売新聞社、憲法改正第二次試案を提言（自衛隊を軍隊と認めその保持を明記）。5・6 日本・中国・韓国・ASEAN諸国の蔵相による「ASEAN＋3蔵相会議」、タイで開催（ASEANの通貨スワップ協定を拡大し日中韓も新規参加することで合意）。5・9 衆院本会議、改正公職選挙法を可決成立。5・14 小渕恵三前首相、没。5・15 森首相、「日本は天皇中心の神の国」と発言。5・20 天皇・皇后両陛下、欧州四ヵ国公式訪問に出発（～六月一日）。5・24 都銀九行・信託銀行六行・日本興業銀行の三月期決算、一四行の経常利益黒字転換。5・29 森首相、韓国訪問（金大中（キム＝デジュン）大統領と会談、日韓緊密協力で一致）。6・5 米投資グループに譲渡された日

西暦	年号・干支	内閣	記事
二〇〇〇 ◀▶	平成一二 庚辰	(小渕恵三内閣) 4・5 第1次森喜朗内閣	本長期信用銀行、新行名「新生銀行」を発表。**6・13** 自治省、衆院選公示前日(一二日)現在の有権者数を発表・全国の有権者数が一億人を越える。**6・15** 三和銀行と東海銀行、平成一四年四月に合併を表明(あさひ銀行との三行統合計画白紙に)。**6・19** 新株式市場「ナスダック＝ジャパン」、取引開始。竹下登元首相、没。**6・25** 第四二回衆議院議員総選挙、自民二三三、公明三一、保守七で与党三党後退するも過半数確保、民主一二七で躍進。**7・4** 第一四八特別国会召集(七月六日閉会)・衆参両院本会議、森喜朗を首相に指名。第二次森内閣成立(自公保連立内閣、官房長官中川秀直・蔵相宮沢喜一など)。**7・5** 三和銀行・東海銀行・東洋信託銀行の三行、平成一三年四月に経営統合することを合意(一〇月四日「UFJグループ」名称発表)。**7・8** 第二六回主要先進国首脳会議に向けての蔵相会議、福岡市で開催。**7・12** 第二六回主要国首脳会議の外相会議、宮崎市で開幕(〜一三日)・「紛争予防G8宮崎イニシアチブ」を採択。経営悪化していた大手百貨店そごうグループ、民事再生法適用を申請、倒産(負債総額一兆八七〇〇億円)。**7・19** 日銀、沖縄サミットと西暦二〇〇〇年を記念した二〇〇〇円札の発行開始。**7・21** 第二六回主要国首脳会議、沖縄の名護市で開催(沖縄サミット、〜二三日)・開催に先立ち、ロシアを除く先進七ヵ国首脳会談実施。**7・30** 森首相、久世公尭金融再生委員長を更迭(特定企業からの利益供与が問題化)。**8・15** 人事院、平成一二年度国家公務員一般職給与について初の基本給改訂見送りを勧告。**8・19** 森首相、バングラデシュなど南西アジア四ヵ国歴訪(〜二五日)。**8・21** 日朝国交正常化交渉第一〇回本会談、東京で開催(〜二四日)。**9・3** プーチンロシア大統領初来日(五日、森首相と会談・「平和条約問題に関する共同声明」発表)。**9・6** 森首相、中国国家主席江沢民(チアン＝ツォーミン)とニューヨークで初会談(日朝国交正常化交渉への支援を要請)。**9・29** 第一勧業銀行・富士銀行・日本興業銀行の三行、日本初の金融持ち株会社「みずほホールディングス(MHD)」設立・

西暦	
年号・干支	
内閣	
記事	みずほグループは総資産約一五三兆円に（世界最大）。**10・6** 政府、閣僚懇談会で北朝鮮に五〇万トンのコメ追加支援を了承。**10・9** 千代田生命保険、更生特例法の適用を申請し受理される（自力での事業継続断念・負債総額二兆九三六六億円）。**10・15** 長野県知事選挙、新人で作家の田中康夫が当選（四四歳・現職知事では全国最年少）。**10・20** 平成一二年の政府の発展途上国援助（ＯＤＡ）、過去最大の伸び率（四四・〇パーセント）で一五三億二〇〇〇万ドル（九年連続世界一）。**11・3** 河野外相、イワノフ露外相とモスクワで会談・「日ソ共同宣言」の有効性確認。**11・17** 住友化学工業と三井化学、平成一五年一〇月をめどに経営統合を決定（売上高国内最大、世界五位に）。**11・21** 衆議院本会議、森内閣不信任決議案を否決（自民党の加藤紘一・山崎拓ら四〇人、否決に反対し欠席）。**11・24** 共産党第二二回党大会、議長は不破哲三、委員長は志位和夫に決定。**12・5** 第二次森内閣改造（行政改革担当相橋本龍太郎・財務相宮沢喜一など首相経験者複数入閣）。**12・19** 河野外相、日露平和条約交渉の年内締結断念を表明（日露交渉二一世紀に持ち越し）。**12・22** 森首相の私的諮問機関「教育改革国民会議」、最終報告提出・教育基本法の見直しを提言。**この年** 日本の貿易黒字額一二兆三五二七億円（前年比一一・七パーセント減・三年ぶりの減少）。日本の自動車販売台数約五九七万台（前年比一・七パーセント増・四年ぶりに前年実績を上回る）。平成一二年一二月末の外貨準備高、三六一六億三八〇〇万ドル（前月末比七〇億八〇〇〇万ドル増・過去最高を更新）。全国消費者物価指数、一〇一・八（前年比〇・四パーセント下落、七一年以降初のマイナス）。平成一二年の平均完全失業率、四・七パーセント（九九年同様過去最悪）・平均完全失業者数、過去最多の三二〇万人。粗鋼生産高一億六九〇〇万トン（前年比九・一パーセント増）。東京商工リサーチ調査、平成一二年の企業倒産は一万八七六九件（前年比二・二倍）、負債総額二三兆八八五〇億円で戦後最悪。

西暦	年号・干支	内閣
二〇〇〇	平成一二 庚辰	（第1次森喜朗内閣）

記事

【社会・文化】
1・24 鹿児島県肉用牛改良研究所、第二世代目のクローン牛「再クローン牛」誕生を発表（大型哺乳類では世界初）。1・28 新潟県警、平成二年の三条市女児行方不明事件の被害者で一九歳の女性を柏崎市内の病院で九年二ヵ月ぶりに保護。2・10 文部省宇宙科学研究所、大型固定燃料ロケット「M五型」の打ち上げ失敗。3・17 レバノン政府、和光晴生ら日本赤軍メンバー四人を、刑期満了によりヨルダンへ国外退去処分（ヨルダン政府、入国拒否・一八日、日本へ移送）。3・23 最高裁、共和汚職事件で阿部文男元北海道沖縄開発庁長官の上告を棄却し、懲役三年が確定。3・27 奈良県桜井市のホケノ山古墳が最古の前方後円墳と確認される（三世紀中葉の築造・従来の定説より二〇年～三〇年遡る）。3・31 北海道の有珠山、二三年ぶりに噴火活動（住民九二五〇人が避難）。5・3 佐賀市内の一七歳少年、佐賀発福岡天神行きの西鉄高速バスを乗っ取り乗客一人を殺害、五人が重軽傷。6・11 宇都宮市の宝石店で男が店長・従業員ら六人を監禁し店に放火、全員焼死。7・3 大阪府堺市の耳原総合病院、同院の入院患者一五人がセラチア菌に感染、うち七人が死亡したと発表。伊豆諸島三宅島の雄山、噴火活動（一四三人避難、八月噴火相次ぐ）。7・11 不二越訴訟の上告審で、韓国人八人と遺族団体に不二越が解決金を支払うことで和解（最高裁での戦後補償訴訟の和解は初）。7・17 東京地裁、地下鉄サリン事件実行犯の豊田亨・広瀬健一両被告に死刑、杉本繁郎被告に無期懲役の判決。8・22 三菱自動車工業、リコール隠し問題で調査結果を運輸省に届け出・欠陥の隠蔽八一万台に（二七日、警視庁、虚偽報告容疑で同社を一斉捜索）。9・1 東京都、三宅島からの全島避難方針を決定（四日、全島避難完了）。9・4 秘書給与流用事件で衆院議員山本譲司と公設秘書を詐欺容疑で逮捕。9・11 沖合底引き網漁船第五竜宝丸、北海道浦河町沖で転覆、沈没（一四人が行方不明）。9・15 第二七回夏季オリンピック・

西暦	年号・干支	内閣	記事
			シドニー大会開会（～一〇月一日）・女子マラソンで高橋尚子が優勝（日本女子初）など金五・銀八・銅五。**9・28** 東京高裁、中島洋次郎元防衛政務次官の控訴審で、懲役二年・追徴金一〇〇〇万円の実刑判決。**10・1** 国勢調査実施（総人口一億二六九二万五八四三人。在住外国人が初めて一パーセントを越える）。**10・6** 鳥取県西部地震。日野町で震度六、鳥取・岡山などで一三五人が重軽傷。**10・10** 白川英樹筑波大学名誉教授ら三人、二〇〇〇年度ノーベル化学賞受賞決定。**11・5** 宮城県と北海道の遺跡発掘調査で、藤村新一東北旧石器文化研究所副理事長の石器発見の捏造が判明。**11・8** 大阪府警、一九七四年のオランダの仏大使館占拠事件で国際手配中の日本赤軍の重信房子逮捕。**11・29** 花岡事件訴訟、鹿島建設が五億円の被害者救済基金を設立することで和解成立。**12・17** 福井県松岡町で京福電車が正面衝突（運転手一人死亡、乗客二五人重軽傷）。**12・31** 東京都世田谷区の会社員の一家四人、殺害される。**12・-** 七年連続パ・リーグ首位打者（日本新記録）のイチロー（鈴木一朗）、大リーグのマリナーズに入団。 【死没】 **1・13** 丸木俊（87、洋画家）。**1・23** 成田きん（107、双子長寿姉妹の姉）。**1・27** 大原富枝（87、小説家）。**2・3** 二階堂進（90、政治家）。**2・10** 宮田登（63、民俗学）。高木友之助（76、中国思想）。**3・1** 田中澄江（91、作家）。**3・7** 鶴岡一人（83、野球監督）。**3・9** 佐々木良作（85、政治家）。**3・17** 永井道雄（77、評論家・政治家）。**3・21** 島田虔次（82、中国思想）。**3・23** 山室静（93、詩人・文芸評論家）。**3・27** 河盛好蔵（97、フランス文学者）。**4・22** 武谷三男（88、物理学）。**4・25** 佐藤文生（80、政治家）。**4・30** 中田喜直（76、作曲家）。**5・1** 山口和雄（93、近代日本経済史）。**5・14** 小渕恵三（62、政治家）。**5・24** 小田切秀雄（83、文芸評論家）。**5・26** 山村聡（90、俳優・映画監督）。**6・6** 梶山静六（74、政治家）。**6・13** 目崎徳衛（79、日本文化史）。**6・16** 香淳皇后（97、昭和天皇皇后）。**6・19** 竹下登（76、

西暦	年号・干支	内閣	記事
二〇〇〇 ◀▶	平成一二 庚辰	7・4 第2次森喜朗内閣	政治家)。**6・22** 三鬼彰(79、新日本製鉄)。**7・1** 宇都宮徳馬(93、日中友好協会名誉会長、政治家)。**7・2** 青江三奈(54、歌手)。**7・9** 斎藤栄三郎(87、経済評論家)。**7・23** 黒田清(69、ジャーナリスト)。小倉遊亀(105、日本画家)。**8・28** 水野祐(82、日本史学)。**8・31** 飛鳥井雅道(65、日本近代文学)。**9・20** 徳間康快(78、徳間書店)。**10・12** ミヤコ蝶々(80、俳優)。**10・14** 相良亨(79、日本倫理思想史)。**10・30** 神田山陽(二代)(91、講談師)。**11・4** 人見楠郎(84、昭和女子大理事長)。**11・7** 吉村公三郎(89、映画監督)。**11・26** 小坂善太郎(88、政治家)。**11・29** 下元勉(83、俳優)。吉川圭三(93、吉川弘文館)。**12・9** 滝田実(87、ゼンセン同盟名誉会長)。 【世界】 **1・4** 北朝鮮・イタリア、国交樹立に合意。**1・7** チベット仏教カギュー派の活仏カルマパ一七世、中国脱出、インド入国。**1・12** イラク、IAEAによる核査察受け入れを表明。**1・20** 韓国の新千年民主党、創党大会。**2・9** 北朝鮮・ロシア外相会談、友好条約調印。**2・21** 中国政府、台湾問題に関する白書発表(武力行使の可能性に言及)。**3・18** 台湾総統選挙、民進党の陳水扁(チェン＝シュイピエン)が初当選(五月二〇日就任、半世紀続いた国民党単独政権に終止符)。**3・23** シャウプ没(97、シャウプ勧告)。**3・26** ロシア大統領選挙(二七日、ウラジーミル＝プーチン大統領代行が当選、五月七日就任)。**4・3** 欧州連合(EU)とアフリカ統一機構(OAU)による「欧州・アフリカ首脳会議」、カイロで開会。**5・8** 北朝鮮とオーストラリア、国交再開。**5・11** インド政府、人口一〇億人突破を発表。**5・19** フィジーの首都スバで武装グループ、国会を占拠しクーデタ宣言。**5・20** 核拡散防止条約再検討会議、ニューヨークで開催・核保有五ヵ国(米露英仏中)が核廃絶を約束。**6・1** ペルー大統領選挙、アルベルト＝フジモリ三選。中国政府、金正日(キム＝ジョンイル)北朝鮮総書記の訪中(五月二九日〜三一日)と江沢民(チアン＝ツォーミン)国家主席

西暦

年号・干支

内閣

記事

との会談を発表。**6・4** 米クリントン大統領、モスクワでプーチン大統領と初会談。**6・8** プーチン大統領、チェチェン共和国に臨時行政府樹立を承認（直轄統治へ）。**6・10** ニューヨークで国連特別総会「女性二〇〇〇年会議」・男女平等実現をめざす宣言採択。**6・13** 韓国の金大中（キム＝デジュン）大統領と北朝鮮の金正日（キム＝ジョンイル）総書記、平壌（ピョンヤン）で初会談・南北の和解と協力で合意。**6・18** エチオピアとエリトリア、停戦協定に調印（二年に及ぶ紛争終結）。**6・20** 台湾の陳水扁（チェン＝シュイピエン）総統、中台首脳会談実現を提唱（中国は不可能との見解表明）。**6・21** ウィーンで石油輸出国機構（OPEC）臨時総会、イラクを除く一〇ヵ国の増産合意。**7・12** 北朝鮮・フィリピン、国交樹立。**7・13** フィジー国会を占拠していた武装勢力、人質一八人全員を解放・武装勢力が推していたジョセファ＝イロイロ前副大統領が大統領就任。**7・21** 沖縄で米露首脳会談・プーチン大統領、全米ミサイル防衛（NMD）反対を表明。**7・25** フランス旅客機コンコルド、墜落（一一四人死亡）。**8・1** イスラエルの大統領に野党リクードのモシェ＝カツァブが就任。**8・14** ロシアの原子力潜水艦クルスク、演習中に沈没（乗員一一八人全員死亡）。**8・23** ガルフ航空のエアバス、着陸に失敗し墜落（乗客全員死亡）。**9・15** 第二七回夏季オリンピック・シドニー大会（〜一〇月一日）。**9・16** ペルー大統領フジモリ、任期途中での退任を表明。**10・2** ユーゴスラヴィア連邦大統領選挙・ミロシェビッチ大統領の敗北と退陣を求める民主野党連合、ゼネスト突入（六日、大統領、敗北を認め辞任表明）。**10・13** 二〇〇〇年度ノーベル平和賞、韓国大統領金大中（キム＝デジュン）に決定。**10・19** ブレア英首相、韓国の金大中（キム＝デジュン）大統領と会談・北朝鮮との国交樹立の方針を表明（ドイツ・オランダも表明）。**11・2** シンガポール航空の旅客機、台湾国際空港で炎上（八一人死亡）。**11・7** イギリス政府、第二次大戦中の日本軍元捕虜に一時金の支払い発表。アメリカ大統領選挙、共和党のジョージ＝ブッ

西暦	年号・干支	内閣	記事
二〇〇〇 ▶	平成一二 庚辰	（第2次森喜朗内閣）	シュ（ジュニア）と民主党のアル＝ゴアの接戦（一一月二六日ブッシュが僅差で勝利の最終確定結果発表）。**11・11** オーストリア、カプルン近郊のトンネル内でケーブルカーが火災（日本人一〇人を含む、一五五人死亡）。**11・20** フジモリ大統領、辞表提出（ペルー国会、罷免決議可決）。**12・12** イギリス・北朝鮮、国交樹立。**12・23** 国連総会、日・米の国連分担金引き下げ決議を採択（日、一九・六二九パーセント、米、二二パーセントに）。ユーゴスラヴィアのセルビア共和国議会選挙（二七日、民主野党連合が六四・〇八パーセントの得票で圧勝）。**12・25** 中国洛陽（ルオヤン）市の商業ビルで火災（三〇九人死亡）。
二〇〇一 ◀	一三 辛巳		【政治・経済】 **1・6** 中央省庁再編、一府一二省庁制スタート。**1・7** 森首相、アフリカ三ヵ国とギリシア歴訪（〜一五日）。**1・23** 額賀経済財政相、KSDからの資金提供問題の責任をとり経済財政相の辞表提出。**1・25** 河野外相、外務省機密費流用に関する調査報告書発表。**2・22** 村上正邦前自民党参院議員会長、KSDからの資金提供疑惑により議員辞職願を提出。**2・―** 二月の東京都の消費者物価指数、九九・九（前年同月比一・一パーセント減と過去最大の下落）。**3・10** 森首相、古賀幹事長ら自民党五役と会談し退陣を表明。**3・16** 麻生経済財政相、「日本経済は穏やかなデフレにある」と表明（公式にデフレを認めたのは戦後初）。**3・25** 千葉県知事選挙、前参院議員の堂本暁子当選（史上三人目の女性知事）。**3・―** 金融庁発表、平成一二年三月期末の全国金融機関の不良債権額四八兆円。平成一二年度の中国に対する政府開発援助（ODA）、総額二一七三億円と過去最大となる。**4・1** 情報公開法施行（国の行政機関保有文書が原則として公開対象に）。**4・10** 台湾前総統李登輝（リー＝トンホイ）、病気治療目的で訪日（中国抗議）。**4・11** 三菱自動車、ダ

西暦	
年号・干支	
内閣	
記事	イムラー＝クライスラーと全面提携を発表（世界最大のトラック・バス連合に）。**4・23** 自民党総裁選、小泉純一郎が当選。**4・25** トヨタ自動車、日野自動車を子会社化すると発表（八月より）。**4・26** 森内閣総辞職・国会で小泉純一郎を首相に指名。小泉純一郎内閣成立（外相田中真紀子など女性閣僚過去最多の五人）。**4・28** 先進七ヵ国財務相・中央銀行総裁会議（G7）、日本に金融・企業部門の改革を求める。**5・1** 埼玉県の浦和・大宮・与野の三市が合併、さいたま市発足（人口約一〇三万人、全国一〇位）。**5・3** 金正男（キム＝ジョンナム）（北朝鮮金正日（キム＝ジョンイル）総書記の長男）とみられる男性、不法入国し身柄拘束（四日、国外退去処分により中国へ出国）。**5・8** 韓国、日本の中学歴史教科書三五項目の修正要求。**5・9** 東南アジア諸国連合と日中韓の財務相会議、ホノルルで開催・日本、タイなど三ヵ国と通貨スワップ二国間協定締結を合意。**5・16** 中国、日本の歴史教科書八項目の修正要求。トヨタ自動車、三月期決算で売上高四・二パーセント増の一三兆四二四四億円を記録（経常利益、二二パーセント増の九七二二億円で過去最高）。**5・17** 日産自動車、三月期決算で税引き後利益三三一〇億円を記録（四年ぶりに黒字転換）。**5・18** 三菱自動車工業、三月期決算で税引き後利益二七八一億円を記録（過去最大の赤字）。**5・19** 内閣府発表、米軍基地の存在を容認する沖縄県民が四五・七パーセントを占める（否定側（四四・四パーセント）を初めて上回る）。**5・29** 小泉内閣の支持率、八五・五パーセント（読売新聞社全国世論調査）。**6・6** 外務省、機密費流用事件を受け「外務省改革要項」を発表。**6・15** 参院本会議、ハンセン病補償措置法を全会一致で可決、成立（元患者に補償金を支給）。**6・18** 中国、日本製品に対する特別関税を課すことを発表（セーフガード発動への報復）。**6・20** 三菱電機とボーイング社、包括提携を発表。**6・30** 小泉首相、アメリカ訪問（ブッシュ大統領と日米首脳会談）。**7・9** 文科省、中学歴史教科書修正要求について韓国・中国に近現代史の記述に明白な誤りはないと回答。**7・**

西暦	年号・干支	内閣	記事
二〇〇一 ◀ ▶	平成一三 辛巳	4・26 第1次小泉純一郎内閣	29 第一九回参院選、自民六四で大勝、民主二六、自由六で健闘・共産・社民は大幅後退。8・13 小泉首相、靖国神社を参拝(平成八年七月の橋本首相以来・中国・韓国反発)。8・― 東芝など大手電機メーカー、相次いで大幅な人員整理計画を発表。9・8 サンフランシスコ講和条約調印五〇周年記念式典、サンフランシスコの戦争記念オペラハウスで開催(田中外相・パウエル米国務長官、日米同盟強化を誓う共同宣言に署名)。9・11 政府、米国での同時テロ発生を受け危機管理センターに「官邸対策室」を設置・小泉首相、ブッシュ米大統領に「テロへの怒りを共有する」との見舞いメッセージ。9・12 政府、安全保障会議(議長小泉首相)を開催・邦人の安否確認など六項目の政府対処方針を決定。9・14 大手スーパーのマイカル、民事再生法適用を申請、倒産(負債総額一兆七四〇〇億円)。9・17 大正製薬と田辺製薬、平成一四年一〇月に経営統合することを発表。9・19 小泉首相、緊急記者会見・アメリカ軍によるテロ報復攻撃支援のための当面の措置七項目を発表(自衛隊派遣を決定)。9・25 小泉首相、アメリカ訪問・ブッシュ大統領と会談(テロ根絶のため連帯し取り組むことを確認)。9・26 国税庁調査、平成一二年分民間平均給与は四六一万円(前年比〇・一パーセント減と三年連続減少)。9・27 第一五三臨時国会召集(一二月七日閉会)。小泉首相、所信表明演説で米軍支援策実施のための法整備を表明。10・8 小泉首相、米英両軍のタリバン攻撃支持を表明。小泉首相、中国訪問(江沢民(チアン＝ツォーミン)国家主席と初会談)。10・12 政府、シンガポールと自由貿易協定(FTA)を柱とする「経済連携協定」締結を合意。10・18 日産自動車、九月中間決算で営業利益一八七〇億円を記録(三期連続過去最高)。10・29 参院本会議、テロ対策特別措置法案などテロ関連三法案可決、成立(自衛隊によるアメリカ軍後方支援が可能に、国会の事後承認必要)。10・30 大手電機メーカー七社、九月中間決算・売上高はソニーを除き減収、松下は営業利益七五七億円と初の赤字転落。11・5 小泉首相・朱鎔基(チュー＝

西暦	
年号・干支	
内閣	
記事	ロンチー）中国首相・金大中（キム＝デジュン）韓国大統領、ブルネイで会談（対テロ連携強化で一致）。**11・8** トヨタ自動車、九月中間決算で過去最高を記録（売上高前年同月比六・四パーセント増の六兆八三三五億円、経常利益前年同月比三三・七パーセント増の五二六六億円）。**11・9** 海上自衛隊の先遣艦隊、インド洋に向け佐世保基地から出航（情報収集の目的）。**11・12** 日本航空と日本エアシステム、平成一四年九月に持ち株会社を設立し経営統合を発表。**11・22** 大成火災海上保険、更生特例法の適用を申請（アメリカ同時テロに伴う保険金支払で債務超過に・負債総額四一三一億円）。**11・25** 海上自衛艦、テロ対策特別措置法に基づき米軍後方支援のため横須賀など三基地から出航（戦時の他国軍への軍事的支援は自衛隊発足後初）。**11・30** 参院本会議、テロ対策特別措置法に基づく自衛隊派遣の国会承認案可決、成立（民主党の一部議員が棄権・欠席）。**12・7** 改正国連平和維持活動（PKO）協力法、参院本会議で可決、成立（武器使用基準緩和）。**12・22** 国籍不明の不審船、鹿児島県奄美大島付近の日本の排他的経済水域内で確認・停船命令を無視し逃走したため海上保安庁の巡視船と銃撃戦になり、不審船沈没（乗員全員行方不明・日本側軽傷二名・不審船はロケット弾を発射、二〇〇二年九月、日本側が沈没船を引き上げ北朝鮮の工作船と判明）。**この年** 米の民間団体フリーダムハウス、世界各国の「プレスの自由度」を調査しA（最も自由）からF（最も不自由）の六段階に格付け、日本は米・英・仏・韓国などとともにBランク（Aランクはオーストラリアなど一六ヵ国、Fランクはベラルーシ・中国・北朝鮮など二八ヵ国）。年平均完全失業率五・二パーセント（前年比〇・五ポイント上昇・過去最悪）。全国消費者物価、前年比一・一パーセント下落（過去最大・戦後初の三年連続減少）。平成一三年末国の債務残高、前年比一二・八パーセント増の六〇七兆三一二二億円（過去最高、国民一人あたり四七七万円の借金）。

西暦	年号・干支	内閣
二〇〇一 ◀▶	平成一三 辛巳	(第1次小泉純一郎内閣)

記事

【社会・文化】

1・16 東京地検、自民党参院議員小山孝雄を受託収賄容疑で逮捕。 1・22 第六四代横綱曙、引退を表明(外国人初の横綱・優勝一一回)。 2・9 愛媛県立宇和島水産高校の実習船えひめ丸、ハワイ、オアフ島沖海上で、米原子力潜水艦と激突し沈没(乗員九人行方不明)。 2・28 東京地裁、秘書給与流用事件で山本譲司元衆院議員に懲役一年六ヵ月の実刑判決。 3・10 警視庁、外務省機密費流用事件で元要人外国訪問支援室長松尾克俊を詐欺容疑で逮捕。 3・24 芸予地震・マグニチュード六・九、広島県内で震度六、呉市で二人死亡。 4・28 小泉首相、第七二回メーデーの連合系の中央大会に出席(初の前倒しメーデー)。 5・8 消費者金融「武富士」弘前支店が放火され従業員五人死亡。 5・29 最高裁、オレンジ共済巨額詐欺事件の友部達夫参院議員の上告を棄却し、懲役一〇年が確定。 6・8 大阪府池田市の大阪教育大附属池田小学校に男が乱入、児童八人殺害、一五人が重軽傷(大阪府警、元小学校職員宅間守を殺人容疑で逮捕)。 7・12 東京地裁、戦後補償訴訟で故劉連仁(リウ=リエンレン)の遺族三人への賠償金支払を命じる判決。 8・7 東京都教育委員会、「新しい歴史教科書をつくる会」の教科書を採択(つくる会事務所付近で発火)。 9・10 農水省、狂牛病の疑いがある乳牛が千葉県白井市で発見されたと発表(二二日、正式に狂牛病感染発表)。 9・29 米大リーグ、マリナーズのイチロー(鈴木一朗)、二三四安打、新人年間最多安打記録を九〇年ぶりに更新(二四二本まで伸ばす)。 9・30 高橋尚子、ベルリンマラソン女子の部で二時間一九分四六秒の世界最高記録。 10・6 日本考古学研究会、藤村新一(東北旧石器文化研究所前副理事長)による旧石器発掘捏造は四二遺跡と発表。 10・7 米大リーグのイチロー、新人初の首位打者・盗塁王の二冠獲得(一一月一二日ア・リーグの新人王・最優秀選手に選出、同時受賞は米大リーグ史上二人目)。 10・10 野依良治(名古屋大学大学院理化学研究所教授)、

西暦	
年号・干支	
内閣	
記事	（下記）

二〇〇一年度ノーベル化学賞受賞決定。**10・31** 国勢調査実施（総人口一億二六九二万五八四三人、在住外国人が初めて一パーセント超える）。**12・1** 皇太子妃雅子、女児出産（名前「愛子」、称号「敬宮」）。**12・26** 文科省まとめ、平成一二年度に生徒らへのわいせつ行為で処分を受けた公立学校の教員は一四一人（過去最多）。**この年** 年間の交通事故死、八七四七人で二〇年ぶりに九〇〇〇人を下回る。海外旅行者数一六二一万六〇〇〇人（前年比九・〇パーセント減・過去最大の減少幅）。

【死没】

1・6 中島洋次郎（41、政治家）。**1・15** 谷口澄夫（87、日本史学）。**1・24** 山本達郎（90、東洋史学）。**1・25** 関野克（91、建築史）。**1・31** 古田紹欽（89、仏教学者）。**2・28** 蟹江ぎん（108、双子長寿姉妹の妹）。**3・1** 小田稔（78、天文学）。**3・7** 三原朝雄（91、政治家）。**3・8** 田畑茂二郎（89、国際法）。**3・9** 賀川光夫（78、考古学）。**3・11** 上村松篁（98、日本画家）。**3・14** 杉浦明平（87、小説家）。**3・17** 新珠三千代（71、俳優）。**3・22** 奈良本辰也（87、歴史家・作家）。**3・27** 児島襄（74、現代史・戦争史）。**3・31** 中村歌右衛門（六代）（84、歌舞伎俳優）。**4・2** 暉峻康隆（93、文芸評論家）。**4・7** 並木路子（79、歌手）。**4・12** 大林太良（71、文化人類学）。**4・14** 三波春夫（77、歌手）。**4・28** 蔦文也（77、池田高校野球部監督）。**5・17** 團伊玖磨（77、作曲家）。**5・22** 山根有三（82、日本美術史）。**5・23** 波多野完治（96、心理学）。**5・29** 武藤山治（75、国際金融経済研究所理事長）。**6・23** 賀来龍三郎（75、キャノン）。**7・7** 金井圓（74、日本史学）。**7・8** 市村羽左衛門（一七代）（84、歌舞伎俳優）。**7・28** 山田風太郎（79、小説家）。**8・6** 野平祐二（73、騎手）。**8・8** 小葉田淳（96、日本史学）。萩原吉太郎（98、北炭）。**8・19** 伊谷純一郎（75、人類学）。**9・28** 猪熊功（63、柔道東京オリンピック金メダリスト）。**10・1** 古今亭志ん朝（63、落語家）。**10・24** 石井進（70、日本史学）。萩原延寿（75、歴史研究家）。**10・25** 鯖田豊之（75、西洋史学）。**11・5** 金子鷗亭（95、書家）。**11・7** 左幸子（71、俳優）。**11・8** 大出俊（79、政

西暦	年号・干支	内閣
二〇〇一 ◀ ▶	平成一三 辛巳	(第1次小泉純一郎内閣)

記事

治家)。横山隆一(92、漫画家)。11・10 西銘順治(80、沖縄県知事)。11・11 杉浦忠(66、プロ野球投手・監督)。11・22 松村明(85、国語学)。11・23 井上清(87、日本史学)。12・7 木村睦男(88、政治家)。12・9 原智恵子(86、ピアニスト)。12・17 南博(87、社会心理学)。松尾泰一郎(91、丸紅)。12・22 加藤シヅエ(104、女性運動家)。

〔世界〕

1・16 コンゴ民主共和国のカビラ大統領、護衛に射殺される。1・20 アメリカ大統領にジョージ＝ブッシュ(ジュニア)が就任。フィリピンのエストラーダ大統領、辞任を表明(後任にグロリア＝アロヨ副大統領)。1・26 インドで大地震・マグニチュード七・九・死者一万九六八七人。2・4 インド政府、カルマパ一七世に難民資格授与。2・6 イスラエル首相公選、リクード党のアリエル＝シャロンが圧勝。2・26 アメリカ政府、報告書で中国の人権状況悪化を指摘。3・9 国連総会、イスラム原理主義勢力タリバンによる仏像破壊の中止要請を決議(一四日、タリバン、バーミヤンの仏像二体破壊)。3・22 ドイツのボンでヨーロッパ現代史教育会議、二〇世紀の歴史の見直しと相互理解の動き(欧州評議会主催、日本からも参加し報告書提出、〜二四日)。4・1 アメリカ海軍偵察機と中国軍戦闘機、南シナ海上空で接触(中国機一機墜落、米軍機破損し海南(ハイナン)島に緊急着陸)。セルビア共和国警察、ミロシェビッチ前大統領を公金流用の疑いで逮捕。4・25 フィリピン国家警察、エストラーダ前大統領を国家財産略奪容疑で逮捕。5・3 金正日(キム＝ジョンイル)北朝鮮総書記、欧州連合代表団と会談、二〇〇三年までのミサイル実験凍結明言。5・21 台湾の陳水扁(チェン＝シュイピエン)総統、ニューヨークに滞在(一九七九年の断交以来初)。6・1 ネパールの王宮内で銃撃事件、ビレンドラ国王夫妻ら八人死亡(二日、ディペンドラ皇太子、王位継承・四日、新国王死去、後任にギャネンドラ殿下)。6・3 ペルー大統領選挙、ペルー＝ポ

西暦

年号・干支

内閣

記事

シブレ党のアレハンドロ＝トレドが決選投票で当選。**6・8** イギリス総選挙、労働党圧勝。**6・11** イタリア首相にシルビオ＝ベルルスコーニ元首相が就任(七年ぶりの中道右派政権発足)。ドイツのシュレーダー首相、電力会社と原発全廃にむけ合意。**6・20** パキスタンのペルベズ＝ムシャラフ陸軍参謀長、タラル大統領を解任(自ら新大統領に就任)。**7・15** インド・パキスタン首脳会談、帰属を争うカシミール問題で対立し決裂。**7・20** 第二七回主要国首脳会議、イタリアのジェノヴァで開催(～二二日)。**7・23** インドネシア国民協議会、ワヒド大統領罷免案を可決、メガワティ副大統領の昇格承認。**7・26** 金正日(キム＝ジョンイル)総書記、ロシア訪問(一五年ぶり)。**8・4** 金正日(キム＝ジョンイル)総書記、プーチン露大統領と会談(モスクワ宣言発表)。**9・3** 江沢民(チアン＝ツォーミン)総書記、北朝鮮を訪問(金正日(キム＝ジョンイル)総書記と会談)。**9・11** アメリカで同時多発テロ(ハイジャックされた大型旅客機四機のうち二機がニューヨークの貿易センタービルに、一機がワシントンの国防総省に激突。日本人二〇余名を含む約三〇〇〇人が死亡。一三日、米政府、イスラム原理主義指導者ウサマ＝ビン＝ラーディンを容疑者と認定。二〇〇四年一一月ビン＝ラーディン犯行声明)。**9・12** NATO大使級理事会、集団的自衛権行使に合意。**9・20** G8首脳、テロ対決姿勢の共同声明発表。ブッシュ米大統領、アフガニスタンのタリバン政権にビン＝ラーディンの身柄引き渡しを要求し最後通告。**9・21** タリバン政権、米国の引き渡し要求を拒否。EU緊急首脳会議、米国の対テロ軍事行動を承認。**10・4** ロシアの民間航空機、黒海上空で爆発し墜落(一二日、ウクライナ軍による誤射と判明)。**10・7** 米軍、英軍とともにアフガニスタン空爆開始。**10・8** イタリアの空港で旅客機が軽飛行機と衝突(一一八人死亡)。**10・11** アメリカで炭疽菌感染者続出。この日、米政府、犯罪事件として捜査していることを明らかにする。**10・12** 国際連合とアナン国連事務総長、ノーベル平和賞受賞決定。**10・19** ブッシュ大統領、江沢民

西暦	年号・干支	内閣	記事
二〇〇一 ▶	平成一三 辛巳	(第1次小泉純一郎内閣)	(チアン＝ツォーミン)国家主席と初会談(アジア太平洋地域のテロ包囲網作りで一致)。**11・5** ASEAN首脳会議、「反テロ共同行動宣言」採択。**11・6** 国連人口基金、世界の人口六一億三四〇〇万人と発表。**11・10** 世界貿易機関(WTO)閣僚会議、中国の加盟を承認(一一日、台湾の加盟も承認。一二月一一日中国、二〇〇二年一月一日台湾、正式加盟、加盟国一四四ヵ国)。**11・12** アメリカの旅客機、ケネディ空港を離陸直後、住宅地に墜落(二六五人死亡)。**11・14** 国連安保理、タリバン崩壊後のアフガニスタンへの多国籍軍派遣承認決議を採択。**12・1** 台湾立法委員選挙・与党の民進党が第一党に。**12・2** アメリカのエンロン社、アメリカ連邦破産法一一条の適用申請。**12・7** タリバン、本拠地カンダハルから撤退、組織的抵抗停止。**12・14** EU首脳会談、全加盟国(一五ヵ国)が多国籍軍参加を表明。**12・19** アルゼンチンで失業者による略奪騒動拡大(政府、非常事態宣言・二〇日、デラルア大統領、辞表提出)。
二〇〇二 ◀	一四 壬午		【政治・経済】 **1・9** 小泉首相、ASEAN五ヵ国歴訪(〜一五日)(各国首脳と会談・日本とASEANの包括的経済連携構想を提案)。**1・15** UFJ銀行、発足(東洋信託銀行もUFJ信託銀行に改称)。**1・18** ダイエー、「新再生三か年計画」発表(大手三行から四二〇〇億円の金融支援)。**1・29** 小泉首相、田中外相と野上義二外務次官を更迭(アフガニスタン復興支援会議における日本の特定NGOに対する参加拒否責任が問題化)。**2・1** 新外相に前環境相の川口順子就任。**2・4** 小泉首相、衆院本会議で施政方針演説(構造改革断行を強調)。**2・12** 外務省、改革の基本方針「開かれた外務省のための一〇の改革」(骨太の方針)を発表(政治家の不当な圧力排除など)。**2・18** ブッシュアメリカ大統領、来日・小泉首相と会談・日米同盟強化で合意。**3・1** 日本テレビ系CS日本、

西暦	
年号・干支	
内閣	
記事	開局（通信衛星デジタル放送）。3・3 佐藤工業、会社更生法の適用申請。3・4 外務省、鈴木宗男衆議院議員の調査報告書を発表（北方四島支援事業などへの関与を確認）。3・14 アメリカのウォルマート＝ストアーズ・西友・住友商事の三社、資本・業務提携締結に合意。3・19 ダイエー、産業再生法適用を経済産業省に申請。3・22 小泉首相、金大中（キム＝デジュン）韓国大統領と韓国で会談。北朝鮮による拉致問題解決へ協力要請。3・26 辻元清美衆議院議員、政策秘書給与の流用疑惑で議員辞職。3・31 横浜市長選挙、新人で前衆院議員の中田宏が当選（政令市では最年少市長に）。3・― NTT、平成一四年三月期決算で税引き後利益八一二一億円の赤字（日本企業では過去最大）。4・1 ペイオフの凍結解除。みずほフィナンシャルグループ、みずほ銀行・みずほコーポレート銀行に再編し営業を開始。4・8 加藤紘一元自民党幹事長、政治資金流用疑惑の責任をとり衆議院議員辞職表明（九日、衆院、辞職を許可）。4・19 井上裕参院議長、議長の辞表提出（元政策秘書の裏金受領疑惑）。4・21 小泉首相、靖国神社を参拝（中国・韓国反発）。4・27 小泉首相、東南アジア四ヵ国歴訪（～五月三日）・ベトナムでファン＝バン＝カイ首相と会談。4・29 日本と北朝鮮の赤十字会談。北朝鮮、日本人拉致事件について行方不明者の調査再開を表明。5・2 井上裕前参院議長、議員辞職願を提出。5・8 中国警察、瀋陽（シェンヤン）の日本総領事館に駆け込んだ北朝鮮の亡命希望者を、館内部に入り連行（九日、日本、主権侵犯として抗議。二三日、亡命希望者、韓国に到着）。5・13 トヨタ自動車、平成一四年三月期決算を発表・売上高、前期比一二・五パーセント増の一五兆一〇六二億円、経常利益、前期比一四・五パーセント増の一兆一一三五億円（日本企業初の一兆円超）。5・20 国際捕鯨委員会（IWC）総会、山口県下関市で開会（～二四日・日本の提案いずれも否決）。5・21 衆院本会議、地球温暖化防止の京都議定書の政府批准を承認（地球温暖化対策推進法の改正案も可決）。5・24 大手銀行・

西暦	年号・干支	内閣	記事
二〇〇二 ◀▶	平成一四 壬午	(第1次小泉純一郎内閣)	金融グループ、平成一四年三月期決算を発表、不良債権二六兆七八一四億円(過去最高)。**5・28** 経団連と日経連が統合した日本経済団体連合会、正式発足(初代会長に奥田碩日経連会長)。**5・31** アメリカの格付け会社ムーディーズ、財政赤字を理由に日本国債を二段階格下げ(財務省、市場には影響なしと反発)。福田官房長官、非核三原則の将来的見直しに言及。**6・5** 参院本会議、テロ資金供与処罰法を可決、成立。**6・12** 地方銀行六四行、平成一四年三月期決算を発表・二三行が赤字、黒字の四一行のうち二四行が減益。**6・17** 日本と中国、鹿児島県奄美大島沖で沈没した不審船の引き揚げに合意。**6・25** 北海道国際航空(エア＝ドゥ)、民事再生法の適用申請。**7・5** 長野県議会、田中康夫知事不信任決議案を可決(一五日、田中知事は失職、出直し知事選に再立候補し、九月一日再選)。**7・6** 天皇・皇后、東欧諸国四ヵ国歴訪(〜二〇日)。**7・30** 衆院本会議、小泉内閣不信任決議案を否決。**8・5** 住民基本台帳ネットワークシステム(住基ネット)稼働(東京都杉並区など六市区町は不参加)。**8・8** 人事院、平成一四年度国家公務員一般職給与について平均月額七七〇円(二・〇三パーセント)の引き下げ勧告(制度創設以来初)。**8・9** 田中真紀子元外相、公設秘書給与流用疑惑の責任をとり衆議院議員辞職願提出。**8・29** トヨタ自動車、中国の第一汽車と包括提携。**8・30** 小泉首相、訪朝し金正日(キム＝ジョンイル)北朝鮮総書記との首脳会談実施を表明(首相の訪朝は史上初)。**9・2** トヨタ自動車と日産自動車、低公害車の環境技術で提携合意。**9・11** 海上保安庁、平成一三年一二月に奄美大島沖で沈没した不審船を引き揚げる(北朝鮮の工作船と断定)。**9・12** 小泉首相、ニューヨークでブッシュ米大統領と会談(イラクの大量破壊兵器問題での国際協調体制づくりを要請)。**9・17** 小泉首相、北朝鮮訪問・金正日(キム＝ジョンイル)総書記と会談・金(キム)総書記、国家機関による日本人拉致の事実を認め謝罪(拉致した日本人一三人のうち八人死亡、五人生存と言明)・「日朝平壌(ピョンヤン)宣言」に署名。

西暦	
年号・干支	
内閣	
記事	**9・22** 小泉首相、コペンハーゲンで金大中（キム＝デジュン）韓国大統領と会談（米朝対話促進で一致）。**10・7** 土井たか子社民党党首、日本人拉致事件に対する党の追求が不十分だったと陳謝。**10・15** 北朝鮮による拉致事件被害者五人（地村保志・蓮池薫ら）、二四年ぶりに帰国。帝国データバンク調査、平成一四年度上半期の企業倒産は負債総額、前年度比一五・二パーセント減の六兆一四四九億円（倒産件数は前年同期比〇・二パーセント減の九六四二件）。**10・18** 第一五五臨時国会召集（一二月一三日閉会）。**10・23** 政府、北朝鮮から帰国している拉致被害者五人を北朝鮮に戻さず永住帰国させる方針を決定。**11・5** 小泉首相、プノンペンで朱鎔基（チュー＝ロンチー）中国首相・金碩洙（キム＝ソクス）韓国首相と会談（北朝鮮の核開発問題解決に連携で一致）。ASEAN＋3（日中韓）首脳会議、北朝鮮に核兵器計画放棄を求める議長声明発表。**11・14** 北朝鮮、拉致被害者五人の返還がないかぎり安全保障協議の無期延期を警告。中央教育審議会、教育基本法の全面見直しを求める中間報告提出。**12・1** 東北新幹線、盛岡—八戸間開業、東京—八戸間を最速二時間五六分で結ぶ「はやて」運行開始。**12・3** 民主党鳩山代表、自由党との新党構想をめぐる混乱の責任をとり辞任を表明。**12・4** 政府、米英軍の対テロ作戦後方支援のため海上自衛隊のイージス艦のインド洋派遣を決定。**12・10** 民主党代表選、菅直人前幹事長が当選。**12・16** 日米安全保障協議、ワシントンで開催・北朝鮮に核兵器開発の放棄を求める共同声明発表。**この年** 国会議員の秘書給与不正受給・流用など相次ぐ。平成一四年の平均完全失業率五・四パーセント（前年比〇・四ポイント増・二年連続過去最悪）。平成一四年の全国消費者物価指数九八・三（平成一二年＝一〇〇・前年比〇・九パーセント下落・戦後初の三年連続下落）・政府、平成一五年四月からの公的年金給付額〇・九パーセント減額を決定。平成一四年の平均給与月額三四万三六八八円（前年比二・三パーセント減・二年連続減少）。

西暦	年号・干支	内閣	記事
二〇〇二 ◀▶	平成一四 壬午	(第1次小泉純一郎内閣)	【社会・文化】 1・18 東京都世田谷区の脳神経外科病院で院内感染により七人死亡。1・21 奈良県明日香村のキトラ古墳、十二支像の寅が描かれていることが確認される。1・23 雪印食品、輸入牛肉を国産と偽り販売していたことが判明(吉田升三社長辞任・五月一〇日より幹部社員ら詐欺容疑で逮捕)。1・28 ハンセン病訴訟、国と遺族が和解の基本合意書に調印。2・9 第一九回冬季オリンピック・ソルトレークシティー大会(~二四日、日本ふるわず、金ゼロ)。2・17 宮崎駿監督の「千と千尋の神隠し」、ベルリン国際映画祭で金熊賞受賞(アニメ映画の世界三大映画祭でのグランプリ受賞は初)。2・23 日本産科婦人科学会、代理出産認めないとの見解を決める。3・4 徳島県知事円藤寿穂を収賄容疑で逮捕(一四日、知事辞表提出)。3・12 東京地裁、機密費流用事件で松尾克俊外務省元要人外国訪問支援室長に懲役七年六ヵ月の判決。3・13 春闘、日産自動車を除く全社がベースアップ見送る。3・16 気象庁、東京での桜の開花発表(平年より一二日早く、過去最速)。3・18 鹿児島県在住一一四歳の本郷かまとが世界最高齢に(一一三歳の中願寺雄吉と男女共に日本人が長寿世界一に)。3・26 東京地裁、KSDを巡る政界汚職事件で古関忠男前理事長に懲役三年、執行猶予五年の判決。4・11 富山地裁、覚醒剤もみ消し事件で上田正文元同県警本部長ら二人に懲役一年、執行猶予四年の判決。4・23 埼玉県警春日部署で覚醒剤事件のもみ消し事実発覚。5・25 中部電力浜岡原発の緊急炉冷却装置から水漏れ事故。5・26 日本考古学会、藤村新一(東北旧石器文化研究所前副理事長)が発掘に関与した遺跡三〇ヵ所に学術的価値なしとの見解を発表。5・31 サッカーワールドカップ日韓大会、ソウルで開会(~六月三〇日・史上初の共同開催、日韓ともに決勝トーナメント進出、日本一六強・韓国四位、ブラジルが優勝)。6・10 埼玉・鹿児島両県警、全農チキンフーズ元幹部ら七人を不正競争防止法違反容疑で逮捕。6・19 東京地検、

西暦	
年号・干支	
内閣	
記事	衆院議員鈴木宗男を斡旋収賄容疑で逮捕。6・21 第一二回チャイコフスキー国際コンクールのピアノ部門で上原彩子が日本人初の優勝（バイオリン部門で川久保賜紀が一位該当者なしの二位、両部門での日本人トップは初）。6・24 東京地裁、後藤森重自治労元委員長に懲役一年六ヵ月、執行猶予四年の有罪判決。6・26 東京地裁、地下鉄サリン事件実行犯の新実智光被告に死刑判決。7・3 東京地検、外務省関連団体「支援委員会」を巡る事件で、三井物産社員三人を偽計業務妨害容疑で逮捕（外務省職員二人も背任罪で逮捕）。7・9 最高裁、大嘗祭への知事公費参列を合憲と判断。7・18 福岡県警、牛肉偽装事件で日本食品本社を詐欺容疑で捜索（一一月一〇日同社元役員ら逮捕）。7・19 この日までに中国製健康食品で四人死亡。8・6 日本ハム、牛肉偽装を認める。8・14 宮崎県の日向サンパーク温泉の入浴客がレジオネラ菌に集団感染・この日までに六人死亡。8・21 青森県のむつ総合病院、群馬県の前橋赤十字病院で、医療ミスによる死亡者がいたことがわかる。この頃医療事故が相次ぐ。9・2 東京電力の南直哉社長が原発記録改竄問題で引責辞任（同社首脳五人も辞任）。福島第二原発で放射能漏れ（東京電力、運転を停止）。9・4 三井物産の清水慎次郎社長が贈賄疑惑の責任をとり辞任（上島重二会長も辞任）。9・6 東京地裁、小山孝雄元参院議員に懲役一年一〇ヵ月、追徴金三一六六万円の実刑判決。9・10 東京地裁、粉飾決算事件で大野木克信元旧長銀頭取に懲役三年、執行猶予四年の有罪判決（元副頭取二被告も懲役二年、執行猶予三年の有罪判決）。10・2 釜山（プサン）アジア競技大会の競泳男子二〇〇メートル平泳ぎで北島康介が二分九秒九七の世界新記録。10・8 小柴昌俊、二〇〇二年度ノーベル物理学賞受賞が発表される。九日、田中耕一、二〇〇二年度ノーベル化学賞受賞が発表される（日本人の同年二人受賞は初）。10・11 東京地裁、元オウム真理教幹部遠藤誠一被告に死刑判決。10・14 釜山（プサン）アジア競技大会閉会（金メダル四四）。11・6 東京地検、寄付金問題で帝京大学元理事

西暦	年号・干支	内閣
二〇〇二 ◀▶	平成一四 壬午	(第1次小泉純一郎内閣)

記事

長沖永嘉計を所得税法違反容疑で逮捕。**11・22** 神戸地裁、雪印食品の元部長ら五人に懲役二年、執行猶予三年の判決。**11・27** 千葉県警、八千代市長大沢一治を収賄容疑で逮捕。**12・2** 島根・鳥取両県知事、宍道湖・中海の淡水化事業中止を表明(農相、同事業の中止を発表)。**12・11** 和歌山地裁、毒物カレー事件実行犯の林真須美に死刑判決。**12・13** 文科省、全国一斉学力テストの結果公表、学力低下に警鐘。**12・19** 米大リーグのニューヨーク＝ヤンキース、巨人の松井秀喜外野手の入団決定を発表。

【死没】

1・1 河原崎しづ江(93、俳優)。**1・5** 広岡知男(94、朝日新聞)。**1・12** 新島淳良(73、中国文学・哲学)。**1・27** 中西啓介(60、政治家)。**2・1** 近藤啓太郎(81、小説家)。**2・9** 池田恒雄(90、ベースボールマガジン社・恒文社)。**2・14** 小倉武一(91、政治家)。**2・15** 根津嘉一郎(88、東武鉄道)。**3・4** 半村良(68、小説家)。**3・7** 新倉俊一(69、西洋史学)。**3・14** 古山高麗雄(81、小説家)。**3・17** 寺田治郎(86、最高裁長官)。**3・31** 平川彰(87、仏教学)。**4・11** 高橋圭三(83、アナウンサー)。**4・17** 坂野重信(84、政治家)。**4・22** 斎藤英四郎(90、経団連会長)。**5・16** 柳家小さん(五代)(87、落語家)。**5・24** 清川虹子(89、俳優)。**5・25** 川上源一(90、ヤマハ)。**6・6** 下中邦彦(77、平凡社)。**6・13** 村田英雄(73、歌手)。**6・18** 山本直純(69、作曲家)。**6・24** 高橋康也(70、英文学)。**7・4** 向坊隆(85、工業化学)。**7・10** 佐原真(70、考古学)。**7・15** 藤島亥治郎(103、建築学)。**7・22** 草柳大蔵(78、評論家)。**9・3** 熱田公(71、日本史学)。**9・8** 稲葉三千男(75、社会学)。**9・11** 阿木翁助(90、劇作家)。**10・5** 三鬼陽之助(95、経営評論家)。**10・7** 橋口倫介(81、西洋史学)。**10・14** 日野啓三(73、小説家)。**10・21** 笹沢左保(71、推理・時代小説作家)。**10・23** 山本夏彦(87、コラムニスト)。**10・25** 石井紘基(61、政治家)。**10・29** 坂本多加雄(52、日本政治思想史)。**11・4** 田中正俊(79、東洋史学)。**11・6**

西暦	
年号・干支	
内閣	
記事	秦野章（91、政治家）。11・21 高円宮憲仁（47、皇太子の従兄）。11・27 大庭脩（75、東洋史学）。11・11 江上波夫（96、古代史）。11・30 平井康三郎（92、作曲家・指揮者）。12・9 千葉茂（83、プロ野球選手・監督）。12・12 松島栄一（85、日本史学）。12・13 伊藤昌哉（85、政治評論家）。12・27 松井やより（68、アジア女性史料センター代表）。 〔世界〕 1・1 欧州単一通貨ユーロ、一二ヵ国で流通開始（人口三億三〇〇万人、域内総生産は世界の一六パーセント）。アルゼンチン国会、ドゥアルデ上院議員を大統領に選出（四日、大統領、ペソの切り下げ表明）。1・12 パキスタンのムシャラフ大統領、イスラム過激派を含む五組織の非合法化発表。1・22 イスラム過激派ハマス、対イスラエル全面戦争を宣言（三都市でテロ）。1・29 ブッシュ米大統領、北朝鮮・イラン・イラクの三国を「悪の枢軸」と非難。2・8 第一九回冬季オリンピック・ソルトレークシティー大会開会（～二四日）。2・12 イランの旅客機、イラン西部の山間地に墜落（乗客一一七人全員死亡）。2・19 ブッシュ大統領、韓国・中国歴訪（各国首脳と会談）。2・20 エジプト、ギザ県で列車火災（三七三人死亡）。2・27 インド、ヒンドゥー教徒とイスラム教徒の暴動激化（三月九日までに死者七〇四人）。3・1 ベルギー政府、二〇二五年までに原発全廃を決定。3・3 スイスで国連加盟の是非を問う国民投票実施・五三・五パーセントの賛成で加盟可決。3・5 中国第九期全国人民代表大会第五回会議。3・7 第八回冬季パラリンピック・ソルトレークシティー大会開会（～一六日）。3・9 イェルサレムのカフェで自爆テロ・イスラエル人一一人死亡（一二日、イスラエル軍、パレスチナ自治区ラマッラを制圧）。3・14 北朝鮮住民二五人、北京市内のスペイン大使館に亡命（フィリピンを経て、一八日、韓国に入る）。ユーゴスラヴィア連邦、セルビア＝モンテネグロに国名改称（連邦を改編し緩やかな連合に）。3・22 東ティモール、新憲法可決、成立

西暦	年号・干支	内閣	記事
二〇〇二 ◀▶	平成一四 壬午	(第1次小泉純一郎内閣)	(五月二〇日の独立と同時に施行)。**3・29** イスラエル軍、ラマッラのパレスチナ自治政府施設を全面制圧(アラファト議長監禁状態に、五月二日撤退、議長解放)。**4・1** イスラエル軍、ベツレヘムなどパレスチナ自治区へ大規模侵攻(四日、ブッシュ大統領、侵攻の停止と撤退要請の声明、イスラエル首相府、作戦継続を声明)。**4・15** 中国の旅客機、釜山(プサン)近郊の山中に墜落(死亡者一二八人、三八人救助)。**4・22** アルゼンチン、預金流出を防ぐため、全銀行の営業停止(二九日、再開)。**4・26** ドイツの高校で元学生が銃を乱射し教師・生徒ら一七人を殺害。**5・1** パキスタンのムシャラフ大統領、国民投票九七パーセントの得票で五年の任期延長。**5・4** ネパール政府、反政府勢力毛沢東(マオ＝ツォートン)派ゲリラ掃討作戦で三九〇人の死亡を発表(七日、ゲリラ側、兵士や警官一〇〇人殺害)。ナイジェリアの国内線旅客機、住宅地に墜落、一四八人死亡(七日、中国・エジプトと旅客機墜落事故相次ぐ)。**5・5** フランス大統領選挙決選投票、保守党のシラク大統領が再選。**5・6** アウン＝サン＝スー＝チー、一年七ヵ月ぶりに自宅軟禁を解除される。**5・8** パキスタンのカラチ市内で自動車爆弾テロ(一四人死亡)。**5・14** アイルランドでNATO外相理事会、ロシアと新理事会創設で合意。**5・20** 東ティモール民主共和国誕生(二一世紀初の独立国、初代大統領にシャナナ＝グスマン)。**5・24** ブッシュ米大統領・プーチン露大統領、戦略攻撃戦力削減条約(モスクワ条約)に調印。**5・25** 中国の旅客機、台湾沖の澎湖(ポンフー)島付近に墜落(二二五人死亡)。**6・12** 主要八ヵ国(G8)外相会議、カナダのウィスラーで開幕(包括テロ防止条約締結にむけ一致で合意)。**6・13** 中国、北京市韓国大使館から北朝鮮の亡命希望者を強制連行(韓国政府、強く抗議、二三日、中国と韓国、北朝鮮の亡命希望者二六人の中国出国に合意、二四日、全員韓国に入る)。**6・18** イスラエル軍、イェルサレム南部のバス内自爆テロをうけ、ジェニンなどパレスチナ自治区に再侵攻。**6・26** 第二八回主要国首脳会議、カナダのカナナス

西暦	
年号・干支	
内閣	
記事	キスで開催(〜二七日)。**6・29** 黄海で韓国と北朝鮮の艦艇が交戦(韓国海軍兵四人死亡、韓国高速艇一隻沈没、三〇日、北朝鮮、韓国の謝罪要求拒否、七月二五日「遺憾」表明)。**7・1** ドイツ上空で旅客機と貨物機、空中衝突(七一人死亡)。**7・6** アフガニスタンのアブドル＝カディール副大統領、カブール市内で暗殺される。**7・9** アフリカ連合発足(五三ヵ国、約八億人)。**7・11** アフリカ中央部チャドで最古の人類化石発見(約六〇〇万〜七〇〇万年前)(『ネイチャー』に発表)。**7・21** アメリカの通信会社ワールドコム、米連邦破産法の適用申請(米史上最大の企業破綻、負債総額四一〇億ドル)。**8・3** 陳水扁(チェン＝シュイピエン)台湾総統、「台湾と中国は別の国」と言明(五日、中国、厳しく警告)。**8・11** USエアウェイズ、米連邦破産法の適用申請、経営破綻。**8・14** チェコなど欧州中部、豪雨による洪水で九四人死亡。**8・19** ニューヨーク市、同時多発テロによる被害者二八一九人と発表。チェチェン共和国グローズヌイでロシア軍大型輸送ヘリ墜落(一一四人死亡)。**8・20** イラクの反体制派、ベルリンの在独イラク大使館を占拠(占拠犯全員逮捕)。**9・10** 国連総会、スイスの加盟承認(加盟国一九〇ヵ国)。**9・12** ブッシュ大統領、イラクに大量破壊兵器の即時廃棄要求(受け入れない場合の強制措置にも言及)。**9・24** インド西部のヒンドゥー教寺院で武装グループが銃乱射(三〇人死亡)。**9・26** セネガル沖で同国のフェリー沈没・死者一〇〇〇人以上。**9・27** 国連総会、東ティモールの加盟を承認(加盟国一九一ヵ国)。**10・1** イラク、大量破壊兵器査察の受け入れ合意。**10・3** 米朝協議・米国、北朝鮮への強い懸念表明。**10・10** 米下院本会議、対イラク武力行使容認決議を可決(一一日、上院本会議可決)。**10・11** 二〇〇二年度ノーベル平和賞、ジミー＝カーター元米国大統領に決定。**10・12** インドネシアのバリ島繁華街で爆弾テロ・一九〇人以上死亡。**10・16** 米国務省、北朝鮮が米朝合意に反した核兵器開発継続を認めたことを公表。**10・17** フィリピン南部のデパートで爆弾テロ(一六〇人余死傷、一八日、路線バ

西暦	年号・干支	内閣	記事
二〇〇二 ▶	平成一四 壬午	(第１次小泉純一郎内閣)	スで再び爆弾テロ)。**10・23** チェチェン共和国のイスラム武装グループ、モスクワ市で劇場占拠(人質一二八人が死亡)。**10・27** アジア太平洋経済協力会議(ＡＰＥＣ)、「北朝鮮に関する首脳声明」採択(核開発計画の放棄を求める)。**11・4** トルコ総選挙、イスラム政党の公正発展党が圧勝(一八日、初のイスラム政党単独政権発足)。**11・8** 中国共産党第一六回大会開会(一五日、総書記に胡錦濤(フー＝チンタオ)国家副主席を選出、江沢民(チアン＝ツォーミン)総書記は引退し党中央軍事委主席に留任)。国連安保理、イラクに大量破壊兵器査察の全面受け入れ要請決議、全会一致で採択(一三日、イラク受諾)。**11・14** 朝鮮半島エネルギー開発機構(ＫＥＤＯ)、北朝鮮への重油供給停止を決定。**11・15** イタリアのアンドレオッティ元首相、殺人罪の共犯で禁錮二四年の判決。孫基禎(ソン＝ギジョン)没(90、ベルリンオリンピックマラソン優勝)。**11・22** ブッシュ大統領・プーチン大統領、サンクトペテルブルクで会談、イラクに強い警告。**12・2** プーチン大統領・江沢民(チアン＝ツォーミン)国家主席、北京で会談、連携強化の北京宣言に調印。**12・3** 国連査察団、イラク大統領宮殿を査察。**12・7** フセイン大統領、一九九〇～九一年のクウェート侵攻・占領を初めて謝罪。イラク政府、国連への申告書で大量破壊兵器開発・保持を全面否定。**12・9** ＵＡＬ、米連邦破産法の適用を申請し破綻(過去最大)。**12・12** 北朝鮮、「米朝枠組み合意」に基づく核凍結の解除を宣言。**12・19** 韓国大統領選挙、民主党の盧武鉉(ノ＝ムヒョン)が当選。パウエル米国務長官、イラク提出申告書の重大な申告漏れを指摘。**12・22** ＩＡＥＡ、北朝鮮が核施設の凍結を解除したと発表。**12・31** 北朝鮮、ＩＡＥＡ監視員を国外退去処分。

西暦	二〇〇三 ◀
年号・干支	一五 癸未
内閣	
記事	【政治・経済】 1・7 川口外相、インドのシンハ外相と会談(平成一五年中に約一一〇〇億円の円借款を表明)。 1・10 小泉首相、モスクワでプーチン大統領と会談・北朝鮮に核拡散防止条約脱退の撤回要請で一致。 1・14 小泉首相、靖国神社を参拝(中国・韓国抗議)。 1・15 自動車総連、ベースアップ要求見送りを決定。 1・20 第一五六通常国会召集(七月二八日閉会)。 1・21 みずほホールディングス、三月期税引き後利益の赤字額一兆九五九九億円(日本企業で過去最高)。 1・23 三菱重工業など日本企業七社、台湾の新幹線で最後に残されていた工区の受注に成功・ほぼ同新幹線全体の建設を請け負うこととなる。 1・28 在日朝鮮人総連の元幹部が万景峰(マンギョンボン)九二号を介し工作活動を行っていたことが明らかになる。 2・8 対人地雷廃棄の国内最終作業、滋賀県新旭町と北海道美唄市で実施。 2・10 特定失踪者問題調査会、北朝鮮による拉致の疑いのある行方不明者四四人の氏名公表。 2・18 北朝鮮を脱出した住民四人、北京の日本人学校に駆け込む(日本政府による脱北者保護相次ぐ)。 2・22 小泉首相、訪日したパウエル米国務長官と会談(日米同盟の重要性を確認)。 3・2 小泉首相、来日したカストロキューバ国家評議会議長と会談(北朝鮮の核問題についてキューバの影響力行使を求める)。 3・3 小泉首相、茂木敏充外務副大臣を特使としてイラクに派遣し国連査察に全面協力するよう促す。 3・12 原口幸市国連大使、国連安保理事会で演説(イラク問題に関し米国支持を表明)。 3・20 中央教育審議会、教育基本法の全面的見直しを求める答申。 3・23 川口外相、ヨルダンに一億ドルの無償資金協力発表(イラク戦争の周辺国支援策)。 3・31 大島農相、元秘書の献金流用疑惑で農相を引責辞任。 4・1 市町村大合併、三三市町村が七市四町に再編(市町村数は二二減って三一九〇に)。 さいたま市、政令指定都市に移行。 4・3 政府、新型肺炎(SARS)蔓延のため中国広東省・香港への渡

西暦	年号・干支	内閣
二〇〇三 ◀▶	平成一五 癸未	(第1次小泉純一郎内閣)

記事

航延期を勧告(SARSを新感染症に指定)。**4・8** 男女共同参画会議、指導的地位に女性が占める割合の引き上げなど最終報告を決定。**4・9** 川口外相、イラク人道支援のため一億ドル醸出を発表。**4・12** 先進七ヵ国財務相・中央銀行総裁会議(G7)、イラク復興支援へ国際的取り組みの必要性表明。**4・13** 東京都知事選で石原慎太郎再選。**4・15** 東京電力、全原発運転停止(トラブル隠し問題を受けた点検・補修による)。**4・16** 金融再生機構発足(官民出資の株式会社)。**4・23** 日産自動車、三月期決算で売上高前期比一〇・六パーセント増六兆八五〇〇億円(経常利益、七一〇パーセント増七〇九〇億円・過去最高)。**4・26** 小泉首相、イギリスなど欧州五ヵ国訪問(~五月二日)・各国首脳と会談(イラク戦後復興に国連の役割重要との認識一致)。**5・7** 北朝鮮による拉致問題解決訴える「国民大集会」、東京で開催。**5・8** トヨタ自動車、三月期決算で経常利益一兆四一四〇億円(前期比二七・〇パーセント増・三年連続過去最高)。**5・9** 政府、中国にSARS対策のため緊急無償資金協力一五億円を追加供与決定。**5・12** 十合、ミレニアムリテイリングに改称(そごうと西武百貨店を統合する持ち株会社に)。**5・28** 国会等移転特別委員会、首都機能移転を見送る中間報告採択。**5・29** 政府、入港する北朝鮮の貨客船万景峰(マンギョンボン)九二号を現行法総動員で監視にあたることを決定。**5・30** 小泉首相、サンクトペテルブルクでプーチンロシア大統領と会談・石油パイプライン「太平洋ルート」優先着工を要請(三一日、同市内で中国胡錦濤(フー＝チンタオ)国家主席と初会談)。**6・5** 小泉首相、衆院本会議で「拉致はテロ」との見解を述べる。**6・6** 参院本会議、武力攻撃事態法など有事関連三法を可決、成立。韓国の盧武鉉(ノ＝ムヒョン)大統領、初来日(七日、小泉首相と会談・北朝鮮へ核廃棄要請で一致)。**6・—** 平成一五年度上半期の日中貿易総額、六〇四億四二七八万ドル(前年同月比三三・九パーセント増)。**7・7**『フォーチュン』誌発表の平成一四年度世界大企業番付、トヨタ自動車八位にランク。**7・22** 新

西暦	年号・干支	内閣	記事
			日本製鉄と上海宝山鋼鉄、合弁会社設立に合意。**7・31** バンコクの日本大使館に亡命をもとめて北朝鮮住民一〇人駆け込む。**8・5** 閣議、平成一五年度版防衛白書を了承（テロなど新たな脅威に力点）。**8・8** 人事院、平成一五年度の国家公務員給与の四〇五四円引き下げを勧告（平均年収五年連続減少）。**8・11** 北朝鮮からの脱北者支援のNGOスタッフ、中国公安当局に拘束される。**8・18** 小泉首相、欧州三ヵ国歴訪（〜二三日）。各国首脳と会談。日本の対北朝鮮方針への支持を取り付ける。**8・22** 帝国データバンク、平成一四年度の法人申告所得順位発表。トヨタ自動車、四年連続首位（前年度比五・五パーセント増の九八八七億円）。**8・25** 万景峰（マンギョンボン）九二号、入港。国土交通省、船舶検査を実施し是正を命令。**8・29** 政府、「政府開発援助（ODA）大綱」閣議決定（目的に国益重視の姿勢）。**9・20** 自民党総裁選、小泉首相再選。**9・21** 小泉首相、自民党三役決定（幹事長安倍晋三官房副長官・政調会長額賀福志郎幹事長代理など）。**9・24** 民主党と自由党、合併、新しい民主党が発足。**10・5** 石原伸晃国土交通相、日本道路公団藤井治芳総裁に辞表提出を要求（六日、拒否したため解任手続きへ）。**10・7** 小泉首相・中国温家宝（ウェン＝チアパオ）首相・韓国盧武鉉（ノ＝ムヒョン）大統領、バリ島で三ヵ国首脳会談。北朝鮮に核廃棄を求める共同宣言に署名。**10・10** 参院本会議、改正テロ対策特別措置法・改正公職選挙法など九法案可決、成立。りそなホールディングス、九月中間決算で税引き後利益一兆七六〇〇億円の赤字。**10・15** 政府、イラク復興支援一五億ドル醵出を決定。**10・17** 小泉首相、来日したブッシュ米大統領と会談（北朝鮮核開発につき平和的解決で一致）。**10・31** 産業再生機構、三井鉱山支援を再決定。**11・9** 第四三回衆議院議員総選挙（自民二三七、民主一七七、公明三四、共産九、社民六、自民伸び悩むも与党で過半数確保、民主は躍進、共産・社民後退）。**11・13** 土井たか子社民党党首、衆院選での敗北の責任をとり辞任（後任に福島瑞穂幹事長）。**11・19** 第一五八回特別国会召集（一一月二七

西暦	年号・干支	内閣
二〇〇三 ◀▶	平成一五 癸未	(第１次小泉純一郎内閣)

記事

日閉会)。衆参両院本会議、小泉首相を首相に指名。第二次小泉内閣成立(閣僚全員再任)。**11・25** 大手銀行・金融七グループの平成一五年九月期中間決算、大幅に収益改善。**11・29** 日本人外交官二名、イラク中部で殺害される(日本人初の犠牲者)。**12・3** 北陸・関西・中部電力の三社、珠洲原発建設計画の凍結に合意(事実上の断念)。**12・10** 政府・与党、平成一六年度予算で地方への補助金一兆円削減で合意。**12・12** 日本・ASEAN特別首脳会議、東京で開催(小泉首相、東南アジア友好協力条約への加盟を表明)。**12・18** 小泉首相、自衛隊のイラク派遣実施要項を承認。**12・26** 航空自衛隊先遣隊がクウェートへ出発。**この年** 年末の外貨準備高、六七三五億二九〇〇万ドル(過去最大の増加)。国内企業物価指数九五・〇(平成一二年＝一〇〇・前年比〇・七パーセント減、三年連続の下落)。年間の輸出額、五六兆六三四億円(前年度比六・三パーセント増)、輸入額、四四兆八二五八億円(前年度比四・一パーセント増、共に過去最高)・貿易黒字額一一兆二三七六億円(前年比一六・三パーセント増)。経常収支黒字額、前年比二九パーセント増の一七兆二六六七億円(過去最大)。財務省発表、年度末の国の債務残高七〇三兆一四七八億円(前年度比五・一パーセント増と過去最高更新)。トヨタ自動車、二〇〇三年の自動車販売台数六七八万台で世界二位(ゼネラル＝モーターズに次ぐ)。

【社会・文化】

1・16 最高裁、ゼネコン汚職事件で中村喜四郎元建設相の上告を棄却し懲役一年六ヵ月の実刑・追徴金一〇〇〇万円の判決確定(議員失職)。**1・17** 北朝鮮より亡命した日本人妻が中国で拘束後に日本に帰国(四四年ぶり)。**1・20** 第六五代横綱貴乃花、引退を表明(二二回優勝)。**1・29** 日本相撲協会、朝青龍の横綱昇進決定(史上三人目の外国人横綱)。**2・1** 第五回青森冬季アジア競技大会開会(〜七日・二九ヵ国、一〇四三人参加、メダル総数六七で史上最多)。**2・12** 青森地

西暦	
年号・干支	
内閣	
記事	裁、武富士放火殺人事件で小林光弘被告に死刑判決。**2・28** 国立大学法人法案、閣議決定（九九の国立大学法人化）。**3・3** 水戸地裁、臨界事故でJCO元所長ら六被告に執行猶予付きの禁錮刑、JCOに罰金一〇〇万円の判決。**3・4** 東京地検、衆院議員坂井隆憲と政策秘書ら二人を政治資金規正法違反容疑で逮捕。**3・23** 宮崎駿監督の「千と千尋の神隠し」、長編アニメ部門でアカデミー賞を受賞（長編作品での受賞は初）。**4・11** 鹿児島市の南国花火製造所で爆発、従業員一〇人死亡。**4・14** 人間の全遺伝情報（ヒトゲノム）の解読を進めてきた日米欧などの国際チーム、解読の完了を宣言（塩基約三〇億七〇〇〇個、遺伝子総数三万二六一五個）。**4・23** 東京高裁、宇都宮市宝石店放火事件の控訴審で、一審の死刑判決を支持し控訴を棄却。**5・1** ヨルダンのクイーン＝アリア国際空港で毎日新聞記者の手荷物中の不発弾が爆発、空港職員一人死亡。**5・9** 文科省宇宙科学研究所、世界初の小惑星探査機ミューゼスC打ち上げ成功。**5・20** 東京地裁、村上正邦元参院議員に懲役二年二ヵ月、追徴金七二八八万円の実刑判決。**5・21** 東京高裁、〇一五七訴訟の控訴審でカイワレ大根生産業者側の逆転勝訴判決。**5・26** 宮城県沖地震・マグニチュード七・一、宮城県石巻などで震度六弱・けが人一七〇人。**6・1** ヨルダン国家治安法廷、国際空港爆発事件（五月一日）で毎日新聞記者に禁錮一年六ヵ月の実刑判決（同記者、アブドラ国王の特赦を受け釈放）。**6・20** 福岡市の博多湾で衣料品販売業一家四人の遺体発見（福岡県警、殺人・死体遺棄事件と断定、九月一六日中国人留学生ら三人の犯行と判明）。**7・17** 二一世紀COE（センター＝オブ＝エクセレンス）プログラム、五六大学一三三件の研究計画を選定。**7・18** 警視庁、前衆院議員辻元清美と社民党党首土井たか子の元政策秘書ら四人を、詐欺容疑で逮捕。**7・20** 九州中部で豪雨・死者二二人。**8・8** 台風一〇号が高知県室戸市付近に上陸し日本列島を縦断・死者・不明者二一人。**8・28** 大阪地裁、池田小児童殺傷事件の実行犯宅間守に死刑判決（平成一六年九月一四日死刑執行）。

西暦	年号・干支	内閣	記事
二〇〇三 ◀▶	平成一五 癸未	（第1次小泉純一郎内閣）	

9・6 北野武監督の「座頭市」、ヴェネチア国際映画祭で銀獅子賞（監督賞）を受賞。**9・14** 田村亮子、柔道世界選手権女子四八キロ級で六連覇（大会史上初）。**9・15** 阪神タイガース、一八年ぶりセ・リーグ優勝（一〇月二七日、日本シリーズでダイエー優勝）。**9・16** 韓国、日本大衆文化第四次開放措置、二〇〇四年一月からの実施発表。**9・20** 米大リーグのイチロー（鈴木一朗）、新人から三年連続二〇〇安打達成（大リーグ史上三人目）。**9・29** 東京地裁、旧日本軍の遺棄毒ガス被害訴訟で、中国人被害者の請求を認め国に賠償命令。**10・29** 東京地裁、オウム真理教元幹部中川智正被告に死刑判決。**11・15** 第六七代横綱武蔵丸、引退を表明。**11・21** 大学設置・学校法人審議会、法科大学院六六校の設置を認可するよう答申。**11・29** 宇宙航空研究開発機構、大型ロケットH二Aの打ち上げ失敗。**12・1** 地上デジタル放送開始（関東・近畿・中京地方の一部地域）。**12・2** 警視庁、武富士の武井保雄会長を電気通信事業法違反容疑で逮捕（八日、武井、会長を辞任）。**12・6** 愛知県警、衆院議員近藤浩を公職選挙法違反容疑で逮捕。**12・19** 警視庁、北朝鮮関連施設への銃撃事件で、刀剣友の会会長ら六人を銃刀法違反容疑で逮捕。**12・29** 埼玉県警、衆院議員新井正則を公職選挙法違反容疑で逮捕。**この年** 年間の交通事故死七七〇二人（八〇〇〇人を下回ったのは四六年ぶり）。平成一五年の出生率、一・二九と過去最低を記録。

【死没】

1・5 土方和雄（74、日本史学）。**1・6** 村上兵衛（79、小説家）。**1・11** 鹿取泰衛（81、駐ソ連大使）。**1・12** 深作欣二（72、映画監督）。**1・16** 榎本滋民（72、劇作家）。**1・19** 北出清五郎（80、アナウンサー）。**1・26** 真藤恒（92、NTT会長）。**2・1** 山住正己（72、教育学）。**2・10** 富士川英郎（93、ドイツ文学）。**2・15** 奥田元宋（90、日本画家）。**2・22** 隅谷三喜男（86、労働経済学）。**2・23** 小尾虎雄（95、東京都教育長）。**2・26** 宮脇俊三（76、紀行作家）。藤原彰（80、日本史学）。**3・2** 生島治郎（70、小説家）。**3・**

西暦	
年号・干支	
内閣	
記事	7 黒岩重吾(79、小説家)。 3・14 鈴木真砂女(96、俳人)。 3・31 山田安邦(76、ロート製薬)。 4・2 村田敬次郎(79、政治家)。 4・5 徳永康元(91、言語学・民俗学)。 4・18 城塚登(75、社会思想史)。 5・20 平井富三郎(96、新日本製鉄)。 5・26 奥田義雄(76、地理学)。 5・28 藤田省三(75、思想史)。 6・20 松本弘子(67、モデル)。 6・24 名古屋章(72、俳優)。 7・5 桜内義雄(91、政治家)。 7・17 河野義克(90、政治家)。 7・19 大林芳郎(85、大林組)。 7・23 関野雄(88、考古学)。 7・27 花柳武始(76、新派俳優)。 8・1 本間一夫(87、日本点字図書館館長)。 8・4 飯田経夫(70、経済学)。 8・9 沢たまき(66、政治家・俳優)。 8・10 中村哲(91、憲法学・政治学)。 8・15 寺沢一(78、国際法)。 9・8 斉藤喜久蔵(79、昭和製紙)。 9・24 芦原義信(85、建築家)。 9・26 江口圭一(71、日本史学)。 9・29 楠田実(78、政治評論家)。 10・1 一竜斎貞丈(六代)(75、講談師)。 10・3 飯坂良明(77、政治学)。 10・19 大石武一(94、政治家)。 11・22 諸沢正道(80、国立科学博物館長)。 11・24 団令子(68、俳優)。 11・26 小林千登勢(66、俳優・エッセイスト)。 11・27 矢内原勝(77、経済学)。 12・5 バーブ佐竹(68、歌手)。 12・31 坂本朝一(86、NHK会長)。 〔世界〕 1・8 トルコの旅客機、ディヤルバクル空港着陸に失敗し炎上(乗客七五人が死亡)。 1・10 北朝鮮、核拡散防止条約(NPT)脱退を宣言。 1・19 米政府、フセイン大統領の亡命によるイラク攻撃回避の可能性言及。 1・20 国連監視査察委員会、イラクの核兵器開発疑惑が払拭できないと断定。 1・28 ブッシュ大統領、国連決議なくともイラク攻撃実施を表明。 2・1 米スペースシャトル「コロンビア」、大気圏再突入中に、空中分解し飛行士七人全員死亡。 2・4 セルビア=モンテネグロ発足。 2・12 IAEA、北朝鮮核問題の国連安保理付託を決議。 2・16 アラブ連盟、対イラク戦に非協力声明。 2・18 韓国大邱(テグ)市で地下鉄放火(乗客一九二人死亡)。 2・19 イラ

西暦	年号・干支	内閣	記事
二〇〇三 ◀▶	平成一五 癸未	(第1次小泉純一郎内閣)	ンの軍用機、イラン南東部で墜落(三〇二人死亡)。**2・24** 中国ウイグル自治区で大地震・マグニチュード六・八・死者二六一人。**2・25** 盧武鉉(ノ＝ムヒョン)が韓国大統領に就任。**2・26** 北朝鮮、原子炉再稼動を発表。**3・4** フィリピンのダバオ空港で爆弾テロ(二一人が死亡、五日、イスラム武装組織アブ＝サヤフが犯行を認める)。**3・6** アルジェリアの旅客機、同国内で離陸直後に墜落(乗員・乗客九七人死亡)。**3・7** 米・英・スペイン、イラクへの武力行使容認新決議修正案を国連安保理に提出(三月一七日を期限とする)。**3・11** 露・仏、新決議修正案に拒否権発動を表明(中国も不賛成を表明)。**3・12** セルビアのジンジッチ首相、ベオグラードで暗殺。**3・15** 中国第一〇期全国人民代表大会第一回会議開催(新国家主席に胡錦濤(フー＝チンタオ)共産党総書記を選出、一六日、新首相に温家宝(ウェン＝チアパオ)副首相を選出)。**3・17** ブッシュ大統領、イラクに最後通告(一八日、イラク政府、フセイン大統領の亡命拒否)。**3・19** 米英軍、イラク攻撃開始(現地時間二〇日・イラク戦争始まる)。**3・20** トルコ政府、米軍に領空通過を承認(イラク北部への兵員輸送可能に)。**3・24** アラブ連盟、米英軍のイラクからの即時撤退を求める声明。**4・2** WHO、SARS感染防止のため中国広東省と香港への渡航自粛勧告(五月八日台北(タイペイ)・天津(ティエンチン)へも)。**4・7** 米軍、イラクの重要施設制圧(九日、フセイン政権崩壊)。**4・8** 米英首脳会談、北アイルランドのベルファストで開催・戦後イラク人主体の行政機構樹立を共同声明。**4・11** 露・仏・独首脳、サンクトペテルブルクで会談・国連中心のイラク戦後復興を確認。ブッシュ大統領、シリアにイラク政府高官の亡命受入れをしないよう警告。**4・16** 国連人権委員会、北朝鮮の人権状況非難決議を採択(拉致事件に言及)。**4・20** 中国政府、SARS感染者三四六人、死者一八人と発表。**5・12** チェチェン共和国西部で爆弾テロ(五九人死亡)。**5・16** モロッコのカサブランカで連続テロ(四五人死亡、一七日、イスラム過激派メンバーら三三人逮捕)。**5・21** アル

西暦	
年号・干支	
内閣	第2次小泉純一郎内閣 11・19

記事

ジェリアで大地震・マグニチュード六・七・死者二一六二人・負傷者八九六五人。**5・27** 中露首脳会談、北朝鮮問題の武力解決を容認しないことで一致。**6・1** 第二九回主要国首脳会議、フランスのエヴィアンで開催(〜三日)・議長総括で北朝鮮の拉致問題解決に言及。**6・2** インド、熱波の影響で死者約一〇〇〇人。**6・8** ポーランド、国民投票によりEU加盟承認(一四日、チェコでも加盟承認)。**6・22** イラク原油の輸出再開(戦争開始による中断以来三ヵ月ぶり)。**6・23** インド首相バジパイ、中国訪問、温家宝(ウェン＝チアパオ)首相と会談(中印全面協力宣言調印)。**6・24** ブッシュ大統領、ムシャラフパキスタン大統領と会談、三〇億ドルの支援表明。**7・1** 香港、返還六周年を迎え、民主化求める五〇万人デモ(八九年の天安門事件以降、最大規模)。**7・5** WHO、SARSの終息宣言。**7・13** イラクでイラク人に一定の統治権限を認める、イラク統治評議会発足。**7・21** リベリア、反政府勢力と政府軍、首都モンロビア攻防戦激化(九〇人余死亡)。**7・27** マニラでフィリピン国軍兵士三〇〇人、大統領辞任を求めホテルに立てこもる・アロヨ大統領、反乱厳戒宣言布告(一九時間後に反乱兵士撤収)。**8・13** フランスやスイスなど欧州各地で異常な熱波(フランス国内の死亡者三〇〇〇人)。**8・18** リベリア、反政府勢力と政府側、暫定政権発足を盛り込んだ和平協定調印(一四年間の内戦に終止符)。**8・19** バグダードの国連現地本部で爆弾テロ・デメロ国連事務総長イラク特別代表ら二二人死亡。**8・25** インド西部のボンベイ市内で連続爆弾テロ・四五人死亡。**8・29** イラク、ナジャフのモスクでテロ(八二人死亡、二二九人負傷)。**9・5** 核実験全面禁止条約発効促進会議、ウィーンで開催・米・中など一二ヵ国に早期批准を呼びかけ最終宣言。**9・23** 第五八回国連総会一般演説・アナン国連事務総長、イラク戦争における米国理論を批判し安保理改革を主張・シラク仏大統領、日・独の常任理事国入り支持表明。**10・2** ウクライナのヤルタで「一九四五年」についての現代史シンポジウム、ヤルタ会談の歴史理解などにつ

西暦	年号・干支	内閣	記事
二〇〇三 ▶	平成一五 癸未	(第2次小泉純一郎内閣)	いて討議(欧州評議会主催、第二次大戦などについて歴史見直しの声が東欧・旧ソ連圏諸国から高まる・~四日)。**10・7** 米カリフォルニア州知事選挙、俳優のアーノルド＝シュワルツェネガーが当選。**10・8** 国連人口基金、二〇〇三年度「世界人口白書」発表(六三億人を越える)。**10・10** イランの女性弁護士で人権活動家シリン＝エバディ、ノーベル平和賞受賞決定。**10・15** 中国、初の有人宇宙船「神舟五号」の打ち上げ成功(三ヵ国目)。**10・18** 韓国、イラク追加派兵と二億ドル醵出決定。**10・27** イラクのバグダード、赤十字事務所などで連続自爆テロ(三五人死亡)。**11・7** トルコ政府、イラク派兵の中止決定。**11・20** トルコ、イスタンブールの英国総領事館付近で連続自爆テロ(英総領事ら二七人死亡)。**11・22** グルジア、議会選結果取消を求める野党支持者、議事堂に突入(二三日、シェワルナゼ大統領辞任)。**11・26** IAEA定例理事会、イランの核疑惑非難決議を全会一致で採択。**11・27** 台湾立法院、野党側の住民投票法案可決(憲法修正も対象)。**11・29** イラクでスペイン・韓国などの政府関係者襲撃(一〇人死亡、外国人犠牲者拡大)。**12・7** ロシア下院選挙、与党「統一ロシア」大勝。**12・13** イラク駐留米軍、ティクリート近郊でフセイン元大統領を拘束。**12・14** アフガニスタン憲法制定国民大会議、カブールで開会。**12・19** 米英首脳、リビアの核開発計画全面放棄確約を発表(二七日、IAEA査察開始)。**12・22** プーチン大統領、ロシアの対イラク債権の六五パーセントの放棄を表明。**12・23** 米農務長官、ワシントン州でBSE(狂牛病)感染牛の存在を確認したと発表(日本政府、米国産牛肉の全面輸入停止決定)。**12・25** パキスタンのラワルピンディで、ムシャラフ大統領車列へ自爆テロ(大統領無事、一四人死亡)。**12・26** イラン南東部で大地震・死傷者四万人。**この年** ドイツ、二〇〇三年の実質国内総生産が前年比〇・一パーセント減(一〇年ぶりの減少)。

西暦	年号・干支	内閣	記事
▲二〇〇四	一六 甲申（きのえさる）		【政治・経済】 1・16 陸上自衛隊先遣隊、イラク復興支援のためクウェートに出発。 1・17 第二三回共産党大会、天皇制や自衛隊の存在を認める綱領改定案を採択（昭和三六年の策定以来初）。 1・22 航空自衛隊本隊、イラク復興支援のためクウェートに出発。 2・3 陸上自衛隊本隊、イラク復興支援のためクウェートに出発（二月九日イラク南部サマワに到着し活動を開始）。 2・9 参院本会議、イラクへの自衛隊派遣を承認（イラク特措法に基づく国会承認手続き終了）。 改正外国為替・外国貿易法成立（北朝鮮への経済制裁が可能に）。 2・23 小泉首相、来日したアナン国連事務総長と会談（アナン事務総長、日本のイラク自衛隊派遣を高く評価）。 2・24 山之内製薬、平成一七年四月に藤沢薬品工業を吸収合併することを発表（国内二位に）。 2・28 日朝協議、北京で開催（拉致問題に進展なし）。 3・1 六県で四三市町村が合併、八市に再編される（全国市町村数は三五減り三一三五）。 3・2 政府、司法改革関連九法案を閣議決定。 3・11 三菱ふそうトラック・バス、車輪設計上の欠陥を認め、国土交通省にリコール届け出を表明。 3・24 沖縄県警、尖閣諸島の魚釣島に上陸した中国の活動家七人を不法入国の現行犯で逮捕（二六日、強制退去処分）。 3・26 参議院本会議、平成一六年度予算可決、成立・一般会計総額八二兆一一〇九億円。 3・- 平成一五年度の対中国政府開発援助（ODA）総額約一〇八〇億円で同一二年度のほぼ半額に減少、昭和五四年度の開始以来の累計約三兆三三三四億円に（その後、中国の軍備増強・経済発展などを受けて対中国ODA見直し論高まる）。 三月末の外貨準備高、八二六五億七七〇〇万ドル（初の八〇〇〇億ドル突破で過去最高を更新）。 大手銀行七グループの三月期決算、五グループの連結最終損益が黒字転換。 トヨタ自動車、三月期決算で税引き後利益一兆一六二〇億円（前期比五四・八パーセント増、一兆円超は日本企業初）。 日産自動車、三月期決算で売上高七兆四二九二億円・営業利益八二四九

西暦	年号・干支	内閣
二〇〇四 ◀▶	平成一六 甲申	(第2次小泉純一郎内閣)

記事

億円(ともに過去最高を更新)。三月の完全失業率四・七パーセント(三年ぶりの低水準)。**4・1** 全国七府県で四三市町村合併(新潟県阿賀野市・静岡県伊豆市など一一市発足)。**4・7** 改正児童虐待防止法、参院で可決、成立(児童相談所に警察への援助要請を義務づけ)。イラクで日本人三人が武装派組織サラヤ＝ムジャヒディンに拘束される。同組織、自衛隊のイラク撤退を要求、政府、撤退しない方針を表明(一七日、三人解放される)。**4・16** 国民年金の未納保険料のうち徴収不能となった時効保険料、昭和六一年度からの総額が八兆一三〇七億円となることが明らかとなる。**4・22** 厚生労働省発表、年金財源不足四八〇兆円。**4・23** ダイムラー＝クライスラー、三菱自動車への支援打ち切りを発表。**4・26** 経済財政諮問会議、郵政民営化の中間報告を正式決定。内閣府調査、一月〜三月の企業景況感が一五年ぶりの高水準。**4・28** 日本銀行、「経済・物価情勢の展望」発表(今年度もデフレ継続の見通し)。電気大手一〇社の三月期決算、全社最終損益黒字化。**5・5** 日朝政府間協議、北京で開催(両国、協議の継続確認)。**5・10** 菅直人民主党代表、国民年金未加入・保険料未納問題で代表を引責辞任。**5・11** 衆院本会議、年金改革関連法案可決、参議院へ送付(民主党小沢一郎ら九人、本会議欠席で造反)。**5・18** 民主党代表選挙、岡田克也を選出。**5・21** 参院本会議、裁判員法・改正刑事訴訟法可決、成立。**5・22** 小泉首相訪朝し、平壌(ピョンヤン)で日朝首脳会談開催・拉致被害者家族八人のうち五人帰国(残り三人は第三国での再会が決定)。小泉首相、北朝鮮に二五万トンの食糧支援表明。**5・26** 警視庁、アル＝カーイダ幹部が国内に潜伏していた事件で、接触していた外国人五人を逮捕。**5・27** イラク、バグダード近郊で日本人フリージャーナリスト二人殺害される。**6・3** 経済財政諮問会議、「経済財政運営と構造改革に関する基本方針」決定(四日、政府、閣議決定)。**6・5** 参院本会議、年金改革関連法可決、成立。**6・8** 小泉首相、ブッシュ米大統領と会談、イラク派遣多国籍軍への自衛隊参加を表明(一八日

西暦	
年号・干支	
内閣	
記事	閣議決定）。**6・23** 米格付け会社スタンダード＝アンド＝プアーズ（S&P）、日本の大手銀行八行の格付け引き上げを発表。**6・28** 政府、イラク暫定政権を承認・現地の自衛隊、多国籍軍に参加。中国で脱北者支援団体の日本人に懲役八ヵ月・罰金二万元の実刑判決。**7・9** 北朝鮮による拉致被害者曾我ひとみとその家族三人がジャカルタで一年九ヵ月ぶりに再会（一八日、一家四人帰国・来日）。**7・11** 第二〇回参議院議員通常選挙（民主五〇・自民四九・公明一一・共産四・社民二など・民主躍進で二大政党化が進む・投票率五六・五七パーセント）。**7・14** 三菱東京フィナンシャルグループとUFJホールディングスが平成一七年一〇月一日に経営統合すると発表（八月一二日、合意書締結）。**7・16** 在日米軍再編をめぐる日米協議・米国、厚木基地の岩国基地移転を提案。**7・21** 日韓首脳会談、済州（チェジュ）島で開催・北朝鮮の核問題に関する六ヵ国協議で平和的解決に向け日米韓連携で一致。**7・29** 民主党岡田代表、海外での武力行使を可能にすべく憲法九条を改正すべきだとの見解を表明。**7・30** 第一六〇臨時国会召集（八月六日閉会）・参院本会議、扇千景を議長に選出（初の女性参院議長）。**8・7** サッカーアジア杯（北京）決勝（日本対中国）で中国の観客、日本国歌にブーイング・試合後、中国チームの敗北に激昂した数千の中国群衆が騒ぎ、日の丸を焼き日本公使の公用車を破損（国際社会に北京オリンピックを懸念する声おこる）。**8・13** アメリカ、貿易赤字二八七七億二八〇〇万ドル（上半期で過去最大）。**9・1** 北朝鮮からの脱北者二九人が北京の日本人学校に駆け込む。**9・11** 北朝鮮による拉致被害者曾我ひとみの夫チャールズ＝ジェンキンスが在日米軍司令部に出頭。**9・17** 小泉首相、メキシコでフォックス大統領と会談・自由貿易協定（FTA）に署名。**9・21** 国連常任理事国入りめざす日独伯印首脳会談、ニューヨークで開催（相互支持の共同声明発表）。**9・27** 第二次小泉改造内閣発足（新設の郵政民営化担当相に竹中経済財政相兼務・外相町村信孝など）。小泉首相、自民党三役決定（幹事長に武部勤元農

西暦	年号・干支	内閣
二〇〇四 ◀▶	平成一六 甲申	（第2次小泉純一郎内閣）

記事

相）。**10・12** 第一六一臨時国会召集（一二月三日閉会）・小泉首相、所信表明演説で郵政民営化推進を強調。**10・13** ダイエー、民間主体の自主再建を断念して産業再生機構に支援要請。西武グループ、コクドの堤義明会長、西武鉄道の有価証券報告書虚偽記載の責任をとり同グループの役職を全て辞任すると表明。**10・20** コクド、持ち株比率を下げるため諸企業に虚偽記載を隠したまま西武鉄道株を売却した事実判明（平成一七年三月三日、東京地検特捜部、堤義明前会長を虚偽記載・インサイダー取引により証券取引法違反容疑で逮捕）。**10・26** イラクで武装組織に日本人男性拘束される（三一日、遺体で見つかる）。**11・1** 日銀、二〇年ぶりに新札発行（五千円札樋口一葉、千円札野口英世）。一七県で八五市町村が合併し二〇市町発足（全国市町村数二九四二）。**11・3** 拉致被害者曾我ひとみの夫チャールズ＝ジェンキンス、米軍軍法会議で禁錮三〇日と不名誉除隊の判決。**11・9** 第三回日朝実務者協議、平壌（ピョンヤン）で開催（一〇日、北朝鮮、拉致被害者の再調査結果を報告）。**11・10** 超党派の参議院改革協議会、対中国ODAについて「引続き推進する必要性は見当らない」とする報告書をまとめる。中国の原子力潜水艦が宮古列島周辺で日本の領海を侵犯（政府、海上警備行動を発令）。**11・11** 衆議院憲法調査会、中央公聴会を開催、中曾根・宮沢両元首相ら公述人として意見を述べる（中曾根は防衛軍の設置・武力行使を伴う国際協力活動への参加を認める改憲を提案）。**11・12** 西武鉄道、経営再建策発表。**11・16** 東京証券取引所、西武鉄道株式の上場廃止を決定（一二月一七日上場廃止）。**11・17** 自民党憲法調査会、新憲法草案大綱の素案を提示（女性天皇を容認、集団的自衛権の行使を明記）。**11・18** 中国、原子力潜水艦による日本領海侵犯事件で「遺憾の意」を表明。政府、フィリピンとの自由貿易協定（FTA）締結に合意。**11・25** 政府、「防衛計画の大綱」に日本周辺の不確実要素として「中国」「北朝鮮」の明記を決定。**11・30** 政府、女性天皇容認の方向で皇室典範改正の検討開始。**12・3** 第一六一臨

（ご注意）

・この用紙は、機械で処理しますので、金額を記入する際は、枠内にはっきりと記入してください。また、本票を汚したり、折り曲げたりしないでください。

・この用紙は、ゆうちょ銀行又は郵便局の払込機能付きＡＴＭでもご利用いただけます。

・この払込書を、ゆうちょ銀行又は郵便局の渉外員にお預けになるときは、引換えに預り証を必ずお受け取りください。

・ご依頼人様からご提出いただきました払込書に記載されたおところ、おなまえ等は、加入者様に通知されます。

・この受領証は、払込みの証拠となるものですから大切に保管してください。

収入印紙
課税相当額以上
貼　　付

印

この用紙で「本郷」年間購読のお申し込みができます。

◆この申込票に必要事項をご記入の上、記載金額を添えて郵便局でお払込み下さい。

◆「本郷」のご送金は、４年分までとさせて頂きます。

この用紙で書籍のご注文ができます。

◆この申込票の通信欄にご注文の書籍をご記入の上、書籍代金（本体価格＋消費税）に荷造送料を加えた金額をお払込み下さい。

◆荷造送料は、ご注文１回の配送につき380円です。

◆入金確認まで約７日かかります。ご諒承下さい。

振替払込料は弊社が負担いたしますから無料です。

※領収証は改めてお送りいたしませんので、予めご諒承下さい。

お問い合わせ　〒113-0033・東京都文京区本郷７－２－８
吉川弘文館　営業部
電話03-3813-9151　FAX03-3812-3544

この場所には、何も記載しないでください。

02 東京

払込取扱票

通常払込料金加入者負担

口座記号番号	金額
00100－5－244	千 百 十 万 千 百 十 円 ※

加入者名	料金	備考
株式会社 吉川弘文館		

ご依頼人

フリガナ

※お名前

郵便番号　　電話

※ご住所

通信欄 ※

◆「本郷」購読を希望します

購読開始　　号 より

1年 1000円（6冊）　3年 2800円（18冊）
2年 2000円（12冊）　4年 3600円（24冊）
（ご希望の購読期間に○印をお付け下さい）

日附印

各票の※印欄は、ご依頼人において記載してください。

裏面の注意事項をお読みください。（ゆうちょ銀行）（承認番号東第53889号）

これより下部には何も記入しないでください。

切り取らないでお出しください。

記載事項を訂正した場合は、その個所に訂正印を押してください。

振替払込請求書兼受領証

口座記号番号	00100－5－244	通常払込料金加入者負担
加入者名	株式会社 吉川弘文館	
金額	千 百 十 万 千 百 十 円 ※	
ご依頼人	おなまえ ※　　様	
料金		日附印
備考		

この受領証は、大切に保管してください。

郵便はがき

料金受取人払郵便

本郷局承認

8761

差出有効期間
平成29年7月
31日まで

113-8790

251

東京都文京区本郷7丁目2番8号

吉川弘文館 行

愛読者カード

本書をお買い上げいただきまして、まことにありがとうございました。このハガキを、小社へのご意見またはご注文にご利用下さい。

お買上**書名**

＊本書に関するご感想、ご批判をお聞かせ下さい。

＊出版を希望するテーマ・執筆者名をお聞かせ下さい。

お買上
書店名　　区市町　　書店

ふりがな ご氏名　　　　　　年齢　　歳　男・女	
〒 □□□-□□□□	電話
ご住所	
ご職業	所属学会等
ご購読 新聞名	ご購読 雑誌名

今後、吉川弘文館の「新刊案内」等をお送りいたします(年に数回を予定)。
ご承諾いただける方は右の□の中に✓をご記入ください。　□

注 文 書

月　　日

書　　名	定　価	部　数
	円	部
	円	部
	円	部
	円	部
	円	部

配本は、○印を付けた方法にして下さい。

イ. 下記書店へ配本して下さい。
(直接書店にお渡し下さい)
(書店・取次帖合印)

ロ. 直接送本して下さい。
代金(書籍代+送料・手数料)は、お届けの際に現品と引換えにお支払下さい。送料・手数料は、書籍代計1,500円未満530円、1,500円以上230円です(いずれも税込)。

＊お急ぎのご注文には電話、FAXもご利用ください。
電話 03-3813-9151(代)
FAX 03-3812-3544

書店様へ=書店帖合印を捺印下さい。

西暦	
年号・干支	
内閣	
記事	時国会閉会(政府提出二四法案成立・政治資金規制法改正案は継続審議に)。**12・8** 政府、北朝鮮が拉致被害者横田めぐみの遺骨として提供した骨は鑑定の結果、別人のものと発表・北朝鮮に厳重抗議・食糧支援未実施分凍結の方針(九日、拉致被害者松木薫の墓周辺で見つかったとされる骨も別人のものと判定)。**12・9** 政府、自衛隊のイラク派遣期間の一年間延長を決定。小泉首相、シュレーダー独首相と会談(安保理常任理事国入りに向け両国連携強化で一致)。**12・10** 政府、「防衛計画の大綱」と次期中期防衛力整備計画(平成一七～二一年度)を決定(国際平和協力を安全保障の二大目標に格上げ)。**12・16** 政府、台湾前総統李登輝(リー＝トンホイ)へのビザ発給を認める方針を発表(中国政府抗議、二七日李登輝(リー＝トンホイ)夫妻来日、～平成一七年一月二日)。**12・17** 北京の日本人学校に脱北者七人駆け込む。日韓首脳会談、鹿児島で開催・小泉首相、北朝鮮へ経済制裁の可能性に言及(盧武鉉(ノ＝ムヒョン)大統領、慎重な姿勢を示唆)。**12・22** 平成一六年一月から一一月までの輸出額五五兆七八六四億円、輸入額四四兆九一三八億円(財務省発表の一一月の貿易統計)。**12・24** 政府、北朝鮮が提供した拉致被害者一〇人の資料の裏付け皆無と発表。**12・27** 政府、「皇室典範に関する有識者会議」設置発表(女性天皇問題を中心に議論)。**12・28** 政府、スマトラ沖大地震の緊急無償資金協力として三〇〇〇万ドル支援発表(二〇〇五年一月六日、ジャカルタでの津波被災国救済サミットで、小泉首相被災国・国際機関へ五億ドルの無償支援を表明)。**この年** 粗鋼生産量一億一四〇〇万トン(前年度比三〇〇万トン増)。中国、アメリカを抜き日本にとって最大の貿易相手国となる(日本の対中国年間輸出額一一兆八二七八億円・輸入額一〇兆三七二七億円、対米輸出額一三兆七二〇五億円・輸入額六兆七五九〇億円)。 【社会・文化】 **1・12** 農水省と山口県、同県阿東町での鳥インフルエンザ発生を発表(一三日、「H五N一型」ウ

西暦	年号・干支	内閣	記事
二〇〇四 ◀ ▶	平成一六 甲申	(第2次小泉純一郎内閣)	イルスと判明)。**1・15** 金原ひとみ(二〇歳)の『蛇にピアス』・綿矢りさ(一九歳)の『蹴りたい背中』、第一三〇回芥川賞受賞決定(ともに最年少記録(二三歳)を破る)。**1・30** 東京地裁、土谷正美オウム真理教元幹部に死刑判決。**2・12** 東京地裁、辻元清美元衆院議員に懲役二年・執行猶予五年の判決(五島昌子元土井たか子衆院議員秘書に懲役一年六ヵ月・執行猶予四年の判決)。**2・27** 京都府、同府丹波町の養鶏場で鳥インフルエンザ発生を発表(二八日、兵庫県でも発生を発表)。東京地裁、松本智津夫元オウム真理教代表に死刑判決。**3・1** 警視庁、総会屋への利益供与で、西武鉄道の専務ら六人と総会屋三人を商法違反容疑で逮捕(六日、新たに二人逮捕)。**3・7** 愛知県警、佐藤観樹前衆院議員を詐欺容疑で逮捕。**3・13** 九州新幹線の新八代—鹿児島中央間開業。**3・26** 新潟地裁、中国人の強制連行をめぐる戦後補償訴訟で国と新潟市の港湾運送会社に賠償金支払い命令。**3・27** フィギュアスケート世界選手権、荒川静香が初優勝。**4・14** 東京地検、元社会保険庁長官と健康保険組合連合副会長を収賄容疑で逮捕・日本歯科医師会長ら五人も贈賄容疑で逮捕。西武鉄道会長堤義明、総会屋への利益供与事件の監督責任で会長・取締役を引責辞任すると発表。**4・22** 青木功選手、世界ゴルフ殿堂入り決定。**5・4** 総務省発表、子どもの数前年比二〇万人減の一七八一万人(過去最低)。**5・6** 神奈川県警、三菱ふそう前会長宇佐美隆ら三菱自動車幹部五人を道路運送車両法違反、二人を業務上過失致死傷容疑で逮捕。**5・14** 東京高裁、オウム真理教の早川紀代秀被告に対する一審の死刑判決を支持し控訴棄却。**5・22** 邦画「誰も知らない」主演の柳楽優弥、カンヌ国際映画祭男優賞を受賞。**5・28** 東京高裁、オウム真理教の井上嘉浩被告に無期懲役の一審判決を破棄し死刑判決。**6・2** 三菱自動車、全車種約一五万六四〇〇台の欠陥隠蔽事実を発表。**6・8** 三菱ふそうトラック・バスがリコール届出を怠っていた事実判明(うち二一件の人身事故発生、一一月二四日約一三万台の追加リコールを発表)・神奈

西暦	
年号・干支	
内閣	
記事	川・山口両県警、同社元社長河添克彦ら元役員六人を業務上過失致死容疑で逮捕。**6・14** 国際原子力機関(IAEA)、日本の原子力計画を平和的利用と公式認定。**6・16** 埼玉県所沢市産野菜ダイオキシン汚染報道訴訟で農家二九人とテレビ朝日との間で和解成立(和解金は一〇〇〇万円)。**6・28** 最高裁、神奈川県知事・県議会議長の即位の礼と大嘗祭への公費参列に合憲判決。**7・1** 第二八回世界遺産委員会、和歌山・奈良・三重県にまたがる「紀伊山地の霊場と参詣道」の世界遺産登録を決定(七日、登録)。**7・7** 警視庁、平成七年の国松警察庁長官狙撃事件で元巡査長とオウム真理教元幹部ら三人を殺人未遂容疑で逮捕(二八日、三人不起訴により釈放)。プロ野球オーナー会議、一〇球団一リーグ制移行案浮上(一〇日、労組選手会臨時総会、オリックス・近鉄の合併凍結決議)。**7・15** 東京地検、前衆院議員吉田幸弘と日本歯科医師会会長臼田貞夫ら三人を業務上横領容疑で逮捕。**7・20** 関東地方で猛暑(東京大手町で三九・五度の観測史上最高を記録)。**7・28** 沖縄県の男性、女性への戸籍変更認められる(性同一性障害者性別特例法施行後初)。**8・7** サッカーアジア杯決勝、北京で開催・日本、中国を破り二大会連続三回目の優勝。**8・10** プロ野球オリックスと近鉄が球団統合合意書に調印。**8・13** プロ野球読売巨人軍、スカウト活動でアマ選手への不正な現金供与が発覚し社長ら三人解任(オーナー渡辺恒雄引責辞任、一〇月二二日阪神・横浜も現金供与発覚し両球団オーナーも辞任)。第二八回夏季オリンピック・アテネ大会開会(〜二九日)・柔道男子の野村宏(三大会連続)、柔道女子の田村亮子(二大会連続)、陸上女子マラソン野口みずき、競泳男子平泳ぎの北島康介、体操男子団体など金メダル(メダル総数金一六をふくむ三七個と史上最多、女子選手が大活躍)。**8・26** 三菱自動車、新たに二二四件の欠陥隠し公表(隠蔽三一六件に)。米大リーグ、マリナーズのイチロー(鈴木一朗)、新人から四年連続二〇〇安打達成(大リーグ史上初)。**8・29** 東京地検、自民党旧橋本派の政治団体平成研究会の会計責

西暦	年号・干支	内閣	記事
二〇〇四 ◀▶	平成一六 甲申	(第2次小泉純一郎内閣)	任者滝川俊行を政治資金規正法違反容疑で逮捕(九月二六日元官房長官村岡兼造も在宅起訴)。**9・8** 台風一八号により全国各地被害(死者・不明者四五人)。**9・17** 労組日本プロ野球選手会、初のストライキ決行決定(一八日・一九日実施)。**9・20** 東京と大阪で真夏日(最高気温三〇度以上)日数が最多記録更新(大阪八九日、東京六八日)。**9・23** 日本プロフェッショナル野球組織(NPB)と労組選手会の交渉委員会開催、七項目で合意(来季一二球団運営の見通し、スト収拾へ)。**10・1** マリナーズのイチロー、二五八安打を記録し米大リーグ年間最多安打記録を八四年ぶりに更新(三日二六二安打に伸ばし二度目のア・リーグ首位打者に)。**10・2** 愛知県犬山で日露戦争百周年国際シンポジウム開催(~三日)。**10・4** 日本・モンゴル合同調査団、モンゴル東部アウラガ遺跡でチンギス=ハーンの霊廟発見。**10・6** 警視庁発表、「おれおれ詐欺」の被害総額一〇〇億三〇〇〇万円(九三〇三件と昨年の二倍以上)。**10・10** 中国の西北(シーペイ)大学、八世紀初めの日本の遣唐使随行留学生の墓誌発見を発表。**10・12** インターネットで知り合った男女九人が集団自殺。**10・23** 新潟中越地震発生・マグニチュード六・八、小千谷市・十日町市で震度六(後に七に変更)・死者三六人。台風二三号(上陸した台風は今年一〇個目で過去最多)により西日本で被害・死者八一人・不明者一二人。**11・2** プロ野球パ・リーグにIT関連企業楽天の新規参入が決定(仙台を本拠地に球団名「東北楽天ゴールデンイーグルス」)。**11・5** 東京地裁、前衆院議員鈴木宗男に懲役二年・追徴金一一〇〇万円の実刑判決。**11・9** ダイエー、プロ野球球団の福岡ダイエーホークスを情報通信大手のソフトバンクに売却で合意(一一月三〇日正式契約)。**11・14** 紀宮清子内親王、黒田慶樹との婚約内定(一二月三〇日正式発表・記者会見)。**11・22** 三井物産、排ガス浄化装置について東京都に虚偽データ提出の事実発表。**11・28** 横綱朝青龍優勝(年間五回優勝は大相撲史上四人目)。**11・-** 朝日新聞社・読売新聞社などマスコミ各社、持ち株制限を超えた地方テレビ局の株式保有次々判明。**12・**

西暦	
年号・干支	
内閣	
記事	1 法隆寺南大門前で国内最古の寺院壁画の破片約六〇点出土（『日本書紀』の法隆寺焼失の記述裏付ける）。東京地検、UFJ銀行の検査妨害事件で元副頭取岡崎和美ら三人を銀行法違反容疑で逮捕。 **12・4** 警視庁、NHKの番組制作費不正流用問題で元チーフ＝プロデューサーら二人を詐欺容疑で逮捕。 **12・7** 経済協力開発機構、二〇〇三年国際学習到達度調査結果を発表（日本、学力急低下）。 **12・24** プロ野球オーナー会議、新球団「福岡ソフトバンクホークス」承認。 **12・28** 新潟県中越地震により一部不通となっていた上越新幹線、全線で運転再開。 【死没】 **1・13** 坂田道太（87、政治家）。 **1・23** 佐々木潤之介（74、日本史学）。 **1・31** 桂文治（80、落語家）。 加藤道子（84、声優）。 **2・10** 杉本健吉（98、洋画家）。 **2・15** 武田豊（90、新日本製鉄）。 **2・20** 山中貞則（82、政治家）。 **2・27** 網野善彦（76、日本史学）。 **2・29** 鏡里喜代治（80、横綱）。 **3・1** 飯島宗一（81、原爆症研究）。 **3・19** 井上八千代（四代）（98、舞踊家）。 **3・20** いかりや長介（72、ザ・ドリフターズ）。 **3・25** 市古貞次（92、国文学）。 **3・28** 尾上九朗右衛門（二代）（82、歌舞伎俳優）。 **4・6** 加山又造（76、日本画家）。 **4・20** 竹内均（83、物理学）。 **4・21** 藤田田（78、日本マクドナルド）。 **4・23** 八百板正（99、政治家）。 **5・1** 戸川幸夫（92、動物文学）。 **5・10** 大石慎三郎（80、日本史学）。 **5・15** 三橋達也（80、俳優）。 **5・19** 金田一春彦（91、国語学）。 **5・21** 加瀬俊一（101、初代国連大使）。 **6・7** コロムビア・トップ（82、漫才師）。 **6・18** 杉浦幸雄（92、漫画家）。 **6・20** 早坂茂三（73、田中角栄首相秘書・政治評論家）。 **6・28** 野沢尚（44、脚本家・作家）。 四元義隆（96、三幸建設工業）。 **7・3** 鈴木治雄（91、昭和電工）。 **7・5** 鳥井信一郎（66、サントリー）。 **7・7** 高畠通敏（70、政治学）。 **7・9** 永原慶二（81、日本史学）。 **7・13** 森嶋通夫（80、経済学）。 **7・16** 中野孝次（79、作家）。 平野龍一（83、刑事法学）。 **7・19** 栗栖弘臣（84、統合幕僚会議議長）。 鈴木善幸（93、政治家）。 **7・25** 下條正巳（88、俳優）。 **8・4** 渡辺文雄

西暦	年号・干支	内閣
二〇〇四 ◀▶	平成一六 甲申	(第2次小泉純一郎内閣)

記事

(74、俳優)。**8・10** 林健太郎(91、西洋史学)。**8・22** 力武常次(83、地震予知研究)。**8・27** 柏木雄介(86、大蔵官僚)。**9・3** 神川信彦(80、政治学)。**9・8** 水上勉(85、作家)。**9・12** 島田修二(76、歌人)。**9・18** 藤田喬平(83、ガラス工芸)。**9・20** 白石一郎(72、作家)。**9・27** 森村桂(64、作家)。**10・1** 鈴木尚(92、人類学)。**10・7** 園田高弘(76、ピアニスト)。**10・10** 埴原和郎(77、人類学)。**10・24** 岡本愛彦(79、映像作家)。**10・26** 原卓也(74、ロシア文学)。**10・30** 南條範夫(96、作家)。**10・31** 春風亭柳橋(69、落語家)。**11・1** 白井浩司(87、仏文学)。**11・6** 佐藤太清(90、日本画家)。原健三郎(97、政治家)。**11・7** 山代巴(92、作家)。**11・11** 柳原義達(94、彫刻家)。**11・12** 具島兼三郎(99、政治学)。**11・17** 内川芳美(78、新聞学)。**11・23** 吉井淳二(100、洋画家)。**11・26** 島田正吾(98、俳優)。**11・27** 木村礎(80、日本史学)。**12・4** 本田靖春(71、作家)。**12・6** 山路ふみ子(92、俳優)。**12・18** 高松宮妃喜久子(92)。

〔世界〕

1・3 エジプト民間航空会社のチャーター機、紅海沿岸に墜落(日本人二人を含む乗客一四八人死亡)。米航空宇宙局(NASA)、探査車スピリットの火星着陸成功。**1・18** イラクで連合国暫定当局を狙い自爆テロ(二〇人以上死亡)。**2・1** サウジアラビアのメッカで、巡礼儀式中に巡礼者が殺到し事故(二四四人死亡)。**2・6** モスクワの地下鉄で爆破テロ(三九人死亡)。**2・10** イラクのバグダード警察署前で爆弾テロ(五〇人余り死亡、一一日にもテロ、四七人死亡)。**2・12** 韓国ソウル大学などのチーム、クローン技術で胚性幹細胞作製に成功(世界初)と発表(『サイエンス』電子版)・二〇〇六年一月一〇日、ソウル大調査委員会、この論文が捏造であったと断定。**2・13** ルネ＝シフェール没(80、フランス国立東洋言語文化研究所長)。**2・18** イラン北東部で貨物列車爆発炎上(二九五人死亡)。**2・25** 北朝鮮の核問題めぐる六ヵ国協議、北京で開催(実質的な進展無し)。**3・**

西暦	
年号・干支	
内閣	
記事	2 韓国国会、「日帝強占下の親日・反民族行為真相究明特別法」を可決(賛成一五一・反対二・棄権一〇、九月二三日施行、日本統治時代の対日協力者を調査・糾弾する目的)。イラクのバグダードとカルバラで同時多発テロ(死者一八〇人以上)。3・5 中国第一〇期全国人民代表大会第二回会議開催(温家宝(ウェン＝チアパオ)首相、台湾独立断固反対を表明)。3・11 スペインのマドリードで列車爆破テロ(死者一九九人、負傷者一四〇〇人以上)。3・12 韓国国会、盧武鉉(ノ＝ムヒョン)大統領の弾劾訴追案可決(韓国史上初)。3・14 中国第一〇期全国人民代表大会第二回会議閉会(私有財産保護を明記した憲法改正案採択)。スペイン下院総選挙、野党社会労働党が第一党に。ロシア大統領選、プーチン大統領が再選。3・20 台湾総統選、陳水扁(チェン＝シュイピエン)が再選。3・25 欧州連合首脳会議、ブリュッセルで開催(〜二六日、「テロとの闘いに関する宣言」採択)。3・29 ウズベキスタン、二都市で連続爆弾テロ(死者五七人)。4・9 イラク、連合軍と反米勢力の騒乱拡大(ファルージャの戦闘により四〇〇人以上死亡、一〇〇〇人以上負傷)。4・16 韓国総選挙、与党ウリ党が躍進し過半数獲得。スペインでサパテロ社会労働党政権発足。4・18 スペインのサパテロ首相、イラク駐留スペイン部隊の撤退指示。4・19 北朝鮮の金正日(キム＝ジョンイル)総書記、中国訪問(胡錦濤(フー＝チンタオ)国家主席と初会談、金(キム)総書記、核兵器廃棄拒否を言明)。4・21 イラクのバスラで連続テロ(七四人死亡)。4・22 北朝鮮北西部の竜川(リョンチョン)駅で列車爆発事故(二四日、死傷者一四〇〇人以上と判明)。4・23 米、リビアへの制裁を緩和。4・24 先進七ヵ国蔵相・中央銀行総裁会議(G7)、ワシントンで開催・イラク復興・テロ資金対策強化で共同声明。4・26 ヨルダン捜査当局、国際テロ組織「アル＝カーイダ」による大規模テロ計画摘発(一〇人逮捕)。5・2 パナマ大統領選挙、民主革命党のマルティン＝トリホスが当選。5・4 ロンドン国際石油取引所、中東情勢悪化で原油相場急騰。5・6 米ブッシュ大統領、米軍によ

西暦	年号・干支	内閣
二〇〇四 ◀▶	平成一六 甲申	(第2次小泉純一郎内閣)

記事

るイラク人虐待問題で謝罪。 **5・9** チェチェン共和国大統領アフマト＝カディロフ、首都グローズヌイで爆破テロにより暗殺される。 **5・13** インド総選挙、野党国民会議派が勝利、八年ぶりに政権復帰。 **5・14** 韓国憲法裁判所、盧武鉉(ノ＝ムヒョン)大統領の弾劾訴追を棄却(大統領、職務復帰)。 **5・17** イラク統治評議会のアブドルザハラ＝オスマン議長、バグダードで爆弾テロにより殺害される。 **5・20** 台湾陳水扁(チェン＝シュイピエン)総統、任期中の新憲法制定を表明(「一つの中国」の受け入れ拒否)。 **5・22** インド首相に元財務相マンモハン＝シン就任。 **5・25** フィリピン大統領選挙、アロヨ大統領再選。 **6・5** ロナルド＝レーガン没(93、米大統領)。 **6・8** 国連安保理、イラクの占領終結と主権回復の決議採択。 第三〇回主要国首脳会議、アメリカのシーアイランドで開催(〜一〇日、北朝鮮問題の包括的解決を明記した議長総括採択)。 **6・14** 欧州議会選挙、中道右派欧州人民党が第一党を維持(独・仏・英では敗北)。 **6・16** 米国の同時テロに関する独立調査委員会、フセイン前政権のアル＝カーイダへの関与を示す信頼できる明確な証拠はないとの報告書を公表。 **6・18** 欧州連合首脳会議、ブリュッセルで開催(EU憲法採択、常任議長を大統領としEU外相も新設)。 **6・21** アメリカで民間有人宇宙船の打ち上げ飛行成功。 ロシア連邦南部イングーシ共和国の首都ナズランで、武装勢力が内務省ビルなどを襲撃(死者九二人)。 **6・24** イラク、首都バグダードなど五都市で連続爆弾テロ(米兵を含む一〇〇人余り死亡)。 **6・26** 米EU首脳会議、アイルランドで開催(イラク復興支援の共同宣言発表)。 北朝鮮問題をめぐる六ヵ国協議、核凍結への見返り措置を柱とする議長声明発表。 **6・28** 米軍主導のイラク占領統治終結、イラク人に主権移譲(予定より二日早める)。 **7・1** マーロン＝ブランド没(80、俳優)。 **7・20** 国連総会、イスラエルにパレスチナ占領地の分離壁の撤去を求める決議を採択(米国など六ヵ国反対)。 **7・27** 東南アジア在留の脱北者二〇〇人、韓国に入国(二八日、新たに二二七人入国)。 **8・**

西暦	
年号・干支	
内閣	
記事	1 パラグアイ首都アスンシオンのスーパーで火災(三六四人死亡)。8・3 NASA、水星探査機メッセンジャー打ち上げ(初の水星軌道周回探査機)。8・13 第二八回夏季オリンピック・アテネ大会(～二九日、二〇二の国と地域が参加・史上最多)。8・25 ロシアの旅客機二機、同時爆破テロにより同国内に墜落(乗員・乗客八九人全員死亡)。8・31 米共和党大会、ブッシュ大統領を大統領候補に指名。モスクワ地下鉄駅で女性による自爆テロ(一〇人死亡、イスラム過激派団体イスランブリ旅団が犯行声明)。9・1 ロシア連邦北オセチヤ共和国ベスランで武装集団が学校を占拠(三日、ロシア特殊部隊が銃撃戦の末制圧・生徒ら人質三三五人死亡、二六〇人不明)。IAEA報告によりイランのウラン大量生産計画判明。9・2 IAEA、韓国が二〇〇〇年に高濃縮ウランの生産に成功していたことを公表。9・7 イラク戦争による米軍死者一〇〇〇人に達する(米大統領報道官が明らかにする)。9・9 ジャカルタのオーストラリア大使館付近で自爆テロ(死者九人・負傷者一八〇人以上)。9・13 IAEA理事会、韓国が一九八〇年代にウラン転換実験を実施していたことを公表。プーチン露大統領、中央集権強化の政治体制改革案発表(地方自治体首長を大統領による任命制に)。9・15 国連人口基金発表、世界人口六三億七七六〇万人(本年七月現在推計)。9・19 中国共産党第一六期中央委員会第四回総会、江沢民(チアン＝ツォーミン)主席の辞任に同意(後任に胡錦濤(フー＝チンタオ)党総書記)。9・20 インドネシアで初の大統領直接選挙決選投票、ユドヨノ前調整相がメガワティ現大統領を破り当選。9・24 フランソワーズ＝サガン没(69、作家)。9・30 バグダードで米軍車を狙い爆弾テロ(四二人死亡)。10・1 イスラエル軍、ガザ地区に侵攻(イスラム原理主義組織ハマス鎮圧へ軍事作戦開始)。10・6 米政府調査団、イラク戦争開戦時にイラク国内には大量破壊兵器は存在せずとの最終報告書を米議会に提出。10・9 オーストラリア連邦議会選挙、与党の保守連合が過半数獲得。10・14 カンボジア国王にシハモニが即位。アメリ

西暦	年号・干支	内閣	記事
二〇〇四 ▶	平成一六 甲申	（第2次小泉純一郎内閣）	カ、二〇〇四年度財政赤字四一二五億五三〇〇万ドル（二年連続過去最悪）。**10・15** 国連総会、安保理非常任理事国（二〇〇五年—〇六年）の改選で日本など五ヵ国を選出（日本の選出は最多の九回目）。**10・18** 北朝鮮人権法案、アメリカで成立。**10・22** 北朝鮮からの脱北者二九人、北京の韓国人学校に駆け込む。ロシア下院、京都議定書の批准承認法案可決。**10・24** アフガニスタン初の大統領選挙、ハミド＝カルザイ暫定政府大統領が当選。**10・26** 北朝鮮からの脱北者一八人、中国公安当局により拘束（さらに六〇人余り拘束）。EU首脳、ローマでEU憲法に調印。**10・29** ウサマ＝ビン＝ラーディン、ビデオ映像でアメリカ同時多発テロを自ら指令したと認める。**11・3** アメリカ大統領選挙、共和党のブッシュ大統領が再選（米議会選挙で共和党が過半数維持）。**11・5** プーチン露大統領、京都議定書批准書に署名（二〇〇五年二月に発効）。**11・7** イラク暫定政府、全土に初の非常事態宣言発令（期間は六〇日間）。**11・11** ヤセル＝アラファト没（75、パレスチナ解放機構（PLO）議長）。**11・15** プーチン大統領、北方領土問題を歯舞・色丹二島返還で決着の意向表明。**11・24** 北京の韓国大使館、脱北者保護が一三〇人に上ると発表。**11・27** ウクライナ国会、大統領選をめぐる混乱により決選投票のやり直しを決議。**11・29** IAEA理事会、イランへウラン濃縮活動と再処理活動の全面停止継続を求める決議採択。**11・30** 国連事務総長の諮問機関、ハイレベル委員会、国連改革に関する報告書公表（拒否権なしの常任理事国新設など二案）。**12・3** ウクライナ最高裁、大統領決選投票の不正を認定し決選投票のやり直しを命じる判決。**12・8** 中国の聯想集団、米IBMのパソコン事業買収を発表。**12・16** EU首脳会議、トルコと加盟交渉開始で合意。**12・19** イラクのシーア派聖地、カルバラとナジャフで自爆テロ（六二人死亡、一二〇人以上負傷）。**12・26** スマトラ沖大地震発生・マグニチュード九・〇・インド洋沿岸各国で大津波による被災者多数（ロイター通信によると、二〇〇五年一月二六日現在死者・行方不明者、インドネシア

西暦	
年号・干支	
内閣	
記事	二二万八〇〇〇人・スリランカ四万三六〇〇人・インド一万六六〇〇人など約三〇万人、日本人四五人のほか欧州諸国からの観光客も多数死亡・一九七六年七月の中国の唐山(タンシャン)大地震を凌ぎ一七世紀以降最大の地震災害)。**12・28** ウクライナ大統領選挙やり直し決選投票、民主野党代表ビクトル＝ユシチェンコの当選確定。**12・29** 韓国国会、日本統治時代の対日協力者を調査する「日帝強占下の親日・反民族行為真相究明特別法」改正案可決(「親日」の表記を削除するとともに調査の対象を拡大・強化、朴正熙(パク＝チョンヒ)元大統領も対象に)。中国の全国人民代表大会常務委員会、台湾の独立阻止をめざす反国家分裂法を可決(二〇〇五年三月全人代大会で採択、台湾立法院は台湾住民の権利無視として同法反対を与野党一致で決議)。**12・30** ブエノスアイレスのディスコで火災発生(一七五人死亡)。**12・31** 台湾、台北(タイペイ)市に世界最高層ビル台北(タイペイ)金融ビル完成(高さ五〇八メートル・一〇一階建て)。

表Ⅰ　平年・閏年／1月1日の曜日

和　暦	西暦	閏年	曜日	和　暦	西暦	閏年	曜日
昭和20	1945		月	昭和50	1975		水
昭和21	1946		火	昭和51	1976	○	木
昭和22	1947		水	昭和52	1977		土
昭和23	1948	○	木	昭和53	1978		日
昭和24	1949		土	昭和54	1979		月
昭和25	1950		日	昭和55	1980	○	火
昭和26	1951		月	昭和56	1981		木
昭和27	1952	○	火	昭和57	1982		金
昭和28	1953		木	昭和58	1983		土
昭和29	1954		金	昭和59	1984	○	日
昭和30	1955		土	昭和60	1985		火
昭和31	1956	○	日	昭和61	1986		水
昭和32	1957		火	昭和62	1987		木
昭和33	1958		水	昭和63	1988	○	金
昭和34	1959		木	平成元	1989		日
昭和35	1960	○	金	平成 2	1990		月
昭和36	1961		日	平成 3	1991		火
昭和37	1962		月	平成 4	1992	○	水
昭和38	1963		火	平成 5	1993		金
昭和39	1964	○	水	平成 6	1994		土
昭和40	1965		金	平成 7	1995		日
昭和41	1966		土	平成 8	1996	○	月
昭和42	1967		日	平成 9	1997		水
昭和43	1968	○	月	平成10	1998		木
昭和44	1969		水	平成11	1999		金
昭和45	1970		木	平成12	2000	○	土
昭和46	1971		金	平成13	2001		月
昭和47	1972	○	土	平成14	2002		火
昭和48	1973		月	平成15	2003		水
昭和49	1974		火	平成16	2004	○	木

＊　○＝閏年．「曜日」欄は1月1日の曜日．

《七曜表（昭和20年—平成16年）の使い方》

(1) この表により，昭和20年から平成16年までの任意の年の暦を知ることができる．

(2) 表Ⅰにより，①その年が平年か閏年か，②その年の1月1日が何曜日かを見る．

(3) 平年の場合は表Ⅱ（閏年の場合は表Ⅲ）により，表の上部にある七曜表の第1～7段の中から左端の曜日が1月1日の曜日に一致する段を選ぶ．

(4) 表Ⅱ（または表Ⅲ）の1月～12月の日付と(3)で選んだ段との組み合わせが当該年の暦となる．

表II　平　　年

1	日	月	火	水	木	金	土
2	月	火	水	木	金	土	日
3	火	水	木	金	土	日	月
4	水	木	金	土	日	月	火
5	木	金	土	日	月	火	水
6	金	土	日	月	火	水	木
7	土	日	月	火	水	木	金
1月	1	2	3	4	5	6	7
	8	9	10	11	12	13	14
	15	16	17	18	19	20	21
	22	23	24	25	26	27	28
	29	30	31				
2月				1	2	3	4
	5	6	7	8	9	10	11
	12	13	14	15	16	17	18
	19	20	21	22	23	24	25
	26	27	28				
3月				1	2	3	4
	5	6	7	8	9	10	11
	12	13	14	15	16	17	18
	19	20	21	22	23	24	25
	26	27	28	29	30	31	
4月							1
	2	3	4	5	6	7	8
	9	10	11	12	13	14	15
	16	17	18	19	20	21	22
	23	24	25	26	27	28	29
	30						
5月		1	2	3	4	5	6
	7	8	9	10	11	12	13
	14	15	16	17	18	19	20
	21	22	23	24	25	26	27
	28	29	30	31			
6月					1	2	3
	4	5	6	7	8	9	10
	11	12	13	14	15	16	17
	18	19	20	21	22	23	24
	25	26	27	28	29	30	

1	日	月	火	水	木	金	土
2	月	火	水	木	金	土	日
3	火	水	木	金	土	日	月
4	水	木	金	土	日	月	火
5	木	金	土	日	月	火	水
6	金	土	日	月	火	水	木
7	土	日	月	火	水	木	金
7月							1
	2	3	4	5	6	7	8
	9	10	11	12	13	14	15
	16	17	18	19	20	21	22
	23	24	25	26	27	28	29
	30	31					
8月			1	2	3	4	5
	6	7	8	9	10	11	12
	13	14	15	16	17	18	19
	20	21	22	23	24	25	26
	27	28	29	30	31		
9月						1	2
	3	4	5	6	7	8	9
	10	11	12	13	14	15	16
	17	18	19	20	21	22	23
	24	25	26	27	28	29	30
10月	1	2	3	4	5	6	7
	8	9	10	11	12	13	14
	15	16	17	18	19	20	21
	22	23	24	25	26	27	28
	29	30	31				
11月				1	2	3	4
	5	6	7	8	9	10	11
	12	13	14	15	16	17	18
	19	20	21	22	23	24	25
	26	27	28	29	30		
12月						1	2
	3	4	5	6	7	8	9
	10	11	12	13	14	15	16
	17	18	19	20	21	22	23
	24	25	26	27	28	29	30
	31						

表III　閏　年

1	日	月	火	水	木	金	土
2	月	火	水	木	金	土	日
3	火	水	木	金	土	日	月
4	水	木	金	土	日	月	火
5	木	金	土	日	月	火	水
6	金	土	日	月	火	水	木
7	土	日	月	火	水	木	金
1月	1	2	3	4	5	6	7
	8	9	10	11	12	13	14
	15	16	17	18	19	20	21
	22	23	24	25	26	27	28
	29	30	31				
2月				1	2	3	4
	5	6	7	8	9	10	11
	12	13	14	15	16	17	18
	19	20	21	22	23	24	25
	26	27	28	29			
3月					1	2	3
	4	5	6	7	8	9	10
	11	12	13	14	15	16	17
	18	19	20	21	22	23	24
	25	26	27	28	29	30	31
4月	1	2	3	4	5	6	7
	8	9	10	11	12	13	14
	15	16	17	18	19	20	21
	22	23	24	25	26	27	28
	29	30					
5月			1	2	3	4	5
	6	7	8	9	10	11	12
	13	14	15	16	17	18	19
	20	21	22	23	24	25	26
	27	28	29	30	31		
6月						1	2
	3	4	5	6	7	8	9
	10	11	12	13	14	15	16
	17	18	19	20	21	22	23
	24	25	26	27	28	29	30

1	日	月	火	水	木	金	土
2	月	火	水	木	金	土	日
3	火	水	木	金	土	日	月
4	水	木	金	土	日	月	火
5	木	金	土	日	月	火	水
6	金	土	日	月	火	水	木
7	土	日	月	火	水	木	金
7月	1	2	3	4	5	6	7
	8	9	10	11	12	13	14
	15	16	17	18	19	20	21
	22	23	24	25	26	27	28
	29	30	31				
8月				1	2	3	4
	5	6	7	8	9	10	11
	12	13	14	15	16	17	18
	19	20	21	22	23	24	25
	26	27	28	29	30	31	
9月							1
	2	3	4	5	6	7	8
	9	10	11	12	13	14	15
	16	17	18	19	20	21	22
	23	24	25	26	27	28	29
	30						
10月		1	2	3	4	5	6
	7	8	9	10	11	12	13
	14	15	16	17	18	19	20
	21	22	23	24	25	26	27
	28	29	30	31			
11月					1	2	3
	4	5	6	7	8	9	10
	11	12	13	14	15	16	17
	18	19	20	21	22	23	24
	25	26	27	28	29	30	
12月							1
	2	3	4	5	6	7	8
	9	10	11	12	13	14	15
	16	17	18	19	20	21	22
	23	24	25	26	27	28	29
	30	31					

索　　引

1　この索引は，本年表に記載された人名および典籍・史料名と重要事項について採録し，読みの五十音順に配列したものである.

2　数字は，西暦年・月・日を示す.

3　索引語が『国史大辞典』に立項するものには★印を付した. なお，同辞典の項目が別名で立項する場合およびその関連項目が立項する場合についても，〖　〗内に★印を付してそれを示した.

4　人名索引語には，小見出しをたてた.

5　世界欄の項目は原則として対象外とした.

あ

★IMF 1963.2.6 1964.4.1 →国際通貨基金
ILO87号条約〔★ILO87号条約問題〕 1963.3.2 1965.4.15 1966.6.14
★相沢春洋
没 1963.11.23
相沢忠洋
先土器時代の石器発見 1948.12.-
没 1989.5.22
愛新覚羅慧生
心中死体で発見 1957.12.10
愛善苑 1946.2.7
★相田二郎
没 1945.6.22
会田雄次
没 1997.9.17
★愛知揆一
没 1973.11.23
★会津八一
没 1956.11.21
★『会津若松史』 1967.11.-
アイヌ文化振興法 1997.5.8
アイヌ文化賞 1997.10.24
アイヌ文化振興・研究推進機構 1997.10.24
★饗光
没 1946.1.19
アウン=サン〔★オンサン〕
没 1947.7.19
青江三奈
没 2000.7.2
★青木一男
没 1982.6.25
青木得三
没 1968.7.31
★青木信光
没 1949.12.27
青島幸男
東京都知事に当選 1995.4.9
★青野季吉
没 1961.6.23
青山杉雨
没 1993.2.13
★青山杉作
没 1956.12.26
★赤井米吉
没 1974.2.26
★赤尾敏
没 1990.2.6
赤木正雄
没 1972.9.24
赤城宗徳
没 1993.11.11
★明石照男
没 1956.9.29
阿賀野川の水銀中毒 1968.9.26
『アカハタ』 1950.6.26 1952.5.1
★赤堀四郎
没 1992.11.3
★赤松克麿
没 1955.12.13
★赤松常子
没 1965.7.21
★赤松俊秀
没 1979.1.24
阿木翁助
没 2002.9.11
★秋田雨雀
没 1962.5.12
秋田新幹線 1997.3.22
★秋月左都夫
没 1945.6.25
★アギナルド
没 1964.2.6
安芸ノ海節男
没 1979.3.25
秋野豊
没 1998.7.20
明仁親王
成年式・立太子礼 1952.11.10
正田美智子との婚約を決定 1958.11.27
結婚 1959.4.10
即位 1989.1.7
★秋山定輔
没 1950.1.19
芥川賞（戦後最初） 1949.8.-
芥川也寸志
没 1989.1.31
『悪徳の栄え・続』 1960.4.7
★暁烏敏
没 1954.8.27
朝海浩一郎
没 1995.9.9
朝香鳩彦〔★朝香宮家〕
没 1981.4.12
★朝河貫一
没 1948.8.11
浅蔵五十吉
没 1998.4.9
★朝倉文夫
没 1964.4.18
朝潮太郎
没 1988.10.23
朝田静夫
没 1996.11.8
★朝田善之助
没 1983.4.29
★浅沼稲次郎
暗殺 1960.10.12
浅野長武
没 1969.1.3
★浅原健三
没 1967.7.19
麻原彰晃（松本智津夫）
殺人容疑などで逮捕 1995.5.16
死刑判決 2004.2.27
あさひ銀行 1992.9.21
『アサヒグラフ』 1952.8.6
『朝日ジャーナル』 1959.3.15
朝日訴訟 1957.8.12
朝日建物 1999.7.27
★朝比奈宗源
没 1979.8.25
★朝比奈泰彦
没 1975.6.30
浅間山荘事件 1972.2.19
★浅見与七
没 1976.11.6
★アジア開発銀行 1966.11.24
★アジア競技大会（第1回） 1951.3.4
アジア極東経済委員会（ECAFE） 1954.6.24
アジア女性基金 1996.4.18 1997.1.11
アジア通貨・株価下落 1997.この年
アジア通貨危機 1997.8.14
アジア歴史資料センター 1999.11.30
★足尾銅山 1972.11.1

★芦田恵之助
　没　1951.12.9
★蘆田伊人
　没　1960.6.6
芦田伸介
　没　1999.1.9
★芦田内閣　1948.3.10　1948.10.7
★芦田均
　没　1959.6.20
葦原邦子
　没　1997.3.13
芦原義信
　没　2003.9.24
芦部信喜
　没　1999.6.12
飛鳥井雅道
　没　2000.8.31
★飛鳥田一雄
　社会党委員長に選出
　　1977.12.13　1981.12.21
　没　1990.10.11
★飛鳥寺　1956.5.1
★飛鳥浄御原宮　1985.10.29
東敦子
　没　1999.12.25
吾妻徳穂
　没　1998.4.23
東富士謹一
　没　1973.7.31
★東竜太郎
　没　1983.5.26
アセスメント条例案　1976.9.29
★麻生磯次
　没　1979.9.9
麻生太賀吉
　没　1980.12.2
★安達謙蔵
　没　1948.8.2
★足立正
　没　1973.3.29
★足立文太郎
　没　1945.4.1
新しい日本を考える会
　　1976.2.18
斡旋収賄罪　1958.4.30
熱田公
　没　2002.9.3
渥美清
　没　1996.8.4
　国民栄誉賞　1996.8.8
★渥美清太郎
　没　1959.8.20
★阿南惟幾
　自刃　1945.8.15
★姉崎正治
　没　1949.7.23
阿部秋生
　没　1999.5.24
★安部磯雄
　没　1949.2.10
★安倍源基
　没　1989.10.6
★安部公房
　没　1993.1.22
★阿部次郎
　没　1959.10.20
安倍晋太郎
　没　1991.5.15
★阿部真之助
　没　1964.7.9
★阿部知二
　没　1973.4.23
★阿部信行
　没　1953.9.7
阿部文男
　受託収賄で逮捕　1992.1.13
　実刑判決　1994.5.30
★安倍能成
　没　1966.6.7
★安保清種
　没　1948.6.8
天津乙女
　没　1980.5.30
★天野辰夫
　没　1974.1.20
★天野貞祐
　没　1980.3.6
奄美大島を含む琉球列島・小笠原諸島などに対し日本の行政権を停止する覚書　1946.1.29
奄美群島返還〔★奄美大島復帰問題〕　1953.12.24
網野菊
　没　1978.5.15
網野善彦
　没　2004.2.27
★天羽英二
　没　1968.7.31
綾部健太郎
　没　1972.3.24
★鮎川義介
　没　1967.2.13
新井将敬
　自殺　1998.2.19
★荒垣秀雄
　没　1989.7.8
荒川豊蔵
　没　1985.8.11
★新木栄吉
　没　1959.2.1
★荒木貞夫
　没　1966.11.2
★安良城盛昭
　没　1993.4.12
新珠三千代
　没　2001.3.17
★荒畑寒村
　没　1981.3.6
アラビア石油　1958.2.5
★有坂秀世
　没　1952.3.13
★有沢広巳
　没　1988.3.7
★有島生馬
　没　1974.9.15
有島一郎
　没　1987.7.20
有末精三
　没　1992.2.14
★有田八郎
　没　1965.3.4
★有馬頼寧
　没　1957.1.10
有吉佐和子
　没　1984.8.30
★有賀喜左衞門
　没　1979.12.20
淡谷のり子
　没　1999.9.22
淡谷悠蔵
　没　1995.8.8
アンガー
　琉球政府行政主席の直接公選制を認めると言明　1968.2.1
安全保障会議設置法　1986.5.27
★アンダーソン
　没　1960.この年
★安藤紀三郎
　没　1954.5.10
★安藤幸

没　1963.4.8
★安藤広太郎
没　1958.10.14
★安藤正純
民主化同盟を結成　1952.10.24
没　1955.10.14
★安藤利吉
自決　1946.4.19
安保条約　→新安保条約　→日米安全保障条約
安保改定交渉　1959.4.13
★安保改定阻止国民会議　1959.4.15　1959.11.27　1960.5.26　1960.6.18
安保改定藤山試案　1959.2.18
安保特別委員会　1960.2.11
安保問題研究会　1959.7.7

い

飯坂良明
没　2003.10.3
飯沢匡
没　1994.10.9
飯島宗一
没　2004.3.1
★飯田蛇笏
没　1962.10.3
飯田経夫
没　2003.8.4
★飯塚浩二
没　1970.12.4
★飯塚琅玕斎
没　1958.12.17
伊井弥四郎
没　1971.12.12
家永三郎
教科書検定制度を違憲提訴　1965.6.12
検定不合格処分取消しの行政訴訟を起こす　1967.6.23
没　2002.11.29
★猪谷六合雄
没　1986.1.10
いかりや長介
没　2004.3.20
★伊木寿一
没　1970.11.28
育児休業法　1991.5.8
生島治郎
没　2003.3.2
生島遼一
没　1991.8.23
★郁達夫
没　1945.9.17
井口基成
没　1983.9.29
★池内宏
没　1952.11.1
池島信平
没　1973.2.13
池田克哉
リクルート事件で起訴　1989.5.22
有罪判決　1994.12.21
★池田亀鑑
没　1956.12.19
池田潔
没　1990.3.14
★池田成彬
没　1950.10.9
池田小学校児童殺傷事件　2001.6.8　2003.8.28
池田恒雄
没　2002.2.9
★池田内閣（第1次）　1960.7.19
池田内閣（第2次）　1960.12.8
池田内閣（第3次）　1963.12.9
★池田勇人
通産相辞任　1952.11.27
没　1965.8.13
池田満寿夫
没　1997.3.8
池田遙邨
没　1988.9.26
★池田・ロバートソン会談　1953.10.2　1953.10.30
池波正太郎
没　1990.5.3
★生駒雷遊
没　1964.12.2
★いざなぎ景気　1966.この年　1970.10.28
★伊沢多喜男
没　1949.8.13
★石射猪太郎
没　1954.2.8
★石井菊次郎
没　1945.5.26
石井紘基
暴漢により刺殺　2002.10.25
石井進
没　2001.10.24
★石井鶴三
没　1973.3.17
★石井漠
没　1962.1.7
★石井柏亭
没　1958.12.29
★石井光次郎
没　1981.9.20
★石井良助
没　1993.1.12
石垣綾子
没　1996.11.12
石垣純二
没　1976.1.30
★石川一郎
経団連会長辞任　1956.2.21
没　1970.1.20
石川一雄〔★狭山事件〕
死刑判決　1964.3.11
★石川謙
没　1969.7.12
石川光陽
没　1989.12.26
★石川三四郎
没　1956.11.28
石川七郎
没　1986.6.27
石川島播磨重工業〔★石川島造船所〕　1960.12.1
★石川淳
没　1987.12.29
★石川信吾
没　1964.12.17
★石川達三
没　1985.1.31
★石黒忠篤
没　1960.3.10
★石坂泰三
経団連会長就任　1956.2.21
没　1975.3.6
★石田英一郎
没　1968.11.9
石田和外
没　1979.5.9
石田退三
没　1979.9.18

石田博英
没　1993.10.14
★石田幹之助
没　1974.5.25
★石田茂作
没　1977.8.10
★石田礼助
没　1978.7.27
石ノ森章太郎
没　1998.1.28
★石橋正二郎
没　1976.9.11
★石橋湛山
自由党を除名処分される　1952.9.29
自民党総裁に当選　1956.12.14
没　1973.4.25
★石橋内閣　1956.12.23　1957.2.23
★石原莞爾
没　1949.8.15
★石原謙
没　1976.7.4
★石原広一郎
没　1970.4.16
★石原忍
没　1963.1.3
★石原純
没　1947.1.19
石原慎太郎
都知事に当選　1999.4.11
石原裕次郎
没　1987.7.17
いじめ　1997.12.22
★石母田正
没　1986.1.18
★石山賢吉
没　1964.7.23
★石渡荘太郎
没　1950.11.4
いすゞ自動車工業　1970.3.24　1971.7.16
泉重千代
没　1986.2.21
★泉靖一
没　1970.11.15
泉山三六
没　1981.7.7
★伊勢湾台風　1959.9.26
★磯谷廉介
没　1967.6.6
磯崎新
パビリオン賞を受賞　1996.10.8
磯村英一
没　1997.4.5
★イタイイタイ病　1961.6.24　1967.4.5　1968.5.8
イタイイタイ病第一次訴訟　1971.6.30　1972.8.9
★板垣征四郎
刑死　1948.12.23
★板倉卓造
没　1963.12.23
★板沢武雄
没　1962.7.15
伊谷純一郎
没　2001.8.19
伊丹十三
自殺　1997.12.20
★伊丹万作
没　1946.9.21
★板谷波山
没　1963.10.10
市川右太衛門
没　1999.9.16
★市川猿之助（２代）
没　1963.6.12
★市川左団次（３代）
没　1969.10.3
★市川三喜
没　1970.3.17
★市川寿海（３代）
没　1971.4.3
★市川正一
没　1945.3.15
★市川団十郎（11代）
没　1965.11.10
★市川団蔵（８代）
没　1966.6.4
★市川中車（８代）
没　1971.6.20
★市川房枝
没　1981.2.11
★市来乙彦
没　1954.2.19
市古貞次
没　2004.3.25
★一万田尚登
没　1984.1.22
★市村羽左衛門（15代）
没　1945.この年
★市村羽左衛門（16代）
没　1952.この年
市村羽左衛門（17代）
没　2001.7.8
★市村瓚次郎
没　1947.2.22
★市村咸人
没　1963.11.28
★一竜斎貞山（６代）
没　1945.この年
★一竜斎貞山（７代）
没　1966.この年
一竜斎貞丈（６代）
没　2003.10.1
一酸化炭素中毒症特別措置法　1967.7.14
★一志茂樹
没　1985.2.27
★井筒俊彦
没　1993.1.7
井手文子
没　1999.12.10
★出隆
没　1980.3.9
★出光佐三
没　1981.3.7
★伊藤永之介
没　1959.7.26
★伊藤熹朔
没　1967.3.31
★伊東静雄
没　1953.3.12
★伊藤証信
没　1963.1.14
伊藤伸一
背任容疑で逮捕　1998.9.3
伊東深水
没　1972.5.8
★伊藤整
没　1969.11.15
★伊藤整一
没　1945.4.7
★伊東多三郎
没　1984.10.29
伊藤忠商事　1977.10.1
★伊東忠太
没　1954.4.7
★伊藤忠兵衛（２代）

没　1973.5.29
『伊藤博文関係文書』
1973.この年
★伊藤正徳
没　1962.4.21
伊藤昌哉
没　2002.12.13
伊東正義
没　1994.5.20
伊藤斗福
逮捕　1953.10.24
★伊藤道郎
没　1961.11.6
★伊藤律
北京生存を発表　1980.8.23
没　1989.8.7
糸川英夫
没　1999.2.21
稲田正次
没　1984.8.14
★稲田竜吉
没　1950.2.27
★稲葉修
没　1992.8.15
★稲畑勝太郎
没　1949.9.29
稲葉秀三
没　1996.4.17
稲葉三千男
没　2002.9.8
★稲山嘉寛
没　1987.10.9
稲荷山古墳出土鉄剣　1978.9.19
犬養孝
没　1998.10.3
★犬養健
没　1960.8.28
犬丸徹三
没　1981.4.9
井上清
没　2001.11.23
★井上幸治
没　1989.9.9
★井上成美
没　1975.12.15
★井上匡四郎
没　1959.3.18
★井上日召
没　1967.3.4
★井上正夫
没　1950.2.7
★井上光貞
没　1983.2.27
★井上光晴
没　1992.5.30
★井上靖
没　1991.1.29
井上八千代（４代）
没　2004.3.19
★猪熊浅麻呂
没　1945.5.1
猪熊功
自殺　2001.9.28
猪熊弦一郎
没　1993.5.17
井野碩哉
没　1980.5.19
★井野辺茂雄
没　1954.1.20
猪俣浩三
没　1993.8.21
★伊波普猷
没　1947.8.13
井深大
没　1997.12.19
★井伏鱒二
没　1993.7.10
イブン＝サウード
没　1953.11.9
★今井慶松
没　1947.7.11
★今井五介
没　1946.7.9
★今井武夫
没　1982.6.12
★今井正
没　1991.11.22
★今井登志喜
没　1950.3.21
今井通子
グランド＝ジョラス北壁登頂成功　1971.7.17
★今井嘉幸
没　1951.6.30
★今西錦司
没　1992.6.15
★今村明恒
没　1948.1.1
★今村均
没　1968.10.3
★弥永貞三
没　1983.12.30
★伊良子清白
没　1946.1.10
★入江啓四郎
没　1978.8.13
★入江相政
没　1985.9.29
入江たか子
没　1995.1.12
入江俊郎
没　1972.7.18
★入江波光
没　1948.6.9
★入沢宗寿
没　1945.5.12
医療保険改正法　1997.6.16
★岩生成一
没　1988.3.21
★岩畔豪雄
没　1970.11.22
★岩崎小弥太
没　1945.12.2
いわさきちひろ
没　1974.8.8
★岩崎久弥
没　1955.12.2
★岩佐作太郎
没　1967.2.13
★岩住良治
没　1958.2.10
★岩田愛之助
没　1950.3.15
★岩田宙造
没　1966.2.22
★岩田藤七
没　1980.8.23
★岩槻信治
没　1948.5.9
★岩戸景気　1959.この年
★岩波茂雄
没　1946.4.25
★岩橋小弥太
没　1978.12.9
岩淵辰雄
没　1975.6.6
★岩村忍
没　1988.6.1
岩村三千夫
没　1977.5.16

★岩村通世
没　1965.10.5
巌本真理
没　1979.5.11
★殷汝耕
没　1947.この年

う

★宇井伯寿
没　1963.7.14
★ウーヌ
没　1995.2.14
★植木庚子郎
没　1980.3.11
植芝盛平
没　1969.4.26
★植田謙吉
没　1962.9.11
上野憲一
背任容疑で逮捕　1998.9.3
上野精一
没　1970.4.19
★植原悦二郎
没　1962.12.2
★上原敬二
没　1981.10.24
上原謙
没　1991.11.23
上原正吉
没　1983.3.12
★上原専禄
没　1975.10.28
上原真佐喜
没　1996.5.11
★植村甲午郎
経団連会長に就任　1968.5.24
没　1978.8.1
★上村松園
没　1949.8.27
上村松篁
没　2001.3.11
★植村環
没　1982.5.26
★植村直己
エベレスト登頂に成功
1970.5.11
北極点到達　1978.4.30
マッキンリー冬期単独登頂に
成功　1984.2.12
遭難死　1984.この年
国民栄誉賞　1984.4.10
★魚澄惣五郎
没　1959.3.26
★ウォーナー
没　1955.6.9
鵜飼信成
没　1987.5.10
★宇垣一成
没　1956.4.30
★『宇垣一成日記』　1968.この年
★浮田和民
没　1946.10.28
宇佐見洵
没　1983.2.19
★鵜沢総明
没　1955.10.21
★潮恵之輔
没　1955.1.9
潮田江次
没　1969.5.9
牛島憲之
没　1997.9.16
牛島満
没　1945.6.23
牛塚虎太郎
没　1966.11.1
牛場信彦
没　1984.12.31
★後宮淳
没　1973.11.24
臼井吉見
没　1987.7.12
★内ヶ崎作三郎
没　1947.2.4
内川芳美
没　2004.11.17
★内田吐夢
没　1970.8.7
★内田信也
没　1971.1.7
★内田百閒
没　1971.4.20
★内田祥三
没　1972.12.14
内村直也
没　1989.7.27
★内山完造
没　1959.9.20
★宇宙開発事業団　1969.6.23
★宇都宮徳馬
自由党離党　1976.10.12
没　2000.7.1
★宇野円空
没　1949.1.1
★宇野浩二
没　1961.9.21
★宇野弘蔵
没　1977.2.22
★宇野重吉
没　1988.1.9
★宇野宗佑
没　1998.5.19
★宇野哲人
没　1974.2.19
宇野信夫
没　1991.10.28
★宇野内閣　1989.6.3
★生方敏郎
没　1969.8.6
ウーマン＝リブ　1971.8.-
★梅崎春生
没　1965.7.19
梅沢浜夫
没　1986.12.25
★梅津美治郎
没　1949.1.8
★梅根常三郎
没　1956.3.17
★梅原末治
没　1983.2.19
★梅原竜三郎
没　1986.1.16
★梅若万三郎（初代）
没　1946.6.29
梅若万三郎（２代）
没　1991.4.21
★梅若実（２代）
没　1959.8.16
浦辺粂子
没　1989.10.26
『うれうべき教科書の問題』
1955.8.13
雲仙普賢岳　1990.11.17
1991.6.3
★運輸省　1949.5.31

え

映画倫理規程管理委員会（映倫）

1949.6.14
エイズ（後天性免疫不全症候群）
1985.3.21
エイズ調査研究委員会
1985.3.21
Ｈ２ロケット　1995.3.18
APEC大阪会議　1995.11.15
江上トミ
没　1980.7.21
江上波夫
没　2002.11.11
江川事件　1978.11.21
Ａ級戦犯容疑者釈放
1948.12.24
江口圭一
没　2003.9.26
★江口朴郎
没　1989.3.15
江崎玲於奈
トンネル効果の実例現象（エサキ効果）を発見　1957.6.-
ノーベル物理学賞受賞決定
1973.10.23
江副浩正
贈賄容疑で逮捕　1989.2.13
★江田三郎
社会党書記長に選出
1961.3.6　1968.9.11
社会党に離党届を提出
1977.3.26
没　1977.5.22
★江藤源九郎
没　1957.5.3
江藤淳
自殺　1999.7.21
★江戸川乱歩
没　1965.7.28
江戸東京博物館　1993.3.28
江戸英雄
没　1997.11.13
★恵庭事件　1962.12.11
NTT　1985.4.1
NPO法案　1998.3.19
エネルギー使用合理化法
1979.6.22
「エネルギー白書」　1973.9.25
★榎一雄
没　1989.11.5
★榎本健一
没　1970.1.7
榎本滋民
焼死　2003.1.16
★海老沢有道
没　1992.1.3
愛媛玉ぐし料訴訟　1997.4.2
えひめ丸　2001.2.9
★江馬務
没　1979.5.10
MRA（道徳再武装運動）世界大会　1962.10.22
大石武一
没　2003.10.19
エリザベス＝サンダース＝ホーム　1948.2.-
エリザベス女王
来日　1975.5.7
エリツィン
来日　1993.10.11
★エロシェンコ
没　1952.12.23
★閻錫山
没　1960.5.23
円借款　1958.2.4　1999.6.14
エンタープライズ　1968.1.19
円地文子
没　1986.11.14
★遠藤三郎
没　1984.10.11
遠藤周作
没　1996.9.29
★延暦寺　1956.10.11

お

★及川古志郎
没　1958.5.9
★王克敏
没　1945.12.25
王貞治
年間本塁打55本の日本新記録
1964.9.23
国民栄誉賞　1977.9.3
★王子製紙　1969.3.6
オウム真理教　1995.3.22
1995.5.20　1995.12.19
1996.1.31　1997.1.31
1999.9.29
オウム二法案　1999.11.2
青梅事件　1952.2.19
★大麻唯男
没　1957.2.20
OECD　1963.7.26　1964.4.28
★大井成元
没　1951.7.15
大石慎三郎
没　2004.5.10
★大石武一
没　2003.10.19
大石ヨシエ
没　1971.6.7
★『大分県史料』　1952.この年
大出俊
没　2001.11.8
★大内兵衛
没　1980.5.1
大江健三郎
ノーベル文学賞受賞
1994.10.13
★大岡昇平
没　1988.12.25
★大川周明
没　1957.12.24
★大来佐武郎
没　1993.2.9
★大口喜六
没　1957.1.27
大久保利謙
没　1995.12.31
★『大久保利通関係文書』
1965.この年
★大久保留次郎
没　1966.11.19
大久保直彦
公明党書記長に選出
1986.12.5
★大蔵省　1949.5.31
大蔵省接待問題　1998.4.27
★大河内一男
東大総長を辞任　1968.11.1
没　1984.8.9
★大河内正敏
没　1952.8.29
★大幸勇吉
没　1950.9.9
大沢商会　1984.2.29
大下弘
没　1979.5.23
★大島健一
没　1947.3.24
★大島浩

没　1975.6.6
大須事件　1952.7.7
★太田亮
没　1956.5.27
太田薫
没　1998.9.24
★太田垣士郎
没　1964.3.16
★太田晶二郎
没　1987.2.20
★大達茂雄
没　1955.9.25
★大谷光瑞
没　1948.10.5
★大谷竹次郎
没　1969.12.26
大谷竹次郎
没　1971.11.21
★大谷米太郎
没　1968.5.19
太田正孝
没　1982.7.10
★太田水穂
没　1955.1.1
★大塚武松
没　1946.12.5
大塚久雄
没　1996.7.9
★大槻文平
没　1992.8.9
大鳴門橋　1985.6.8
★大西滝治郎
自刃　1945.8.16
★多忠朝
没　1956.10.21
★大野伴睦
没　1964.5.29
大野真弓
没　2002.11.27
★太安万侶墓誌　1979.1.20
★大場磐雄
没　1975.6.7
大庭脩
没　2002.11.27
大場政夫
没　1973.1.25
大浜信泉
没　1976.2.13
大場満郎
北極単独横断に成功
1997.6.23
大林太良
没　2001.4.12
大林芳郎
没　2003.7.19
大原総一郎
没　1968.7.27
大原富枝
没　2000.1.27
★大平内閣（第1次）　1978.12.7
大平内閣（第2次）　1979.11.9
★大平正芳
没　1980.6.12
大藤時彦
没　1990.5.18
大村収容所　1952.8.1
★大村清一
没　1968.5.24
★大村卓一
没　1946.3.5
大屋晋三
没　1980.3.9
★大宅壮一
没　1970.11.22
★大山郁夫
スターリン平和賞授与
1951.12.21
没　1955.11.30
大山柏
没　1969.8.20
大屋政子
没　1999.1.16
★大山康晴
没　1992.7.26
★大類伸
没　1975.12.27
★岡潔
没　1978.3.1
★岡倉士朗
没　1959.2.22
岡崎一明
坂本弁護士ら殺人により死刑判決　1998.10.23
岡崎勝男
没　1965.10.10
★岡崎嘉平太
没　1989.9.22
★岡崎敬
没　1990.6.11
★岡崎文夫
没　1950.3.24
小笠原諸島返還協定　1968.4.5
★小笠原長生
没　1958.9.20
★岡鹿之助
没　1978.4.28
★岡繁樹
没　1959.6.5
★岡田章雄
没　1982.3.18
★岡敬純
没　1973.12.4
★岡田啓介
没　1952.10.17
岡田紅陽
没　1972.11.22
緒方貞子
国連難民高等弁務官に指名される　1990.12.19
★緒方竹虎
没　1956.1.28
★岡田武松
没　1956.9.2
★岡田忠彦
没　1958.10.30
★緒方富雄
没　1989.3.31
★緒方知三郎
没　1973.8.25
岡田春夫
没　1991.11.6
★岡田弥一郎
没　1976.4.28
岡田山古墳出土の鉄製太刀〔★岡田山一号墳出土大刀〕
1984.1.7
★岡田嘉子
ソ連から帰国　1972.11.13
没　1992.2.10
★岡野喜太郎
没　1965.6.6
★岡麓
没　1951.9.7
★岡部金治郎
没　1984.4.8
岡部長景
没　1970.5.30
岡光序治
収賄容疑で逮捕　1996.12.4
★岡村寧次

没　1966.9.2
★岡本一平
没　1948.10.11
岡本公三
逮捕　1972.5.30
岡本太郎
没　1996.1.7
岡本愛彦
没　2004.10.24
★『岡山県古文書集』　1953.この年
★岡義武
没　1990.10.5
★小川清彦
没　1950.1.10
★小川郷太郎
没　1945.4.1
★小川環樹
没　1993.8.31
★『小川平吉関係文書』
1973.この年
★小川未明
没　1961.5.11
荻須高徳
没　1986.10.14
沖中重雄
没　1992.4.20
沖縄基地建設　1950.2.10
沖縄県祖国復帰協議会
1960.4.28
★沖縄国際海洋博覧会　1975.7.19
沖縄国政参加選挙　1970.11.15
沖縄施政権返還　1972.5.15
沖縄社会党　1947.9.10
沖縄人民党　1947.7.20
沖縄即時無条件返還要求県民大会　1967.11.2
沖縄地籍明確化法案　1977.5.18
★沖縄返還協定　1971.6.17
沖縄防衛計画（第1次）
1970.10.7
沖縄民主同盟　1947.6.15
沖縄問題解決総決起大会
1956.7.4
★沖野岩三郎
没　1956.1.31
荻野三七彦
没　1992.8.12
荻昌弘
没　1988.7.2
荻村伊智朗
没　1994.12.4
★荻原井泉水
没　1976.5.20
奥井復太郎
没　1965.2.16
奥田東
没　1999.4.28
奥平剛士
没　1972.5.30
奥田敬和
没　1998.7.16
奥田元宋
没　2003.2.15
奥田義雄
没　2003.5.26
奥田良三
没　1993.1.27
奥野健男
没　1997.11.26
『奥の細道』自筆本　1996.11.25
★小熊捍
没　1971.9.10
★奥むめお
没　1997.7.7
★奥村喜和男
没　1969.8.19
★奥村土牛
没　1990.9.25
★小倉金之助
没　1962.10.21
小倉武一
没　2002.2.14
小倉正恒
没　1961.11.20
小倉遊亀
没　2000.7.23
★尾崎一雄
没　1983.3.31
★尾崎喜八
没　1974.2.4
★尾崎士郎
没　1964.2.19
尾崎秀樹
没　1999.9.21
★尾崎行雄
没　1954.10.6
★長田新
没　1961.4.18
★尾佐竹猛
没　1946.10.1
★小佐野賢治
没　1986.10.27
★大佛次郎
没　1973.4.30
小沢一郎
新進党党首に当選
1995.12.27
新進党党首に再選
1997.12.18
★小沢治三郎
没　1966.11.9
小沢征爾
ブザンソン国際指揮者コンクール（フランス）で1位入賞
1959.9.12
★小平浪平
没　1951.10.5
尾高邦雄
没　1993.9.11
★織田一磨
没　1956.3.8
小田切進
没　1992.12.20
小田切秀雄
没　2000.5.24
★織田作之助
没　1947.1.10
織田幹雄
没　1998.12.2
小田稔
没　2001.3.1
★織田万
没　1945.5.25
落合英二
没　1974.11.4
★オット
没　1976.8.11
★小津安二郎
没　1963.12.12
★乙竹岩造
没　1953.6.17
乙羽信子
没　1994.12.22
小野周
没　1995.4.24
★尾上菊五郎（6代）
没　1949.7.10
★尾上菊之丞
没　1964.8.13
尾上九朗右衛門（2代）

没　2004.3.28
★尾上柴舟
没　1957.1.13
★尾上松緑（2代）
没　1989.6.25
★尾上梅幸（7代）
没　1995.3.24
★小野清一郎
没　1986.3.9
★小野武夫
没　1949.6.5
小野田寛郎
フィリピンで救出　1974.3.10
小野竹喬
没　1979.5.10
小野秀雄
没　1977.7.18
★尾野実信
没　1946.4.19
★小畑忠良
没　1977.10.11
★小畑敏四郎
没　1947.1.10
★小幡酉吉
没　1947.8.9
小汀利得
没　1972.5.28
★小原国芳
没　1977.12.13
★小原直
没　1966.9.8
小尾乕雄
没　2003.2.23
小渕内閣　1998.7.24
小渕内閣（第2次改造）
1999.10.4
小渕恵三
没　2000.5.14
★沢瀉久孝
没　1968.10.14
澤瀉久敬
没　1995.2.26
★尾山篤二郎
没　1963.6.23
★折口信夫
没　1953.9.3
おれおれ詐欺　2004.10.6
恩給法　1953.8.1
★恩田鉄弥
没　1946.6.10
★恩地孝四郎
没　1955.6.3
オンブズマン制度条例案
1990.7.6

か

★海音寺潮五郎
没　1977.12.1
改革フォーラム21　1992.12.10
「外交青書」　1957.9.28
★開高健
没　1989.12.9
★外国為替及び外国貿易管理法
1949.12.1
外国為替特別会計法　1949.12.1
外国為替法　1998.4.1
★外国人登録法　1952.4.28
1992.5.20　1993.1.8
★海後宗臣
没　1987.11.22
介護保険制度見直し
1999.10.29
介護保険法　1997.12.9
海上警備行動　1999.3.23
海上警備隊　1952.7.31
海上保安庁設置法〔★海上保安庁〕
1948.4.27
改正憲法私案要綱　1945.12.28
改造社　1955.2.-
貝谷八百子
没　1991.3.5
外為法〔★外国為替管理法〕
1997.5.16
★貝塚茂樹
没　1987.2.9
ガイドライン（日米防衛協力のための指針）　1997.6.7
1997.9.23
ガイドライン関連法　1999.5.24
ガイドライン関連法案
1998.4.28
海難救助協定　1956.5.14
★戒能通孝
没　1975.3.22
★海部内閣（第1次）　1989.8.10
海部内閣（第2次）　1990.2.28
1990.12.29
★外務省　1949.5.31
外務省改革要項　2001.6.6
火炎びん使用等処罰法
1972.4.24
★科学技術庁　1956.3.31
科学者京都会議（第1回）
1962.5.7
★各務鉱三
没　1985.12.3
鏡里喜代治
没　2004.2.29
香川綾
没　1997.4.2
★賀川豊彦
没　1960.4.23
★『香川日日新聞』　1946.2.11
賀川光夫
自殺　2001.3.9
★柿内三郎
没　1967.12.24
核拡散防止条約　1970.2.3
核原料物質開発促進臨時措置法
1956.5.4
革新自由連合　1977.4.26
覚せい剤もみ消し事件
2002.4.11
核兵器禁止平和建設国民会議（核禁会議）　1961.11.15
★郭沫若
来日　1955.12.1
没　1978.6.12
賀来龍三郎
没　2001.6.23
筧素彦
没　1992.4.10
★影佐禎昭
没　1948.9.10
★筧克彦
没　1961.2.27
★影山庄平
没　1945.8.25
★影山正治
没　1979.5.25
影山光洋
没　1981.3.1
★『鹿児島朝日新聞』　1946.2.11
★『鹿児島新聞』　1946.2.11
笠置シヅ子
没　1985.3.30
★笠木良明
没　1955.9.23
★風巻景次郎

没　1960.1.4
★風見章
没　1961.12.20
貸金業規制法　1983.5.13
鹿島卯女
没　1982.3.31
★鹿島守之助
没　1975.12.3
梶山静六
没　2000.6.6
嘉治隆一
没　1978.5.19
柏木雄介
没　2004.8.27
★鹿地亘事件　1952.12.7
柏戸
横綱に昇進　1961.10.2
★春日一幸
民社党書記長に選出
1967.6.19
民社党委員長に選出
1971.8.3
没　1989.5.2
★春日弘
没　1970.9.12
春日政治
没　1962.6.30
加瀬俊一
没　2004.5.21
片岡千恵蔵
没　1983.3.31
★片岡仁左衛門（12代）
没　1946.3.16
加太こうじ
没　1998.3.13
★片山哲
没　1978.5.30
★片山内閣　1947.5.24　1948.2.10
堅山南風
没　1980.12.30
★片山正夫
没　1961.6.11
勝木保次
没　1994.3.6
学校五日制　1992.2.20　1998.2.24
★学校教育法　1947.3.31
1958.1.8
学校図書館法　1953.8.8
勝新太郎
没　1997.6.21
★ガット　1955.9.10　1963.2.20
★勝沼精蔵
没　1963.11.10
『カッパ・ブックス』
1954.10.10
★勝間田清一
社会党委員長に選出
1967.8.19
没　1989.12.14
★勝本清一郎
没　1967.3.23
桂枝雀
没　1999.4.19
★桂田富士郎
没　1946.4.5
桂文治（８代）
没　2004.1.31
★桂文楽（８代）
没　1971.12.12
★桂三木助（３代）
没　1961.1.16
桂ゆき
没　1991.2.5
★家庭裁判所　1949.1.1
家庭用品品質表示法　1962.5.4
家電リサイクル法　1998.5.29
加藤一郎
東大総長代行となる
1968.11.1
東大総長に選出　1969.3.23
★加藤完治
没　1967.3.30
★加藤勘十
没　1978.9.27
★加藤玄智
没　1965.5.8
★加藤茂苞
没　1949.8.16
★加藤繁
没　1946.3.7
加藤シヅエ
没　2001.12.12
★加藤武男
没　1963.10.17
加藤道子
没　2004.1.31
★加藤鐐五郎
没　1970.12.19
過度経済力集中排除　1948.3.13
★過度経済力集中排除法
1947.12.18
過度経済力集中排除法等廃止法
1955.7.25
★門野重九郎
没　1958.4.24
★香取秀真
没　1954.1.31
鹿取泰衛
没　2003.1.11
金井圓
没　2001.7.7
神奈川県警不祥事　1999.9.9
★金栗四三
没　1983.11.13
★金沢庄三郎
没　1967.6.2
★金光庸夫
没　1955.3.5
★金森通倫
没　1945.3.2
★金森徳次郎
没　1959.6.16
蟹江ぎん
没　2001.2.28
金子鷗亭
没　2001.11.5
金子清
佐川急便事件で有罪判決
1994.10.25
★金子薫園
没　1951.3.30
金子信雄
没　1995.1.20
★金子光晴
没　1975.6.30
兼重寛九郎
没　1989.6.5
金田正一
奪三振3514個の世界新記録
1962.9.5
金丸信
所得税法違反で逮捕，起訴
1993.3.6
没　1996.3.28
カネミ油症事件　1984.3.16
1985.2.13
★鹿子木員信
没　1949.12.23
★狩野直喜
没　1947.12.13

★樺山愛輔
　没　1953.10.21
★歌舞伎座　1951.1.3
★『歌舞伎年表』　1956.8.-
甲山事件　1998.3.24　1999.9.29
★鏑木清方
　没　1972.3.2
鎌倉アカデミア　1946.4.-
★『鎌倉遺文』　1971.この年
★『鎌倉市史』　1956.この年
鎌倉大学校　1946.4.-
神風正一
　没　1990.5.15
神川信彦
　没　2004.9.3
★神川彦松
　没　1988.4.5
神島二郎
　没　1998.4.5
上高森遺跡　1999.10.29
神近市子
　没　1981.8.1
★上司小剣
　没　1947.9.2
★神山茂夫
　没　1974.7.8
神谷美恵子
　没　1979.10.22
★亀井勝一郎
　没　1966.11.14
★亀井貫一郎
　没　1987.4.7
亀井孝
　没　1995.1.7
亀井高孝
　没　1977.10.4
亀井文夫
　没　1987.2.27
亀倉雄策
　没　1997.5.11
亀山直人
　没　1963.3.28
加茂岩倉遺跡　1996.10.14
加茂儀一
　没　1977.11.7
鴨武彦
　没　1996.12.17
★賀屋興宣
　没　1977.4.28
茅誠司
　没　1988.11.9
★萱野長知
　没　1947.4.14
★茅原華山
　没　1952.8.4
★加山又造
　没　2004.4.6
★唐沢俊樹
　没　1967.3.14
ガリ
　来日　1993.2.15
ガリオア・エロア対米債務返済処理協定　1962.1.9
★河井寛次郎
　没　1966.11.18
★川合玉堂
　没　1957.6.30
★河井酔茗
　没　1965.1.17
★河井荃廬
　没　1945.3.10
★河井道
　没　1953.2.11
★河井弥八
　没　1960.7.21
★河合良成
　没　1970.5.14
川上貫一
　懲罰除名を決議　1951.3.29
★河上清
　没　1949.10.12
川上源一
　没　2002.5.25
★川上貞奴
　没　1946.12.7
★河上丈太郎
　社会党委員長に選出　1961.3.6
　没　1965.12.3
★川上多助
　没　1959.7.4
河上徹太郎
　没　1980.9.22
★河上肇
　没　1946.1.30
川喜多かしこ
　没　1993.7.27
★川喜多長政
　没　1981.5.24
河北倫明
　没　1995.10.30
★河口慧海
　没　1945.2.24
川口松太郎
　没　1985.6.9
河崎ナツ
　没　1966.11.16
★川島正次郎
　没　1970.11.9
★川島武宜
　没　1992.5.21
★川島浪速
　没　1949.6.14
★川島義之
　没　1945.9.8
★川路柳虹
　没　1959.4.17
為替レートの設定　1949.4.23
★河田烈
　没　1963.9.27
★河竹繁俊
　没　1967.11.15
★川田順
　没　1966.1.22
河野健二
　没　1996.8.10
★川端康成
　ノーベル文学賞受賞決定　1968.10.17
　自殺　1972.4.16
★川端竜子
　没　1966.4.10
★河辺貞吉
　没　1953.1.17
★河辺正三
　没　1965.3.2
★川村竹治
　没　1955.9.8
★川村麟也
　没　1947.10.31
川本輝夫
　没　1999.2.18
河盛好蔵
　没　2000.3.27
★河原崎長十郎（２代）
　没　1981.9.22
河原崎しづ江
　没　2002.1.1
★河原田稼吉
　没　1955.1.22

環境基本法　1993.11.12
★環境庁　1970.12.28　1971.7.1
観光基本法　1963.6.20
関税および貿易に関する一般協定（GATT）　1955.9.10　→ガット
★観世華雪
没　1959.1.6
完全学校週五日制　1998.2.24
環太平洋合同演習（リムパック）　1980.2.26　1984.5.15
★神田喜一郎
没　1984.4.10
神田山陽（2代）
没　2000.10.30
★神田茂
没　1974.7.29
官邸対策室　2001.9.11
★カンドー
没　1955.9.28
★ガントレット恒子
没　1953.11.29
菅直人
民主党党首に再選　1999.1.18
金成マツ
没　1961.4.16
樺美智子
安保集会で死亡　1960.6.15
蒲原有明
没　1952.2.3
カンボジアPKO　1993.3.29
カンボジアPKO派遣部隊　1992.9.17　1992.10.13
カンボジア和平東京会議　1990.6.4

き

★『議会制度七十年史』　1960.12.-
★木川田一隆
没　1977.3.4
★菊田一夫
没　1973.4.4
★菊池秋雄
没　1951.4.5
★菊池寛
没　1948.3.6
★菊池契月
没　1955.9.9
★菊池正士
没　1974.11.12
★菊池武夫
没　1955.12.1
★菊池幽芳
没　1947.7.21
紀元節問題懇談会　1958.2.1
気候変動枠組条約事務局　1997.10.24
★岸沢式佐（10代）
没　1962.9.4
★岸田国士
没　1954.3.5
岸輝子
没　1990.5.10
★岸俊男
没　1987.1.21
岸内閣（第1次）　1957.2.25　1957.7.10　1958.6.10
岸内閣（第2次）　1958.6.12　1959.6.18　1960.7.15
★岸信介
釈放　1948.12.24
没　1987.8.7
気象庁　1956.7.1
北川冬彦
没　1990.4.12
★北島正元
没　1983.11.1
北朝鮮工作船　2001.12.22　2002.9.11
北朝鮮ミサイル　1998.8.31
北朝鮮拉致事件（…問題）　2002.3.22　2002.10.15
北出清五郎
没　2003.1.19
★北原泰作
没　1981.1.3
きだみのる
没　1975.7.25
北村サヨ
天照皇大神宮教開教　1945.8.12
★北村西望
没　1987.3.4
★北村徳太郎
没　1968.11.15
★喜多村緑郎
没　1961.5.16
★北山茂夫
没　1984.1.30
★北昤吉
没　1961.8.5
★喜多六平太
没　1971.1.11
★『貴重古典籍刊行会叢書』　1953.この年
木津信用組合　1995.8.30
★木戸幸一
没　1977.4.6
『木戸幸一日記』　1966.この年
キトラ古墳　1983.11.7　1998.3.6
衣笠祥雄
2131試合連続出場　1987.6.13
★衣笠貞之助
没　1982.2.26
★稀音家浄観（2代）
没　1956.5.28
★杵屋六左衛門（14代）
没　1981.8.23
木下恵介
没　1998.12.30
★木下竹次
没　1946.2.14
★木下杢太郎
没　1945.10.15
★木原均
没　1986.7.27
★紀平正美
没　1949.9.19
★木宮泰彦
没　1969.10.30
義務教育諸学校の教科用図書の無償に関する法律〔★義務教育費国庫負担問題〕　1962.3.31
義務教育費国庫負担法〔★義務教育費国庫負担問題〕　1952.8.8
★木村伊兵衛
没　1974.5.31
★木村毅
没　1979.9.18
★木村京太郎
没　1988.6.11
★木村謹治
没　1948.1.13
★木村小左衛門
没　1952.2.28
★木村荘八
没　1958.11.18
木村荘十二

没　1988.8.10
★木村篤太郎
没　1982.8.8
木村俊夫
没　1983.12.1
★木村兵太郎
刑死　1948.12.23
木村政彦
没　1993.4.18
木村睦男
没　2001.12.7
木村礎
没　2004.11.27
木村資生
没　1994.11.13
木村守江
県知事として収賄容疑で逮捕
1976.8.6
★木村義雄
没　1986.11.17
キャスリーン台風　1947.9.14
旧国鉄債務処理法　1998.10.15
救国民主連盟　1946.5.13
★『九州史料叢書』　1955.この年
九州新幹線　2004.3.13
九州地方開発促進法　1959.3.30
旧石器発掘捏造　2000.11.5
2001.10.6　2002.5.26
牛肉・オレンジ輸入自由化
1988.6.20　1991.4.1
旧日本軍遺棄毒ガス被害訴訟
2003.9.29
義勇兵役法　1945.6.23
教育委員会法　1948.7.15
1956.6.30　1958.1.8
教育改革国民会議　2000.3.8
★教育基本法　1947.3.31
1958.1.8
★教育刷新委員会　1946.8.10
教育人材確保法　1974.2.25
★教育勅語　1946.10.8
『教育白書』　1959.10.31
教科書検定実施要領　1991.2.14
★教科書裁判（第1次）
1965.6.12　1986.3.19
教科書裁判（第2次）
1970.7.17　1982.4.8
1989.6.27
教科書裁判（第3次）
1984.1.19　1993.10.20
1997.8.29
教科書調査官　1956.10.10
教科書無償措置法　1963.12.21
凶器準備集合罪　1958.4.30
狂牛病　2001.9.10
共産主義者同盟（ブント）
1958.12.10
共産党〔★日本共産党〕
1951.10.16　1961.7.25
行政改革委員会　1994.12.19
行政改革会議　1997.12.3
行政機関職員定員法　1949.5.31
★京大事件　1951.11.12
京塚昌子
没　1994.9.23
★共同募金　1947.11.25
★協同民主党　1946.5.24
京都議定書　1998.4.28
2002.5.21
供米促進対策要綱　1947.2.28
協和銀行　1990.11.13
清川虹子
没　2002.5.24
清川正二
没　1999.4.13
漁業水域暫定措置法　1977.5.2
玉音放送〔★八・一五事件〕
1945.8.15
★極東委員会　1952.4.28
★極東国際軍事裁判所　1946.1.19
1946.5.3　1948.11.12
★許憲
没　1951.この年
★清沢冽
没　1945.5.21
★清瀬一郎
没　1967.6.27
★清野謙次
没　1955.12.27
★清水六兵衛（5代）
没　1959.8.1
★清水六兵衛（6代）
没　1980.4.17
★清元梅吉（3代）
没　1966.6.1
ギラン
没　1998.12.29
キリーノ
没　1956.2.29
基督者平和の会　1951.2.24
★桐竹紋十郎（2代）
没　1970.8.21
金閣〔★鹿苑寺〕　1950.7.2
近畿圏整備法　1963.7.10
★金九
没　1949.6.26
★緊急失業対策法　1963.7.8
金嬉老事件　1968.2.20
銀行法　1981.5.25
金鍾泌
来日　1964.3.12
金大中事件陳謝で来日
1973.11.2
『近世入来文書』　1981.この年
★『近世交通史料集』　1967.この年
★『近世庶民史料所在目録』
1952.11.-
★『近世村落自治史料集』
1954.この年
★金田一京助
没　1971.1.14
金田一春彦
没　2004.5.19
★金大中事件　1973.8.8
★『近代日本教育制度史料』
1956.この年
★金日成
没　1994.7.8
金融監督庁　1997.6.16　1998.6.22
★金融機関再建整備法
1946.10.19
金融機能安定化緊急措置法
1998.2.16
金融機能早期健全化緊急措置法
1998.10.16
金融緊急措置令　1946.2.17
金融再生委員会　1998.12.15
金融再生関連法　1998.10.12
1998.10.16
金融システム改革法　1998.6.5
金融制度改革関連改正法
1992.6.19
金融制度改革法　1993.4.1
金利取締法　1983.5.13
勤労婦人福祉法　1972.7.1

く

クアラルンプール事件
1975.8.5

★クアン＝アパイウォン
没　1968.8.-
★クオン＝デ
没　1951.4.6
★草野心平
没　1988.11.12
草柳大蔵
没　2002.7.22
久慈あさみ
没　1996.7.11
具島兼三郎
没　2004.11.12
★葛生能久
没　1958.2.3
楠田実
没　2003.9.29
楠部弥弌
没　1984.12.18
楠本憲吉
没　1988.12.17
★楠山正雄
没　1950.11.26
九津見房子
没　1980.7.15
★工藤吉郎兵衛
没　1945.11.18
★工藤鉄三郎
没　1965.12.18
「国づくり」懇談会　1962.10.26
久野収
没　1999.2.9
久野寧
没　1977.12.30
★久原房之助
没　1965.1.29
★久布白落実
没　1972.10.23
久保清
刺殺される　1960.3.28
★久保栄
没　1958.3.15
★窪田空穂
没　1967.4.12
久保田きぬ子
没　1985.12.26
★窪田静太郎
没　1946.10.6
★久保田万太郎
没　1963.5.6
久保山愛吉
没　1954.9.23
久保亮五
没　1995.3.31
熊谷一弥
没　1968.8.16
★熊谷岱蔵
没　1962.2.19
★熊谷守一
没　1977.8.1
★久村清太
没　1951.9.1
★久米正雄
没　1952.3.1
★倉石武四郎
没　1975.11.14
★倉田主税
没　1969.12.25
★倉富勇三郎
没　1948.1.26
★蔵原惟人
没　1991.1.25
★蔵原惟郭
没　1949.1.8
栗島すみ子
没　1987.8.16
栗栖弘臣
没　2004.7.19
★栗田元次
没　1955.12.1
★来栖三郎
没　1954.4.7
★栗栖赳夫
没　1966.5.10
★クレーギー
没　1959.5.16
黒い霧事件　1969.10.-
★黒板勝美
没　1946.12.21
黒岩重吾
没　2003.3.7
★クローデル
没　1955.2.23
クローン牛　1998.7.5　2000.1.24
黒川利雄
没　1988.2.21
黒澤明
没　1998.9.6
黒田清
没　2000.7.23
★黒田俊雄
没　1993.1.26
黒田寿男
没　1986.10.21
★黒田英雄
没　1956.1.1
黒塚古墳　1998.1.9
黒四ダム〔★黒部ダム〕
1963.6.5
★桑木厳翼
没　1946.12.15
桑田忠親
没　1987.5.5
桑田義備
没　1981.8.13
★桑原武夫
没　1988.4.10
郡司正勝
没　1998.4.15
軍需金融等特別措置法
1945.2.16
軍需充足会社令　1945.1.27

け

★経営者団体連合会　1947.5.19
★経済安定三原則　1948.11.11
経済安定一〇原則〔★経済安定九原則〕　1948.7.20
経済安定本部令　1946.8.12
★経済企画庁　1955.7.20
★経済協力開発機構　1963.7.26
1964.4.28
経済協力懇談会　1951.2.9
経済審議庁〔★経済企画庁〕
1952.8.1
★経済団体連合会　1946.8.16
★経済同友会　1946.4.30
★経済白書　1947.7.4　1964.7.9
経済復興会議　1947.2.6
警察法　1947.12.17　1954.6.8
★警察予備隊　1952.7.31
警察予備隊令　1950.8.10
★刑事訴訟法　1958.4.30
警職法改悪反対国民会議〔★警職法改正問題〕　1958.10.13
経世会　1987.7.4
★軽犯罪法　1948.5.1
警備隊　1952.7.31
京浜安保共闘　1971.2.17
★刑法　1947.10.26　1958.4.30

決戦教育措置　1945.3.18
★決戦非常措置要綱　1945.1.25
★煙山専太郎
没　1954.3.21
嫌煙権　1978.2.18
減刑令　1952.4.28
★元号法　1979.4.24
元号法制化　1978.10.17
元号法制化実現国民会議
1978.7.18
元号法制化促進国会議員連盟
1978.6.14
建国記念日審議会　1966.7.8
剣崎長瀞西遺跡　1997.6.3
源氏鶏太
没　1985.9.12
原子燃料公社法　1956.5.4
原子爆弾投下（広島）〔★原爆投下〕　1945.8.6
原子爆弾投下（長崎）　1945.8.9
原子兵器禁止に関する決議案
1954.4.1
★原子力委員会　1956.1.1
原子力委員会設置法
1955.12.19
★原子力基本法　1955.12.19
原子力国際管理決議案〔★原子力国際管理問題〕　1954.4.1
原子力三法　1956.5.4
原子力船むつ〔★原子力艦船〕
1969.6.12　1974.8.26
1990.7.10
原水禁運動分裂　1963.8.5
原水爆禁止決議案〔★原水爆禁止運動〕　1958.4.18
原水爆禁止国民会議（原水禁）
〔★原水爆禁止運動〕
1965.2.1
原水爆禁止署名運動全国協議会
〔★原水爆禁止運動〕
1954.8.8
原水爆禁止世界大会広島大会（第1回）〔★原水爆禁止運動〕
1955.8.6
原水爆禁止統一世界大会国際会議〔★原水爆禁止運動〕
1977.8.3
★原水爆禁止日本協議会（原水協）
1955.9.19
原水爆禁止平和宣言〔★原水爆禁止運動〕　1954.4.1
建設省設置法　1948.7.8
★現代かなづかい　1946.11.16
検定教科書〔★教科書〕
1949.4.1
憲法改正案要綱　1946.2.14
1946.2.23
憲法改正草案要綱　1946.3.6
憲法改正要綱（松本試案）
1946.2.8
憲法草案要綱　1945.12.27
憲法調査委員会設置推進議員連盟発足　1997.5.23
★憲法調査会　1957.8.13　2000.2.16
憲法調査会設置法　1999.7.6
憲法調査会法　1956.6.11
★憲法問題研究会　1958.6.8
★憲法問題調査委員会
1945.10.25
★憲法擁護国民連合　1954.1.15
原理運動対策全国父母の会
1967.9.16

こ

★小泉信三
没　1966.5.11
★小泉又次郎
没　1951.9.24
★小磯国昭
没　1950.11.3
★小磯内閣　1945.4.5
★小磯良平
没　1988.12.16
小絲源太郎
没　1978.2.6
★小岩井浄
没　1959.2.19
興亜火災海上保険　1999.10.16
★公安条例　1948.7.7
公安審査委員会設置法
1952.7.21
公安調査庁設置法　1952.7.21
興安丸　1953.3.23
公益事業令　1950.11.24
黄華
来日　1978.10.22
★公害対策基本法　1967.8.3
★公共企業体労働関係法
1948.12.20
工業標準化法　1949.6.1
航空機輸入調査特別委員会
1979.1.30　1981.1.29
★航空法　1952.7.15
★郷古潔
没　1961.4.28
★高坂正顕
没　1969.12.9
高坂正尭
没　1996.5.15
★『広辞苑』　1955.5.-
★皇室会議　1947.10.13
★皇室経済法　1947.1.16
★皇室典範　1947.1.16
皇室典範に関する有識者会議
2004.12.27
香淳皇后
没　2000.6.16
★孔祥熙
没　1967.8.15
公職資格訴願審査委員会官制
1947.3.3
公職資格訴願審査委員会
1949.2.8
★公職選挙法　1950.4.15　1982.8.24
1998.4.24
公職選挙法改正案　1975.7.4
1986.5.21
★公職追放　1946.1.4
公職追放覚書該当者解除法
1951.11.29
公職追放令　1947.1.4　1952.4.21
★厚生省　1949.5.31
★公正取引委員会　1947.7.1
高速自動車国道法　1957.4.25
高速増殖炉もんじゅ　1991.5.18
1995.8.29　1995.12.8
1996.1.12
幸田文
没　1990.10.31
★幸田成友
没　1954.5.15
★幸田延
没　1946.6.14
★幸田露伴
没　1947.7.30
高度経済成長政策〔★高度経済成長〕　1960.12.27
校内暴力　1997.12.22
★河野一郎

自由党除名処分　1952.9.29
没　1965.7.8
★河野謙三
没　1983.10.16
★河野省三
没　1963.1.8
河野兵市
単独徒歩で北極点に到達
1997.5.2
★河野密
没　1981.1.4
河野義克
没　2003.7.17
幸福銀行経営破綻　1999.5.22
降伏後における米国の初期の対日方針　1945.9.22
★降伏文書　1945.9.2
神戸ポートアイランド博覧会
1981.3.20
公明　1994.11.5
公明新党　1994.11.5
公明政治連盟　1962.1.17
★『孝明天皇紀』 1967.この年
★公明党　1964.11.17　1978.1.11
1998.11.7
★河本大作
没　1953.8.25
★高山岩男
没　1993.7.5
★幸祥光
没　1977.4.6
高良とみ
没　1993.1.17
公労協・交運共闘統一スト
1966.4.26
港湾整備緊急措置法　1961.3.31
声なき声の会　1960.6.4
★古賀政男
没　1978.7.25
国営八郎潟干拓事業実施団体
1965.5.27
国語審議会　1961.3.22
★国際科学技術博覧会　1985.3.16
国際協力銀行　1999.10.1
国際緊急援助隊派遣法
1991.9.19　1992.6.15
国際金属労連日本協議会（IMF JC） 1964.5.16
国際勝共連合　1968.4.1
★国際通貨基金（IMF）
1952.8.13　→IMF
国際花と緑の博覧会　1990.4.1
国際反戦デー　1969.10.21
国際復興開発銀行〔★世界銀行〕
1952.8.13
国際ペン大会（第29回）
1957.9.2
国際理論物理学会議　1953.9.11
国際労働機関（ILO）対日調査団
1965.1.10
★国際労働機構（ILO） 1951.6.21
『国史大辞典』 1979.この年
★黒正巌
没　1949.9.3
★『国書総目録』 1963.この年
国籍法　1984.5.25
国鉄再建監理委員会　1984.8.10
国鉄分割民営化　1987.4.1
国鉄分割・民営化関連八法案
1986.10.28
コクド　2004.10.20
国土総合開発法〔★国土総合開発計画〕　1950.5.26
★国土庁　1974.6.26
★国防会議　1956.7.2
国民医療法施行令　1946.8.31
★国民栄誉賞　1977.9.3
★国民協会　1961.7.15
★国民協同党　1947.3.8
国民金融公庫法〔★庶民金庫〕
1949.5.2
国民勤労動員令　1945.3.6
★国民健康保険法　1958.12.27
国民所得倍増計画　1960.12.27
国民生活安定緊急措置法
1973.12.22
国民生活金融公庫　1999.10.1
★国民年金法　1959.4.16
国民の祝日法〔★祝祭日〕
1966.6.25　1973.4.12
1998.10.14
国民文化会議　1955.7.17
★国民民主党　1950.4.28
国立学校設置法　1949.5.31
★国立近代美術館　1952.12.1
★国立劇場　1966.11.1
★国立公文書館　1971.7.1
★国立国会図書館　1948.6.5
★国立西洋美術館　1959.6.10
国立大学法人法　2003.2.28
国立大独立行政法人化
1999.9.20
国立多摩研究所　1954.4.27
国立婦人教育館　1977.5.20
国立癩研究所　1954.4.27
★国立歴史民俗博物館　1981.4.14
木暮武太夫
没　1967.7.10
木暮実千代
没　1990.6.13
国連加盟案　1956.12.18
国連平和維持活動（PKO）協力法　1991.9.19　1992.6.15
2001.12.7
★古今亭志ん生（5代）
没　1973.9.21
古今亭志ん朝
没　2001.10.1
★古在由重
没　1990.3.6
★小坂順造
没　1960.10.16
小坂善太郎
没　2000.11.26
★『小作騒動に関する史料集』
1954.3.-
越路吹雪
没　1980.11.7
小柴昌俊
ノーベル物理学賞受賞決定
2002.10.8
児島明子
ミスユニバースに決定
1959.7.24
★小島烏水
没　1948.12.13
★古島一雄
没　1952.5.27
★児島喜久雄
没　1950.7.5
★児島善三郎
没　1962.3.22
児島襄
没　2001.3.27
五社英雄
没　1992.8.30
五所平之助
没　1981.5.1
★小杉天外
没　1952.9.1

★小杉放庵
　没　1964.4.16
★戸籍法　1984.5.25
★『古代文化』　1957.8.-
小平邦彦
　没　1997.7.26
小平義雄
　逮捕　1946.8.20
★古武弥四郎
　没　1968.5.30
小谷正雄
　没　1993.6.6
こだま　1958.11.1
★児玉秀雄
　没　1947.4.7
児玉誉士夫
　臨床取調べ　1976.3.4
　没　1984.1.18
国会開設九〇周年記念式典
　1980.11.29
国会法　1999.7.29
国家公務員法　1947.10.21
　1948.11.30
国家公務員法改正案　1963.3.2
国家公務員倫理法　1999.8.9
国旗・国歌法　1999.7.22
　1999.8.9
小寺健吉
　没　1977.9.20
★『古典文庫』　1946.6.-
★五島慶太
　没　1959.8.14
★後藤守一
　没　1960.7.30
★伍堂卓雄
　没　1956.4.7
★後藤文夫
　没　1980.5.13
五島美代子
　没　1978.4.15
★後藤隆之助
　没　1984.8.21
古都における歴史的風土の保存に関する特別措置法　1966.1.13
★載仁親王
　没　1945.5.20
古都保存協力税　1985.7.10
★小西重直
　没　1948.7.21
小西四郎
　没　1996.2.5
小西誠
　自衛隊法違反で逮捕
　1969.11.1
★『近衛篤麿日記』　1968.この年
★近衛上奏文　1945.2.14
近衛秀麿
　没　1973.6.2
★近衛文麿
　自殺　1945.12.16
★『近衛文麿日記』　1968.この年
小葉田淳
　没　2001.8.8
★小林中
　没　1981.10.28
★小林一三
　没　1957.1.25
★小林古径
　没　1957.4.3
★小林躋造
　没　1962.7.4
小林千登勢
　没　2003.11.26
★小林秀雄
　没　1983.3.1
★小林英夫
　没　1978.10.5
★小林行雄
　没　1989.2.2
小堀杏奴
　没　1998.4.2
★駒井和愛
　没　1971.11.22
★駒井徳三
　没　1961.5.13
駒田信二
　没　1994.12.27
★小宮豊隆
　没　1966.5.3
★小室翠雲
　没　1945.3.30
コメ関税化法　1999.3.31
コメ輸入関税化　1998.12.18
子母澤寛
　没　1968.7.19
★『古文書研究』　1968.6.-
小山敬三
　没　1987.2.7
★小山松寿
　没　1959.11.25
★小山松吉
　没　1948.3.27
★五来重
　没　1993.12.11
ゴルバチョフ
　来日　1991.4.16
コロムビア・トップ
　没　2004.6.7
★近藤栄蔵
　没　1965.7.3
近藤啓太郎
　没　2002.2.1
★近藤憲二
　没　1969.8.6
★今東光
　没　1977.9.19
近藤鶴代
　没　1970.8.9
★近藤真柄
　没　1983.3.18
★近藤万太郎
　没　1946.11.7
★今日出海
　没　1984.7.30
コンピューター2000年問題（Y2K）　2000.1.1

さ

★西園寺公一
　没　1993.4.22
★三枝博音
　没　1963.11.9
再クローン牛　2000.1.24
★最高裁判所　1947.8.4
★西光万吉
　没　1970.3.20
財産税法〔★財産税〕
　1946.11.12
★西条八十
　没　1970.8.12
財政構造改革会議　1997.12.3
財政構造改革法　1997.11.28
財政構造改革法凍結法
　1998.12.11
★財政法　1947.3.31
財田川事件　1976.10.13
　1984.3.12
埼玉銀行　1990.11.13
さいたま市　2001.5.1　2003.4.1

最低賃金法〔★最低賃金制〕
1959.4.15
斎藤栄三郎
没　2000.7.9
斎藤英四郎
没　2002.4.22
斉藤喜久蔵
没　2003.9.8
★西東三鬼
没　1962.4.1
★斉藤惣一
没　1960.7.5
★斎藤隆夫
没　1949.10.7
★斎藤恒
没　1953.3.8
★斎藤茂吉
没　1953.2.25
★斎藤瀏
没　1953.7.5
★斎藤良衛
没　1956.11.4
在日朝鮮人の北朝鮮帰還に関する協定　1959.8.13
在日朝鮮人連盟〔★在日本朝鮮人連盟〕　1945.10.15
在日米軍　1952.7.26
★在日本朝鮮人総連合会
1955.5.26
★財閥解体　1945.11.6　1946.8.22
1951.7.10
財閥商号使用禁止等に関する政令　1952.5.7
★財閥同族支配力排除法
1948.1.7
★阪井久良伎
没　1945.4.3
★酒井田柿衛門（13代）
没　1982.7.3
★酒井隆
没　1946.9.13
★堺為子
没　1959.1.2
榊原仟
没　1979.9.28
★坂口安吾
没　1955.2.17
坂口謹一郎
没　1994.12.9
坂口弘
死刑判決　1982.6.18
★『佐賀県史料集成』　1955.8.-
★坂田三吉
没　1946.7.23
★坂田昌一
没　1970.10.16
坂田道太
没　2004.1.13
坂野重信
没　2002.4.17
坂本九
事故死　1985.8.12
★阪本清一郎
没　1987.2.19
坂本清馬
没　1975.1.15
坂本多加雄
没　2002.10.29
★坂本太郎
没　1987.2.16
坂本朝一
没　2003.12.31
★坂本繁二郎
没　1969.7.14
坂本弁護士一家殺害事件
1998.10.23
★阪本勝
没　1975.3.22
坂本龍一
アカデミー賞オリジナル作曲賞受賞　1988.4.11
相良亨
没　2000.10.14
相良守峯
没　1989.10.16
佐川急便事件　1992.2.13
1992.11.26　1994.10.25
★向坂逸郎
没　1985.1.22
★桜井忠温
没　1965.9.17
★桜内幸雄
没　1947.10.9
桜内義雄
没　2003.7.5
桜木町事件〔★桜木町電車事故〕
1951.4.24
さくら銀行　1990.4.1
1999.10.14　2000.4.21
★桜田一郎
没　1986.6.23
★桜田武
没　1985.4.29
★桜間弓川
没　1957.3.1
★迫水久常
没　1977.7.25
★左近司政三
没　1969.8.30
佐々木邦
没　1964.9.22
★佐々木更三
社会党委員長に選任
1965.5.6
没　1985.12.24
★佐々木潤之介
没　2004.1.23
★佐々木惣一
没　1965.8.4
佐々木隆興
没　1966.10.31
★佐々木到一
没　1955.5.30
★佐佐木信綱
没　1963.12.2
佐佐木行忠
没　1975.8.10
佐々木良作
没　2000.3.9
笹沢左保
没　2002.10.21
佐治敬三
没　1999.11.3
佐多稲子
没　1998.10.12
サッチャー
来日　1982.9.17
★薩摩治郎八
没　1976.2.22
座頭市　2003.9.6
★佐藤栄作
ノーベル平和賞受賞決定
1974.10.8
没　1975.6.3
佐藤喜一郎
没　1974.5.24
★佐藤義亮
没　1951.8.18
★佐藤賢了
没　1975.2.6

佐藤工業　2002.3.3
★佐藤紅緑
没　1949.6.3
★『茶道古典全集』　1956.この年
佐藤誠三郎
没　1999.11.28
佐藤太清
没　2004.11.6
佐藤達夫
没　1974.9.12
★佐藤内閣（第１次）　1964.11.9
1966.12.3
佐藤内閣（第２次）　1967.2.17
1967.11.25　1968.11.30
佐藤内閣（第３次）　1970.1.14
1971.7.5
★佐藤尚武
没　1971.12.18
★サトウハチロー
没　1973.11.13
★佐藤春夫
没　1964.5.6
佐藤文生
没　2000.4.25
★里見弴
没　1983.1.21
実松譲
没　1996.12.20
佐野周二
没　1978.12.21
★佐野利器
没　1956.12.5
★佐野学
没　1953.3.9
鯖田豊之
没　2001.10.25
佐原真
没　2002.7.10
ザ＝ビートルズ来日　1966.6.29
差別的不快用語　1981.5.25
★狭山事件　1964.3.11
小夜福子
没　1989.12.29
サラリーマン新党　1983.5.8
サルトル
来日　1966.9.18
★沢田茂
没　1980.12.1
沢田政広
没　1988.5.1
沢たまき
没　2003.8.9
★沢田美喜
没　1980.5.12
沢村貞子
没　1996.8.16
★沢村宗十郎（７代）
没　1949.3.2
★沢村宗十郎（８代）
没　1975.12.25
★沢村田之助（５代）
没　1968.12.3
★三月闘争　1948.2.25
参議院議員選挙（第１回）
1947.4.20
参議院議員選挙法　1947.2.24
参議院クラブ　1998.12.28
参議院同志会　1960.1.30
参議院の会　1983.7.12
『三光』　1957.5.4
三光汽船　1985.8.13
★三笑亭可楽（８代）
没　1964.8.23
★サンソム
没　1956.3.8
産炭地域振興臨時措置法
1961.11.13
★三内丸山遺跡　1993.9.13
1995.10.31
サンフランシスコ講和会議
〔★サンフランシスコ講和問題〕　1951.9.8
産別民主化同盟〔★民同派〕
1948.2.13
★三無事件　1961.12.12
★三遊亭円生（６代）
没　1979.9.3
三洋証券　1997.11.3
山陽新幹線　1972.3.15
1975.3.10
山陽特殊製鋼　1965.3.6
三里塚空港粉砕全国総決起集会
〔★新東京国際空港問題〕
1969.9.28
★三和銀行　2000.7.5

し

GHQ〔★連合国最高司令官総司令部〕　1952.4.28
★椎名悦三郎
没　1979.9.30
★椎名麟三
没　1973.3.28
シーレーン防衛　1982.5.20
情報公開法　1999.5.7
JRグループ　1987.4.1
自衛隊　1954.7.1
自衛隊イラク派遣　2004.2.9
自衛隊イラク派遣実施要項
2003.12.18
自衛隊海外派遣　1997.7.12
自衛隊機シンガポール派遣
1998.5.18
自衛隊多国籍軍参加　2004.6.28
自衛隊法　1954.6.9　1961.6.2
1994.11.11
JT　1985.4.1
★塩入松三郎
没　1962.10.1
★塩沢昌貞
没　1945.7.7
塩田広重
没　1965.5.11
★塩野義三郎（２代）
没　1953.10.3
★塩野季彦
没　1948.1.7
★塩谷温
没　1962.6.3
★塩原又策
没　1955.1.7
★志賀潔
没　1957.1.25
★志賀直哉
没　1971.10.21
★志賀義雄
没　1989.3.6
式場隆三郎
没　1965.11.21
★重光葵
日ソ国交回復交渉を再開
1956.7.31
没　1957.1.26
★重宗雄三
没　1976.3.13
茂山千作
没　1986.7.19
★『四国新聞』　1946.2.11
四国地方開発促進法　1960.4.28

★自作農創設特別措置法
1946.10.21
自自公連立政権樹立　1999.10.4
★獅子文六
没　1969.12.13
自社さ体制　1998.5.30
自社さ連合　1997.1.18
自主憲法期成議員同盟
1955.7.11
自自連合　1998.11.19
自自連立内閣　1999.1.14
★自然環境保全法　1972.6.22
『思想の科学』　1961.12.21
★思想犯保護観察法　1945.10.15
★自治省　1960.7.1
自治庁　1952.8.1
★実川延若（２代）
没　1951.2.22
★『実業の世界』　1968.8.1
★幣原喜重郎
没　1951.3.10
幣原坦
没　1953.6.29
幣原内閣　1945.10.9　1946.1.13
1946.4.22
児童虐待防止法　2004.4.7
★児童憲章　1951.5.5
自動車損害賠償保障法
1955.7.29
児童福祉白書　1963.5.4
★児童福祉法　1947.12.12
信濃川河川敷問題　1975.9.29
★『信濃史料』　1969.この年
信夫韓一郎
没　1976.8.22
★信夫淳平
没　1962.11.1
★信夫清三郎
没　1992.10.10
★斯波孝四郎
没　1971.6.13
★柴五郎
没　1945.12.13
★芝祐泰
没　1982.10.10
★柴田桂太
没　1949.11.19
★柴田雄次
没　1980.1.28
柴田錬三郎
没　1978.6.30
★柴山兼四郎
没　1956.1.23
司馬遼太郎
没　1996.2.12
シフェール，ルネ
没　2004.2.13
★『渋沢栄一伝記資料』　1955.4.-
★渋沢敬三
没　1963.10.25
渋沢秀雄
没　1984.2.15
★渋谷兼八
没　1968.12.16
★渋谷天外（２代）
没　1983.3.18
★島尾敏雄
没　1986.11.12
★島木健作
没　1945.8.17
島崎敏樹
没　1975.3.17
★島田謹二
没　1993.4.20
島田虔次
没　2000.3.21
★嶋田繁太郎
没　1976.6.7
島田事件　1989.1.31
島田修二
没　2004.9.12
島田正吾
没　2004.11.26
★島田俊雄
没　1947.12.21
★島津源蔵（２代）
没　1951.10.3
★島津保次郎
没　1945.9.18
★嶋中事件　1961.2.1
嶋中鵬二
没　1997.4.3
★嶋中雄作
没　1949.1.17
島秀雄
没　1998.3.18
★清水幾太郎
没　1988.8.10
★清水亀蔵
没　1948.12.7
清水行之助
没　1981.6.22
★清水澄
没　1947.9.25
★清水三男
没　1947.1.27
自民党〔★自由民主党〕
1956.4.5　1956.12.14
1957.3.21　1959.1.24
1960.7.14
自民党・新自由国民連合
1983.12.26
下條正巳
没　2004.7.25
下条康麿
没　1966.4.25
下田武三
没　1995.1.22
下中邦彦
没　2002.6.6
★下中弥三郎
没　1961.2.21
★下村治
没　1989.6.29
★下村海南
没　1957.12.9
★下村湖人
没　1955.4.20
★下村定
没　1968.3.25
下元勉
没　2000.11.29
★下山事件　1949.7.5
霜山精一
没　1975.3.12
指紋押捺制度　1992.5.20
1993.1.8　1998.10.8
1999.3.9
ジャイアント馬場
没　1999.1.31
シャウプ
没　2000.3.23
★シャウプ勧告　1949.8.26
1950.9.21
シャウプ税制使節団　1949.5.10
★『社会運動の状況』
1945.この年以降
社会教育法　1949.6.10　1958.1.8
社会クラブ　1959.10.25
社会市民連合　1977.10.29

社会党〔★日本社会党〕
1950.1.19　1951.1.19
1951.10.23　1955.10.13
1957.1.17　1959.9.12
1960.3.23　1978.3.1
1984.2.27　1994.4.26
1996.1.19
社会民主党　1951.2.10　1996.1.19
★社会民主連合　1978.3.26
借地借家法　1991.9.30
社民党〔★社会民主党〕
1996.9.28
社民連　1994.5.22
シャールシュミット
没　1998.8.17
★シャンボン
没　1948.9.8
★周恩来
没　1976.1.8
『週刊新潮』　1956.2.19
★衆議院議員選挙法　1945.12.17
1947.3.31
宗教法人法改正案　1995.11.10
宗教法人法　1951.4.3
宗教法人令　1945.12.28
従軍慰安婦基金　1995.4.7
従軍慰安婦問題　1992.1.13
1992.1.16
★周作人
没　1967.この年
十条製紙　1969.3.6
『自由新報』　1980.1.22
集中排除審査委員会　1948.5.4
集中排除四原則　1948.9.11
★自由党　1950.3.1　1954.11.28
自由党憲法調査会　1954.3.12
住民基本台帳ネットワークシステム（住基ネット）　2002.8.5
自由民権一〇〇年全国集会
1981.11.21
★自由民主党　1955.11.15
住民登録（第１回）　1952.7.1
★住民登録法　1951.6.8
★重要産業団体令　1945.7.4
自由連合　1994.12.21　1995.1.9
1995.12.25
★寿岳文章
没　1992.1.16
守随憲治
没　1983.2.7
★出入国管理令および入国管理庁設置令　1951.10.4
★朱徳
没　1976.7.6
★首都圏整備法　1956.4.26
首都建設法　1956.4.26
首都高速道路公団法　1959.4.14
★主婦連合会　1948.9.15
主要先進国首脳会議（主要国首脳会議）〔★先進国首脳会議〕
第１回　1975.11.15
第２回　1976.6.27
第３回　1977.5.7
第４回　1978.7.16
第５回（東京）　1979.6.28
第６回　1980.6.22
第７回　1981.7.20
第８回　1982.6.4
第９回　1983.5.28
第10回　1984.6.7
第11回　1985.5.2
第12回（東京）　1986.5.4
第13回　1987.6.8
第14回　1988.6.19
第15回　1989.7.14
第16回　1990.7.9
第17回　1991.7.15
第18回　1992.7.6
第19回（東京）　1993.7.7
第20回　1994.7.8
第21回　1995.6.15
第22回　1996.6.27
第23回　1997.6.20
第24回　1998.5.15
第25回　1999.6.18
第26回（沖縄）　2000.7.21
第27回　2001.7.20
第28回　2002.6.26
第29回　2003.6.1
第30回　2004.6.8
シュワルナゼ
来日　1986.1.15
春闘スト　1954.4.25
春風亭柳橋（６代）
没　1979.5.16
春風亭柳橋（７代）
没　2004.10.31
上越新幹線　1982.11.15　1991.6.20
★蔣介石
没　1975.4.5
商業捕鯨　1991.5.31
証券総合口座　1997.7.31
証券取引等監視委員会
1992.7.20
証券取引法　1991.10.3
庄司吉之助
没　1985.4.30
東海林太郎
没　1972.10.4
★章宗祥
没　1962.10.1
★上代たの
没　1982.4.8
★勝田主計
没　1948.10.10
正田健次郎
没　1977.3.20
★正田貞一郎
没　1961.11.9
正田美智子
皇太子と結婚　1959.4.10
小中学校学習指導要領改訂案
1958.7.31
★昭電疑獄事件　1948.6.23
1948.9.30　1948.12.7
少年の凶悪犯罪問題化
1998.この年
消費者保護基本法　1968.5.30
★消費税　1989.4.1　1994.11.25
1997.4.1
消費税法　1991.5.8
★商法　1950.5.10　1993.10.1
情報公開条例　1998.6.19
情報公開法　1999.5.7
★正力松太郎
没　1969.10.9
昭和基地〔★南極観測〕
1956.11.8
★『昭和財政史』　1954.この年
★『昭和産業史』　1950.6.-
★昭和天皇
没　1989.1.7
大葬　1989.2.24
★『初期日本関係米英両国議会資料』
1962.この年
職業安定法　1947.11.30　1963.7.8
食糧管理法〔★食糧管理制度〕
1995.11.1
食糧緊急措置令〔★食糧管理制度〕
1946.2.17

食糧法　1995.11.1
★食糧メーデー　1946.5.19
女性知事　2000.2.6　2000.4.16
2001.3.25
女性天皇容認問題　2004.11.30
★ジョンストン報告書　1948.5.18
ジョンソン
来日　1950.6.18
★ジラード事件　1957.1.30
白井浩司
没　2004.11.1
白石一郎
没　2004.9.20
★白石元治郎
没　1945.12.24
★白井松次郎
没　1951.1.23
白井義男
日本人初のボクシング世界選手権を獲得　1952.5.19
白井隆二
証券取締法違反で逮捕
1998.3.4
白川英樹
ノーベル化学賞受賞決定
2000.10.10
白洲次郎
没　1985.11.28
白洲正子
没　1998.12.26
★白瀬矗
没　1946.9.4
★白鳥事件　1952.1.21　1977.12.2
★白鳥敏夫
没　1949.6.3
★白柳秀湖
没　1950.11.9
私立学校法　1949.12.15
★『史料纂集』 1967.この年
城塚登
没　2003.4.18
★白鳥省吾
没　1973.8.27
新安保条約　1960.1.19
新安保条約調印全権団
1960.1.16
新学制　1947.4.1
新型肺炎（SARS）　2003.4.3
★新協劇団　1946.1.19
新警察制度　1948.3.7
人権擁護委員法　1949.5.31
新興金融機関保全経済会
1953.10.24
★新国劇　1987.9.7
新産業都市建設促進法
1962.5.10
★人事院規則　1949.9.19
新紙幣発行　2000.7.19
2004.11.1
新社会党　1996.1.1
新社会党・平和連合　1996.1.1
★新自由クラブ　1976.6.25
1980.2.29　1986.8.15
新自由クラブ・民主連合
1983.9.7
新宿駅騒乱デモ事件
1968.10.21
人種差別撤廃条約　1995.12.1
新進党　1994.11.24　1994.12.10
1998.1.4
新生銀行　2000.6.5
新制高等学校　1948.4.1
新生党　1993.6.23　1994.11.16
新中期防衛力整備計画（次期防）
1995.12.15
シンチンゲル
没　1988.10.9
新東京国際空港〔成田空港〕
1966.7.4　1978.3.26
1978.5.20
新東京国際空港公団　1971.2.22
新東京国際空港公団法
1965.6.2
新党さきがけ　1993.6.21
1998.10.20
★『神道大系』 1977.12.-
真藤恒
没　2003.1.26
★秦徳純
没　1963.9.7
★新日本製鉄　1970.3.31
新日本窒素　1959.7.22
1959.10.6
新日本婦人同盟　1945.11.3
新日本婦人の会　1962.10.19
★新日本文学会　1945.12.30
新日本放送　1951.9.1
新農業基本法　1999.7.12
★新橋演舞場　1948.3.18
進歩党　1987.1.22
★新見吉治
没　1974.11.4
人民裁判事件　1946.2.8
★神武景気　1955.この年
★新村出
没　1967.8.17
新村猛
没　1992.10.31

す

水産資源保護法　1951.12.17
水資源開発促進法　1961.11.13
★吹田事件　1952.6.24
★『随筆百花苑』 1979.この年
★末川博
没　1977.2.16
★末永雅雄
没　1991.5.7
★末弘厳太郎
没　1951.9.11
末広恭雄
没　1988.7.14
★末松保和
没　1992.4.10
★菅野序遊（5代）
没　1961.8.20
★スカルノ
没　1970.6.21
★杉勇
没　1989.11.25
杉浦忠
没　2001.11.11
杉浦明平
没　2001.3.14
杉浦幸雄
没　2004.6.18
★杉田久女
没　1946.1.21
杉野芳子
没　1978.7.24
杉捷夫
没　1990.12.10
杉原荒太
没　1982.1.20
★杉原荘介
没　1983.9.1
杉原千畝
没　1986.7.13
★杉道助

没　1964.12.14
★杉村楚人冠
没　1945.10.3
杉村春子
没　1997.4.4
杉本健吉
没　2004.2.10
杉森久英
没　1997.1.20
★杉山元
自刃　1945.9.12
★杉山平助
没　1946.12.1
★杉山元治郎
没　1964.10.11
★杉山寧
没　1993.10.20
★須崎芳三郎
没　1949.4.28
スジャトモコ
没　1989.12.21
★鈴江言一
没　1945.3.15
★鈴木貫太郎
没　1948.4.17
★鈴木貫太郎内閣　1945.4.7
1945.8.15
★鈴木敬三
没　1992.7.28
鈴木三郎助
没　1973.6.19
鈴木成高
没　1988.3.7
★鈴木善幸
没　2004.7.19
★鈴木善幸内閣　1980.7.17
1981.11.30　1982.11.26
★鈴木大拙
没　1966.7.12
★薄田泣菫
没　1945.10.9
鈴木竹雄
没　1995.12.9
★鈴木忠治
没　1950.12.29
★鈴木貞一
没　1989.7.17
★鈴木虎雄
没　1963.1.20
鈴木治雄
没　2004.7.3
鈴木尚
没　2004.10.1
鈴木博美
アテネ世界陸上選手権女子マラソンで優勝　1997.8.9
★鈴木文治
没　1946.3.12
鈴木真砂女
没　2003.3.14
鈴木雅次
没　1987.5.28
鈴木宗男
北方四島支援事業などへの関与確認　2002.3.4
斡旋収賄容疑で逮捕
2002.6.19
懲役2年の実刑判決
2004.11.5
★鈴木茂三郎
没　1970.5.7
鈴木安蔵
没　1983.8.7
スターリン
没　1953.3.5
★須田国太郎
没　1961.12.16
★スト規制法　1953.8.5
スト規制法存続決議案
1956.12.8
ストライク賠償調査団〔★賠償問題〕　1947.2.18
★砂川事件（…闘争）　1955.5.8
1959.3.30　1959.12.16
砂川町　1957.7.8
★砂田重政
没　1957.12.27
スーパー301条　1989.5.25
「すばる」望遠鏡　1999.1.28
スペースシャトル　1985.8.7
スポーツ振興投票（サッカーくじ）法　1998.5.12
スマトラ沖大地震　2004.12.26
須磨弥吉郎
没　1970.4.30
住井すゑ
没　1997.6.16
住友化学工業　2000.11.17
★住友銀行　1999.10.14　2000.4.21
墨ぬり教科書　1945.9.20
住谷悦治
没　1987.10.4
隅谷三喜男
没　2003.2.22
スモン病〔★スモン訴訟〕
1970.9.5
諏訪メモ　1957.6.24

せ

★生活保護法　1946.9.9
★青函トンネル　1985.3.10
1988.3.13
政策推進労働組合会議
1976.10.7
政治改革推進議員連盟
1993.6.23
政治改革法　1994.1.29
政治的・民事的・宗教的自由に対する制限撤廃の覚書
1945.10.4
税制改革関連四法案
1994.11.25
製造物責任（PL）法
1994.6.22　1995.7.1
生存者叙勲（第1回）
1964.4.25
性同一性障害者性別特例法
2004.7.28
★政府開発援助（ODA）
1989.この年
西武鉄道　2004.3.1　2004.4.14
2004.11.12
青嵐会　1973.7.17
整理統合等特別推進本部
1995.1.18
政令諮問委員会　1951.5.1
★政令二〇一号　1948.7.31
政令二〇一号事件　1953.4.8
★『世界』　1946.1.-
世界遺産　1993.12.9　1994.12.15
1995.9.21　1995.12.7
1997.4.18　1998.12.2
2004.7.1
世界湖沼環境会議　1984.8.27
世界同時株安　1998.8.27
世界都市博覧会　1995.4.26
世界平和者日本会議　1954.4.1
★瀬川菊之丞（6代）
没　1976.11.3

★関鑑子
没　1973.5.1
関晃
没　1996.4.20
赤軍派　1969.11.5　1977.9.28
関敬吾
没　1990.1.26
積水化学　1960.3.-
石炭鉱業合理化事業団
1960.9.1
石炭鉱業調査団　1962.5.11
★関根金次郎
没　1946.3.22
関野雄
没　2003.7.23
関野克
没　2001.1.25
★関保之助
没　1945.5.25
★関屋貞三郎
没　1950.6.10
★石油危機　1973.10.23
石油緊急対策要綱　1973.11.16
石油需給適正化法　1973.12.22
石油備蓄法　1975.12.27
瀬越憲作
没　1972.7.27
瀬藤象二
没　1977.10.20
瀬戸大橋　1988.4.10
瀬沼茂樹
没　1988.8.14
ゼネコン汚職　1993.6.29
1996.9.9
★妹尾義郎
没　1961.8.4
★セミョーノフ
没　1946.この年
★芹沢光治良
没　1993.3.23
★セルギー
没　1945.8.10
ゼロ金利政策　1999.3.3
戦域ミサイル防衛（TMD）
1998.12.25
★全学共闘会議　1968.5.27
1968.6.15
全官公庁労組共同闘争委員会
1946.11.26
選挙制度審議会設置法
1961.6.8
★膳桂之助
没　1951.11.25
★千家元麿
没　1948.3.14
★『戦国遺文』　1989.9.-
全国教育研究大会（教研集会）（第1回）　1951.11.10
全国軍事基地反対連絡会議
1955.6.23
★千石興太郎
没　1950.8.22
★全国産業別労働組合連合（新産別）　1949.12.10
全国女性議員サミット
1998.10.17
全国全共闘連合　1969.9.5
全国戦没者追悼式（第1回）
1963.8.15
全国総合開発計画　1962.10.5
全国総合開発計画（第3次）
1977.11.4
全国地域婦人団体連絡協議会
1952.7.9
全国労働組合共同闘争委員会（全闘）　1947.1.15
★全国労働組合連合協議会（全労連）　1950.8.30
★戦時教育令　1945.5.22
★戦時緊急措置法　1945.6.22
戦時農業団令〔★全国農業会〕
1945.7.7
戦時補償特別措置法〔★戦時補償問題〕　1946.10.19
★専修学校　1975.7.10
戦傷病者戦没者遺族等援護法
1952.4.30
先進国首脳会議　→主要先進国首脳会議
先進七ヵ国蔵相会議（G7）
1986.5.6
戦争終結の詔書〔★終戦の詔書〕
1945.8.15
千田是也
没　1994.12.21
全斗煥
来日　1984.9.6
千と千尋の神隠し　2002.2.17
2003.3.23
★全日本海員組合　1945.10.5
★全日本学生自治会総連合（全学連）　1948.9.18
全日本教員組合　1945.12.1
★全日本産業別労働組合会議
1946.8.19　1958.2.15
全日本自動車ショー（第1回）
1954.4.20
★全日本農民組合連合会
1958.3.24
全日本民間労働組合協議会（全民労協）　1982.12.14
全日本民間労働組合連合会（連合）　1987.11.20
★全日本労働組合会議（全労会議）
1954.4.22
★全日本労働総同盟（同盟）
1964.11.12
全農チキンフーズ　2002.6.10
戦没者叙勲（第1回）
1964.4.25
全面講和愛国運動全国協議会
1951.1.15
戦略防衛構想（SDI）　1986.9.9
占領目的阻害行為処罰令〔★政令三二五号〕　1950.10.31
1952.5.7

そ

★騒音規制法　1968.6.10
総会屋　1997.7.11
★創価学会　1946.1.1　1951.5.3
創価学会政治連盟　1962.1.17
臓器移植法　1997.6.17
★宋慶齢
没　1981.5.29
総合保養地域整備法（リゾート法）　1987.6.9
★草紙庵
没　1946.12.5
★宋子文
没　1971.4.21
★曹汝霖
没　1966.この年
創政会　1985.2.7
★造船疑獄　1954.2.23　1954.4.21
★早大事件　1952.5.9
総評　1951.3.10　1955.7.26
1964.4.2　1989.11.21　→日本労働組合総評議会

★相馬愛蔵
没　1954.2.14
★相馬御風
没　1950.5.8
★相馬黒光
没　1955.3.2
★相馬半治
没　1946.1.7
総務庁　1984.7.1
★総理府　1949.5.31
★曾我廼家五郎
没　1948.11.1
即位の礼　1990.11.12
そごうグループ　2000.7.12
★十河信二
没　1981.10.3
祖国復帰県民総決起大会
1961.4.28
組織的犯罪対策三法　1999.8.12
園田高弘
没　2004.10.7
★園部秀雄
没　1963.9.29
ソ連最高会議議員団　1964.5.14
ソロビヨフ
没　1998.9.29
孫基禎
没　2002.11.15

た

★第一勧業銀行　1971.3.11
1997.5.20　1999.8.20
2000.9.29
第一相互経済研究所　1971.6.5
第一物産　1958.8.5
ダイエー　2002.1.18　2002.3.19
ダイオキシン　1997.5.20
1997.9.26
ダイオキシン排出規制
1997.4.11
大学入試センター　1977.5.2
大学入試センター試験
1990.1.13
★『大漢和辞典』　1955.この年
★大気汚染防止法　1968.6.10
★『大航海時代叢書』　1965.7.-
第五福竜丸〔★第五福竜丸事件〕
1954.3.1
第三セクター　1984.4.1
大赦令　1952.4.28
★大嘗祭　1990.11.22
対人地雷禁止条約　1998.9.30
対人地雷全面禁止条約
1997.9.18
対人地雷廃棄　2003.2.8
大成火災海上保険　2001.11.22
大店法（大規模小売店法）
1992.1.31
対日講和条約最終草案
1951.8.15
対日平和条約〔★サンフランシスコ講和条約〕　1951.9.8
1952.4.28
対日理事会　1952.4.28　→連合国対日理事会
★『大日本近世史料』　1953.この年
★大日本言論報国会　1945.8.27
『大日本古記録』　1952.この年
★大日本産業報国会　1945.9.30
★大日本政治会　1945.3.30
太平洋・島サミット　2000.4.22
大鵬
横綱に昇進　1961.10.2
引退　1971.5.14
★大本営　1945.9.13
大松博文
没　1978.11.24
太陽党　1996.12.26
『太陽の季節』　1956.1.23
★平事件　1949.6.30
大陸棚協定　1974.1.30
大和証券　1997.9.18
高石勝男
没　1966.4.13
★高木市之助
没　1974.12.23
★高木惣吉
没　1979.7.27
★高木貞治
没　1960.2.28
高木俊朗
没　1998.6.25
高木友之助
没　2000.2.10
★高木八尺
没　1984.4.28
★高楠順次郎
没　1945.6.28
★高倉新一郎
没　1990.6.7
★高倉輝
没　1986.4.2
★高碕達之助
没　1964.2.24
高砂丸　1949.6.27　1953.3.23
★高島米峰
没　1949.10.25
多賀城跡　1992.10.21
★高瀬清
没　1973.8.7
高瀬荘太郎
没　1966.9.4
高田好胤
没　1998.6.22
★高田保馬
没　1972.2.2
高津正道
没　1974.1.9
★高野岩三郎
没　1949.4.5
★高野佐三郎
没　1950.12.30
★高野実
没　1974.9.13
★高橋亀吉
没　1977.2.10
高橋圭三
没　2002.4.11
高橋健二
没　1998.3.2
★高橋幸八郎
没　1982.7.2
★高橋三吉
没　1966.6.15
★高橋磌一
没　1985.8.6
高橋信次
没　1985.4.2
高橋誠一郎
没　1982.2.9
高橋竹山
没　1998.2.5
高橋展子
没　1990.9.25
高橋正衛
没　1999.9.26
高橋正雄
没　1995.9.10
高橋康也

没　2002.6.24
高橋義孝
没　1995.7.21
★高橋竜太郎
没　1993.7.10
高畠通敏
没　2004.7.7
★高浜虚子
没　1959.4.8
★高松塚古墳　1972.3.21
高松宮妃喜久子
没　2004.12.18
高円宮憲仁
没　2002.11.21
★高見順
没　1965.8.17
高峰三枝子
没　1990.5.27
★高村光太郎
没　1956.4.2
★高村象平
没　1989.5.11
★高村豊周
没　1972.6.2
★高群逸枝
没　1964.6.7
高柳健次郎
没　1990.7.23
★高柳賢三
没　1967.6.11
★高柳光寿
没　1969.12.1
宝くじ　1947.12.1
★財部彪
没　1949.1.13
★田河水泡
没　1989.12.12
田川誠一
新自由クラブ代表に正式決定
1980.2.29
進歩党代表に選出　1987.1.22
★田川大吉郎
没　1947.10.9
★滝井孝作
没　1984.11.21
★滝川政次郎
没　1992.1.29
★滝川幸辰
没　1962.11.16
★滝精一
没　1945.5.17
滝田実
没　2000.12.9
★田熊常吉
没　1953.12.22
ダグラス・グラマン航空機疑惑
事件　1979.2.9
竹入義勝
公明党委員長に選出
1967.2.13
暴漢に刺され重傷　1971.9.21
竹内均
没　2004.4.20
★竹内好
没　1977.3.3
竹内理三
没　1997.3.2
★竹越与三郎
没　1950.1.12
★竹下勇
没　1949.7.1
★竹下内閣　1987.11.6　1988.12.27
★竹下登
証人喚問される　1992.11.26
没　2000.6.19
★武島羽衣
没　1967.2.3
★武田泰淳
没　1976.10.5
武田長兵衛（５代）〔★近江屋長
兵衛〕
没　1959.8.4
武谷三男
没　2000.4.22
★武田祐吉
没　1958.3.29
武田豊
没　2004.2.15
★武田麟太郎
没　1946.3.31
武智鉄二
没　1988.7.26
★武林無想庵
没　1962.3.27
武原はん
没　1998.2.5
★建部遯吾
没　1945.2.18
★武見太郎
没　1983.12.20
武満徹
没　1996.2.20
★竹本大隅太夫（４代）
没　1952.この年
★竹本大隅太夫（５代）
没　1980.この年
★竹山道雄
没　1984.6.15
★田子一民
没　1963.8.15
★太宰治
自殺　1948.6.13
★『大宰府・太宰府天満宮史料』
1954.この年
田崎広助
没　1984.1.28
田尻宗昭
没　1990.7.4
★多田駿
没　1948.12.18
★橘孝三郎
没　1974.3.30
★橘樸
没　1945.10.25
★辰野隆
没　1964.2.28
★辰巳柳太郎
没　1989.7.29
★竜村平蔵
没　1962.4.11
★建川美次
没　1945.9.9
★伊達源一郎
没　1961.7.15
★蓼胡蝶
没　1958.7.2
伊達判決〔★砂川事件〕
1959.3.30　1959.12.16
★帯刀貞代
没　1990.3.31
★田所哲太郎
没　1980.3.21
★田中一松
没　1983.4.19
★田中角栄
中国訪問　1972.9.25
逮捕　1976.7.27
保釈　1976.7.27
懲役四年・追徴金五億円の実
刑判決　1983.10.12

脳梗塞により入院　1985.2.27
没　1993.12.16
★田中角栄内閣（第1次）
1972.7.7
田中角栄内閣（第2次）
1972.12.22　1973.11.25
★田中絹代
没　1977.3.21
田中耕一
ノーベル化学賞受賞決定
2002.10.8
★田中耕太郎
没　1974.3.1
田中聡子
200m背泳世界新記録を樹立
1959.7.12
★田中静壱
自刃　1945.8.24
『田中正造全集』 1977.この年
★田中正平
没　1945.10.16
田中二郎
没　1982.1.16
★田中親美
没　1975.11.24
田中澄江
没　2000.3.1
田中寿美子
没　1995.3.15
★田中清玄
没　1993.12.10
★田中惣五郎
没　1961.9.4
田中龍夫
没　1998.3.30
★田中館愛橘
没　1952.5.21
田中千禾夫
没　1995.11.29
田中千代
没　1999.6.28
★田中長三郎
没　1976.6.28
★田中伝左衛門（10代）
没　1955.2.22
★田中冬二
没　1980.4.9
田中正俊
没　2002.11.4
田中万逸
没　1963.12.5
田中路子
没　1988.5.18
★田中美知太郎
没　1985.12.18
★田中義能
没　1946.3.4
★田中義麿
没　1972.7.1
★田中隆吉
没　1972.6.5
★棚橋小虎
没　1973.2.20
★棚橋寅五郎
没　1955.12.11
★田辺五兵衛（14代）
没　1972.10.16
★田辺元
没　1962.4.29
★田辺治通
没　1950.1.30
★田辺尚雄
没　1984.3.5
田辺誠
社会党委員長に当選
1991.7.23
谷内敏美
収賄容疑により逮捕
1998.1.26
谷内六郎
没　1981.1.23
谷川雁
没　1995.2.2
★谷川徹三
没　1989.9.27
谷口澄夫
没　2001.1.15
★谷口雅春
没　1985.6.17
谷口吉郎
没　1979.2.2
★谷崎潤一郎
没　1965.7.30
★谷正之
没　1962.10.26
★谷本富
没　1946.2.1
田畑茂二郎
没　2001.3.8
田畑忍
没　1994.3.14
田部井淳子
エベレスト登頂成功
1975.5.16
南極大陸の最高峰に登頂成功
1991.1.19
★田保橋潔
没　1945.2.26
玉の海正洋
没　1971.10.11
★田宮嘉右衛門
没　1959.4.13
田宮猛雄
没　1963.7.11
田宮虎彦
没　1988.4.9
田宮博
没　1984.3.20
田村秋子
没　1983.2.3
★田村栄太郎
没　1969.11.29
田村幸策
没　1985.2.21
★田村泰次郎
没　1983.11.2
★田村俊子
没　1945.4.16
田谷力三
没　1988.3.30
★ダレス
来日　1951.1.25
没　1959.5.24
★俵国一
没　1958.7.30
★田原淳
没　1952.1.19
團伊玖磨
没　2001.5.17
★檀一雄
没　1976.1.2
団勝磨
没　1996.5.18
炭鉱離職者臨時措置法
1959.9.10
★団伊能
没　1973.2.9
★男女雇用機会均等法　1985.5.17
1986.4.1　1999.4.1
★団体規制法案　1999.11.2

★団体等規正令　1949.4.4
★タンマラカ
　没　1949.この年
団令子
　没　2003.11.24

ち

千秋実
　没　1999.11.1
★治安維持法　1945.10.15
地域振興券　1998.11.10
　1999.1.29
地価税法　1991.4.24
地下鉄サリン事件　1995.3.20
　1995.3.22　1998.5.26
　1999.9.30　2002.6.26
地球温暖化対策推進大綱
　1998.6.19
地球温暖化防止京都会議
　1997.12.1
チクロ不買同盟　1970.1.21
地上デジタル放送　2003.12.1
★『地租改正関係農村史料集』
　1953.3.-
秩父宮妃勢津子
　没　1995.8.25
★茅野蕭々
　没　1946.8.29
★『千葉県史料』　1954.8.30
千葉茂
　没　2002.12.9
★千葉命吉
　没　1959.12.29
★千葉勇五郎
　没　1946.4.21
千葉雄次郎
　没　1990.8.29
地方公務員法　1950.12.13
★地方史研究協議会　1950.11.10
★地方自治法　1947.4.17
★『地方税制度資料』　1955.この年
チャールズ皇太子夫妻
　来日　1986.5.8
★チャタレイ裁判　1957.3.13
『チャタレイ夫人の恋人』
　1950.6.26
チャーチル
　没　1965.1.24
★中央気象台　1956.7.1
★中央教育審議会　1952.6.6
中央公害対策本部　1970.7.28
中央公論社　1960.11.30
　1998.11.2
中央省庁再編　2001.1.6
中央信託　1999.1.19
中間賠償協定〔★賠償問題〕
　1953.3.12
中間賠償取立案　1946.5.13
中国研究所　1946.1.27
中国紅十字会代表団
　1954.10.30
中国残留孤児〔★中国残留日本人孤児問題〕　1981.3.2
中国地方開発促進法
　1960.12.27
★中小企業基本法　1963.7.20
★『中世法制史料集』　1955.この年
★『中日新聞』　1965.1.1
中部日本放送　1951.9.1
駐留軍用地特別措置法
　1997.4.17
鳥海青児
　没　1972.6.11
★張継
　没　1947.この年
★張景恵
　没　1962.この年
趙紫陽
　初来日　1982.5.31
朝鮮人学校　1949.10.19
★朝鮮大学校　1968.4.17
町村合併促進法　1953.9.1
町内会　1947.4.1
千代田生命保険　2000.10.9
千代の山雅信
　没　1977.10.29
★陳公博
　没　1946.6.-

つ

追放解除〔★公職追放〕
　1951.6.20
通貨危機　1998.8.26
通商産業省設置法　1949.5.24
通信衛星デジタル放送
　2002.3.1
★塚越停春楼
　没　1947.12.31
塚本幸一
　没　1998.6.10
塚本三郎
　民社党委員長に選出
　1985.4.25
★塚本善隆
　没　1980.1.30
★月の輪古墳　1953.8.16
★津久井竜雄
　没　1989.9.9
★辻清明
　没　1991.7.30
辻邦生
　没　1999.7.29
★辻善之助
　没　1955.10.13
★辻直四郎
　没　1979.9.24
★辻政信
　没　1961.この頃
★津島寿一
　没　1967.2.7
★辻村太郎
　没　1983.7.15
★津田信吾
　没　1948.4.18
★津田左右吉
　没　1961.12.4
★津田秀夫
　没　1992.11.15
蔦文也
　没　2001.4.28
土田国保
　没　1999.7.4
★土田直鎮
　没　1993.1.24
★土橋八千太
　没　1965.3.11
★土屋喬雄
　没　1988.8.19
★土屋文明
　没　1990.12.11
★堤康次郎
　没　1964.4.26
綱淵謙錠
　没　1996.4.14
円谷幸吉
　没　1968.1.9
★壺井栄
　没　1967.6.23

★壺井繁治
没　1975.9.4
坪内寿夫
没　1999.12.28
坪田譲治
没　1982.7.7
鶴岡一人
没　2000.3.7
敦賀発電所　1981.4.18
★鶴沢友次郎（6代）
没　1951.10.8
都留重人
共産党との関わりを否定
1957.3.26
鶴田浩二
没　1987.6.16
鶴見事故〔★鶴見列車事故〕
1963.11.9
★鶴見祐輔
没　1973.11.1
鶴見良行
没　1994.12.16

て

低開発地域工業開発促進法
1961.11.13
★帝銀事件　1948.1.26
★貞明皇后
没　1951.5.17
★ディルクセン
没　1955.12.19
★出口王仁三郎
没　1948.1.19
★勅使河原蒼風
没　1979.9.5
★手塚治虫
没　1989.2.9
手塚富雄
没　1983.2.12
デビットカード　1999.1.4
★寺内寿一
没　1946.6.12
★寺尾博
没　1961.7.16
寺沢一
没　2003.8.15
寺田治郎
没　2002.3.17
寺田透
没　1995.12.21
★寺山修司
没　1983.5.4
テルアビブ国際空港事件
1972.5.30　1997.2.17
暉峻康隆
没　2001.4.2
照国万蔵
没　1977.3.20
★テレサ＝テン
没　1995.5.8
テロ対策特別措置法
2001.10.29
伝飛鳥板蓋宮跡　1985.10.29
電気事業再編成令　1950.11.24
電気通信事業法　1984.12.20
電子計算機（NEAC2206型）
1962.2.27
天皇在位五〇年記念式典
1976.11.10
天皇在位六〇年記念式典
1986.4.29
天皇神格化否定〔★天皇人間宣言〕
1946.1.1
天理本道　1946.3.11

と

土井隆雄
日本人初の宇宙遊泳
1997.11.25
土井たか子
社会党委員長に当選
1986.9.6
衆議院議長に選出　1993.8.6
社民党党首辞任　2003.11.13
土井辰雄
没　1970.2.20
★戸板康二
没　1993.1.23
★土井晩翠
没　1952.10.19
統一地方選挙（第1回）
1947.4.5
東海銀行　2000.7.5
東海道幹線自動車国道建設法
1960.7.25
東海道新幹線　1964.10.1
東海村　1956.4.6
灯火管制　1945.8.20
東急日本橋店閉店　1998.9.16
東京HIV訴訟　1996.3.29
東京共同銀行　1995.1.13
東京銀行〔★横浜正金銀行〕
1995.3.28
★東京劇場　1945.9.1
東京国際女子マラソン（第1回）
1979.11.18
東京相和銀行経営破綻
1999.6.12
東京大空襲　1945.5.25～26
東京タワー　1958.12.23
東京ディズニーランド
1983.4.15
東京都公安条例　1949.10.20
東京都公害研究所　1968.4.1
東京都公害防止条例　1969.7.2
東京三菱銀行　2000.4.19
東京モノレール　1964.9.17
東京湾アクアライン
1997.12.18
★東郷茂徳
没　1950.7.23
★東郷青児
没　1978.4.25
「投資ジャーナル」グループ
1984.8.24
投資信託販売　1997.7.31
★『同時代史』　1949.この年
同時多発テロ　2001.9.11
★東条英機
刑死　1948.12.23
鄧小平
来日　1978.10.22
★東条操
没　1966.12.18
東食　1997.12.18
東大紛争　1968.6.15
道徳教育指導者講習会
1958.9.6
★東野英治郎
没　1994.9.8
★東畑精一
没　1983.5.6
東邦生命保険経営破綻
1999.6.4
★東宝争議　1948.4.17
東北開発促進法　1957.5.17
東北自動車道路　1986.7.30
東北新幹線　1982.6.23

1991.6.20
東北楽天ゴールデンイーグルス
2004.11.2
東名高速道路　1960.7.25
1969.5.26
★堂本印象
没　1975.9.5
★洞爺丸事件　1954.9.26
当用漢字表　1946.11.16
東洋信託銀行　2000.7.5
2002.1.15
★東流斎馬琴（５代）
没　1985.10.26
道路交通取締法　1949.11.1
道路交通法　1960.6.25
★同和対策事業特別措置法
1969.7.10
都会地転入抑制緊急措置令
1946.3.9
戸川幸夫
没　2004.5.1
★時枝誠記
没　1967.10.27
時実利彦
没　1973.8.3
★土岐善麿
没　1980.4.15
都教組　1958.4.23
★常磐津松尾太夫（３代）
没　1947.7.13
★常磐津文字太夫（７代）
没　1951.5.4
★常磐津文字兵衛（３代）
没　1960.8.6
★徳王
没　1966.この年
徳岡神泉
没　1972.6.9
徳川家正
没　1963.2.18
★徳川武定
没　1957.11.29
徳川義寛
没　1996.2.2
★徳川夢声
没　1971.8.1
徳川宗敬
没　1989.5.1
★徳川義親
没　1976.9.6
徳島ラジオ商殺し事件
1983.3.12　1985.7.9
特殊核物資の賃貸借に関する日米協定　1956.11.23
特需景気〔★特需〕　1950.7.-
★独占禁止法　1947.4.4　1949.6.18
1953.9.1　1997.6.11
★徳田球一
没　1953.10.14
特定非営利活動促進法（NPO法）
1998.3.19
★徳富蘇峰
没　1957.11.2
★徳永直
没　1958.2.15
徳永康元
没　2003.4.5
毒物カレー事件　1998.7.25
2002.12.11
徳間康快
没　2000.9.20
徳陽シティ銀行破綻
1997.11.26
土呂久鉱山　1975.12.27
★土光敏夫
経団連会長に就任　1974.5.24
没　1988.8.4
★所三男
没　1989.6.30
★戸坂潤
獄死　1945.8.9
都市開発法　1969.6.3
★利光鶴松
没　1945.7.4
図書館法　1950.4.30
★戸田城聖
創価学会長就任　1951.5.3
没　1958.4.2
★戸田貞三
没　1955.7.31
★戸田芳実
没　1991.8.29
土地基本法　1989.12.14
土地収用法　1951.6.9
★栃錦清隆
没　1990.1.10
★ドッジ
来日　1949.2.1
★ドッジ＝ライン　1949.3.7
鳥取県西部地震　2000.10.6
都道府県議会・市区町村議会議員選挙　1947.4.30
★隣組　1947.4.1
利根川進
ノーベル医学生理学賞受賞決定　1987.10.12
★外村繁
没　1961.7.28
★土肥原賢二
刑死　1948.12.23
★苫米地義三
没　1959.6.29
苫米地英俊
没　1966.5.5
★富崎春昇
没　1958.2.2
★富田砕花
没　1984.10.17
富田常雄
没　1967.10.16
★富田正文
没　1993.8.27
★富田満
没　1961.1.15
★富本憲吉
没　1963.6.8
★富本豊前太夫（９代）
没　1952.11.30
★富本豊前太夫（10代）
没　1970.9.6
★富本豊前太夫（11代）
没　1983.1.21
★富安風生
没　1979.2.22
ドムニツキー
鳩山首相を訪問　1955.1.25
★朝永三十郎
没　1951.9.18
★朝永振一郎
ノーベル物理学賞受賞決定
1965.10.21
没　1979.7.8
友部達夫
詐欺容疑で逮捕　1997.1.29
懲役10年確定　2001.5.29
★友松圓諦
没　1973.11.16
★土門拳
没　1990.9.15
★戸谷敏之

没　1945.9.-
★豊島与志雄
没　1955.6.18
★豊田喜一郎
没　1952.3.27
★豊竹山城少掾
没　1967.4.22
★豊竹若太夫（10代）
没　1967.4.18
豊田商事　1985.6.15
★豊田副武
没　1957.9.22
★豊田武
没　1980.3.29
★豊田貞次郎
没　1961.11.21
★豊田穣
没　1994.1.30
★豊原又男
没　1947.11.10
鳥井信一郎
没　2004.7.5
★鳥井信治郎
没　1962.2.20
★鳥居龍蔵
没　1953.1.14
鳥インフルエンザ　2004.1.12
2004.2.27
ドレーパー賠償調査団〔★賠償問題〕　1948.3.20
★登呂遺跡　1947.7.10

な

内閣制度創始一〇〇周年式典
1985.12.22
★内藤民治
没　1965.7.15
内藤誉三郎
没　1986.3.16
★内務省　1947.12.31
ナイル
没　1990.4.22
直木賞（戦後最初）　1949.8.-
★直良信夫
没　1985.11.2
★永井荷風
没　1959.4.30
★中井猛之進
没　1952.12.6
永井龍男
没　1990.10.12
★中井信彦
没　1990.11.27
★中井正一
没　1952.5.17
永井道雄
没　2000.3.17
★長岡半太郎
没　1950.12.11
★中上健次
没　1992.8.12
中川一郎
没　1983.1.9
中川一政
没　1991.2.5
★中川末吉
没　1959.4.9
★中川善之助
没　1975.3.20
中河与一
没　1994.12.12
★中勘助
没　1965.5.3
★長崎英造
没　1953.4.29
★長澤規矩也
没　1980.11.21
★中沢弁次郎
没　1945.11.28
★中島久万吉
没　1960.4.25
★中島健蔵
没　1979.6.11
★中島知久平
没　1949.10.29
中島治康
没　1987.4.21
中島洋次郎
政党助成法違反で逮捕
1998.10.29
実刑判決　1999.7.14
2000.9.28
自殺　2001.1.6
永末英一
没　1994.7.10
長洲一二
没　1999.5.4
★中曽根内閣（第1次）
1982.11.27
中曽根内閣（第2次）
1983.12.27
1984.11.1　1985.12.28
中曽根内閣（第3次）
1986.7.22
★中田薫
没　1967.11.21
永田武
没　1991.6.3
永田洋子
逮捕　1972.2.17
死刑判決　1982.6.18
★永田広志
没　1947.9.7
★永田雅一
没　1985.10.24
★長田幹彦
没　1964.5.6
中田喜直
没　2000.4.30
★中西伊之助
没　1958.9.1
中西啓介
没　2002.1.27
★長沼賢海
没　1980.7.14
長沼ナイキ訴訟　1970.4.18
1973.9.7
★長沼妙佼
没　1957.9.10
★長野朗
没　1975.この年
★永野修身
没　1947.1.5
★中野金次郎
没　1957.10.30
長野県西部地震　1984.9.14
中野孝次
没　2004.7.16
★永野重雄
没　1984.5.4
★中野重治
没　1979.8.24
長野新幹線　1997.10.1
★中野友礼
没　1965.12.10
★永野護
没　1970.1.3
★中野好夫
没　1985.2.20

永原慶二
没　2004.7.9
★中部幾次郎
没　1946.5.19
中上川アキ
没　1967.8.8
中村哲
没　2003.8.10
中村歌右衛門（6代）
没　2001.3.31
★中村岳陵
没　1969.1.20
★中村翫右衛門（3代）
没　1982.9.21
★中村勘三郎（17代）
没　1988.4.16
★中村鴈治郎（2代）
没　1983.4.13
中村喜四郎
収賄容疑で逮捕　1994.3.11
実刑判決　1997.10.1
懲役実刑判決確定　2003.1.16
★中村吉右衛門（東京系初代）
没　1954.9.5
★中村吉治
没　1986.12.10
★中村草田男
没　1983.8.5
★中村孝太郎
没　1947.8.29
★中村孝也
没　1970.2.5
★中村七三郎（5代）
没　1948.この年
中村修二
青色半導体レーザーを実用化
1999.1.19
中村真一郎
没　1997.12.25
★中村星湖
没　1974.4.13
★中村清二
没　1960.7.18
中村武志
没　1992.12.11
中村汀女
没　1988.9.20
★中村時蔵（3代）
没　1959.7.12
★中村時蔵（4代）
没　1962.1.28
中村俊男
没　1998.12.23
★中村富十郎（4代）
没　1960.10.17
★中村直勝
没　1976.2.23
中村伸郎
没　1991.7.5
★中村梅玉（3代）
没　1948.3.18
中村元
没　1999.10.10
中村八大
没　1992.6.10
★中村栄孝
★　没　1984.1.4
★中村福助（高砂屋系5代）
没　1969.1.1
★中村武羅夫
没　1949.5.13
★中山伊知郎
没　1980.4.9
★中山正善
没　1967.11.14
★中山晋平
没　1952.12.30
中山マサ
初の女性閣僚　1960.7.15
没　1976.10.11
★長与善郎
没　1961.10.29
名古屋章
没　2003.6.24
★『名古屋叢書』　1959.この年
ナスダック・ジャパン
2000.6.19
灘尾弘吉
没　1994.1.22
なだしお事件　1988.7.23
夏川静枝
没　1999.1.24
夏時刻法　1948.4.28
夏目雅子
没　1985.9.11
浪花千栄子
没　1973.12.22
なべ底不況　1957.この年
★鍋山貞親
没　1979.8.18
★生江孝之
没　1957.7.31
並木路子
没　2001.4.7
なみはや銀行破綻　1999.8.7
★奈良武次
没　1962.12.21
奈良本辰也
没　2001.3.22
成田きん
没　2000.1.23
★成田知巳
社会党書記長に選出
1962.11.27
社会党委員長に選出
1968.9.11
没　1979.3.9
成瀬巳喜男
没　1969.7.2
徳仁親王
小和田雅子と結婚　1993.6.9
南極大陸横断　1990.3.3
南極予備観測隊　1956.11.8
南條範夫
没　2004.10.30
★南原繁
没　1974.5.19

に

新潟地震　1964.6.16
新潟中越地震　2004.10.23
★新潟水俣病　1963.10.-
1965.6.12　1971.9.29
新潟水俣病二次訴訟　1996.2.23
新倉俊一
没　2002.3.7
新島淳良
没　2002.1.12
新関八洲太郎
没　1978.5.30
★仁井田陞
没　1966.6.22
★二・一スト　1947.1.18
★新納忠之介
没　1954.4.13
二階堂進
没　2000.2.3
仁木悦子
没　1986.11.23

ニクソン
来日　1953.11.15
ニコライ二世一家　1998.1.30
西岡常一
日本建築学会賞　1981.4.14
★西岡虎之助
没　1970.2.26
★西尾末広
没　1981.10.3
★西尾寿造
没　1960.10.26
★西尾実
没　1979.4.16
★西川鯉三郎（２代）
没　1983.7.31
★西川正治
没　1952.1.5
西川寧
没　1989.5.16
西口彰
逮捕　1964.1.3
西嶋定生
没　1998.7.25
★西田幾多郎
没　1945.6.7
★西田直二郎
没　1964.12.26
★仁科芳雄
没　1951.1.10
★西原亀三
没　1954.8.22
★西春彦
没　1986.9.20
西堀栄三郎
没　1989.4.13
西村晃
没　1997.4.15
西村栄一
民社党委員長に選出
1967.6.19
西銘順治
没　2001.11.10
★西山翠嶂
没　1958.3.30
二一世紀COEプログラム
2003.7.17
二重橋事件　1954.1.2
★西脇順三郎
没　1982.6.5
日印通商協定　1958.2.4
★日印平和条約　1952.6.9
日印平和条約・賠償協定
1958.1.20
日英原子力一般協力協定
1958.6.16
★日英通商航海条約　1962.11.14
日南越賠償協定　1959.5.13
日仏通商協定　1963.5.14
日仏文化協定　1953.5.12
★日米安全保障条約　1951.9.8
1952.4.28
日米安全保障条約改定〔★安保条約改定反対運動〕
1958.9.11
日米安保委員会　1957.8.6
日米安保協議委員会（第１回）
1960.9.8
日米安保条約改定阻止国民会議〔★安保条約改定反対運動〕
1959.3.28　1959.4.15
1959.11.27
日米安保条約自動延長
1970.6.22
日米MSA（相互防衛援助）協定
1954.3.8
日・米・加漁業条約〔★日米加漁業問題〕　1952.5.9
日米ガット関税取決め
1962.3.6
日米関税引下げ協定　1962.2.2
★日米艦艇貸与協定　1954.5.14
日米漁業協定　1977.2.10
日米技術協定　1956.3.22
★日米行政協定　1952.2.28
1953.9.29
日米共同統合実働演習
1986.10.27
日米経済協力連絡会
1951.11.16
日米経済提携懇談会　1951.2.9
日米原子力一般協力協定
1958.6.16
日米航空交渉　1998.1.30
日米自動車協議　1995.6.28
日米繊維協定〔★日米繊維交渉〕
1972.1.3
日米船舶貸借協定　1952.11.12
★日米相互協力および安全保障条約（新安保条約）　1960.1.19
★日米地位協定　1960.1.19
日米犯罪人引渡条約　1978.3.3
日米防衛協力のための指針　→ガイドライン
★日米貿易経済合同委員会（第１回）　1961.11.2
日米貿易摩擦　1980.この年
日米友好通商航海条約
1953.4.2
日米余剰農産物買付協定
1955.5.31
日露漁業協定　1998.2.21
日露戦争百周年国際シンポジウム　2004.10.2
日露平和条約作業部会（第１回）
1992.2.10
日露歴史教育会議　1999.6.21
★日華平和条約　1952.4.28
★『日韓外交資料集成』
1962.この年
日韓外相会談　1981.8.20
★日韓会談（第１次）　1952.2.15
日韓会談（第２次）　1953.4.15
日韓会談（第３次）　1953.10.6
日韓会談（第４次）　1958.4.15
日韓会談（第４次再開）
1959.8.12
日韓会談（第６次）　1961.10.20
日韓会談（第６次再開）
1964.3.12
日韓会談（第７次）　1964.12.3
★日韓基本条約　1965.2.20
1965.11.12
★日韓漁業協定　1998.1.23
日韓農相会談　1964.3.10
日教組　1958.8.27　1958.9.15　→日本教職員組合
日興証券　1997.9.25
★日産自動車　1966.4.20
1970.3.24　1999.3.27
1999.10.18
日産自動車労働組合　1953.5.25
日ソ漁業交渉〔★日ソ漁業問題〕
1956.4.29
日ソ漁業暫定協定　1977.5.3
日ソ漁業条約〔★日ソ漁業問題〕
1956.5.14　1977.4.29
日ソ航空協定　1966.1.21
日ソ国交正常化交渉　1955.6.1
日ソ通商条約　1957.12.6
日ソ貿易支払協定　1963.2.5

仁田勇
没　1984.1.16
日中閣僚会議（第1回）　1980.12.3
日中共同声明　1972.9.29
日中航空協定　1974.4.20
日中国交回復国民会議　1957.7.27
日中国交回復促進議員連盟　1970.12.9
日中社会科教科書交換調査会議　1987.5.-
日中総合貿易覚書（LT貿易覚書）〔★LT協定，★日中貿易問題〕　1962.11.9
日中鉄鋼協定　1958.2.26
日中文化交流協定　1979.12.5
★日中平和友好条約　1978.8.12　1978.10.22
日中貿易協定　1952.6.1
日中貿易協定（第2次）　1953.10.29
日中貿易協定（第4次）　1958.3.5
日中漁業協定　1955.4.15
日中渡り鳥保護協定　1981.3.3
日朝赤十字会談（第2次）　1960.10.27
日朝平壌宣言　2002.9.17
日鉄汽船㈱　1950.4.1
日比賠償協定・経済開発借款に関する交換公文　1956.5.9
日比友好通商航海条約　1979.5.9
二出川延明
没　1989.10.16
★蜷川虎三
没　1981.2.27
二〇〇カイリ漁業水域〔★二百海里経済水域〕　1977.2.10
★日本医師会　1957.4.14
日本エアシステム　2001.11.12
日本SF作家クラブ　1963.3.-
★『日本絵巻大成』　1977.この年
★『日本絵巻物全集』　1957.この年
★『日本外交年表並主要文書』　1955.3.-
日本海中部地震　1983.5.26
★日本開発銀行　1997.6.30
日本開発銀行法　1951.3.31
★『日本科学技術史大系』　1964.この年
日本科学者会議　1965.12.4
★日本学術会議　1949.1.20
日本学術会議法　1948.7.10
日本火災海上保険　1999.10.16
日本記者クラブ　1969.11.1
日本・北朝鮮国交正常化交渉　1990.11.3
日本教育会　1975.6.16
「日本教育制度に対する管理政策」　1945.10.22
★『日本教科書大系』　1961.この年
日本教師会　1963.2.3
★日本教職員組合　1947.6.8　→日教組
日本銀行法　1997.6.11
★日本近代文学館　1963.4.7
★『日本金融史資料』　1955.この年
★日本経営者団体連盟　1947.5.19
★『日本経済新聞』　1946.3.1
日本経済団体連合会　2002.5.28
日本原子力研究所法　1956.5.4
★日本興業銀行　1999.8.20　2000.9.29
★日本航空　1951.7.31　2001.11.12
★日本国憲法　1946.10.7　1946.11.3　1947.5.3
日本国憲法改正案要綱　1954.3.12
日本国憲法草案　1946.4.17
★『日本国語大辞典』　1972.この年
日本国際見本市（第2回）　1955.5.5
★『日本国政事典』　1953.この年
日本国内航空　1964.4.15
★日本国有鉄道　1949.6.1
★『日本古典全書』　1946.12.-
★『日本古典文学大系』　1957.この年
日本債権信用銀行　1998.10.23
『日本産業経済』　1946.3.1
★『日本史研究』　1946.5.-
★『日本思想大系』　1970.5.-
★日本社会党　1945.11.2
日本宗教者平和協議会　1962.4.11
★日本自由党　1945.11.9
★日本自由党　1953.11.29
★日本商工会議所　1946.11.20
日本食品　2002.7.18
★『日本庶民生活史料集成』　1968.この年
★『日本史料選書』　1969.この年
日本人口会議（第1回）　1974.7.2
日本新党　1992.5.7　1994.10.30
★日本進歩党　1945.11.16
日本政策投資銀行　1999.10.1
★日本生産性本部　1955.2.14
★日本製鉄　1950.4.1
★日本赤軍　1975.8.5
★日本専売公社　1949.6.1
日本専売公社民営化関連五法　1984.8.3
日本戦没学生記念会（わだつみ会）　1950.4.22
日本大学北極点遠征隊　1978.4.27
日本たばこ産業株式会社〔★日本専売公社〕　1985.4.1
★日本炭鉱労働組合（炭労）　1950.4.21
日本中国友好協会　1950.10.1
★日本中小企業政治連盟　1956.4.11
★日本長期信用銀行　1952.12.1　1998.10.23　2000.6.5
日本テレビ　1953.8.28
日本電信電話株式会社　1985.4.1
日本電信電話株式会社法　1984.12.20
★日本電信電話公社　1952.8.1
★日本道路公団法　1956.3.14
日本撚糸工業組合連合会　1986.2.13
★『日本農業発達史』　1953.この年
★日本農民組合　1946.2.9
「日本の思想」　1957.11.12
日本の綿工業の復興に対する資金計画に関する覚書　1946.12.30
★日本万国博覧会EXPO'70　1970.3.14
日本版ビッグバン　1997.6.13　1998.6.5
★日本美術展（第1回）　1946.3.1
日本・ビルマ経済技術協力協定および借款に関する交換公文

1963. 3. 29
日本・ビルマ賠償および経済協力協定　1954. 11. 5
★日本・ビルマ平和条約
1954. 11. 5
日本婦人団体連合会　1953. 4. 5
日本復帰促進期成会　1951. 4. 29
日本不動産銀行　1957. 4. 1
日本プロ野球選手会ストライキ決行　2004. 9. 17
★日本文学報国会　1945. 8. 30
★『日本文化史』　1948. この年
日本平和学会　1973. 9. 10
★日本ペンクラブ　1947. 2. 12
日本貿易振興会法　1958. 4. 26
日本貿易信用　1957. 4. 1
★日本民主党　1954. 11. 24
★日本民俗学会　1949. 4. 8
日本輸出銀行
〔★日本輸出入銀行〕
1951. 2. 1
日本リース　1998. 9. 27
★『日本歴史』　1946. 6. -
★日本列島改造論　1972. 6. 11
★日本労働組合会議　1946. 10. 25
★日本労働組合総同盟　1946. 8. 1
★日本労働組合総評議会
1950. 7. 11　→総評
庭野日敬
没　1999. 10. 4
★丹羽保次郎
没　1975. 2. 28

ぬ

★額田六福
没　1948. 12. 21
沼田次郎
没　1994. 6. 29
★沼田多稼蔵
没　1961. 11. 15

ね

★根津嘉一郎
没　2002. 2. 15
根本陸夫
没　1999. 4. 30
ネルー
来日　1957. 10. 4
没　1964. 5. 27
年金改革関連法　2004. 5. 11
燃糸工連事件　1986. 2. 13

の

★農業基本法　1961. 6. 12
農業協同組合法〔★農業協同組合〕
1947. 11. 19
脳死臨調　1990. 3. 28　1992. 1. 22
農政審議会令　1961. 6. 16
★農地改革（第1次）　1945. 12. 29
★農地改革（第2次）　1946. 6. -
★『農地改革事件記録』　1956. 3. -
★『農地改革顛末概要』　1951. 9. -
農地改革に関する覚書
1945. 12. 9　1948. 2. 4
農地調整法改正　1946. 10. 21
農地買収（第1回）　1947. 3. 31
★農地法　1952. 7. 15
★農林省　1949. 5. 31
★農林水産省　1978. 7. 5
★ノーマン
没　1957. 4. 4
★野上豊一郎
没　1950. 2. 23
★野上弥生子
没　1985. 3. 30
★野口雨情
没　1945. 1. 27
★野口兼資
没　1953. 10. 4
野口冨士男
没　1993. 11. 22
★野口幽香
没　1950. 1. 27
★野口米次郎
没　1947. 7. 13
★野坂参三
没　1993. 11. 14
★野沢吉兵衛（8代）
没　1950. 9. 20
★野沢吉兵衛（9代）
没　1980. 7. 9
★野沢喜八郎（9代）
没　1964. 2. 17
野沢尚
自殺　2004. 6. 28
★能勢朝次
没　1955. 2. 25
★野田律太
没　1948. 3. 16
★野中至
没　1955. 2. 28
野平祐二
没　2001. 8. 6
★信時潔
没　1965. 8. 1
★宣仁親王
没　1987. 2. 3
★野間宏
没　1991. 1. 2
★野村兼太郎
没　1960. 6. 22
★野村吉三郎
没　1964. 5. 8
★野村胡堂
没　1963. 4. 14
野村秋介
自殺　1993. 10. 20
野村証券　1997. 3. 6
★野村徳七
没　1945. 1. 15
★野村直邦
没　1973. 12. 12
★野村秀雄
没　1964. 6. 20
★野村万蔵
没　1978. 5. 6
★野村芳兵衛
没　1986. 11. 4
野依良治
ノーベル化学賞受賞決定
2001. 10. 10

は

バーチェット
「広島における大惨状」を打電
1945. 9. 3
バーブ佐竹
没　2003. 12. 5
★パーマー
没　1949. 11. 16
パール
没　1967. 1. 10
バーンズ回答文　1945. 8. 12
ばい煙の排出の規制等に関する法律　1962. 6. 2
ハイジャック防止条約

1971.3.31
★売春防止法　1956.5.24
1958.4.1
バイニング
没　1999.11.27
★破壊活動防止法　1952.4.12
1952.7.21　1995.5.20
1997.1.31
ハガチー
来日　1960.6.10
ハガチー事件〔★ハガティー事件〕
1960.6.10
袴田里見
没　1990.5.10
萩原吉太郎
没　2001.8.8
萩原尊禮
没　1999.11.14
萩原延寿
没　2001.10.24
★萩原雄祐
没　1979.1.29
羽黒山政司
没　1969.10.14
橋川文三
没　1983.12.17
橋口倫介
没　2002.10.7
★橋田邦彦
没　1945.9.14
橋本宇太郎
没　1994.7.24
★橋本関雪
没　1945.2.26
★橋本欣五郎
没　1957.6.29
★橋本進吉
没　1945.1.30
★橋本多佳子
没　1963.5.29
橋本登美三郎
没　1990.1.19
橋本内閣（第１次）　1996.1.11
橋本内閣（第２次）　1996.11.7
★橋本増吉
没　1956.5.19
★橋本明治
没　1991.3.25
★蓮沼門三
没　1980.6.6
★長谷川一夫
没　1984.4.6
国民栄誉賞決定　1984.4.10
★長谷川勘兵衛（16代）
没　1964.1.16
★長谷川清
没　1970.9.2
★長谷川伸
没　1963.6.11
★長谷川如是閑
没　1969.11.11
★長谷川町子
没　1992.5.27
国民栄誉賞　1992.7.13
★長谷部言人
没　1969.12.3
★馬占山
没　1950.この年
★畑俊六
没　1962.5.10
羽田内閣　1994.4.28　1994.6.25
秦野章
没　2002.11.6
波多野勤子
没　1978.9.15
波多野完治
没　2001.5.23
★波多野精一
没　1950.1.17
★八浜徳三郎
没　1951.この年
八郎潟新農村建設事業団法
1965.5.27
★バックストン
没　1946.2.5
★服部之総
没　1956.3.4
服部四郎
没　1995.1.29
★服部卓四郎
没　1960.4.30
★服部良一
没　1993.1.30
鳩山威一郎
没　1993.12.19
★鳩山一郎
自由党に復党　1953.11.29
自民党初代総裁に選出
1956.4.5
没　1959.3.7
鳩山薫
没　1982.8.15
★鳩山内閣（第１次）　1954.12.10
鳩山内閣（第２次）　1955.3.19
鳩山内閣（第３次）　1955.11.22
1956.12.20
★鳩山秀夫
没　1946.12.9
鳩山由紀夫
民主党党首に選出　1999.9.25
★花岡事件　1945.6.30　1997.12.10
花岡事件訴訟和解　2000.11.29
★花田清輝
没　1974.9.23
★花田大五郎
没　1967.7.26
花登筺
没　1983.10.3
花菱アチャコ
没　1974.7.25
★花森安治
没　1978.1.14
★花柳寿輔（２代）
没　1970.1.22
★花柳章太郎
没　1965.1.6
花柳武始
没　2003.7.27
★羽仁五郎
没　1983.6.8
★羽仁説子
没　1987.7.10
埴原和郎
没　2004.10.10
★羽仁もと子
没　1957.4.7
埴谷雄高
没　1997.2.19
羽田事件（第１次）　1967.10.8
羽田事件（第２次）　1967.11.12
★羽田亨
没　1955.4.13
★馬場恒吾
没　1956.4.5
★羽原又吉
没　1969.3.19
浜岡原発水漏れ事故　2002.5.25
浜口庫之助
没　1990.12.2
★浜田国太郎

没　1958.3.15
★浜田庄司
没　1978.1.5
★浜田広介
没　1973.11.17
浜谷浩
没　1999.3.6
★バモー
没　1977.5.28
★早川雪洲
没　1973.11.23
早坂茂三
没　2004.6.20
林郁夫
無期懲役　1998.5.26
林逸郎
没　1965.2.5
★林歌子
没　1946.3.24
★林久治郎
没　1964.7.23
★林毅陸
没　1950.12.17
林敬三
没　1991.11.12
林健太郎
没　2004.8.10
★林譲治
没　1960.4.5
林驫（木木高太郎）
没　1969.10.31
★林武
没　1975.6.23
林竹二
没　1985.4.1
★林達夫
没　1984.4.25
★林博太郎
没　1968.4.28
★林房雄
没　1975.10.9
★林芙美子
没　1951.6.29
林屋辰三郎
没　1998.2.11
★林頼三郎
没　1958.5.7
はやて運行開始　2002.12.1
★葉山嘉樹
没　1945.10.18
速水優
日銀総裁となる　1998.3.11
原阿佐緒
没　1969.2.21
★『原敬日記』　1950.この年
原健三郎
没　2004.11.6
原島宏治
没　1964.12.9
★原石鼎
没　1951.12.20
★原田熊雄
没　1946.2.26
原卓也
没　2004.10.26
★原田慶吉
没　1950.9.1
原田大六
没　1985.5.27
★原田敏明
没　1983.1.17
★原田伴彦
没　1983.12.8
★原田淑人
没　1974.11.23
原智恵子
没　2001.12.9
原文兵衛
没　1999.9.7
原百代
没　1991.8.12
播磨耐火煉瓦　1950.4.1
★ハル
没　1955.7.23
はるか　1997.2.12
春山行夫
没　1994.10.10
反安保統一行動　1970.6.23
パンゲ
没　1991.4.18
万景峰92号　2003.1.28
2003.5.29　2003.8.25
★坂西利八郎
没　1950.5.31
伴淳三郎
没　1981.10.26
阪神・淡路大震災　1995.1.17
阪神高速道路公団法　1962.3.29
ハンセン病訴訟　2002.1.28
ハンセン病補償措置法
2001.6.15
坂東国男
浅間山荘に籠城　1972.2.19
★阪東妻三郎
没　1953.7.7
★坂東三津五郎（7代）
没　1961.11.4
★坂東三津五郎（8代）
没　1975.1.16
★『藩法集』　1959.1.-
半村良
没　2002.3.4

ひ

★PL教団　1946.9.29　→ひとのみち教団
ビートルズ　→ザ＝ビートルズ
被害者救済法　1999.11.2
★樋貝詮三
没　1953.1.1
★東浦庄治
没　1949.9.2
★東恩納寛惇
没　1963.1.24
★東久邇稔彦
没　1990.1.20
★東久邇宮内閣　1945.8.17
1945.10.5
東くめ
没　1969.3.5
東山魁夷
没　1999.5.6
★東山千栄子
没　1980.5.8
★比嘉春潮
没　1977.11.1
比嘉正子
没　1992.11.12
引揚げ〔★復員引揚げ問題〕
1949.6.27　1953.3.23
ビキニデー統一全国集会
1981.3.1
樋口清之
没　1997.2.21
PKO協力法　1992.6.15
★ピゴット
没　1966.4.26
★久板栄二郎
没　1976.6.9

久松喜世子
　没　1977.1.3
★久松潜一
　没　1976.3.2
土方和雄
　没　2003.1.5
★土方与志
　没　1959.6.4
★菱刈隆
　没　1952.7.31
★日高信六郎
　没　1976.6.18
左幸子
　没　2001.11.7
人質強要等処罰法　1978.6.5
「人づくり」懇談会　1962.10.26
★一柳米来留
　没　1964.5.7
人見楠郎
　没　2000.11.4
ヒトラー
　自殺　1945.4.30
★日夏耿之介
　没　1971.6.13
★火野葦平
　没　1960.1.24
日野啓三
　没　2002.10.14
日野自動車　2001.4.25
★日野草城
　没　1956.1.29
日野原節三
　贈賄容疑で逮捕　1948.6.23
日の丸・君が代の法制化〔★国旗，★国歌〕　1999.3.2
★ピブンソンクラーム
　没　1964.7.14
ひまわり　1977.7.14
ひまわり２号　1981.8.11
★秘密保護法　1954.6.9
ひめゆり隊〔★ひめゆり部隊〕　1945.6.-
ひめゆりの塔　1946.4.7
百武源吾
　没　1976.1.15
★百武三郎
　没　1963.10.30
百貨店法〔★百貨店〕　1956.5.23
日向方斉
　没　1993.2.16
兵庫銀行　1995.8.30
★兵頭精
　没　1980.4.23
平井康三郎
　没　2002.11.30
★平泉澄
　没　1984.2.18
平井富三郎
　没　2003.5.20
平岩米吉
　没　1986.6.27
★平生釟三郎
　没　1945.11.27
開かれた外務省のための10の改革　2002.2.12
平川彰
　没　2002.3.31
平川唯一
　没　1993.8.25
★平櫛田中
　没　1979.12.30
平沢貞通〔★帝銀事件〕
　没　1987.5.10
★平塚常次郎
　没　1974.4.4
★平塚らいてう
　没　1971.5.24
★平沼騏一郎
　没　1952.8.22
★平沼亮三
　没　1959.2.13
★平野謙
　没　1978.4.3
★平野義太郎
　没　1980.2.8
★平野力三
　没　1981.12.17
平野龍一
　没　2004.7.16
★平林たい子
　没　1972.2.17
★平山信
　没　1945.6.2
平山雄
　没　1995.10.26
肥料二法　1954.6.10
広岡知男
　没　2002.1.5
★広川弘禅
　没　1967.1.7
広沢虎造
　没　1964.12.29
広島原爆病院　1956.9.11
★広瀬豊作
　没　1964.4.12
★広瀬久忠
　没　1974.5.22
★広瀬政次
　没　1952.9.8
★広田弘毅
　刑死　1948.12.23
★広津和郎
　没　1968.9.21
★博恭王
　没　1946.8.16

ふ

★馮玉祥
　没　1948.9.1
ブース
　沖縄の米軍用地代一括払い取止めを声明　1958.7.30
風俗営業等取締法　1964.5.1
風俗営業法　1985.2.13
「風流夢譚」　1960.11.30
風流夢譚事件　1961.2.1
フォード
　来日　1974.11.18
フォス
　没　1990.3.19
★深井英五
　没　1945.10.21
深尾須磨子
　没　1974.3.31
深作欣二
　没　2003.1.12
★深沢七郎
　没　1987.8.16
深田久弥
　没　1971.3.21
★溥儀
　退位　1945.8.17
　没　1967.10.17
武器等製造法　1953.8.1
福井謙一
　ノーベル化学賞受賞決定　1981.10.19
　没　1998.1.9

『福井県郷土叢書』 1954. この年
福岡ソフトバンクホークス
2004. 12. 24
福沢一郎
没　1992. 10. 16
『福沢諭吉全集』 1958. この年
★福士幸次郎
没　1946. 10. 10
福島第二原発放射能漏
2002. 9. 2
★福島正夫
没　1989. 12. 14
★福田赳夫
首相として靖国神社参拝
1978. 8. 15
没　1995. 7. 5
福田恆存
没　1994. 11. 20
★福田内閣　1976. 12. 24
福田信之
没　1994. 11. 27
★福田平八郎
没　1974. 3. 22
★福留繁
没　1971. 2. 6
★福本和夫
没　1983. 11. 16
福山敏男
没　1995. 5. 20
★溥傑
没　1994. 2. 28
★藤井健次郎
没　1952. 1. 11
★藤井甚太郎
没　1958. 7. 9
藤井丙午
没　1980. 12. 14
★藤岡謙二郎
没　1985. 4. 14
藤岡由夫
没　1976. 3. 12
★藤懸静也
没　1958. 8. 5
★藤蔭静樹
没　1966. 1. 2
富士川英郎
没　2003. 2. 10
★富士銀行　1999. 1. 28　1999. 8. 20
2000. 9. 29
藤子・F・不二雄
没　1996. 9. 23
藤沢周平
没　1997. 1. 26
藤沢桓夫
没　1989. 6. 12
藤沢薬品工業　2004. 2. 24
藤島宇内
没　1997. 12. 2
藤島亥治郎
没　2002. 7. 15
富士重工業　1955. 4. 1
★富士製鉄㈱　1950. 4. 1　1969. 3. 6
藤田喬平
没　2004. 9. 18
藤田小女姫
没　1994. 2. 23
★藤田五郎
没　1952. 12. 8
藤田省三
没　2003. 5. 28
★藤田たき
没　1993. 1. 4
★藤田嗣治
没　1968. 1. 29
藤田田
没　2004. 4. 21
★藤田尚徳
没　1970. 7. 23
★藤田元春
没　1958. 4. 13
★藤田亮策
没　1960. 12. 12
藤波孝生
リクルート事件で起訴
1989. 5. 22
有罪判決　1997. 3. 24
上告棄却　1999. 10. 21
★藤浪与兵衛（３代）
没　1952. 12. 24
★藤浪与兵衛（４代）
没　1975. 5. 7
★藤ノ木古墳　1985. 9. 25　1988. 6. 2
★藤間勘右衛門（５代）
没　1987. 3. 28
★藤間勘十郎（７代）
没　1990. 12. 5
★富士松加賀太夫（９代）
没　1971. 11. 12
藤間藤子
没　1998. 10. 14
藤村富美男
没　1992. 5. 28
藤本定義
没　1981. 2. 18
★藤本清兵衛（２代）
没　1949. この年
★藤森成吉
没　1977. 5. 26
★藤山愛一郎
没　1985. 2. 22
★藤山一郎
没　1993. 8. 21
★藤山寛美
没　1990. 5. 21
藤山試案　1959. 2. 18
藤原彰
米国押収資料の返還・公開を
要求する会を結成　1973. 4. 2
没　2003. 2. 26
★藤原銀次郎
没　1960. 3. 17
★藤原咲平
没　1950. 9. 22
藤原道子
没　1983. 4. 26
★藤原義江
没　1976. 3. 22
「婦人白書」 1978. 1. 10
婦人民主クラブ　1946. 3. 16
★布施辰治
没　1953. 9. 28
★二木謙三
没　1966. 4. 27
★双葉山定次
没　1968. 12. 16
★物価庁　1946. 8. 12
★物価統制令　1946. 3. 3
物価メーデー（第１回）
1966. 2. 27
復金インフレ　1946. 10. 8
復権令　1952. 4. 28　1959. 4. 10
復興金融金庫法〔★復興金融金庫〕
1946. 10. 8
ブッシュ
来日　1992. 1. 7
★船田中
没　1979. 4. 12
★船津辰一郎
没　1947. 4. 4
★舟橋聖一

没　1976.1.13
★部分的核実験停止条約
1963.8.14
富本銭　1999.1.19
★プラカード事件　1946.5.19
部落会　1947.4.1
★部落解放同盟　1946.2.19
部落問題研究全国集会（第1回）
1963.6.1
プラザ合意　1985.9.22
ブラッドレー
来日　1950.1.31　1950.6.18
フランキー堺
没　1996.6.10
★プリディ
没　1983.5.2
不良債権　1997.2.7　1998.1.12
1998.5.25　1998.12.25
不良債権処理策　1998.7.2
武力攻撃事態法　2003.6.6
プリンス自動車工業　1966.4.20
★古川緑波
没　1961.1.16
古島敏雄
没　1995.8.29
★古田俊之助
没　1953.3.23
古田紹欽
没　2001.1.31
★古田良一
没　1967.7.12
古橋広之進
水泳400メートル自由形で世界新記録　1947.8.9
古畑種基
没　1975.5.6
古畑正秋
没　1988.11.23
古山高麗雄
没　2002.3.14
ブレジネフ
没　1982.11.10
プレス＝コードに関する覚書
〔★プレス＝コード〕
1945.9.19
★『フロイス日本史』　1980.この年
★『文学界』　1947.6.-
★文化財保護法　1950.5.30
1975.7.1
★文化庁　1968.6.15
文化服装学院　1957.4.-
★豊道春海
没　1970.9.26
分党派自由党　1953.3.18

へ

★『平安遺文』　1947.12.-
ペイオフ　1999.12.29
★米価審議会（第1回）　1949.9.5
米軍基地　1954.1.7
米軍用地更新手続き　1995.9.28
米原潜寄港阻止反対集会
1963.9.1
平城宮跡　1954.1.12
★ベイテイ
没　1954.2.2
平和問題研究会　1983.8.5
平和擁護日本委員会　1950.2.27
平和四原則　1951.3.10
平和を守る会　1950.2.27
別所毅彦
没　1999.6.24
別当薫
没　1999.4.16
べ平連　1965.4.24
ペルー日本大使公邸占拠事件
1996.12.17　1997.4.22
ペルチーニ
来日　1982.3.9
ベルナール
没　1996.10.15

ほ

保安隊〔★自衛隊〕　1952.7.31
保安大学校開校　1953.4.1
保安庁〔★防衛庁〕　1952.7.31
保安庁法　1952.7.31
★防衛大学校　1953.4.1
★防衛庁　1954.7.1
防衛庁設置法　1954.6.9
1961.6.2
防衛庁調達実施本部（調本）事件　1999.10.12
防衛費上限　1976.11.5
★防衛力整備計画（第1次）
1957.6.14
防衛力整備計画（第2次）
1961.7.18
防衛力整備計画（第3次）
1966.11.29
防衛力整備計画（第4次）
1972.10.9
防衛力整備計画（第5次）
1979.7.17
貿易外取引管理令　1963.11.2
貿易為替自由化促進閣僚会議
1960.1.5　1960.1.12
防衛調達庁　1962.5.15
法科大学院　2003.11.21
★宝月圭吾
没　1987.9.13
北条秀司
没　1996.5.19
★放送大学学園　1981.6.11
★『防長風土注進案』　1960.この年
法の華三法行　1999.12.1
★法務省　1952.8.1
法務庁　1948.2.15
暴力行為等処罰法　1964.6.24
暴力団対策法　1992.3.1
ボーヴォワール
来日　1966.9.18
★ボース
没　1945.8.18
★ホー＝チ＝ミン
没　1969.9.3
朴慶植
没　1998.2.12
★朴正熙
来日　1961.11.12
北陸地方開発促進法
1960.12.27
★北陸トンネル　1962.6.10
★朴烈
没　1974.1.17
★『保古飛呂比』　1970.この年
★星島二郎
没　1980.1.3
母子手帳　1948.5.12
保科善四郎
没　1991.12.24
★星野輝興
没　1957.10.14
★星野直樹
没　1978.5.29
星野道夫
没　1996.8.8
保守党　2000.4.1

★保全経済会事件　1953.10.24
★細川嘉六
　没　1962.12.2
★細川内閣　1993.8.9　1994.4.25
★『細川日記』　1978.この年
★細川護立
　没　1970.11.18
★細川護熙
　新党結成を発表　1992.5.7
細川隆元
　没　1994.12.19
北海道開発法　1950.5.1
★北海道拓殖銀行　1997.11.17
　　1998.11.13
★ポツダム宣言　1945.8.9
　　1945.8.14
ポツダム勅令　1953.4.8
ポツダム命令　1945.9.20
堀田善衛
　没　1998.9.5
北方領土〔★北方領土問題〕
　　1998.1.1
北方領土の日〔★北方領土問題〕
　　1981.2.7
北方領土返還要求全国集会
　　1979.7.1
ポポロ事件〔★東大ポポロ劇団事件〕　1952.2.20
★堀内干城
　没　1951.5.28
堀江謙一
　小型ヨットによる単独の太平洋横断に成功　1962.8.12
★堀切善次郎
　没　1979.11.1
★堀切善兵衛
　没　1946.11.25
★堀口大学
　没　1981.3.15
★堀米庸三
　没　1975.12.22
★保利茂
　没　1979.3.4
★堀辰雄
　没　1953.5.28
★堀悌吉
　没　1959.5.12
本州製紙　1969.3.6
★本庄栄治郎
　没　1973.11.18
★本庄繁
　自刃　1945.11.20
本多顕彰
　没　1978.6.30
★本多熊太郎
　没　1948.12.18
★本多光太郎
　没　1954.2.12
本田茂
　ゼネコン汚職に判決
　　1996.9.9
本田彗星　1947.11.14
★本多静六
　没　1952.1.29
★本田宗一郎
　没　1991.8.5
本田実
　新彗星を発見　1947.11.14
本田靖春
　没　2004.12.4
本間一夫
　没　2003.8.1
★本間憲一郎
　没　1959.9.19
本間俊太郎
　収賄容疑で逮捕　1993.9.27
　実刑判決　1997.3.21
★本間雅晴
　没　1946.4.3

ま

マイカル　2001.9.14
前尾繁三郎
　没　1981.7.23
前川春雄
　没　1989.9.22
前川リポート　1986.4.7
前嶋信次
　没　1983.6.3
★前田河広一郎
　没　1957.12.4
★前田青邨
　没　1977.10.27
★前田多門
　没　1962.6.4
前田一
　没　1978.5.2
★前田普羅
　没　1954.8.8
前田山英五郎
　没　1971.8.17
★前田夕暮
　没　1951.4.20
前田陽一
　没　1987.11.22
前田義徳
　没　1983.12.17
★前田米蔵
　没　1954.3.18
★前田蓮山
　没　1961.9.12
前畑秀子
　没　1995.2.24
槇有恒
　没　1989.5.2
★牧健二
　没　1989.7.24
★牧野英一
　没　1970.4.18
★牧野富太郎
　没　1957.1.18
★牧野虎次
　没　1964.2.1
★牧野伸顕
　没　1949.1.25
★『牧野伸顕日記』　1990.7.10
マキノ雅広
　没　1993.10.29
★マキノ光雄
　没　1957.12.9
★牧野良三
　没　1961.6.1
枕崎台風　1945.9.17
★真崎甚三郎
　没　1956.8.31
正木旲
　没　1975.12.6
マザー＝テレサ
　来日　1981.4.22
★正宗白鳥
　没　1962.10.28
★真島利行
　没　1962.8.19
増井経夫
　没　1995.6.17
増田甲子七
　没　1985.12.21
★升田幸三
　没　1991.4.5

増田四郎
没　1997.6.22
★益谷秀次
没　1973.8.18
増本量
没　1987.8.12
町春草
没　1995.11.13
★町田忠治
没　1946.11.12
★町野武馬
没　1968.1.10
町村金五
没　1992.12.14
★松井石根
刑死　1948.12.23
★松井慶四郎
没　1946.6.4
松井やより
没　2002.12.27
★松井米太郎
没　1946.10.16
松内則三
没　1972.1.31
松浦総三
米国押収資料の返還・公開を要求する会を結成　1973.4.2
松浦輝夫
エベレスト登頂に成功　1970.5.11
★松岡駒吉
没　1958.8.14
★松岡洋右
没　1946.6.27
松尾泰一郎
没　2001.12.17
★マッカーサー
厚木到着　1945.8.30
日本管理方式（間接統治・自由主義助長など）につき声明　1945.9.9
五大改革指令　1945.10.11
日本憲法草案の作成をGHQ民政局に指示　1946.2.3
「二・一ゼネスト」の中止を命じる　1947.1.31
解任　1951.4.11
離日　1951.4.16
没　1964.4.5
★マッカーサー＝ライン　1946.6.22
★松方幸次郎
没　1950.8.24
★松方三郎
没　1973.9.15
★松川事件　1949.8.17　1957.6.24
松木謙治郎
没　1986.2.21
★松阪広政
没　1960.1.5
★松下幸之助
没　1989.4.27
松下正寿
没　1986.12.24
松下宗之
没　1999.2.9
松島詩子
没　1996.11.19
松島栄一
没　2002.12.12
★松平恒雄
没　1949.11.14
松平信子
没　1969.5.8
松田毅一
没　1997.5.18
★松田権六
没　1986.6.15
松田道雄
没　1998.6.1
★松永東
没　1968.1.22
★松永安左エ門
没　1971.6.16
★松永和風（４代）
没　1962.9.26
★松根東洋城
没　1964.10.28
★松野菊太郎
没　1952.1.25
★松野鶴平
没　1962.10.18
★松林桂月
没　1963.5.22
★松前重義
没　1991.8.25
松村明
没　2001.11.22
★松村謙三
没　1971.8.21
★松村松年
没　1960.11.7
★松村武雄
没　1969.9.25
★松本健次郎
没　1963.10.17
★松本幸四郎（７代）
没　1949.1.27
★松本幸四郎（８代）
没　1982.1.11
松本サリン事件　1994.6.27
★松本治一郎
没　1966.11.22
★松本重治
没　1989.1.10
★松本烝治
没　1954.10.8
★松本清張
没　1992.8.4
★松本たかし
没　1956.5.11
★松本信広
没　1981.3.8
★松本彦次郎
没　1958.1.14
松本弘子
没　2003.6.20
★松本学
没　1974.3.27
松山事件　1984.7.11
真夏日最多記録更新　2004.9.20
真野毅
没　1986.8.28
★真山青果
没　1948.3.25
黛敏郎
没　1997.4.10
★丸岡秀子
没　1990.5.25
丸木俊
没　2000.1.13
『マルコポーロ』　1995.1.30
丸正事件　1961.5.31
丸ノ内線　1954.1.20
★丸山幹治
没　1955.8.13
★丸山定夫
没　1945.8.16
★丸山二郎
没　1972.6.30

丸山真男
没　1996.8.15
★『万延元年遣米使節史料集成』
1960.この年
満洲国　1945.8.17
『万葉集』定家卿本全二〇巻の写本　1993.12.26

み

三浦綾子
没　1999.10.12
★三浦謹之助
没　1950.10.11
★三浦新七
没　1947.8.14
★三浦環
没　1946.5.26
★三上次男
没　1987.6.6
★三上義夫
没　1950.12.31
三鬼彰
没　2000.6.22
三木淳夫
証券取締法違反で逮捕
1998.3.4
★三木清
没　1945.9.26
三岸節子
没　1999.4.18
★三鬼隆
没　1952.4.9
★三木武夫
靖国神社参拝　1975.8.15
没　1988.11.14
三木鶏郎
没　1994.10.7
★三木内閣　1974.12.9　1976.9.15
三木のり平
没　1999.1.25
★三木武吉
民主化同盟を結成
1952.10.24
没　1956.7.4
★御木本幸吉
没　1954.9.21
三鬼陽之助
没　2002.10.5
★三木露風
没　1964.12.29
ミコヤン
来日　1961.8.14
★三品彰英
没　1971.12.19
★三島徳七
没　1975.11.19
★三島由紀夫
自衛隊総監部で自殺
1970.11.25
水上勉
没　2004.9.8
★水谷長三郎
没　1960.12.17
★水谷八重子
没　1979.10.1
★水田三喜男
没　1976.12.22
★水沼辰夫
没　1965.4.15
★水野成夫
没　1972.5.4
★水野広徳
没　1945.10.18
水野祐
没　2000.8.28
★水野葉舟
没　1947.2.2
★水野錬太郎
没　1949.11.25
水原茂
没　1982.3.26
★水原秋桜子
没　1981.7.17
みずほフィナンシャルグループ
1999.8.20　2002.4.1
みずほホールディングス（MHD）
2000.9.29
ミズーリ号　1945.9.2
★溝口健二
没　1956.8.24
★美空ひばり
デビュー　1948.5.1
没　1989.6.24
国民栄誉賞　1989.7.4
★三鷹事件　1949.7.15
★三田定則
没　1950.2.6
『三田商業会』　1968.8.1
★三田村鳶魚
没　1952.5.14
★三田村四郎
没　1964.6.20
三井海上火災保険　1999.10.16
三井化学　2000.11.17
三井鉱山　2003.10.31
★満井佐吉
没　1967.2.16
三井信託　1999.1.19
三井住友銀行　2000.4.21
★三井物産会社　1958.8.5
三井三池争議　1959.8.28
★三井三池炭鉱　1997.2.17
三井三池炭鉱労組　1960.1.5
三津田健
没　1997.11.28
★光田健輔
没　1964.5.14
★三土忠造
没　1948.4.1
★光永星郎
没　1945.2.20
★三菱銀行　1995.3.28
三菱自動車工業　1971.5.2
2000.8.22　2004.5.6
2004.6.2　2004.8.26
★三菱重工業　1964.6.1
★三菱商事　1954.7.1
三菱電機　2001.6.20
三菱東京フィナンシャルグループ　2000.4.19　2004.7.14
三菱ふそうトラック・バス
2004.3.11　2004.6.8
三菱南大夕張炭鉱　1990.3.27
★『水戸市史』　1963.この年
「みどりの日」　1989.2.15
美土路昌一
没　1973.5.11
男女ノ川登三
没　1971.1.20
★水俣病　1956.5.1　1959.7.22
1968.9.26
水俣病患者互助会　1957.8.1
水俣病訴訟　1973.3.20
★南次郎
没　1955.12.5
★『南日本新聞』　1946.2.11
三波春夫
没　2001.4.14
★南弘

没　1946.2.8
南博
没　2001.12.17
★蓑田胸喜
没　1946.1.26
★美濃部達吉
没　1948.5.23
★美濃部洋次
没　1953.2.28
★美濃部亮吉
東京都知事に当選　1967.4.15
没　1984.12.24
三橋達也
没　2004.5.15
三橋三智也
没　1996.1.8
三原朝雄
没　2001.3.7
三原脩
没　1984.2.6
★三淵忠彦
没　1950.7.14
★三船久蔵
没　1965.1.27
三船敏郎
没　1997.12.24
三益愛子
没　1982.1.18
宮川宏一
収賄容疑により逮捕
1998.1.26
宮城県沖地震　2003.5.26
宮城千賀子
没　1996.8.7
★宮城道雄
没　1956.6.25
★三宅克己
没　1954.6.30
三宅島全島避難　2000.9.1
三宅島噴火　2000.7.3
三宅正一
没　1982.5.23
★三宅雪嶺
没　1945.11.26
ミヤコ蝶々
没　2000.10.12
宮崎市定
没　1995.5.24
宮崎勤
死刑判決　1997.4.14
★宮崎竜介
没　1971.1.23
★宮沢俊義
没　1976.9.4
★宮沢内閣　1991.11.5　1992.12.12
1993.8.5
★宮地直一
没　1949.5.16
★宮嶋資夫
没　1951.2.19
★宮島清次郎
没　1963.9.6
★宮武外骨
没　1955.7.28
宮田登
没　2000.2.10
★宮地嘉六
没　1958.4.10
宮永幸久
スパイ容疑で逮捕　1980.1.18
宮畑遺跡　1998.2.6
★宮部金吾
没　1951.3.16
★宮本常一
没　1981.1.30
★宮本又次
没　1991.3.12
★宮本百合子
没　1951.1.21
宮脇俊三
没　2003.2.26
ミューゼズC（小惑星探査機）
2003.5.9
★三好伊平次
没　1969.1.8
★三好十郎
没　1958.12.16
★三好達治
没　1964.4.5
ミレニアムリテイリング
2003.5.12
★三輪寿壮
没　1956.11.14
民間銀行国有化　1998.10.23
★民間放送　1951.9.1
民事裁判権の特例に関する勅令
1952.5.7
民社クラブ　1959.11.25
★民社党　1960.1.24　1984.4.23　→
民主社会党
民衆芸術劇場（民芸）〔★劇団民
芸〕　1947.7.28
民主社会主義新党準備会
1959.11.30
民主社会党　1960.1.24　→民社
党
★民主自由党　1948.3.15
★民主主義科学者協会　1946.1.12
★民主党　1947.3.31
民主党　1996.9.28　1998.4.27
民主の会　1995.5.29
民政党　1998.1.23
★民法　1947.12.22

む

向井潤吉
没　1995.11.14
★向井忠晴
没　1982.12.19
向井千秋
スペースシャトルに搭乗
1994.7.8
向坊隆
没　2002.7.4
椋鳩十
没　1987.12.27
無限連鎖講（ネズミ講）防止法
1979.5.11
向田邦子
事故死　1981.8.22
武蔵川喜偉
没　1987.5.30
武蔵山武
没　1969.3.15
★武者小路実篤
没　1976.4.9
★務台理作
没　1974.7.5
★牟田口廉也
没　1966.8.2
むつ　→原子力船むつ
ムッソリーニ
銃殺　1945.4.27
★武藤章
刑死　1948.12.23
武藤清
没　1989.3.12
武藤山治
没　2001.5.29

武藤富男
没　1998.2.7
★棟方志功
没　1975.9.13
★宗像利吉
没　1958.この年
★村岡典嗣
没　1946.4.13
村上武次郎
没　1969.7.29
★村上直次郎
没　1966.9.17
村上兵衛
没　2003.1.6
★村川堅太郎
没　1991.12.23
村田敬次郎
没　2003.4.2
★村田省蔵
没　1957.3.15
村田英雄
没　2002.6.13
★村田峰次郎
没　1945.12.29
村野藤吾
没　1984.11.26
★村松梢風
没　1961.2.13
村松剛
没　1994.5.17
村山喜一
没　1996.8.16
★村山知義
没　1977.3.22
村山内閣　1994.6.30　1995.8.8
村山長挙
没　1977.8.7
村山実
没　1998.8.22
村山リウ
没　1994.6.17
★室生犀星
没　1962.3.26

め

★『明治社会主義史料集』
1960.この年
★『明治初年地租改正基礎資料』
1953.この年
★『明治天皇紀』　1968.10.-
明治百年記念式典〔★明治百年問題〕　1968.10.23
明治百年記念事業　1966.3.25
★『明治文化資料叢書』
1959.この年
名神高速道路　1964.9.5　1965.7.1
名神自動車道路　1963.7.15
明電工疑惑　1989.5.17
★メーデー事件　1952.5.1
目崎徳衛
没　2000.6.13
メリルリンチ　1997.12.25
1998.7.1
免田事件　1983.7.15

も

★毛沢東
没　1976.9.9
毛利衛
スペースシャトル搭乗
1992.9.12
モザンビークPKO　1993.3.26
モスクワ宣言　1998.11.12
★持ち株会社　1997.6.11
★持株会社整理委員会　1946.8.22
持株会社整理委員会解散令
1951.7.10
持株会社整理委員会令
1946.4.20
★望月信亨
没　1948.7.13
★望月太左衛門（9代）
没　1946.9.12
★望月太左衛門（10代）
没　1987.5.12
★モット
没　1955.1.31
★本居長世
没　1945.10.14
★泉二新熊
没　1947.10.25
「もはや戦後ではない」
1956.2.-
★百田宗治
没　1955.12.12
桃裕行
没　1986.12.25
★森有正
没　1976.10.18
★森英吉
没　1948.11.24
森赫子
没　1986.4.14
★森克己
没　1981.4.26
★森嘉兵衛
没　1981.4.8
森恭三
没　1984.2.15
森暁
没　1982.2.12
★守島伍郎
没　1970.6.4
森嶋通夫
没　2004.7.13
★森島守人
没　1975.2.17
★森末義彰
没　1977.12.17
★森銑三
没　1985.3.7
盛田昭夫
没　1999.10.3
★守田勘弥（14代）
没　1975.3.28
★森田草平
没　1949.12.14
森田たま
没　1970.10.31
森恒夫
逮捕　1972.2.17
★森戸辰男
没　1984.5.28
森野米三
没　1995.10.24
護雅夫
没　1996.12.23
★守正王
没　1951.1.1
森村桂
没　2004.9.27
★森本薫
没　1946.10.6
森山欽司
没　1987.5.2
森瑶子
自殺　1993.7.6
★森律子

没　1961.7.22
諸沢正道
没　2003.11.22
★諸橋轍次
没　1982.12.8
もんじゅ　→高速増殖炉もんじゅ
★文部省　1949.5.31

や

八百板正
没　2004.4.23
ヤオハンジャパン倒産
1997.9.18
★八海事件　1951.1.24
★八木秀次
没　1976.1.19
薬害エイズ事件　1996.8.29
1996.9.19
★矢崎嵯峨屋
没　1947.10.26
矢代静一
没　1998.1.11
★矢代幸雄
没　1975.5.25
★安井英二
没　1982.1.9
安井謙
没　1986.3.10
★安井曾太郎
没　1955.12.14
安井琢磨
没　1995.12.17
★安井てつ
没　1945.12.2
安江良介
没　1998.1.6
★安岡正篤
没　1983.12.13
安川加寿子
没　1996.7.12
★安川第五郎
没　1976.6.25
八杉貞利
没　1966.2.26
安田講堂占拠　1968.6.15
安田信託銀行　1999.1.28
★安田鐵之助
没　1949.3.19
安田徳太郎
没　1983.4.22
★安田保善社　1945.10.15
安田元久
没　1996.1.23
安田安之
死亡　1972.5.30
★安田靫彦
没　1978.4.29
★保田與重郎
没　1981.10.4
★雍仁親王
没　1953.1.4
八十島義之助
没　1998.5.9
★矢田挿雲
没　1961.12.13
★矢次一夫
没　1983.3.22
★谷津直秀
没　1947.10.2
矢内原勝
没　2003.11.27
★矢内原忠雄
没　1961.12.25
★柳川平助
没　1945.1.22
柳兼子
没　1984.6.1
★柳田泉
没　1969.6.7
★柳田国男
没　1962.8.8
柳原義達
没　2004.11.11
★柳宗悦
没　1961.5.3
柳家金語楼
没　1972.10.22
柳家小さん（5代）
没　2002.5.16
柳原白蓮
没　1967.2.22
★柳瀬正夢
没　1945.5.25
矢野絢也
公明党書記長に選出
1967.2.13
公明党委員長に選出
1986.12.5
★矢野仁一
没　1970.1.2
★矢野恒太
没　1951.9.23
★矢野道也
没　1946.6.23
八幡製鉄　1950.4.1　1969.3.6
藪田貞治郎
没　1977.7.20
矢部貞治
没　1967.5.7
★矢部長克
没　1969.6.23
★山一証券　1997.7.30　1997.11.22
山一証券事件〔★山一証券会社救済問題〕　1965.5.28
★山岡荘八
没　1978.9.30
山岡久乃
没　1999.2.15
山岡万之助
没　1968.6.22
山県昌夫
没　1981.3.3
★山鹿旗之進
没　1954.4.1
★山川菊栄
没　1980.11.2
山川智応
没　1956.6.2
★山川均
没　1958.3.23
★山岸荷葉
没　1945.3.10
★山岸徳平
没　1987.5.22
山際淳司
没　1995.5.29
山口和雄
没　2000.5.1
山口華楊
没　1984.3.16
山口喜久一郎
没　1981.5.6
★山口吉郎兵衛（4代）
没　1951.10.2
山口誓子
没　1994.3.26
山口青邨
没　1988.12.15
山口敏夫

新自由クラブ幹事長に正式決定　1980.2.29
山口日記事件　1953.6.3
山口瞳
没　1995.8.30
★山口蓬春
没　1971.5.31
山口良忠
栄養失調で死亡　1947.10.11
★山崎巌
没　1968.6.26
★山崎覚次郎
没　1945.6.28
★山崎今朝弥
没　1954.7.29
★山崎猛
没　1957.3.15
★山崎達之輔
没　1948.3.15
山崎種二
没　1983.8.10
★山崎朝雲
没　1954.6.4
山下新太郎
没　1966.4.10
★山下太郎
没　1967.6.9
★山下徳治
没　1965.7.10
★山下奉文
死刑宣告　1945.12.7
刑死　1946.2.23
山下春江
没　1985.3.19
★山階芳麿
没　1989.1.28
山路ふみ子
没　2004.12.6
山代巴
没　2004.11.7
山住正己
没　2003.2.1
★山田乙三
没　1965.7.18
★山高しげり
没　1977.11.13
★山田耕筰
没　1965.12.29
★山田三良
没　1965.12.17
★山田抄太郎
没　1970.6.8
山田風太郎
没　2001.7.28
山田無文
没　1988.12.24
★山田盛太郎
没　1980.12.27
山田安邦
没　2003.3.31
★山田孝雄
没　1958.11.20
山中謙二
没　1974.2.15
山中貞則
没　2004.2.20
山中毅
400m自由形世界新記録を樹立　1959.7.26
山中峯太郎
没　1966.4.28
★山梨勝之進
没　1967.12.17
山ねこ争議　1947.8.20
山根有三
没　2001.5.22
山野愛子
没　1995.7.31
★山井基清
没　1970.12.8
★山内清男
没　1970.8.29
山之内製薬　2004.2.24
山野炭鉱　1965.6.1
山野千枝子
没　1970.2.11
山花貞夫
没　1999.7.14
山辺健太郎
没　1977.4.16
山村新治郎
没　1992.4.12
山村聡
没　2000.5.26
山村美沙
没　1996.9.5
山室静
没　2000.3.23
★山本一清
没　1959.1.16
★山本英輔
没　1962.7.27
★山本嘉次郎
没　1973.9.21
★山本鼎
没　1946.10.8
山本丘人
没　1986.2.10
山本健吉
没　1988.5.7
山本幸一
社会党書記長に選出　1967.8.19
山本薩夫
没　1983.8.11
★山本実彦
没　1952.7.1
山本茂実
没　1998.3.27
山本七平
没　1991.12.10
★山本周五郎
没　1967.2.14
★山本忠興
没　1951.4.21
★山本達雄
没　1947.11.12
山本達郎
没　2001.1.24
★山本東次郎（３代）
没　1964.7.26
山本直純
没　2002.6.18
山本夏彦
没　2002.10.23
★山本安英
没　1993.10.20
★山本有三
没　1974.1.11
屋良朝苗
没　1997.2.14

ゆ

由比忠之進
焼身自殺　1967.11.11
UFJ銀行　2002.1.15
UFJグループ　2000.7.5
UFJホールディングス　2004.7.14

★結城素明
没　1957.3.24
★結城豊太郎
没　1951.8.1
優生保護法　1948.7.13
★「夕鶴」　1949.1.-
夕張炭坑〔★石狩炭田〕
1990.3.27
郵便検閲　1945.10.1
ユーロ　1999.1.1
★湯川秀樹
ノーベル物理学賞受賞決定
1949.11.3
没　1981.9.8
由起しげ子
没　1969.12.30
雪印食品　2002.1.23　2002.11.22
行平次雄
証券取締法違反で逮捕
1998.3.4
★湯沢三千男
没　1963.2.21
ユニバーシアード神戸大会
1985.8.24
ユネスコ　1951.6.21

よ

預金保険法　1998.2.16
横井庄一
グアム島で保護　1972.1.24
グアム島より帰国　1972.1.24
没　1997.9.22
横井英樹
没　1998.11.30
★横田喜三郎
没　1993.2.17
★横田成年
没　1953.1.11
★横田正俊
没　1984.7.1
横溝正史
没　1981.12.28
横路節雄
没　1967.6.14
★横光利一
没　1947.12.30
横山エンタツ
没　1971.3.21
★横山大観
没　1958.2.26
横山ノック
大阪府知事に当選　1995.4.9
大阪府知事辞表提出
1999.12.13
横山真人
サリン散布殺人で死刑判決
1999.9.30
横山美智子
没　1986.9.30
横山やすし
没　1996.1.21
横山隆一
没　2001.11.8
★吉井勇
没　1960.11.15
吉井淳二
没　2004.11.23
★吉植庄亮
没　1958.12.7
★吉江琢児
没　1947.12.26
★吉岡弥生
没　1959.5.22
★吉川英治
没　1962.9.7
吉川圭三
没　2000.11.29
★吉川幸次郎
没　1980.4.8
★芳沢謙吉
没　1965.1.5
吉沢安幸
収賄容疑により逮捕
1998.3.11
★吉沢義則
没　1954.11.5
★吉住小三郎（初代）
没　1953.7.16
★吉住小三郎（４代）
没　1972.2.27
吉住慈恭
没　1972.2.27
★吉田一穂
没　1973.3.1
★吉田栄三（初代）
没　1945.12.9
★吉田栄三（２代）
没　1974.10.30
★吉田熊次
没　1964.7.15
吉田健一
没　1977.8.3
★吉田絃二郎
没　1956.4.21
★吉田茂
没　1954.12.9
★吉田茂
台湾を訪問　1964.2.23
大勲位菊花大綬章をうける
1964.4.25
没　1967.10.20
国葬　1967.10.31
★吉田精一
没　1984.6.9
★吉田善吾
没　1966.11.14
吉田正
没　1998.6.10
★吉田富三
没　1973.4.27
★吉田内閣（第１次）　1946.5.22
1947.1.31　1947.5.20
吉田内閣（第２次）　1948.10.15
吉田内閣（第３次）　1949.2.16
吉田内閣（第４次）　1952.10.30
吉田内閣（第５次）　1953.5.21
1954.12.7
★吉田奈良丸（２代）
没　1967.1.20
★吉田奈良丸（３代）
没　1978.1.12
★吉田一
没　1966.9.17
★吉田秀雄
没　1963.1.27
★吉田博
没　1950.4.5
★吉田文五郎
没　1962.2.21
吉田光邦
没　1991.7.30
吉田満
没　1979.9.17
★吉野ヶ里遺跡　1989.3.2
1992.5.13
★吉野源三郎
没　1981.5.23
★吉野信次
没　1971.5.9

★吉満義彦
没　1945.10.23
★芳村伊十郎（6代）
没　1953.10.3
★芳村伊十郎（7代）
没　1973.9.20
吉村公三郎
没　2000.11.7
★吉村茂樹
没　1985.4.16
吉村雄輝
没　1998.1.29
吉屋信子
没　1973.7.11
吉行淳之介
没　1994.7.26
★四日市ぜんそく　1964.4.2
1967.9.1
四日市ぜんそく訴訟　1972.7.24
四元義隆
没　2004.6.28
四家文子
没　1981.7.16
淀川長治
没　1998.11.11
よど号〔★よど号事件〕
1970.3.31
★米内光政
没　1948.4.20
米川正夫
没　1965.12.29
★米窪満亮
没　1951.1.16
★米山梅吉
没　1946.4.28
ヨハネ＝パウロ2世
来日　1981.2.23
予防接種法　1964.4.16
読売争議〔★読売新聞社争議〕
1945.10.23　1946.7.12
萬屋錦之介
没　1997.3.10

ら

★ライシャワー，A.K.
没　1971.7.10
★ライシャワー，E.O.
大使として着任　1961.4.19
原子力潜水艦の日本寄港承認申入れ　1963.1.9
右腿を刺され負傷　1964.3.24
没　1990.9.1
ライシャワー，ハル
没　1998.9.23
★ライト
没　1959.4.9
らい予防法廃止法　1996.3.27
★ラウレス
没　1959.8.3
★ラウレル
没　1959.11.6
ラジオ＝コードに関する覚書
1945.9.19
ラスク
来日　1966.12.5
ラドフォード
来日　1953.12.21
ラムサール条約締約国会議
1993.6.9
★ラムステッド
没　1950.11.25

り

李方子
没　1989.4.30
★リカルテ
没　1945.7.31
力武常次
没　2004.8.22
★陸徵祥
没　1949.この年
リクルート事件　1988.7.5
1989.2.19　1989.3.8
1989.5.22
★李承晩
没　1965.7.19
★リッジウェー
没　1993.7.26
★リットン
没　1947.10.26
リニアモーターカー
1997.12.12
李範錫
教科書記述訂正要求の覚書を手交　1982.8.3
李鵬
来日　1989.4.12
硫安工業合理化及び硫安輸出調整臨時措置法　1954.6.10
琉球アメリカ軍政長官
1949.10.1
琉球政府立法院　1958.1.8
琉球中央政府　1952.4.1
琉球立法院選挙（第2回）
1954.3.14
琉球臨時中央政府　1951.4.1
琉球列島アメリカ民政府に関する指令　1950.12.5
★劉少奇
没　1969.11.12
★笠信太郎
没　1967.12.4
領海法（12カイリ）　1977.5.2
★梁鴻志
没　1946.11.9
★竜粛
没　1964.2.25
呂運亨〔★ろ…〕
没　1947.7.19
★緑風会　1947.5.17　1960.1.30
臨界事故　1999.9.30　2003.3.3
★林献堂
没　1956.この年
臨時教育審議会（臨教審）設置法　1984.8.8
臨時教育制度調査会　1984.2.1
★臨時行政調査会　1981.3.16
1983.3.14
臨時石炭鉱業管理法　1947.9.5
1947.12.20
臨時肥料需給安定法　1954.6.10
臨時物資需給調整法　1946.10.1
林彪
墜落死　1971.9.8

れ

レーガン
来日　1983.11.9
★歴史教育者協議会　1949.7.14
歴史教科書修正要求　2001.5.16
2001.7.9
★『歴史と地理』　1968.5.-
★『歴史評論』　1946.10.-
★レッドパージ　1950.7.24
1950.9.1
連合国人に対する刑事事件等特別措置令　1952.5.7

連合国軍総司令部（GHQ）指令第１号発表　1945.9.2
連合国対日理事会　1946.4.5　→対日理事会
連合政権協議会（第１回）　1989.4.19
連合赤軍　1971.7.15　1972.2.17　1972.2.19

ろ

ロイヤル
来日　1949.2.1
老人医療無料化条例　1979.10.20
老人福祉法　1963.7.11　1973.1.1
★労働関係調整法　1946.9.27
労働関係法　1997.6.11
★労働基準法　1947.4.7　1999.4.1
労働金庫法　1953.8.17
労働組合に関する16原則　1946.12.18
★労働組合法　1945.12.22
労働時間短縮借置法　1992.6.19
★労働者農民党　1948.12.2
★労働省　1947.9.1　1949.5.31
★蠟山政道
没　1980.5.15
呂運亨　→りょ…
ローガン構想　1949.10.29
ローズヴェルト〔★ルーズベルト〕
没　1945.4.12
六・一五統一行動〔★安保条約改定反対運動〕　1960.6.15
六・四統一行動　1960.6.4
ロス疑惑　1985.9.11
盧泰愚
来日　1990.5.24
★六角紫水
没　1950.4.15
★ロッキード事件　1976.2.23　1976.4.2　1976.5.13　1976.7.27　1977.1.27　1977.6.2　1977.7.21　1981.2.18　1981.10.28　1981.11.5　1982.1.26　1982.6.8　1983.10.12　1987.7.29　1995.2.22
ロッキード社　1976.2.4　1976.2.6
ロッキード問題調査特別委員会　1976.5.14　1979.1.30
ロバートソン
来日　1953.12.21
吉田首相と防衛問題などにつき意見交換　1953.12.21

わ

若泉敬
没　1996.7.27
★若槻礼次郎
没　1949.11.20
★我妻栄
没　1973.10.21
若戸大橋　1962.9.26
若林忠志
没　1965.3.5
★若松若太夫
没　1948.1.24
★和歌森太郎
没　1977.4.7
若山富三郎
没　1992.4.2
脇村義太郎
没　1997.4.17
★和田英作
没　1959.1.3
和田カツ
没　1993.4.28
★和田小六
没　1952.6.11
★和田三造
没　1967.8.22
★和田清
没　1963.6.22
和達清夫
没　1995.1.5
★渡辺水巴
没　1946.8.13
★渡辺銕蔵
没　1980.4.5
渡辺はま子
没　1999.12.31
渡辺文雄
没　2004.8.4
★渡辺世祐
没　1957.4.28
★和田博雄
没　1967.3.4
和知鷹二
没　1978.10.30
★和辻哲郎
没　1960.12.26
ワレサ
来日　1981.5.10
湾岸危機対策本部　1991.1.17

A User-Friendly Timeline
of
Postwar and Contemporary Japanese History
(with furigana)
1945 — 2004

Edited by the Editorial Division of
Yoshikawa Kōbunkan

誰でも読める日本現代史年表 ふりがな付き

2008年(平成20)11月10日　第1刷発行
2016年(平成28) 1月20日　第2刷発行

編　者　吉川弘文館編集部
発行者　吉 川 道 郎
発行所　株式会社 吉川弘文館
東京都文京区本郷7丁目2番8号
郵便番号　113-0033
電話　03-3813-9151(代表)
振替口座　00100-5-244
http://www.yoshikawa-k.co.jp/

印刷　株式会社 東京印書館
製本　誠製本株式会社
装幀　山 崎　登

ISBN978-4-642-01446-5